Música maximalista

FUNDAÇÃO EDITORA DA UNESP

Presidente do Conselho Curador
Mário Sérgio Vasconcelos

Diretor-Presidente
José Castilho Marques Neto

Editor-Executivo
Jézio Hernani Bomfim Gutierre

Assessor Editorial
João Luís Ceccantini

Conselho Editorial Acadêmico
Alberto Tsuyoshi Ikeda
Áureo Busetto
Célia Aparecida Ferreira Tolentino
Eda Maria Góes
Elisabete Maniglia
Elisabeth Criscuolo Urbinati
Ildeberto Muniz de Almeida
Maria de Lourdes Ortiz Gandini Baldan
Nilson Ghirardello
Vicente Pleitez

Editores-Assistentes
Anderson Nobara
Fabiana Mioto
Jorge Pereira Filho

FLO MENEZES

Música maximalista
Ensaios sobre a música radical e especulativa

© 1987 Bela Feldman-Bianco
© 2009 Editora UNESP

Direitos de publicação reservados à:
Fundação Editora da UNESP (FEU)
Praça da Sé, 108 – 01001-900 – São Paulo – SP
Tel.: (0xx11) 3242-7171
Fax: (0xx11) 3242-7172
www.editoraunesp.com.br
www.livrariaunesp.com.br
feu@editora.unesp.br

CIP – Brasil. Catalogação na fonte
Sindicato Nacional dos Editores de Livros, RJ

M511m

Menezes, Flo
    Música maximalista: ensaios sobre a música radical e especulativa / Flo Menezes. – São Paulo: Editora UNESP, 2006.
    Inclui bibliografia
    ISBN 85-7139-670-1
    1. Música - História e crítica. 2. Vanguarda (Estética). I. Título.

07-0402.
                                                                                                     CDD: 780.9
                                                                                                        CDU: 78(09)

Este livro é publicado pelo projeto Edição de Textos de Docentes e Pós-Graduados da UNESP – Pró-Reitoria de Pós-Graduação da UNESP (PROPG) / Fundação Editora da UNESP (FEU)

Editora afiliada:

SUMÁRIO

Prefácio   7

Parte I
Referências da Vanguarda Histórica:
Schoenberg, Berg, Webern   11

1 As coisas, seus nomes e seus lugares   13
2 Arnold Schoenberg, a superfície em música e a verdade
   insuportável   25
3 Música especulativa – harmonia especulativa   31
4 Micro-macrodirecionalidade em *Weberg* – por uma análise
   direcional das *Sechs Bagatellen Op. 9* de Anton Webern   135

Parte II
Referências Históricas da Vanguarda   191

1 De terça pra cá, ou respostas sem perguntas – e há vice-versa – a
   respeito de Cage   193
2 Pierre Boulez no *Studio PANaroma*   207
3 Boulez *point de repère*: heterofonia, proliferação e simetria   233
4 A teoria da unidade do tempo musical de Karlheinz Stockhausen   257
5 A trajetória de vanguarda de Stockhausen   269
6 A condição histórica da escuta à luz de Stockhausen   273
7 Michel Butor e Henri Pousseur: a simbiose da utopia – sobre a estreia
   de *Déclarations d'Orages*   275
8 Nosso Rameau   279
9 O maximalismo comemora os setenta anos de Berio   303
10 Berio Eterno!   309
11 A relação "laboríntica" entre texto e música em Berio   313

Parte III
Escritos sobre a Música Eletroacústica: História e Estéticas 335

1 Os primórdios do país fértil – depoimento sobre o pioneirismo eletroacústico de Jorge Antunes no Brasil dos anos sessenta 337
2 O que você precisa saber sobre a música eletroacústica 347
3 Ser e não ser – da interação entre escritura instrumental manifesta e escritura eletroacústica subjacente como diagonalidade espacial da composição 359
4 Por uma morfologia da interação 377
5 Música eletroacústica: eu não me canso de falar 401
6 O espaço e seus opostos 405

Parte IV
Temas e Variações 433

1 As vanguardas e os públicos 435
2 A relativa atualidade do romantismo musical 437
3 Sobre Philadelpho Menezes 443
4 A estonteante velocidade da música maximalista – música e física: elos e paralelos 447

Parte V
Diálogos e Interlocuções 463

1 Em torno de Adorno – um diálogo entre Rodrigo Duarte e Flo Menezes sobre a filosofia e a música 465
2 Entrevista a Nelson Rubens Kunze 491
3 Entrevista a João Marcos Coelho 505
4 A vanguarda da música no Brasil 511

Índice remissivo 531
Índice onomástico 539

À Guisa de Prefácio: Maximalizar a Escuta

Por ocasião de um concerto no Masp (Museu de Arte de São Paulo) em 9 de novembro de 1983, na série "Concertos do Meio-Dia – Grandes Formas da Música Ocidental: Velhas Formas Retomadas", para o qual os professores do Departamento de Música da USP decidiram me encomendar uma nova obra (ainda que eu, na época, fosse aluno daquele instituto), introduzi pela primeira vez o termo *música maximalista*, descrevendo assim minha composição estreada por nove intérpretes e intitulada *Micro-Macro – Liedforma de Amor à Reg*: "... A constante aparição de novas informações e a direcionalidade à cada vez maior complexidade da textura (através da memória de elementos) faz com que *Micro-Macro* seja um manifesto maximalista..."[1].

Tinha eu 21 anos e minha oposição às tendências regressivas na arte da composição – tais como o minimalismo ou o nacionalismo – era evidente: almejava uma música complexa, altamente informativa e sobretudo especulativa, desperta aos novos sons e às novas estruturas, sem qualquer concessão e calcada, sempre, num esmerado cuidado com os fenômenos auditivos. Mesmo que lançando mão de indispensáveis elucubrações de cunho intelectual, de índole nitidamente pós-serial, haveríamos de ter em mente o que comumente designamos por "fenomenologia da escuta": a complexi-

---

1 Flo Menezes, Micro-Macro, programa do "Concerto do Meio-Dia do Masp" (promovido pelo Mozarteum Brasileiro), São Paulo, 9 de novembro de 1983.

dade deveria consistir em uma ampla rede que cobrisse um vasto âmbito das elaborações musicais, das mais intelectuais às mais tangíveis pela mera escuta. Caso se procurasse, poder-se-iam achar muitas coisas escondidas por detrás das estruturas audíveis, plenamente apreciáveis mesmo por um leigo, desde que, claro, com ouvidos suficientemente abertos e predispostos ao novo e ao complexo. Mas se não se desejasse, a escuta, sempre complexa, poderia se dar no mero plano da recepção complacente, até mesmo, se fosse o caso, contemplativa.

O conceito, num certo sentido, antecipou, em alguns anos, o da *complexidade* em música contemporânea, tal como esboçado internacionalmente por muitos autores da Música Nova, das vertentes pós-seriais à Nova Complexidade, interessante ainda que pouco fenomenológica, de um Brian Ferneyhough, passando por neo-boulezianos, espectralistas, neo-berianos, stockhausenianos. Seu significado era claro: visar a uma música que produzisse o desejo, no ouvinte, de um reencontro, necessário para a descoberta de novos aspectos impossíveis de serem, todos de uma só vez, apreendidos quando de uma primeira escuta. A obra complexa, maximalista, constituir-se-ia de ramificações e simultaneidades de tal ordem que nossa percepção seria nutrida sempre de maneira renovada a cada reescuta, mas para que despertasse o interesse e instigasse o ouvinte a tais reescutas, deveria necessariamente arrebatá-lo logo em seu primeiro contato com ele.

Mas se a conceituação era nova, sincero deve ser – como de resto sempre o foi – o reconhecimento: não fui, nem de longe, o primeiro "maximalista". A obra de um gigante como Luciano Berio é exemplo cabal de que o maximalismo já existia antes de mim. Isto para não falarmos de Schoenberg, ou mesmo de Liszt, fora tantos e tantos outros. A rigor, a história musical sempre se desenvolveu, por vias mais *trans-gressivas* que *progressivas*, pelas trilhas do complexo. Aqui e ali, podem-se abrir mão de muitas coisas, mas ao mesmo tempo muitas outras se revelam em intrincadas redes de significação. *Escritura*, como bem quer Pierre Boulez, é sinônimo de *elaboração*, e o *labor* está na raiz de tal atitude diante dos sons. O maior de todos, Mozart, está longe de ser "simples", como querem muitos quando deixam extravasar comentários despretensiosos. Pois que quando o trabalho não se faz suficientemente complexo, a história se incumbe de filtrar o feito pelo desfeito, depositando a malograda tentativa no poço, implacável, do esquecimento.

Não inventei, pois, o maximalismo. Apenas dei nome ao fenômeno, tomei dele consciência aguda enquanto compositor, e instituí algo a me agarrar de unhas e dentes, como uma estética que se quer ao mesmo tempo – para falarmos com Wittgenstein – *ética*[2]: modos de escutar, agir, pensar e perceber profundamente existenciais, num mergulho íntegro, autêntico e radical no vasto e específico universo das elaborações musicais. Ainda que constituísse o sedimento para muitas invenções que se seguiriam, tratava-se, na realidade, apenas de uma descoberta, não desprovida da significativa influência dos mestres dos quais muito aprendia nos idos dos anos 1980: Willy Corrêa de Oliveira e Gilberto Mendes.

O presente volume reúne diversos ensaios, na sua maior parte publicados aqui e fora do Brasil ao longo de vários anos. Mas há também outros, ainda inéditos. Basculam em torno do eixo do maximalismo, alternando textos mais técnicos com outros de caráter estético, filosófico ou até mesmo poético, além de algumas entrevistas. Pelo seu título pode-se vislumbrar, ainda que por vieses distintos, não somente minhas abordagens de tendências radicais da modernidade musical, mas o próprio recorte que define minha poética como compositor da linha de frente nessa constante e interminável batalha contra a contracorrente auditiva e o marasmo perceptivo – prenunciado e anunciado de modo tão perspicaz por Theodor W. Adorno –, decorrente da crescente imbecilização musical da contemporaneidade. Trata-se de uma batalha da qual gostamos de participar. Afinal, defendemos as formas como amamos, intensamente, ouvir o mundo e a linguagem musical.

E como certa vez, ao se referir aos cínicos, Platão inverte a tendência óbvia de se pensar o simples e o complexo, afirmando com grande pertinência que "os elementos simples são inexplicáveis, mas somente sensíveis, e os complexos, ao contrário, cognoscíveis, e exprimíveis e pensáveis com verdadei-

---

2   Ludwig Wittgenstein escreve: "Ethik und Ästhetik sind Eins" ("Ética e estética são uma só"), *Tractatus Logico-Philosophicus*, tradução de Luiz Henrique Lopes dos Santos, Edusp, São Paulo, 1993, p. 276.

ra opinião"[3], deixemos de ser cínicos e promulguemos, em alto e complexo tom, nossas preferências!

Gosto, quando ultrapassa a sensorialidade primária da língua e se espraia nas instâncias mais profundas da linguagem, é o que mais se discute, e que a linhagem da complexidade maximalista, tal como aqui exposta na discussão acerca da obra de alguns mestres de referência e sobre aspectos da linguagem da composição, por mais diversa que possa parecer, leve o leitor à dúvida e, sobretudo, à especulação de sua escuta! Ele estará, desta forma, radicalizando sua percepção do mundo e agindo, tenho convicção, de forma maximalista.

Flo Menezes
São Paulo, agosto de 2006

---

3   Platão (in: *Teeteto, ou da Ciência*) apud Rodolfo Mondolfo, *O Pensamento Antigo*, Editora Mestre Jou, São Paulo, 1971, p. 195.

PARTE I

REFERÊNCIAS DA VANGUARDA HISTÓRICA
SCHOENBERG, BERG, WEBERN

1
AS COISAS, SEUS NOMES E SEUS LUGARES[1]

Em geral, uma pessoa sábia deveria seguir o conselho segundo o qual nunca se deve desfazer de um bom livro, por mais que seu objeto de reflexão não lhe diga respeito num dado momento de sua vida. Volumes que aparentemente apenas ocupavam espaço em alguma prateleira, acumulando poeira, acabam por germinar ideias e servir de instrumento ao pensamento em épocas posteriores.

Existem, em contrapartida, aqueles livros que jamais deixam de ter um lugar de honra no decorrer de nossas vidas. Trata-se, via de regra, de publicações que ultrapassam os limites impostos por uma abordagem simplista do objeto principal de seu estudo, dando conta de aspectos emergentes que, em geral, sequer ainda foram consubstanciados em nomes e que, por isso, mal têm seus lugares assegurados na reflexão e prática condizentes com a área do saber na qual se inserem.

Tal é o caso, para o músico e/ou amante da música, de *Harmonia* (*Harmonielehre*) de Arnold Schoenberg. E para nos certificarmos disso, é preciso fazer um apanhado de algumas coisas, de seus nomes e de seus devidos lugares.

O lugar de Schoenberg na história da música

Se considerarmos a tripartição proposta por Ezra Pound com relação aos intelectuais, talvez Schoenberg seja um caso atípico de criador que foi, à sua

---

1   Publicado anteriormente como "Apresentação" de *Harmonia* de Arnold Schoenberg, São Paulo, Editora da Unesp, 2001, p. 9-18.

maneira, um pouco de cada coisa: um grande *mestre*, um importante *inventor* e, de certa forma, um *diluidor* em menor medida.

Mestre incomparável, Schoenberg foi o músico em torno do qual se aglutinaram os mais jovens e promissores compositores da Viena de início do século XX, cidade culturalmente efervescente e *pendant* germânico da ebulição cultural parisiense, a ponto de falarmos de uma Segunda Escola de Viena, regida pelo triunvirato constituído por ele mesmo e pelos seus dois maiores seguidores: Alban Berg e Anton Webern. Enquanto historicamente se pode discutir a proximidade de Berg e Webern dos papéis desempenhados por Mozart e Beethoven na Primeira Escola de Viena (talvez Berg esteja mais para Beethoven e Webern, para Mozart), o paralelo de Schoenberg com Haydn é quase incontestável: assim como a Haydn, tocou a Schoenberg firmar parâmetros, estabelecer regras e elevar a paradigmas alguns procedimentos emergentes de estruturação musical. Nesse sentido, Schoenberg foi mais que um mestre: fui um verdadeiro guru. E isso à revelia de sua própria trajetória de aprendiz: nascido em 13 de setembro de 1874, Schoenberg iniciou sua carreira musical já bem cedo, em 1882, ao violino, porém de forma autodidata, nunca tendo seguido escola propriamente dita, à parte uma estreita relação de amizade e de (in)formação com Alexander von Zemlinsky, de quem viria a se tornar bem próximo, em 1891, e, em 1901, genro. Tal circunstância não impediu que adquirisse pleno domínio da linguagem harmônica tonal de fins do século XIX e início do século XX, tendo realizado algumas das mais belas obras da história da tonalidade – tais como a *Noite Transfigurada* (*Verklärte Nacht*) *Op. 4* (1899), as *Seis Canções Op. 8* (1904) ou, ainda, as geniais *Canções de Gurre* (*Gurre-Lieder*), iniciadas em 1900 mas concluídas somente em 1911, paralelamente à elaboração de seu *Harmonia*. Em tais obras, sintetiza as vertentes harmônicas brahmsiana e wagneriana, ancorado pela constante admiração pela obra de Gustav Mahler, responsável, para muitos, pelo pontapé inicial da música contemporânea, e à memória de quem *Harmonia* é dedicado[2].

---

2 *Harmonia* pretendia ser uma obra dedicada a Mahler, não à sua memória, como atesta a dedicatória impressa na primeira edição de 1911 (da qual tenho o raro privilégio de possuir um exemplar em minha biblioteca, ao lado de sua reedição de 1949). Lá Schoenberg afirma: "Esta dedicatória queria dar-lhe uma pequena alegria ainda em vida".

Como mestre, nunca se poupou, com seu exigente crivo estético e seu profundo conhecimento técnico, de exercer críticas e determinar caminhos a serem seguidos por seus discípulos, procurando realizar uma síntese da história da música e da evolução das técnicas de escritura musical visando à edificação de uma nova era da composição. Tendo por meta o aprimoramento da arte de compor, lançou mão, enfaticamente, da teorização como estratégia de sua atuação didática, a qual, em profícua reciprocidade, instiga e alimenta a elaboração teórica[3]. Nesse sentido, Schoenberg constitui a primeira obra, na história, em que as atividades prática (composições) e teórica (escritos sobre a música e métodos específicos) têm tão perfeita complementaridade, levando às últimas consequências algo que fora somente acenado por Rameau, Berlioz ou Rimsky-Korsakov. Será a partir do modelo de Schoenberg que alguns dos mais influentes e importantes compositores filiados à evolução da linguagem musical, sempre atentos ao passado mas propensos sobretudo ao futuro, conferirão às suas elaborações teóricas lugar de honra ao lado de suas realizações composicionais, tal como é o caso, notadamente, de Pierre Boulez, Henri Pousseur, Karlheinz Stockhausen ou Iannis Xenakis.

Já nos Estados Unidos (onde viria a falecer, como judeu foragido do nazismo, em 13 de julho de 1951), em etapa próxima ao final de sua vida, foi ainda mestre de um dos maiores inventores do século XX: John Cage. Curiosamente, contudo, tal encontro/confronto de 1934, ocorrido em um momento no qual Schoenberg era já mais diluidor de suas próprias invenções do que mestre propriamente dito, acaba por constituir o mais crasso exemplo de que a pura invenção – tal como podemos entender a conduta de Cage, avesso às exigências e conselhos do mestre principalmente no que dizia respeito, justamente, à ciência da harmonia –, sem a rigorosa disciplina da mestria, pode enclausurar-se em si mesma, ainda que sirva potencialmente de modelo contínuo de questionamento e arrojo – em uma palavra: de risco, imprescindível para o artista. Assim é que do modelo do inventor puro (Cage) vemos brotar apenas epígonos sem metade da criatividade da referência de partida, enquanto do mestre autêntico (Schoenberg) vemos

---

3   Categórica é, nesse contexto, a primeira afirmação de *Harmonia*: "Este livro, eu o aprendi de meus alunos".

surgir, ao longo de sua trajetória, obras díspares como as de Berg, Webern, Cage, ou até mesmo de um Hanns Eisler ("desertor" da vanguarda que Luciano Berio considera, com justiça, detentor de uma obra musical "estúpida", de cunho jdanovista e stalinista).

Como inventor, Schoenberg foi o maior responsável pela "ruptura" com o sistema tonal em sua fase de saturação extrema, ruptura essa por ele vista, entretanto, mais como continuidade e consequência natural da evolução da linguagem musical do que como fruto de qualquer atitude rebelde e avessa à história. Nesse contexto, Schoenberg, preferindo o adjetivo "evolucionário" a revolucionário, debatia-se contra a imagem do inventor, declarava-se sobretudo um "descobridor" e firmava-se, sim, como um clássico, um criador mais propenso a sínteses do que a hipóteses.

Quer queira quer não, o caráter de revolucionário foi-lhe imposto pelas circunstâncias históricas e seu papel desbravador foi, para o século XX, equivalente ao de Monteverdi para o século XVII. Em política, há quem diga, por exemplo, que se não fosse um Lênin ou um Trotsky, outros teriam liderado a mesma revolução russa em 1917; que se não fosse um Stalin, outro teria assumido o papel reacionário em retrocesso ao capitalismo a que assistimos no final do século XX naquele país; que se não fosse um Hitler ou um Mussolini, outros teriam encabeçado o fascismo aviltante que manchou de desonra o século passado etc. Fato é, contudo, que a história elege seus protagonistas e que, tanto em política quanto em arte, dificilmente a tese desse "substituísmo histórico" tenha sua validade algum dia comprovada.

É certo que um Charles Ives já fazia experimentos no âmbito da música dita "atonal" contemporaneamente à revolucionária atuação de Schoenberg em 1907-1908 (quando escreve seu *Segundo quarteto de cordas Op. 10*, no qual suspende definitivamente a tonalidade), da mesma forma que um visionário como Skriabin contribuía, quase que na *sordina*, para que os parâmetros musicais da época fossem questionados. Foi a Schoenberg, no entanto, que a história conferiu, talvez em face da importância econômica e cultural da Europa Central em inícios do século XX, o papel de protagonista da "revolução" que representou o dito "atonalismo livre".

Mas a invenção pode ter seu preço. Romper, em ato quase individual, com algo que se solidificou de modo coletivo, e ao longo dos tempos, é tarefa que parece, em um só tempo, ingrata e instigadora ao criador de gênio.

MÚSICA MAXIMALISTA **17**

O impasse da composição diante da suspensão do recurso à tonalidade foi tão grande que acabou por arremessar Schoenberg contra o próprio silêncio, causando no compositor um hiato criativo de quase dez anos (de 1913 a 1923), no qual a produção rarefaz consideravelmente, com poucas obras concluídas e algumas obras inacabadas (entre as quais o inconcluso oratório *A Escada de Jacó* (*Die Jakobsleiter*) de 1917-1922).

Em meio ao impasse, o verbo e seu universo semântico, irmãos de sangue da escritura musical, vieram ao socorro da linguagem da composição e desse amparo arcaico do canto surge, inesperadamente, outra invenção: o *canto-falado* (*Sprechgesang*). É como se a entonação melódica, necessária para a emissão vocálica, sofresse as consequências desse "rompimento" com a tonalidade clássica, dando vazão a deslizes microcromáticos em que notas fixas de referência absoluta cedem lugar a uma contínua transição harmônico-intervalar, em sintonia plena com os anseios da dita "atonalidade" essencialmente vagante, e que faziam eco à poética perambulante da última tonalidade. Elevado a paradigma da escritura vocal no célebre *Pierrot Lunaire* de 1912 (portanto um ano após a publicação da primeira edição de *Harmonia*), o canto-falado efetuava, assim, curiosamente, uma síntese histórica entre o atonalismo emergente e o canto dos cabarés vienenses, tão admirado por Schoenberg[4]. E, dessa forma, galgava um importante passo rumo à retomada da expressão musical mais tangível, seriamente ameaçada pelo radicalismo da escritura vocal (e orquestral) de *Erwartung* (*Expectativa*), de 1909, que muito embora de forte expressividade, configura-se como uma das obras mais difíceis e inacessíveis de todo o século XX, essencialmente pela sua "afiguralidade" e "estilhaçamento" do gesto musical que, em justa medida, confere à poética de Schoenberg e de seus discípulos a designação de *expressionismo musical*.

Para um espírito tão disciplinado e ao mesmo tempo comprometido com o legado dos grandes mestres e inventores do passado, nada mais doloroso e inadmissível, entretanto, que a ausência de método. E foi nesse contexto que Schoenberg desfere o último ato de invenção de seu percurso criativo.

---

4   Não nos esqueçamos das significativas *Oito Canções de Cabaré (Acht Brettllieder)* que Schoenberg escreveu em 1901.

Em 1923, paralelamente às elaborações teórico-práticas de seu conterrâneo Joseph Mathias Hauer (1883-1959), "descobre" o método dodecafônico ou simplesmente *dodecafonismo* e inaugura, assim, a era da chamada *música serial* que, baseada inicialmente em uma série discretamente organizada das doze notas do sistema temperado ocidental, viria a se generalizar no final dos anos 1940 e primeira metade da década de 1950, a partir dos esforços de Olivier Messiaen e, em seguida, sobretudo de Karel Goeyvaerts, Pierre Boulez, Karlheinz Stockhausen, Luigi Nono e Henri Pousseur com o *serialismo integral*. Em Schoenberg, o dodecafonismo é exposto pela primeira vez em suas *Cinco Peças para Piano Op. 23* e na *Serenata Op. 24*, ambas de 1920--1923, sendo sistematizado definitiva e paradigmaticamente em seu *Quinteto de Sopros Op. 26*, de 1923-1924 (obra de difícil recepção, remetendo-se, em contexto já dodecafônico, ao caráter "afigural" do atonalismo-livre de *Erwartung*), e encontrando plena maturidade naquela que constitui uma das maiores obras da literatura orquestral do século passado: as *Variações para Orquestra Op. 31*, de 1926-1928.

A partir de então, Schoenberg deixa, pouco a pouco, o papel de mestre e inventor para tornar-se, em menores proporções, um diluidor de suas próprias invenções. Diluidor, porém, responsável por obras de não menor relevância artística, e isso – vale ressaltar – sem nenhuma exceção! Em que pese o valor de suas realizações finais, até o final de sua vida a atitude de Schoenberg foi a de acirrar a retomada das formas clássicas, dando-lhes uma nova roupagem, envoltas na metodologia serial dodecafônica, quando não a de retomar *ipsis litteris* o sistema tonal, em atitude nostálgica sob o pretexto da atividade didática, que nunca abandonaria, ao invés de enveredar na busca de novas formas, mais condizentes com os caminhos abertos por seus próprios feitos anteriores (tal como o fez, principalmente, Anton Webern, em sua incessante busca da essência sonora na radicalização das formas seriais, postura esta que fez de seu nome adjetivo para a produção de toda uma geração, dita então pós-weberniana e não, como haveria de se supor, pós-schoenberguiana...). Se considerarmos, por exemplo, a *Peça para piano Op. 33a* (1929) – uma surpreendente síntese aforística da forma-sonata –, sua inacabada ópera *Moisés e Aarão* (*Moses und Aron*), de 1930-1932, em que até mesmo o título original em alemão é composto de doze letras, ou seus *Concertos para Violino Op. 36* (1934-1936) e *para Piano Op. 42* (1942), vemos que se trata de obras rítmica e formalmente convencionais, ainda que coerentes com o universo harmônico dodecafônico, de grande mestria técnica e inegável potencial expressivo.

Por tudo isso, não seria tão arriscado afirmar que se a segunda metade do século XX tem como expoentes máximos da composição musical nomes como os de Berio e Stockhausen (ao lado dos de Boulez, Cage, Xenakis, Pousseur, Ligeti e de alguns outros), a primeira metade do século deve sobretudo a Stravinsky e a Schoenberg sua cor histórica específica, seu substrato poético e superlativo, ao lado de figuras não menos essenciais como as de Mahler, Berg, Webern, Bartók, Debussy e alguns mais.

O lugar de *Harmonia* de Schoenberg na história da harmonia

Poucos são os livros que possuem o extraordinário mérito de, uma vez lidos, darem conta com plenitude de seu objeto de estudo. *Harmonia* de Schoenberg é uma dessas raras pedras preciosas. Para compreender com profundidade o funcionamento do sistema tonal, suas leis e suas propriedades, assim como se dar conta de suas limitações e do porquê de sua superação histórica, basta lê-lo.

Na época em que foi redigido e publicado, o sistema tonal já tinha nome e história consagrados, e a prática composicional dos maiores mestres atuantes da música clamava por sua metamorfose radical enquanto sistema de referência comum para a composição musical do Ocidente. Se digo que já tinha nome é porque muitos desconhecem que os nomes vêm depois dos lugares que ocupam as coisas. No caso específico do sistema tonal, ainda que suas premissas já estivessem claramente esboçadas desde o surgimento da *Seconda Prattica* barroca, tendo à frente Monteverdi, foi curiosamente apenas em meados do século XIX, mais precisamente em 1816, que o musicólogo belga François-Joseph Fétis (1784-1871) elaborou pela primeira vez o conceito de *tonalidade* (*tonalité*), que seria cristalizado apenas em 1832 em sua obra teórica *Philosophie de la Musique*. O termo teve seu primeiro uso explícito em *Esquisse de l'histoire de l'harmonie*, de 1840. Nesta última obra, Fétis define tonalidade como residindo "na ordem pela qual as notas da escala são dispostas, nas suas distâncias respectivas e nas suas relações harmônicas. A composição dos acordes, as circunstâncias para modificá-los e as leis de sucessão dos acordes são consequências indispensáveis dessa tonalidade"[5]. Ou ainda: "O que chamo de tonalidade é a sucessão de fatos melódicos e harmônicos que advêm da disposição das distâncias dos sons em nossas escalas maior e menor"[6].

Por outro lado, era ainda mais recente a introdução, na teoria musical, do conceito relativo à *harmonia funcional* da tonalidade, de responsabilidade do musicólogo alemão Hugo Riemann (1849-1919). Em seus escritos, em especial em seu *Handbuch der Harmonielehre* de 1887, Riemann discorre sobre *funções* tonais, preconizando toda uma concepção dinâmica do funcionamento do sistema tonal pela óptica da *funcionalidade* exercida pelos acordes e pelas estruturas intervalares, que viria a caracterizar boa parte da visão crítica do século XX em relação ao passado tonal.

Nesse contexto, *Harmonia* de Schoenberg, ainda que adotando a terminologia convencional de graus, condizente com a metodologia da *harmonia tradicional* (oposta, em princípio, à *harmonia funcional*), contempla com bastante propriedade todos os preceitos de uma concepção verdadeiramente *funcional* da harmonia, conceito este que será de inelutável importância para Schoenberg em todo o seu percurso criativo, mesmo quando envolto na produção mais radicalmente "atonal" ou dodecafônica, e que se faz presente de modo incisivo em seus escritos sobre harmonia posteriores ao próprio *Harmonia*. Tal é o caso do fundamental texto intitulado "Problemas da harmonia" de 1927[7], e de seu não menos importante livro *Structural Functions of Harmony*[8], escrito nos últimos anos de sua vida e que representa um relevante substrato de seu *Harmonia*. Aí, até mesmo no título da obra encontra-se inserido o conceito de *funcionalidade*.

Longe, porém, de se restringir aos meandros do sistema tonal, *Harmonia*, ao mesmo tempo em que constitui aprofundado método de todos os aspectos da tonalidade, adentra também nas questões levadas adiante pelo

---

5   Nova Iorque, Pendragon Press, Stuyverant, 1994, p.155.
6   Idem, p.156.
7   Publicado em *Style and Idea*, Londres, Faberand Faber, 1975, p.268-287.
8   Nova Iorque, W. W. Norton & Company, 1969.

próprio Schoenberg-compositor, servindo de instigante convite a uma radicalização das relações harmônicas ditas "atonais". Além de dar nome a elementos desagregadores do sistema tonal, substancializando-os no plano da teoria – tal como acontece com os *acordes vagantes* ou *errantes* (*vagierende Akkorde*), dentre os quais o mais notório, o arquetípico acorde de Tristão wagneriano, encontra discussão detalhada, além de paralelo emprego, sintomático e amplamente variado, na obra musical concluída conjuntamente a *Harmonia*, qual seja, os *Gurre-Lieder* –, Schoenberg introduz ao leitor-aprendiz a produção mais significativa da época, evocando, ao final do volume, exemplos de sua própria obra (extraídos de *Erwartung*), de Berg, Webern, Bartók e Franz Schreker. Nesse contexto, opõe-se veementemente ao termo "atonal" – ao qual preferia seu conceito de *emancipação da dissonância* –, propõe sabiamente o emprego do adjetivo *politonal* ou, ainda melhor, *pantonal* para aquela prática de "ruptura" com relação à tonalidade exercida por ele e seus discípulos, e esboça interessante discussão sobre a irrelevante diferença entre os conceitos de altura sonora e timbre. Será no bojo de tal abordagem que Schoenberg enunciará, concluindo *Harmonia*, uma de suas maiores invenções: *Klangfarbenmelodien* (ou seja: *melodias-de-timbres*), inauguradas dois anos antes em *Farben* (*Cores*), terceira de suas *Cinco Peças para Orquestra Op. 16*, e levadas às últimas consequências sobretudo por Webern.

Por tudo isso, *Harmonia*, verdadeiro monumento teórico do século XX, constitui uma leitura imprescindível e, para o estudante de música, inadiável.

O lugar da harmonia no estudo da música

A relevância da leitura de *Harmonia* de Schoenberg, premente para todo e qualquer músico, encontra-se amparada pelo objeto mesmo de seu enfoque: a *harmonia*. E nesse contexto, poderíamos afirmar que, dentre todos os aspectos da música, a ciência da harmonia é, de modo inexorável, o mais importante e fundamental.

É claro que, para tanto, o conceito de *harmonia* deve ser entendido em sua mais vasta acepção, levando-se em conta desde sua aparição em Pitágoras e consolidação em Aristoxeno de Tarento até suas implicações na elaboração espectral eletroacústica, passando inevitavelmente por seu significado estrito e restritivo enquanto "ciência da concatenação dos acordes", que impregnou sua abordagem "conservatorial" e acadêmica, mas que nem por isso deixa de ter suma importância. Na medida em que trata, a rigor, das *relações intervalares* e das *proporções* entre notas (frequências) distintas, a harmonia traduz-se como a ciência-mãe da música, pois em nenhum outro parâmetro relativamente autônomo do som, tal como a intensidade ou a duração – o timbre, como visionariamente enxergou Schoenberg, mescla-se com o dado harmônico (e com os demais aspectos sonoros) enquanto *elemento composto* e não enquanto *componente* propriamente dito –, tem-se um tal grau de articulação possível como o que se tem no domínio das alturas. Não é por menos que até Pierre Schaeffer, pai da música concreta (a primeira forma de música eletroacústica, por ele inventada em 1948), enunciou, em seu *Solfège de l'objet Sonore* de 1967 (que acompanha seu famoso *Traité des objets musicaux*, publicado um ano antes), a incontestável "supremacia das alturas" com relação aos demais fatores constituintes do espectro sonoro.

Ainda que o objeto central de *Harmonia* se encontre distante das práticas hodiernas do fazer musical contemporâneo, é pura ilusão pensarmos que uma atitude substancialmente revolucionária ou ao menos autenticamente atual possa prescindir de um conhecimento histórico de um sistema de referência tão significativo quanto o foi a velha tonalidade. Se no exercício do saber toda e qualquer informação pode tornar-se útil ou ao menos instrutiva, germinando ideias e deflagrando processos, quanto mais uma abordagem aprofundada das leis que imperaram por tanto tempo na edificação de algo tão magnífico, solene e consensual quanto o foi o sistema tonal. A disciplina necessária ao conhecimento das funções e recursos tonais, mesmo que dissociada de qualquer contato imediato com as concepções mais atuais da harmonia em seu mais amplo sentido, certamente acrescentará, e muito, ao ouvido atento, pois a música se exerce de modo eficaz pela aquisição e sobreposição cada vez maior de conhecimentos técnicos, históricos ou atuais[9].

---

9   É o próprio Schoenberg quem afirma, em *Problems of Harmony*: "O desenvolvimento da música é, mais do que qualquer outra arte, dependente do desenvolvimento de sua técnica" (In: *Style and Idea, op.cit.*, p.269).

É possível, no mais, que detrás de todo esse conhecimento provenham determinados arquétipos que rejam o funcionamento das coisas[10]. Mas, para isso, será necessário que saibamos nomeá-los. E se seus nomes os distinguirão dos demais procedimentos, historicamente bem situados, será preciso que tenhamos amplo conhecimento desses mesmos elementos.

Assim é que, constatemos, todo músico somente terá a ganhar com o estudo de procedimentos históricos. Nenhuma técnica é, a rigor, prescindível, mesmo em se tratando da mais distante no tempo, se almejarmos um completo domínio do fazer musical.

O lugar de *Harmonia* na bibliografia musical brasileira

Nesse sentido, a publicação de *Harmonia* de Schoenberg deve ser vista como uma das mais louváveis e dignas atitudes editoriais de nosso país. Ela vem se somar às duas outras recentes traduções dos escritos teóricos de Schoenberg[11], e espera-se que, um dia, todos os seus livros possam ter, em tradução para o português, lugar garantido em nossas estantes ou mesas de trabalho. Certamente farão parte desses poucos volumes nos quais não haverá nunca tempo hábil para o acúmulo de poeira...

Fevereiro de 2001

---

10 A noção, por exemplo, de *entidade harmônica*, cada vez mais presente na música contemporânea e sabiamente preconizada em *Farben* (1909) de Schoenberg – em que impera praticamente intacto um único acorde variado apenas em instrumentação, num primeiro uso explícito da *melodia-de-timbres* –, seria impensável sem a história da escritura musical, ancorada, por mais de três séculos, no sistema tonal.

11 Refiro-me aqui aos esforços de Eduardo Seincman que, com muita competência, traduziu tanto os *Fundamentos da composição musical* (São Paulo, Edusp, 1991) quanto os *Exercícios preliminares em contraponto* (São Paulo, Via Lettera, 2001). Além de meu próprio *Apoteose de Schoenberg – Tratado sobre as entidades harmônicas* (esgotado em sua primeira edição de 1987; segunda edição: Cotia, Ateliê Editorial, 2002), mencionemos ainda a biografia de Schoenberg por René Leibowitz: *Schoenberg* (São Paulo, Perspectiva, 1981).

2
ARNOLD SCHOENBERG, A SUPERFÍCIE EM MÚSICA E A VERDADE INSUPORTÁVEL[1]

As duas obras de Arnold Schoenberg (1874-1951) que constituem o programa de hoje fazem parte de dois períodos distintos. A primeira delas, *Verklärte Nacht Op. 4*, conhecida entre nós como *Noite Transfigurada*, foi concebida em apenas três semanas em 1899 e faz parte ainda da fase tonal do compositor. A segunda, *Pierrot Lunaire Op. 21*, é já "atonal" (termo contestado por Schoenberg), data de 1912 e é contemporânea, assim, de outro marco histórico, *A Sagração da Primavera* (1911-1913) de Igor Stravinsky. Portanto, treze anos – um número profundamente temido por Schoenberg – separam ambas as composições, tempo suficiente para que Schoenberg desse uma guinada em seu percurso criativo, ao menos no que se refere à sua linguagem harmônica, mas ainda insuficiente para que formulasse o método compositivo com o qual iria edificar grande parte de sua obra madura, o *dodecafonismo* por ele inventado em 1923.

Mas por mais que se possa situar cada uma dessas pedras preciosas da história da música em fases distintas, é de se indagar até que ponto ambas as obras não possuem elos consideráveis que, de alguma forma, definem o "estilo Schoenberg" tal como o conhecemos. Nesse contexto, encontramos aí ao menos um forte paralelo: o tema da *transfiguração*, condizente com certa *contorção* da realidade que tende mais a potencializar seu conteúdo expressivo do que a deformá-la de fato. É como se Schoenberg desejasse realçar a

---

1   Publicado pela primeira vez em: Programa do VIII Festival Amazonas de Ópera, Manaus, abril/maio de 2004, p. 45-51. O texto foi concebido para o programa do referido Festival no qual eram executadas duas obras de Schoenberg: *Verklärte Nacht Op. 4* e *Pierrot Lunaire Op. 21*.

cada momento todo o *tonus* dramático que reside em cada gesto expressivo humano em sua intenção de captar e transmitir a verdade do mundo, esta verdade que a rigor jamais nos é acessível de forma plena e que, se assim o fosse, tudo perderia o sentido. É o próprio Schoenberg quem escreve em meio a seu *Harmonielehre* (*Tratado de Harmonia*), concluído apenas um ano antes de *Pierrot Lunaire*: "O erro... faz parte tanto da veracidade quanto da verdade; e mereceria um lugar de honra, porque graças a ele é que o movimento não cessa, que a fração não alcança a unidade e que a veracidade nunca se torna a verdade; pois nos seria demasiado suportar o conhecimento da verdade"[2]. É nessa poética "contorcionista" de constante busca do inapreensível que se baseia o *expressionismo* musical, do qual Schoenberg tornar-se-ia o principal protagonista.

Mas se podemos falar que o gesto expressionista já se faz de certo modo presente em *Noite Transfigurada*, e isto numa época em que sequer a tonalidade teria sido superada, entre esta obra e *Pierrot Lunaire* há também diferenças substanciais. A começar pelo uso do texto. No *Op. 4*, como música de programa, o texto alimenta a narratividade presente na música sem ser usado factualmente, enquanto em *Pierrot*, ele transparece como superfície quase intocável.

Escrita sob forte influência da linguagem wagneriana, *Noite Transfigurada* fora concebida no verão europeu de 1899, quando Schoenberg passava alguns de seus dias em companhia de Alexander Zemlinsky, o único professor que Schoenberg teria tido ao longo de toda a sua formação. Foi nesse período que se envolveu amorosamente com a irmã de Zemlinsky, Mathilde, com quem se casaria em 1901. Ao entorno desse romance, uma escritura baseada em *motivos condutores* (*Leitmotive*) de tipo wagneriano, apoiada pelo recorrente acorde de Tristão (cf. compassos 21 e 132) que Schoenberg definiria no *Harmonielehre* como protótipo de *acorde errante* (*vagierender Akkord*), procurava dar conta de um percurso dramático calcado em uma poesia de Richard Dehmel, cuja obra, caracterizada por uma simbiose expressiva entre *páthos* e erotismo, impregnaria fortemente o espírito de Schoenberg. E não

---

2   Arnold Schoenberg, 'Harmonia', São Paulo, Editora Unesp, 1999. Tradução de Marden Maluf, p.458.

era a primeira vez que Schoenberg fazia uso do universo poético de Dehmel: ao início daquele mesmo ano, as *Quatro Canções Op. 2* foram concebidas com palavras do mesmo poeta.

Ainda que Schoenberg tivesse, logo após seu *Op. 4*, novamente apelado ao recurso poético factual, com uso explícito do verbo, já nas *Oito Canções Op. 6* (1903-1905), baseadas em textos de vários autores – entre os quais, mais uma vez, Dehmel –, o que o teria levado a silenciar o verbo, tal como ocorre na música programática de *Noite Transfigurada* e de *Pelleas und Melisande Op. 5* (1902-1903), esta última baseada em Maurice Maeterlinck?

Arrisco-me a dizer que a resposta a tais questões reside numa certa *desconfiança* do compositor em relação ao próprio texto, desconfiança que, de certa forma, caracterizou desde sempre a música de programa enquanto gênero musical. Ainda que, na música programática, a música se valha da enunciação poética como esteio de seu próprio discurso, é como se os meios expressivos da própria linguagem musical fossem plenamente suficientes para veicular a significação ou os significados implícitos na obra. Se o texto alimenta as intenções expressivas do compositor, seria seu uso explícito de fato necessário para que tal conteúdo expressivo, com todas as suas implicações semânticas, viesse à luz na obra musical? Em que medida a própria ausência do texto não favoreceria uma profícua ramificação de significados, mais condizente com as ambiguidades do mundo da vida nessa busca de inatingíveis verdades, nessa potencial *insuportabilidade* diante do que seria a própria Verdade?

No mesmo ano em que concebe *Pierrot Lunaire*, portanto em 1912, Schoenberg nos fornece, em um artigo intitulado "A Relação com o Texto", a chave da questão. Em uma frase surpreendente, afirma: "Há alguns anos atrás, fiquei profundamente envergonhado quando me dei conta de que, em diversas canções de Schubert que me eram muito familiares, eu não tinha a menor noção do que ocorria com os textos nos quais elas se baseavam. Mas quando li os poemas, ficou claro para mim que isto não me auxiliou em absolutamente nada na compreensão das canções em si, na medida em que tais poemas não causaram em mim qualquer necessidade de mudança em minha concepção quanto à interpretação do fato musical. Bem ao contrário, pareceu-me que, desconhecendo o poema, eu tinha captado o conteúdo, o real conteúdo, de forma talvez bem mais profunda do que se tivesse me sentido preso na superfície dos meros pensamentos expressos em palavras"[3].

Trata-se de uma dessas frases, proferidas pelos gênios, que nos arremessam diante da obviedade, desvelando o sentido que nos escapa de muitas de nossas experiências recorrentes, e do qual mal nos damos conta. E lá se vai mais um tabu: ao longo de toda a história da música, quando é que nos apercebemos de fato do conteúdo semântico do texto cantado??? Salvo situações excepcionais, o texto posto em música quando muito alimenta a trama semântica que impulsiona a estruturação da linguagem musical, mas a clara veiculação de seus significados demonstra-se, em geral, incapaz de resistir às manipulações do material musical nos entremeios especulativos da própria música. Dentre tais exceções, devemos pontuar a específica situação em que o texto faz parte de um domínio comum e já é de conhecimento prévio por parte do ouvinte (como no caso do *Ordinario* das Missas), ou o momento peculiar de defesa da inteligibilidade verbal na música através do lema crucial para o Primeiro Barroco, *"prima la parola, dopo la musica"* ("em primeiro lugar a palavra, depois a música"), que teve em Monteverdi seu expoente mais significativo. Sem contar com tais situações "marginais" do texto musicalizado, apenas no domínio da música popular – mais especificamente no da canção – é que o texto torna-se plenamente inteligível, mas para tanto não se deixa de pagar um alto preço, qual seja: o do sacrifício de uma elaboração técnico--musical mais profunda e consequente, moldando o fazer musical nas amarras das convenções de época para que, constituindo fácil objeto de consumo, a mensagem do texto seja captada de forma (ilusoriamente) inequívoca e, via de regra, associada ao *amor* – sentimento profundo, porém de caráter tão instintivo que o torna facilmente apreensível mesmo pelo mais injustiçado dos seres humanos.

E é nesse exato contexto que Schoenberg realiza, no mesmo ano do texto supracitado, um ato de invenção de raros paralelos na história musical: cria o chamado *canto-falado* (*Sprechgesang*), presente de forma episódica em sua maior obra tonal, *Gurrelieder* (iniciada em 1900 e somente concluída em 1911, porém ainda inédita em 1912), esboçado em 1897 no melodrama

---

3   Arnold Schoenberg, "The Relationship to the Text". In: *Style and Idea*, op. cit., p.144.

Königskinder de Engelbert Humperdinck, e no qual se baseia de cabo a rabo seu *Pierrot*.

Com o canto-falado, Schoenberg afronta a questão da inteligibilidade verbal na música com a coragem do gênio obcecado pela visão, mesmo que parcial, da verdade do texto, resgatando, sem fazer qualquer concessão, o gesto popular (ou popularesco) do canto deslizante dos cabarés vienenses (ao qual já havia se reportado em suas *Oito Canções de Cabaré – Acht Brettllieder –*, de 1901) em meio às mais altas especulações intervalares da pós-tonalidade, e subvertendo a fala em canto e o canto, em fala.

Tudo isso, claro, em plena sintonia com os mais revolucionários (Schoenberg preferiria "evolucionários") recursos da nova harmonia, já liberta das amarras tonais e envolta no universo da *pantonalidade*.

> É como se a entonação melódica – permitindo-me aqui uma autocitação –, necessária para a emissão vocálica, sofresse as consequências desse 'rompimento' com a tonalidade clássica, dando vazão a deslizes microcromáticos em que notas fixas de referência absoluta cedessem lugar a uma contínua transição harmônico-intervalar, em sintonia plena com os anseios da dita 'atonalidade' essencialmente vagante, e que faziam eco à poética perambulante da última tonalidade[4].

Construída como três ciclos de sete poemas de Albert Giraud em tradução alemã de Otto Erich Hartleben, a transfiguração tipicamente expressionista da realidade já se faz sentir nos primeiros versos: "O vinho que meus olhos sorvem / A Lua verte em longas ondas, / Que numa enorme enchente solvem / Os mudos horizontes"[5]. E em nenhum instante sequer o ouvinte titubeia em decifrar o sentido de cada vocábulo *cantofalado* ou *falacantado* pelo intérprete (*Sprechstimme* = voz cantofalada; ou simplesmente *Rezitation* = recitação, na partitura). A inteligibilidade do verbo transparece em meio ao conjunto de câmara, constituindo o tecido de uma superfície translúcida.

Será bem mais tarde, em um despretensioso texto teórico acerca da composição redigido em 1931, que uma frase "perdida" em meio a alguns es-

---

4 Foi dessa forma que procurei definir o *Sprechgesang* na minha Introdução à versão brasileira de *Harmonielehre* de Schoenberg, (*Harmonia*, op. cit., p.13).

5 Em tradução de Augusto de Campos. In: Augusto de Campos. *Música de Invenção*. São Paulo, Perspectiva, 1998, p.49.

boços revela o quão consequente era o pensamento schoenberguiano já nos idos da década de 1910: "A profundidade do desenvolvimento não pode destruir a lisura da superfície", dizia Schoenberg[6].

E é assim que se pode entender a magnanimidade de *Pierrot Lunaire* diante do verbo e de seu significado. A palavra perfaz a superfície intocável da obra com sua tangível e plena inteligibilidade, ao mesmo tempo em que o rico tecido camerístico pontua os desenvolvimentos mais profundos do material, constituindo até mesmo texturas que preconizam o dodecafonismo que emergiria onze anos depois (como no caso da peça nº 8, a *passacaglia Nacht*, que dá início ao ciclo central da obra e que se baseia inteiramente em um motivo de três notas – uma terça menor e uma maior –, prenunciando o peso do intervalo enquanto célula estrutural de base na metodologia dodecafônica).

Desta feita, Schoenberg, ao salvaguardar o verbo inteligível sem fazer qualquer concessão ao fácil, ensinava-nos que era possível preservar a superfície sem ser superficial, realizando, a um só tempo, uma das obras mais belas e radicais de toda a história da música. Uma obra somente possível a alguém que, da mesma forma que o mito de Pã, se sentisse amante da Lua para que, de lá, pudesse vislumbrar o *panaroma* múltiplo que constitui as tantas verdades deste mundo. Somente possível a um Schoenberg lunar, que, dando asas à sua inesgotável imaginação, permaneceu, nada lunático, com seus pés firmemente fincados na superfície da Terra.

22 de março de 2004

---

6   Arnold Schoenberg, "For a Treatise on Composition". In: *Style and Idea*, op. cit., p. 268.

3
MÚSICA ESPECULATIVA
HARMONIA ESPECULATIVA

*Sempre fui um partidário da especulação, pois apenas ela
pode nos levar adiante (PIERRE BOULEZ)[1]*

Introdução

Quando da realização de um curso sobre Schoenberg em 2003, senti
necessidade, junto a meus alunos, de alinhavar algumas definições lapi-
dares sobre conceitos da harmonia que me são bastante caros desde meus
primeiros escritos teóricos sobre o assunto. Particularmente urgente se fez a
conceituação acerca da noção de *entidade harmônica*, pois toda a minha compreensão do desenvolvimento da linguagem musical do século XX passava
por tal concepção, tal como procurei demonstrar já em meu primeiro escrito teórico de porte: *Apoteose de Schoenberg – tratado sobre as entidades harmônicas*[2].

---

1 Pierre Boulez. *L'Écriture du Geste.* Paris, Christian Bourgois Editeur, 2002, p.154. A leitura recente deste livro de Boulez coincidiu com a urgência da elaboração do presente texto, e não
por acaso diversas ideias nele presentes encontram eco nas concepções magistrais do mestre
francês, às quais farei referência.

2 Este livro, escrito entre 1982 e 1984, foi publicado em 1987 (São Paulo, Nova Stella/Edusp); tendo recebido recentemente, após ter sido esgotado, uma cuidadosa segunda edição, revisada e ampliada (Cotia, Ateliê Editorial, 2002). Todos os conceitos aqui delineados são profundamente in-
vestigados nesse tratado, e existem nele inclusive diversas referências ao "acorde de Tristão". De
toda forma, o presente ensaio resultou da necessidade de uma exposição mais sucinta desses conceitos, além de revelar, entre outras coisas, aspectos até então inéditos relativos ao arquétipo wagneriano. A intenção em escrever este texto já foi prenunciada quando da revisão do referido tratado, em 2000 – cf. *op. cit.*, p.82-83, nota 4.

Toda a evolução da chamada "música contemporânea" pode ser compreendida no modo como, de alguma maneira, as especulações compositivas lidaram com a superação ou a falta – dependendo do ângulo pelo qual se vê a questão – de um *sistema de referência comum* da harmonia, tal como o foi, inegavelmente, o tonalismo de outrora.

Mas em meio a todas as vertentes possíveis e que de fato vieram à luz no decorrer do século passado, percebe-se a tendência a uma paulatina reavaliação da necessidade de uma tal *referencialidade* no campo harmônico; delineia-se claramente uma preocupação, presente na obra dos grandes mestres (ao menos na obra dos mais radicais em relação a uma evolução, diríamos, não exatamente "progressista", mas antes *trans-gressiva* ou *trans-gressista* da linguagem), em ancorar a percepção, envolta em estruturas de grande complexidade, em "pontos de referência" a partir dos quais ela pode pleitear uma condição crítica e ao mesmo tempo prazerosa de escuta – *conditio sine qua non* para que a obra adquira "valor" diante desse "ouvido coletivo" que direta ou indiretamente acumula-se ao longo dos séculos. É nesse sentido que Pierre Boulez, reportando-se às influências que a regência orquestral teria trazido às suas próprias técnicas de escritura, afirma que "quanto mais complexa for a forma, mais se deve religá-la a um parâmetro simples"[3].

Que não se confunda, contudo, a parametrização acessível à escuta em meio à trama complexa com a simples simplicidade! E nesse contexto, a noção de *entidade* da harmonia adquire papel fundamental, revelando-se senão como principal, ao menos como um dos baluartes mais significativos dentre todos os aportes estratégicos da música especulativa em prol de uma fenomenologia da escuta.

Entidades harmônicas

Por *entidade harmônica* entende-se uma agregação intervalar (horizontal ou vertical, ou ambos ao mesmo tempo) de mais de dois elementos (no-

---

3 Boulez, *op. cit.*, p.155.

tas, frequências), a qual institui alguma *singularidade constitutiva* do ponto de vista de sua *estruturação* (ou de sua estrutura harmônico-intervalar).

Duas notas são incapazes de constituir uma entidade; constituem, isto sim, um *intervalo*. A partir da terceira informação, a agregação atinge as condições mínimas necessárias para constituir uma entidade da harmonia – tal como reconheceu, sabiamente, Johannes Lippius já em 1610, ao expor seu conceito de *trias harmonica* em seu tratado histórico *Disputatio Musica Tertia*[4].

Por constituir uma singularidade distinta de outras agregações da harmonia, a entidade pode receber um nome, e é claramente identificável pela escuta. Sua nomeação, decorrente da importância que adquire em um determinado contexto (mais especificamente: em uma obra ou conjunto de obras), não coincide necessariamente com sua primeira aparição histórica, mas é determinada pelas contingências que fizeram do *contexto histórico-harmônico* algo de particular, por demonstrar-se propício à percepção desta agregação típica como singularidade. Exemplo notável desse fenômeno é o chamado "acorde de *Tristão*", que emerge de modo significativo – mas não pela primeira vez – logo ao início da ópera *Tristão e Isolda* de Wagner.

Em geral, tal nomeação é posterior à própria edificação da entidade (ao que parece, o nome acorde de Tristão teria sido assim empregado por outros, não pelo próprio Wagner). As coisas, seus nomes e seus lugares não são coincidentes no tempo. Mesmo que as coisas já existam, são seus nomes que as colocam em seus lugares tal como as localizamos.

Mas a nomeação de um processo ou de uma entidade, que procura localizá-la em algum ponto específico da história como tendo sua origem específica ou, no mínimo, realçar a significação histórica de tal aparição, comporta em si o paradoxo de, ao tirar a entidade do anonimato, conferir a ela um caráter arquetípico e ao mesmo tempo tender a suplantar o caráter temporalmente localizável de sua própria proveniência. O nome institui identidade e confere lugar à coisa, porém ao mesmo tempo disponibiliza a coisa nomeada na vasta rede de referencialidades de que consiste a trama intrassemiótica da linguagem musical. O lugar que é conferido à coisa pelo nome

---

4   A esse respeito ver *Apoteose de Schoenberg*, p.416, nota 12.

34 FLO MENEZES

que esta recebe dinamiza-se no arsenal de referências de que se valem os atos de linguagem dos processos de (re)composição musical. O singular torna-se plural; o lugar, lugares; a entidade, arquétipo.

Arquétipos harmônicos e *arquetipação*

Como procurei definir em *Apoteose de Schoenberg*, entende-se por *entidade arquetípica* ou *arquétipo harmônico* as *relações harmônicas culturalmente já guardadas na memória auditiva (repertorial) da música ocidental*[5].

Todo arquétipo harmônico é uma entidade, mas nem toda entidade harmônica é um arquétipo. Em geral, uma agregação harmônica faz-se entidade pela sua *recorrência* ou *insistência* significativa durante o tempo de uma determinada composição; um arquétipo harmônico, por sua vez, institui-se quando o tempo da entidade projeta-se *para fora* da obra na qual emerge, valendo-se de um tempo mítico, repertorial.

Assim, é possível que uma entidade transponha os limites temporais da obra em que emergiu enquanto singularidade harmônica e se transforme em arquétipo da harmonia. Para tanto, ela deve, contudo, cristalizar-se no repertório musical ocidental, fazendo-se presente em mais de uma obra de considerável importância, processo este que denomino *tempo de estabilização* da entidade. Se o tempo de estabilização da entidade permitir que ela tome independência da obra de origem e constitua parte do legado harmônico referencial da linguagem musical, tem-se então o que chamo de *arquetipação*: processo de transformação de uma entidade da harmonia em arquétipo harmônico.

Entidades arquetípicas de uso comum e de uso particular[6]

Nome implica identidade, mas identidade não implica, necessariamente, paternidade reconhecida. Desvencilhada da teia do anonimato, nem por isso a entidade tem por reveladas suas claras origens.

---

5   Cf. *Apoteose de Schoenberg, op. cit.*, p. 314.
6   Parte substancial das reflexões a seguir – particularmente no tocante aos arquétipos de uso comum ou específico, e aos móveis e estáticos – tem sua origem na concepção de minha obra

Aliás, foi desta forma como, preponderantemente, se constituíram as entidades harmônicas tonais. A edificação do sistema tonal e a superação do modalismo – constituído, por sua vez, por entidades harmônicas eminentemente sequenciais, melódicas (modos) – só foram possíveis mediante a cristalização de entidades tonais de base (as tríades perfeitas maior e menor e suas alterações), sem que para tanto tais singularidades tenham sido associadas de modo irrevogável a tal ou tal criador.

Em meio a tal processo, contextualizaram-se seus possíveis empregos e agenciamentos sem que se limitassem tais constituições a tal ou tal obra ou a tal ou tal compositor. Sabemos da importância de um Palestrina na estabilização da tríade como referência tonal de base, ou de um Monteverdi na edificação do acorde de dominante com sétima menor, mas não se pode dizer que a tríade perfeita seja invenção do primeiro, nem que a dominante com sétima seja do segundo. As contribuições inegáveis dos criadores singulares diluíam-se no denso emaranhado do novo sistema emergente, e as novas alterações das entidades já constituídas somavam-se às outras – não sempre sem suscitar graves polêmicas[7] – que já faziam parte do legado tonal, desde que tais "aberrações" pudessem ser, de alguma forma, absorvidas na malha flexível do sistema. Dessa feita, as entidades da tonalidade promoviam-se ao estatuto de arquétipos tonais.

Toda ditadura tem vida curta, e sistemas democráticos, por mais inconsistentes que pareçam ou que de fato sejam, tendem a uma maior sobrevida. Ao promover cada nova exceção à regra, o sistema tonal perfazia um dinâmico e mutável percurso sem, na verdade, abrir mão de seus preceitos básicos. Sua intolerância, velada, disfarçava-se em constante exercício de assimilação[8]. E por conta de tal flexibilidade o tonalismo fez-se imperar, enquanto sistema de referência comum da harmonia, por longos períodos da história musical.

TransFormantes I, para piano *obbligato* e orquestra de cordas, de 1983. A respeito dessa composição, ver *Apoteose de Schoenberg, op. cit.*, p.316 e ss.

7   Lembremo-nos, por exemplo, da polêmica na qual se viu envolvido Monteverdi em 1600, acusado de heresia por Artusi e ameaçado por isso inclusive com um processo de Inquisição, por arriscar-se com um acorde de nona menor logo ao início de seu madrigal *Cruda Amarilli*, do *Libro V di Madrigali!*

8   Boulez afirma: "Já que toda coisa nova problematiza, é necessário pensá-la pelo prisma de sua diferença" (*op. cit.*, p.99).

36 FLO MENEZES

Ao lado do compartilhamento das entidades arquetípicas, disponibilizando-as como recursos anônimos em meio ao repertório das constituições intervalares, institui-se progressivamente um instinto de sobrevivência que, de forma analógica, não deixa de ter resquícios morais. Certas aberrações, cada vez mais extravagantes, tendem a ser identificadas com seus respectivos criadores, inferindo responsabilidade a tal ou tal obra. Estamos nas fronteiras do sistema, e tem início uma crítica fase de perseguições. Na caça aos bruxos, a singularidade é absorvida pela pluralidade apenas após considerável relutância. Dá-se nome aos bois, e não há mais como se negar, a partir daí, o reconhecimento das origens de certas (de)formações.

Com isso, o próprio processo de arquetipação das entidades é subvertido: o tempo de estabilização da entidade passa a circunscrever-se no âmbito da própria obra de origem que, reconhecida em si mesmo por seu potencial inovador, confere lugar de honra – ou de desonra, conforme o ângulo a partir do qual se vê a questão – à entidade, e sua arquetipação tem lugar sem que, necessariamente, a entidade alce vôo e adquira independência de seu contexto original.

Assim é que não se pode deixar de pensar na *Sagração* de Stravinsky quando ouvimos o famoso acorde de *Les Augures Printaniers* (a cifra do compasso 13 da partitura), ou em *Jeux* de Debussy ao deparar com a formação intervalar que emerge a partir do quinto compasso. "Todo mito é ao mesmo tempo primitivo em relação a si mesmo, derivado em relação a outros", dizia certa vez Lévi-Strauss[9], e tudo ali aponta para o desejo de certa autonomia em relação ao próprio sistema, ainda que, como exceção, se encontre, de alguma maneira, atado e condicionado pelas regras da tonalidade.

Quanto ao fato de terem ou não suas origens claramente reconhecidas, será difícil predizer, no entanto, o destino de tais entidades. Se o tonalismo se caracterizou, desde sempre, por diluir as intervenções inventivas de cunho individual na malha do sistema, transferindo cada ato de invenção peculiar para o repertório harmônico de que dispõe todo e qualquer compositor, a crescente heterodoxia preparou o campo para que, como previa Mao

---

9   *Apud* Beatriz Perrone-Moisés, "Traduzir as *Mitológicas*". In: Claude Lévi-Strauss, *O Cru e o Cozido*, São Paulo, Cosac & Naify, 2004, p.8.

Tse-tung[10], as contradições se transformassem em antagonismos. E nesse embate entre o individual e o coletivo, cuja dialética impregna de resto boa parte do desenvolvimento histórico da própria música[11], por mais que entidades de uso específico por parte de algum compositor possam muito bem adentrar o rol dos arquétipos de uso comum e, com o tempo, abrirem mão de sua referencialidade direta às próprias origens, fortalece-se a tendência a que tais excentricidades, em fase derradeira do sistema tonal, sejam sempre relacionadas a atitudes individuais pontuais.

Vê-se, portanto, que não somente a chamada "ruptura" com a tonalidade, por parte das poucas mãos de alguns poucos compositores, ia ao encontro desse anseio. No âmago mesmo das constituições harmônicas da última fase do tonalismo, as entidades arquetípicas de uso específico apontavam para a mesma direção: atingir essa almejada "emancipação da individualidade" que, apesar de todas as suas contradições, representou a fase, subsequente, do dito "atonalismo livre".

Arquétipos móveis e estáticos

Ao lado do traço que lhe confere uma origem específica ou, ao contrário, um caráter eminentemente coletivo, a entidade arquetípica é caracterizada por sua *qualidade transpositora*, ou seja, sua capacidade de locomoção ou transposição no registro das alturas sonoras sem perda de sua identidade.

Verifica-se, nesse aspecto, que a tonalidade demonstra clara tendência a dinamizar suas entidades a serviço do princípio básico da *modulação*. Se por tal recurso entende-se a alteração da função de tal ou tal harmonia no contexto da tonalidade, implicando mudança de curso, de polarização e, conse-

---

10 Cf. Mao Tse-tung, "Sobre a Contradição". In: *Mao Tse-tung*, São Paulo, Editora Ática, 1982, p.93-125. Ainda que contendo passagens nas quais transparece certa ilusão de Mao com relação a Stalin, o texto é uma das mais importantes contribuições teóricas da literatura marxista. (Inspirado nela, cheguei a compor uma obra: *Da contradição ao antagonismo*, para dois trombones, de 1985).

11 Reportando-se à problemática da música executada por conjunto, Boulez afirma: "A relação variável do coletivo e do individual [...] enriquece enormemente as diversas dimensões musicais", em: *L'Écriture du geste, op. cit.*, p.120.

quentemente, de centro de gravidade harmônico, no próprio fator transpositor que encerra a modulação condiciona-se um potencial transpositor da própria entidade tonal. Os arquétipos da tonalidade são essencialmente *móveis*.

Com a emergência de entidades associadas a uma determinada obra específica, contudo, verifica-se, em fase de maturidade da tonalidade, a tendência à neutralização da capacidade transpositora das constituições harmônicas. Se se tendia, do ponto de vista da sobrevivência da "democracia tonal", a isolar as extravagâncias para melhor combater os infratores, tal individuação impingia caráter único à própria entidade emergente, e até mesmo o compositor aventurado sentia-se em dificuldades, ainda que superáveis, de transpor sua invenção a outros espaços harmônicos.

Quando relutam a adentrar no arsenal coletivo dos recursos harmônicos, as entidades tendem a fixar-se no registro das alturas. Uma vez transpostos a outras alturas, tais arquétipos, essencialmente *estáticos*, tendem a se descaracterizar. O acorde da *Sagração* a que nos referimos acima é quase indissociável de sua clara localização, enquanto fusão bitonal de Mi maior com Mi bemol maior com sétima menor, e até mesmo seu *peso* (registro exato de suas frequências) torna-se traço típico de sua constituição.

Nada, porém, a que a própria invenção não possa se contrapor. Mesmo as entidades estáticas podem ser submetidas a transposições e acometidas de certa mobilidade, da mesma forma como poderá vir do próprio infrator, talvez em tentativa de preservar a integridade de seu próprio ato de heresia, o risco de dinamização de sua invenção. Assim fez, ao início de *Jeux*, Debussy com seu arquétipo de tons-inteiros, transpondo-o, sábia e visionariamente, a intervalos condizentes com a estrutura de sua própria constituição. Dessa feita, disponibilizara, aos necessitados, o antídoto a seu próprio veneno.

Exemplo 1 Exposição móvel do arquétipo de quinta aumentada (ou de tons-inteiros) no início de *Jeux* de Debussy

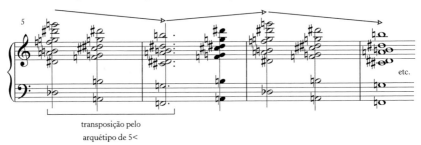

Mas como quer que seja, uma coisa parece incontestável: quanto mais de uso comum for uma entidade arquetípica, tanto maior será seu potencial transpositor.

Função e propensão harmônicas

A partir da concisa definição lógico-matemática de *função*, tal como exemplarmente exposta pelo linguista dinamarquês Louis Hjelmslev, segundo a qual esta deve ser entendida como "a relação entre duas variáveis"[12], podemos chegar a uma definição acerca da função harmônica e a desvendar uma intrigante questão: teria morrido a funcionalidade harmônica na era pós-tonal?

Historicamente, a função harmônica na tonalidade era desempenhada pelo papel que adquiria, em um dado contexto musical, uma determinada entidade arquetípica do sistema tonal, a saber: a *tríade*, perfeita ou alterada. Em determinada passagem, a entidade tonal exercia tal ou tal papel no processo de direcionalidade harmônica, demonstrando certa *propensão* harmônica, certo potencial de resolução.

Assim, as variáveis tonais eram constituídas por esses dois fatores que se correlacionavam: de um lado, *constituição intervalar* (calcada no alicerce da tríade); de outro, sua *propensão harmônica*, que pode ser definida, em uma de suas acepções, como *direcionalidade harmônica* que se manifesta pelo *potencial de resolução* (ou simplesmente *resolutividade*) de uma entidade em um contexto harmônico[13].

---

12 L. Hjelmslev *apud* A. J. Greimas e J. Courtés, *Sémiotique – Dictionnaire Raisonné de la Théorie du Langage*, Tome 1, Paris, Hachette, 1979, p.152. Matematicamente, uma função f pode ser definida como o processo segundo o qual a cada elemento x de uma quantidade A atribui-se um elemento y de uma quantidade B – cf. Martin Neukom, *Signale, Systeme und Klangsynthese – Grundlagen der Computermusik*, Peter Lang Verlag, Bern, 2003, p.769.

13 Veremos, na conclusão deste ensaio, que a propensão harmônica pode ampliar seu leque de ação, revelando seu potencial de resolução no interior mesmo da entidade (pela polarização de uma de suas notas constitutivas) ou até mesmo abrindo mão da resolutividade para sugerir uma expansão da entidade através de sua própria constituição intervalar.

Na tonalidade, as constituições harmônicas foram, com isso, forçosamente moldadas pela necessidade de gravitação tonal da harmonia, e as singularidades na constituição das harmonias foram sempre aglutinadas, basicamente, na função de dominante, como alterações da tríade maior. Daí a pertinente asserção, já de uso em si mesmo arquetípico, de que a história da tonalidade é a própria história do acorde de dominante[14]. Quando muito, admitiam-se alterações (em geral, por acréscimo de notas) à função-espelho da dominante no eixo de quintas, ou seja, à função da subdominante, sendo que, nesses casos, tinha-se como resultado mais uma densificação harmônica ainda plenamente *estável* que propriamente alguma instabilidade que requeresse maior grau de resolutividade.

Dessa feita, a tonalidade não permitia por princípio, constatemos, a emergência de excentricidades. Ainda que tenha sempre se valido, desde logo, da ambiguidade de suas funções como recurso primeiro ao princípio da modulação, numa contínua dialética entre o previsto e o inesperado[15], toda alteração tendia sempre, no tonalismo, a ser incorporada pelas funções de dominante em estado alterado.

Assim é que constituições excêntricas da harmonia, tais como as que se verificam em fase tardia da era tonal (Wagner, Liszt, Skriabin, Mahler), tendiam a extrapolar os limites impostos pelo sistema através da acentuação de seu ponto fraco, isto é, da *ambiguidade* de suas funções, condicionada, por sua vez, pela ambiguidade de suas próprias propensões harmônicas. Tal fenômeno podia ser verificado pelo dúbio teor de resolutividade exercido pela entidade harmônica em um dado contexto.

Na conivência de ambas as suas variáveis amparava-se, pois, a estabilidade do sistema tonal. Porém, como a história da música é feita não pela regras, mas

---

14 Segundo Pierre Schaeffer, tal asserção deve-se a Ernest Ansermet: "Se seguimos Ernest Ansermet em sua análise... poderíamos resumir toda a música (ao menos a música ocidental) à utilização do fenômeno capital da dominante" (*À la Recherche d'une Musique Concrète*, Paris, Éditions du Seuil, 1952, p.126).

15 É sábia a asserção de Lévi-Strauss quando reporta-se à emotividade em música: "A emoção musical provém precisamente do fato de que a cada instante o compositor retira ou acrescenta mais ou menos do que prevê o ouvinte" (*O Cru e o Cozido, op. cit.*, p.36).

MÚSICA MAXIMALISTA   41

antes pelas exceções[16], galgaram-se pouco a pouco os passos rumo à extrapolação dos limites impostos pela tonalidade. No exercício da linguagem tonal, quanto mais complexa e inusitada for a constituição intervalar, mais vaga e imprecisa será sua propensão harmônica. A emergência crescente de constituições excêntricas e, como definiria Schoenberg, *errantes* ou *vagantes* da harmonia daria lugar a uma verdadeira reviravolta da funcionalidade e direcionalidade harmônicas, abrindo as vias para a superação definitiva da tonalidade, ao menos no tocante à música verdadeiramente especulativa.

Por uma nova funcionalidade harmônica

Ambiguidade em sua propensão harmônica e em seu potencial de resolução não implica, contudo, morte nem da direcionalidade, nem da própria resolutividade. Fora dos limites da tonalidade, aquilo que constituía antes excentricidade e implicava necessariamente instabilidade pode – e via de regra assim o faz – instituir interesse localizado em si mesmo, promovendo à estabilidade a percepção dessas novas constituições.

Foi dessa forma que, visionariamente, Schoenberg calca praticamente toda sua terceira peça do ciclo orquestral *Op. 16*, de 1909, em cima de uma nova entidade da harmonia (que designo por arquétipo-*Farben*). Do ponto de vista tonal, tratar-se-ia de uma excentricidade, ela mesma derivada, muito provavelmente, de outra: do arquétipo de quartas[17]. Trata-se aqui do primeiro claro exemplo de que uma singularidade harmônica, uma entidade *sui generis*, até então inexistente, pode ocupar o lugar referencial, estável, da tonalidade clássica, erigindo um novo tecido harmônico autossuficiente[18].

---

16 Assim teria afirmado Paul Dukas: "A História da Música é a crônica da transgressão das regras" (*apud* Juan Carlos Paz, *Introdução à Música de Nosso Tempo*, São Paulo, Livraria Duas Cidades, 1977, p.108).

17 Conforme procurei demonstrar em *Apoteose de Schoenberg, op. cit.*, p. 333-334. Também expus esta hipótese em recente publicação na Alemanha: "Neue Form und neue harmonische Techniken im Bereich elektroakustischer und instrumentaler Musik". In: *Komposition und Musikwissenschaft im Dialog III (1999-2001)*, Signale aus Köln – Musik der Zeit, Band 6, Munster, Lit Verlag, p.33-60. Cf., nesse texto em alemão, p.37.

18 Cf. *Apoteose de Schoenberg, op. cit.*, p. 391.

Mas nem por isso tem-se a morte da *função* na harmonia. A funcionalidade harmônica apenas transveste-se em outro caráter, não mais condizente com o arquétipo tonal de tríade. A excentricidade deixa de ser mera "alteração" e constitui, isto sim, alteridade. E, enquanto tal, perde seu caráter excêntrico.

Ao constituir em si mesma a nova trama referencial dos intervalos, a variável que antes, na era tonal, resumia-se em alteração em relação à tríade, passa a consistir-se em *variação contextual* da própria entidade harmônica.

Na medida em que institui uma singularidade *histórica* – não somente uma singularidade no interior de um dado sistema de referência comum, tal como ocorrera na era tonal com cada nova formação alterada de dominante, amparada pela referencialidade à constituição básica da tríade e à própria função de dominante –, uma nova entidade tem por necessidade sua relativa estabilização enquanto dado perceptivo (o "parâmetro simples" de que falava Boulez), fornecendo ao ouvinte o fio da meada para que, "perdido" em meio ao labirinto da complexidade[19], possa ancorar-se na plataforma da entidade para poder apreciar todas as suas derivações estruturais, incluindo aí suas possíveis expansões[20].

Assim é que, na era pós-tonal – e na esfera da música não estocástica nem estatística, em que o *intervalo* conserva seu potencial de inflexão estrutural e sua percepção demonstra-se essencial –, a função, relação entre duas variáveis, passa a ser a relação entre a *variação contextual* (disposição variada no registro dos elementos constituintes da entidade – de suas notas –, instrumentação, permutações entre seus elementos constituintes), porém essencialmente *não constitutiva* da entidade, e sua *propensão harmônica*, determinada, assim como antes, pelo contexto no qual esta se insere.

---

19 Em perfeita sintonia com a poética "laboríntica" de um Berio, é o próprio Boulez, de novo, quem afirma: "Para mim, a obra deve ser como um labirinto, a gente deve aí se perder" (*Par Volonté et par Hasard – Entretiens avec Célestin Deliège*, Paris, Éditions du Seuil, 1975, p.27).

20 Foi no sentido de uma especulação com base, num primeiro momento, em entidades arquetípicas e, mais tarde, em novas entidades harmônicas que desenvolvi minhas próprias técnicas: os *módulos cíclicos* e as *projeções proporcionais*. (Ver a esse respeito dois de meus livros: além de *Apoteose de Schoenberg*, também descrevo tais técnicas em detalhes em *Atualidade Estética da Música Eletroacústica*, São Paulo, Editora Unesp, 1998).

A constituição de novas entidades da harmonia

No que as entidades variam em suas constituições internas, tem-se, no novo contexto harmônico, o que outrora se designava por *modulações* e que, na tonalidade, era circunscrito às alterações funcionais das constituições harmônicas. Uma entidade, que se quer valer por si mesma e que for variada em essência, modula-se, desde que, em conformidade com o princípio arquetípico da variação, tais alterações sejam parciais, mantendo-se elos de identidade entre as estruturas harmônicas.

No contexto das modulações, os *perfis* adquirirão papel crucial de amparo à percepção. Por perfis entende-se o *contorno* ou *desenvolvimento dinâmico* das estruturas, figuras ou gestos musicais[21]. Por conta da identidade nos contornos dos intervalos, o ouvinte pode se aperceber das alterações constitutivas efetuadas no decurso de uma mesma obra. Na dialética entre a identidade estrutural da entidade harmônica (seus intervalos) e a identidade dos perfis pelos quais tal entidade é apresentada reside o segredo da eficácia na elaboração harmônica. Boulez define com grande perspicácia a questão:

> Todo o problema reside na relação entre o contorno e o intervalo. O contorno pode ser mais forte que o intervalo, aniquilando seu poder específico. O intervalo pode dominar o contorno e destruí-lo. Trata-se da luta da percepção unitária [intervalo] com a percepção global [contorno, perfil][22].

No processo modulatório, pode ter lugar a *constituição de uma nova entidade a partir de uma outra*. A constituição de uma nova entidade com base em outra se dá quando houver *alteração estrutural* (variação) ou *extensão*

---

21 Em analogia às curvas de envelope de amplitude das ondas sonoras, Boulez chegou a designar os perfis por *envelopes* – cf., por exemplo, seu magnífico texto "Le Système et l'Idée". In: *Jalons (Pour une Décennie)*, Paris, Christian Bourgois Éditeur, 1989, p.316-390. O texto, contemporâneo de sua obra *Répons*, revela a importância teórica e prática da noção de envelope para Boulez.

22 Boulez, *op. cit.*, p.334. Uma aguda discussão acerca dos perfis foi desenvolvida de forma bastante inovadora e até mesmo pioneira por Henri Pousseur em seu brilhante texto "Pour une Périodicité Généralisée". In: *Fragments Théoriques I sur la Musique Expérimentale*, Bruxelles, Editions de l'Institut de Sociologie – Université Libre de Bruxelles, 1970, p.241-290.

constitutiva (não meramente contextual) que implique consequentemente alteração radical dos elementos constituintes da entidade de partida, mesmo que se conserve algum elo referencial à entidade-mãe da qual se partiu.

Tal alteração da estruturação de base pode dar-se, por exemplo, pela observância da própria estrutura de base da entidade. Esta opção, aliás, revela-se não somente possível, como também desejável, se se quiser perseguir a ideia de *organicidade* das estruturas musicais. Pode-se, por exemplo, desenvolver a estrutura de uma determinada entidade a partir de suas próprias características, levando-a às últimas consequências em processo de expansão estrutural de sua constituição – como tipicamente é o caso de meus *módulos cíclicos*, que constituem novos campos harmônicos a partir da extensão da entidade da qual se parte.

A extensão de campo pode dar-se no sentido "vertical", acórdico, da entidade, no sentido de uma densificação que metamorfoseie a entidade de referência e a transforme em outra coisa, a partir, por exemplo, de uma derivação consequente de notas adjacentes motivada pela própria estrutura de partida[23].

Sem que haja extensão, a estrutura de partida pode sofrer alterações constitutivas radicais sem que se percam de vista suas proporções intervalares – como é o caso, desta vez, das *projeções proporcionais*, pelas quais uma certa estrutura harmônica pode ser comprimida ou dilatada no espaço harmônico--frequencial conservando a proporcionalidade de seus intervalos originários.

A alteração pode dar-se, ainda, pela simples permutação estrutural *de seus intervalos* (não somente de suas notas) que, ao contrário de uma mera inversão intervalar (disposição variada das mesmas notas no registro, implicando em simples variação contextual), acaba acarretando uma mudança do *conteúdo harmônico* da própria entidade (de suas notas constitutivas). Uma mera inversão ou permutação em oitavas das notas constituintes de uma entidade no campo das alturas pode alterar sua propensão harmônica e, consequentemente, sua função, mas não ocasionará alteração constitutiva da entidade em si. Já no caso de uma variação estrutural, tem-se como re-

---

23 Tal como fiz em relação a uma entidade de Stravinsky, cujo processo é demonstrado em *Apoteose de Schoenberg*, p.344, e que abordaremos mais tarde (ver Exemplo 64).

sultado a alteração da própria constituição da entidade, instituindo-se um novo campo de força das funções harmônicas.

Por tudo isso, constatemos que à especulação harmônica não se deve, por princípio e bom senso, impor limites!

O "acorde de Tristão" à luz de tais conceitos e a modernidade em música

À luz de tais conceitos, o intrigante "acorde de Tristão" revela-se como uma das constituições harmônicas mais significativas para entendermos diversos aspectos relacionados à especulação harmônica.

Esta agregação ganha relevo a partir da enunciação essencialmente vagante e, para a época, deveras arrojada dos primeiros compassos de *Tristão e Isolda* de Richard Wagner, ópera escrita entre 1854 e 1859, cujo Prelúdio, no qual emerge o inusitado acorde, fora escrito em 1857 – data importante de ser relevada, posto que, com a publicação de *Les Fleurs du Mal* de Charles Baudelaire e de *Madame Bovary* de Gustave Flaubert, dá-se início à modernidade, respectivamente, tanto em poesia quanto em prosa. Com o feito wagneriano, não seria insensato se pensar nos primórdios da era moderna também na música.

Inúmeras são as referências musicais e musicológicas ao acorde wagneriano, e igualmente numerosas são suas possibilidades interpretativas do ponto de vista funcional.

Enquanto agregação intervalar singular de quatro notas, o acorde de Tristão configura-se como uma *entidade harmônica*. Sua singularidade reside no fato de conter, em uma mesma estrutura, três intervalos em distância cromática (terça maior, quarta e trítono) em uma determinada disposição (do grave ao agudo: trítono, terça maior e quarta). A presença do Trítono entre suas duas notas mais graves abre uma fenda na propensão harmônica da entidade, tornando dúbia sua resolutividade.

A importância da obra de Wagner, inserindo, entre outras coisas, tal agregação ambígua logo de início em pleno desenvolvimento do século XIX, ocasionou imediata reflexão sobre o acorde e, consequentemente, uso referencial da entidade por parte de outros compositores, estendendo o tempo da entidade *para fora* dos limites da própria obra wagneriana de referência.

Assim, o tempo de estabilização da entidade foi suficientemente extenso, excedendo os limites de uma única obra. A partir da nomeação da entidade e de seu uso múltiplo e referencial, a entidade tornou-se arquétipo harmônico e adentrou o arsenal mítico das constituições harmônicas. Deu-se, pois, um nítido processo de arquetipação, cuja manifestação demonstrou-se, contudo, como sendo não linear do ponto de vista cronológico.

Verificou-se destarte que tal formação, agora devidamente nomeada e identificada, não tinha suas origens em Wagner. Ao contrário, por exemplo, do arquétipo-*Farben*, cuja origem pode ser categoricamente localizada na peça *Farben* de Schoenberg, o acorde de Tristão não pertence somente a Wagner, nem tem suas origens na ópera wagneriana. O acorde de Tristão está para Wagner assim como a lenda de Fausto está para Goethe. Ainda que o feito wagneriano tenha sido inegavelmente o responsável pelo fato de que a memória auditiva da música ocidental repertoriasse tal agregação enquanto recurso arquetípico da harmonia, a entidade já se fazia presente, praticamente despercebida e ignota, e em diversas transposições e variações contextuais, em inúmeras obras anteriores ao Prelúdio de *Tristão e Isolda*, fazendo dela uma entidade arquetípica, a rigor, de uso comum e portanto móvel.

Sua aparição em Wagner, dotada de significação especial, coloca a questão acerca do porquê de tal singularidade em 1857, e não antes, uma vez que, de acordo com referências a esta entidade, tal agregação já podia ser encontrada, dizem as boas línguas, até mesmo em... Machaut! A significação que ganha o acorde na obra de Wagner é condicionada por dois contextos de natureza distinta, interna e externamente à obra em questão: um, condizente com a forma com a qual a entidade é apresentada; outro, determinado pelas circunstâncias históricas que dificultaram a assimilação, por parte do sistema tonal, de tal excentricidade como mera alteração da função de dominante, conferindo à mesma valor específico.

Do ponto de vista de sua apresentação, a evidência fala por si: Wagner evita a resolutividade direta, realçando o potencial ambíguo da constituição. Com seu ato, procura usurpar o caráter de uso comum da entidade, tomando-a para si e tornando-a quase de uso específico. Wagner recorrerá à entidade acórdica por diversas vezes ao longo de sua ópera, favorecendo o tempo de sua estabilização enquanto singularidade, e isto de tal forma que Ernst Kurth chega mesmo a afirmar que, em *Tristão e Isolda*, "o 'acorde de Tristão' é um 'motivo', e mais ainda, o primeiro e mais abrangente *Leitmotiv* de todo o drama musical, em certo sentido mais que qualquer outro contorno melódico"[24]. Sua primeira anunciação, que precede logo uma segunda, faz a percepção subentender uma tônica oculta, provavelmente de Lá menor. Nesta interpretação, o acorde funciona como uma dominante secundária: é uma dominante da dominante com fundamental na nota Si, contendo quinta diminuta no grave e com a sexta (Sol sustenido) escorregando para a típica sétima menor de dominante (Lá – a mesma nota que tornar-se-ia fundamental da tônica implícita).

Exemplo 2 Início do *Prelúdio de Tristão e Isolda* de Wagner

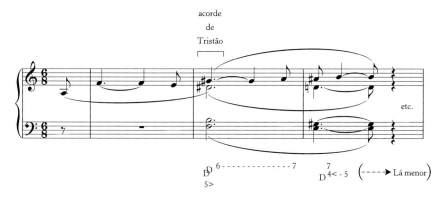

Na medida em que a sexta caminha para a sétima, instaura-se já aí uma discussão sobre a natureza da entidade: deveria ser tal agregação considerada por si mesma ou simplesmente como acorde-*appoggiatura* que resolve numa dominante com quinta diminuta e sétima menor, ou seja, naquilo

---

24 Ernst Kurth, *Romantische Harmonik und ihre Krise in Wagners "Tristan"*, excerto em: Robert Bailey (org.), *Richard Wagner – Prelude and Transfiguration from Tristan and Isolde*, A Norton Critical Score, Nova Iorque / Londres, W. W. Norton & Company, 1985, p.195. (a esse propósito ver também p.193).

48 FLO MENEZES

que por convenção denomina-se como acorde de sexta francesa? Mesmo se vista sob este ângulo – visão esta incontestável, diante da propensão harmônica evidente que demonstra o acorde –, não há como negar a margem de interpretações distintas que se abre a partir do acorde e a peculiaridade da própria constituição harmônica que dá origem à designação acorde de Tristão: trítono + terça maior + quarta[25].

Do ponto de vista do contexto histórico, a linguagem tonal era submetida, em plena fase romântica, a especulações cada vez mais arrojadas, resultando em alterações substanciais da tríade (essência do sistema tonal), e a emergência de tal singularidade, em 1857, na verdade é preparada por uma longa caminhada em direção a uma cada vez maior ambiguidade nas relações harmônicas e no potencial de resolução (resolutividade) da função de dominante. Mas tal desenvolvimento não deixa de ser, em essência, dialético: por um lado, o acorde de Tristão demonstra-se como consequência natural de um complexo processo histórico no qual se verifica uma crescente errância dos conteúdos harmônicos; por outro, institui ambiguidade de difícil assimilação por parte do sistema e, com isso, contribui de modo considerável para sua saturação e consequente superação.

A dificuldade de assimilação por parte da tonalidade reside sobretudo no fato de que a propensão harmônica da entidade, considerada por si só, conflita de modo crasso com qualquer intenção inequívoca de resolução, posto que o mesmo acorde pode tender tanto a uma resolução em certa nota quanto a seu exato *trítono*, maior antítese de uma tônica e por isso denominada antitônica – em nosso caso, o acorde resolveria, como vimos em princípio, em Lá, mas poderia igualmente ter resolução no trítono de Lá, ou seja, em Mi bemol.

---

25 John Richey afirma: "A visão histórica... confirma a velha interpretação: a de que o acorde é um acorde de sexta francesa com uma *appoggiatura*" ("History and the *Tristan Chord*". In: *The Music Review*, Vol. 55, nº 2, maio de 1994, p.97). Apesar do valor do texto, o autor reluta, sem razão, em aceitar interpretações diversas acerca da funcionalidade da entidade.

Exemplo 3 Possibilidade de resolução: quinta abaixo do acorde de Tristão

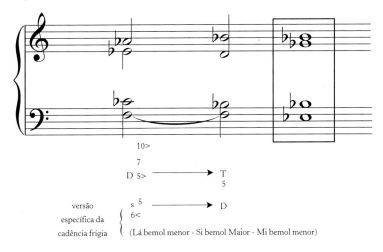

Tal bifurcação resolutiva implicando repouso tanto na tônica quanto em sua antitônica não exclui o paradoxo, entretanto, de podermos enxergar tal entidade como sendo um acorde de dominante com sétima e nona maior sem a fundamental, que se distingue do arquétipo-diminuto simplesmente por este último comportar nona *menor*, sendo que, ao instaurar a nona *maior* da dominante sem fundamental, teria, se comparada ao diminuto, uma inequívoca tendência de resolução, como bem demonstra o exemplo abaixo. Entretanto, esta é, constatemos, apenas uma dentre as muitas possibilidades de sua propensão harmônica.

Exemplo 4

A partir daí, depara-se com a constatação de que a visão do gênio destaca-se das demais pelo fato de, por vezes, enxergar o óbvio que se faz, contudo, quase inacessível à percepção mediana das coisas. A transformação por Wagner na alteração da função de dominante dá-se através de um passo mínimo, cromático, pois toda simples alteração em semitom acima de qualquer uma das quatro notas do arquétipo-diminuto transforma-o imediatamente em um acorde de Tristão. A nota dentre as quatro do diminuto que deslizar meio-tom acima, transformando-o na entidade wagneriana, assume então, do ponto de vista do acorde de nona, função de *nona* da dominante sem fundamental, ou, do prisma da constituição original em Wagner (trítono + terça maior + quarta), da *terceira nota* do agregado.

Por conta da possibilidade de considerar o arquétipo wagneriano como uma alteração de subdominante – propensão harmônica que institui notável instabilidade no sistema tonal como um todo –, expus, em *Apoteose de Schoenberg*, análise interpretativa do acorde de Tristão como sendo uma peculiar derivação da cadência frígia, como uma sua versão específica e consideravelmente tardia. Desse ponto de vista, minha abordagem faz eco à interessante visão de Arnold Schering, citada por Martin Vogel em seu livro sobre a entidade wagneriana, pela qual procura-se entender a emergência histórica da entidade como derivada de um desenvolvimento que se inicia no século XV[26]. Abaixo expomos em nove etapas o caminho proposto na concepção de Schering, ainda que com pequenas alterações que, em nossa visão, aportam a exposição de Schering a um melhor encadeamento nas sequências (nossas pequenas alterações são explicitadas com notas em losangos).

---

26 Schering *apud* Martin Vogel, *Der Tristan-Akkord und die Krise der modernen Harmonie-Lehre*, Düsseldorf, Verlag der Gesellschaft zur Förderung der systematischen Musikwissenschaft, 1962, p.86.

Exemplo 5 Evolução histórica ao acorde de Tristão, segundo Arnold Schering (com pequenas alterações em notas em losangos)

acorde de Tristão

Vale a pena, nesse contexto, retomar minha exposição em *Apoteose de Schoenberg* acerca da cadência frígia, para bem entendermos quer seja a especificidade da entidade arquetípica wagneriana, quer seja nossa comparação com este recurso de resolução modal/tonal[27].

A *cadência frígia* caracteriza-se, se considerarmos o acorde no qual o encadeamento se resolve como sendo uma tônica, pelo encadeamento de *subdominante menor da subdominante menor* resolvendo-se na tônica (notadamente na tônica maior). Nesse sentido, não seria errôneo falarmos, funcionalmente, de um encadeamento *s^s ® T*. O acorde resolutivo é *maior* porque, na realidade, desempenha papel de *dominante* do contexto no qual a cadência frígia se insere, contexto este, via de regra, em tonalidade *menor*. Assim é que, considerando-se todo o contexto tonal do trecho em questão, considera-se a cadência frígia, do ponto de vista funcional, como o encadeamento que vai da *subdominante menor* (geralmente na 1ª inversão) para a *dominante* (portanto: *s ® D*; ou, em grafia tradicional, *IV^6 ® V*, sem resolução na tônica menor da passagem[28]).

Como bem demonstra o Exemplo 3 mais acima, as notas da fundamental, da terça menor e da quinta do acorde de subdominante menor (levando-se em conta a análise funcional da cadência como sendo *s ® D*) fazem parte constitutiva do modo frígio (em sua denominação *eclesiástica*) da fundamental da dominante, como, respectivamente, a sétima menor, a segunda menor e a quarta do modo. Daí sua denominação em analogia ao modo frígio eclesiástico, o qual contêm caracterizadamente tais notas em sua constituição.

Considerando-se a denominação original grega (não eclesiástica), a mesma cadência deve ser denominada de *cadência dórica*, em analogia ao modo *dórico* (equivalente ao *frígio eclesiástico*[29]). A versão específica wagneriana em que se traduz o acorde de Tristão é a *subdominante menor com sexta maior acrescentada* no grave, o que é idêntico à função de uma *dominante com quinta diminuta, sétima e décima menor*. Nesse caso, a sexta acrescen-

---

27 A passagem seguinte sobre a cadência frígia deriva, pois, de *Apoteose de Schoenberg*, p. 80, nota 2.

28 Cf. Hermann Helmholtz, *On the Sensations of Tone*, Nova Iorque, Dover Publications, 1954, p.306-307, e Walter Piston, *Harmony*, Nova Iorque, W. W. Norton & Company, 1978, p.194.

29 cf. Helmholtz, *op. cit.*, p. 286.

tada da subdominante ao grave nada mais é que a fundamental da dominante secundária em questão. A forma como tal acorde deve ser funcionalmente interpretada é, pois, uma mera questão de ponto de vista quanto à sua funcionalidade tonal.

Tendo o processo de arquetipação da entidade wagneriana revelado a existência anterior ao próprio Wagner, seria desejável que algum trabalho teórico, algum dia, pudesse proceder a detalhado levantamento e tornasse acessível todas as suas aparições ao longo da história da música, ou ao menos aquelas que antecederam *Tristão e Isolda*[30]. Como quer que seja, alguns casos merecem aqui ser mencionados.

Protoarquétipo: aparições anteriores a Wagner em Bach, Scarlatti, Mozart, Beethoven e Schubert

Dentro da linhagem alemã, nada seria mais pertinente que pontuarmos a aparição do acorde de Tristão anteriormente a Wagner nos grandes ícones germânicos: Bach, Mozart, Beethoven e Schubert. A eles acrescemos, *en passant*, Scarlatti.

Em *Apoteose...*[31], cito a aparição do arquétipo nos compassos 35 a 46 do primeiro movimento da *Sonata Op. 31, nº 3*, de 1802, de Beethoven, portanto cerca de 55 anos antes da aparição da entidade em *Tristão e Isolda*. Sua primeira aparição, no compasso 36, contém as mesmas notas (considerando-se as enarmonias) de sua primeira entonação em Wagner: Fá – Dó bemol – Mi bemol – Lá bemol. Se quisermos achar, basta procurar, e deparamos quatro anos depois com a entidade em função de subdominante menor com sexta

---

30 Na busca de tal levantamento revelador, investiguei sobretudo tanto o livro já mencionado de Martin Vogel quanto a parte relativa à *Harmonie* do livro de Jean-Jacques Nattiez, intitulado *Musicologie Générale et Sémiologie* (Paris, Christian Bourgois Editeur, 1987, p.247-281), no qual existem considerações bastante relevantes sobre as interpretações harmônicas da função do acorde de Tristão. Para minha decepção, no entanto, nem um nem outro trabalho trouxeram à luz um elenco das aparições históricas do arquétipo wagneriano, de forma que as aparições aqui mencionadas decorrem, quase todas, de minhas descobertas pessoais ao longo de muitos anos de atenção voltada a este fenômeno.

31 *Op. cit.*, p.82.

maior acrescentada (Lá bemol menor com Ré natural) na *Variação XXV* (2º tempo do compasso 7) do monumento que são as *32 Variationen* sobre um tema em Dó menor. No outro monumento, agora transcendental, em que consistem as *33 Veränderungen Op. 120* sobre uma *Valsa* de Diabelli (as *Variações Diabelli*, tais como as conhecemos, mas que são, na realidade, mais metamorfoses que variações em sentido estrito, como realça seu título), compostas entre 1819 e 1823, ouvimos a entidade na última colcheia do quinto compasso na *Variação XXXI, Largo, molto espressivo*.

Tais emergências do arquétipo em Beethoven fazem a ponte cronológica, no entanto, entre Wagner e, ao que parece, seu mais remoto antecessor germânico, pois 60 anos antes daquela aparição de 1802 em Beethoven, portanto em 1742, Bach empregara, ainda que com notas de passagem, a mesma entidade em sua *Fuga XVI*, em Sol menor, do Livro 2 do *Cravo Bem Temperado*, mais especificamente na cabeça do compasso 49.

O uso deste acorde em Bach realça a ambiguidade da constituição, uma vez que se assenta no próprio Sol – tônica da fuga – em modo menor porém com a sexta *maior* acrescentada ao grave (Mi natural). O arquétipo wagneriano possui tal teor polissêmico que faz inclusive com que possa ser usado como acorde de certa *estabilidade* (como ocorre ao princípio da *Sétima Sinfonia* de Mahler, como logo veremos), e Bach se vale, de certo modo, de tal bifurcação de "sentido harmônico" desta entidade. Aqui, no entanto, transparece com evidência a vinculação natural deste acorde com as alterações da função de dominante a se resolver logo em seguida em Fá, pois revela-se, isto sim, como sua dominante sem a fundamental, com sétima (menor) e nona maior (Dó ausente – Mi natural no grave – Sol – Si bemol – Ré). Assim, o acorde de Tristão aparece, aqui, como acorde de sétima e nona (com fundamental oculta – como havíamos discutido no Exemplo 4).

Teria sido tal uso o único possível em Bach? Longe disso! Alguns compassos mais tarde (57 e 58), Bach investe o acorde de caráter cadencial, empregando uma cadência perfeita completa em direção à mesma resolução e passando, pois, pela subdominante e dominante de Fá (que, por sua vez, é a dominante da tônica relativa de Sol menor, Si bemol maior).

Exemplo 6 Bach: compasso 49 da *Fuga XVI*, em Sol menor, do Livro 2 do *Cravo Bem Temperado*

A cadência completa direciona-se a Fá. Ao início do compasso 57, reemprega o arquétipo wagneriano com função, agora sim, de subdominante menor com sexta maior acrescentada de Dó (dominante de Fá), e na última semicolcheia do compasso 57, como sendo a própria subdominante menor (de Fá) com sexta maior acrescentada: Si bemol – Ré bemol – Fá – Sol natural; em seguida apresenta sua dominante (ou seja, Dó) com sétima e na segunda inversão (Sol no grave, na cabeça do compasso 58), para então sugerir, ainda que com duas únicas notas (o Dó que sobra somado a um Lá), a resolução passageira em Fá no segundo tempo do compasso.

Prescindível dizer que, ao final do compasso 58 e no compasso seguinte, repete o procedimento em progressão harmônica (com novo acorde de Tristão ao término do compasso 58, aqui com as mesmas notas de sua emergência primeira em Beethoven e em Wagner!), com tendência a resolver agora em Mi bemol no segundo tempo do compasso 59 – quando então realiza cadência de engano e resolve, na verdade, na tônica Sol menor em primeira inversão.

Exemplo 7 Bach: compasso 57-59 da *Fuga XVI*, em Sol menor, do Livro 2 do *Cravo Bem Temperado*

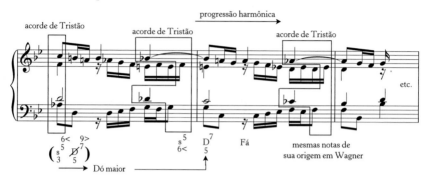

Observando o duplo uso funcional do arquétipo nessas duas passagens (a do compasso 49 e a dos compassos 57-58), vemos que Bach, de forma magistral, se vale de dois acordes de Tristão, em transposições distintas, para efetuar resolução no mesmo Fá: na primeira passagem, com função de dominante (Ex. 8a); na segunda, com função de subdominante (Ex. 8b). O acorde de Tristão se vê, a rigor, transposto numa distância de terça menor (além de sua outra transposição ao início do compasso 57), e é de se imaginar a possibilidade de uma cadência completa utilizando-se da concatenação de tais transposições (Ex. 8c). Genialidade precoce... pois que estamos ainda a 115 anos de *Tristão e Isolda*!

Exemplo 8

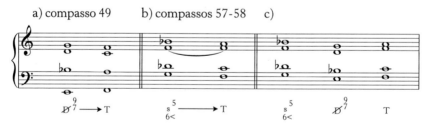

Dentro do contexto barroco, pontuemos ainda a aparição da entidade no compasso 45 da *Sonata nº 20 em Mi Maior* de Domenico Scarlatti, mas é a Mozart que dirigimos agora nossa atenção. A entidade wagneriana também não deixa de aparecer em sua obra em meio a significativos contextos de alta especulação harmônica tonal. O último e magnífico *Concerto para Piano em Si bemol Maior*, K.595, de 1791, apresenta a entidade com as mesmíssimas notas de sua primeira aparição no *Prelúdio* de Wagner no compasso 157 (aqui: Fá – Dó bemol – Mi bemol – Lá bemol), transpondo-a a uma segunda maior acima no compasso 161, em meio às perambulações harmonicamente ousadas de um solo do piano[32]. E no ambiente de sua escritura solística para piano, Mozart faz uso convincente da entidade em suas *Sonatas*. Citemos, por exemplo, os compassos 157-158 de sua arrojada *Sonata Fantasia*, K.475, de 1785, nos quais o agregado emerge como uma dominante com sétima, nona menor (que escorrega para a oitava) e décima-primeira (que resolve na décima) de um contexto em Dó maior.

Exemplo 9 Mozart: *Sonata n. 14a - Fantasie*, KV 475, compassos 156 a 159

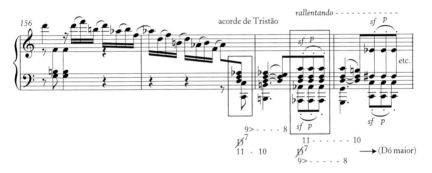

Mas será na sua mais peculiar Sonata – ao menos na que nos parece mais especulativa do ponto de vista harmônico –, a *Sonata nº 15*, K.533, que a aparição do acorde de Tristão reveste-se de caráter inovador. No primeiro movimento, *Allegro*, escrito juntamente com o segundo em 1788 (dois anos depois do terceiro, menos aventuroso), a entidade aparece em três contextos na mesmíssima transposição, ainda que com duas funções harmônicas diversas. É a do compasso 115 a que se apresenta com maior complexidade (podendo ser entendida, por exemplo, como a própria tônica menor (Ré) com sexta maior acrescentada)[33]. Nas demais, assume função de dominante da dominante com sétima menor e nona maior, e sem a fundamental.

---

32 No mesmo movimento, a entidade aparece também nos compassos 102-105 e 241-244.
33 O trecho do Exemplo 10c que se segue é, na verdade, antecipado na primeira parte do *Allegro*, onde aparece o acorde de Tristão na mesma contextura, porém transposto uma quinta acima, nos compassos 82 e 84.

Exemplo 10 Mozart: *Sonata 15*, KV 533 u. 494, *Allegro*

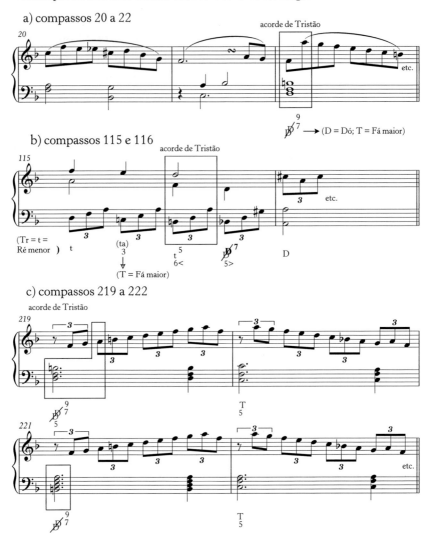

Imediatamente anterior à sua aparição no compasso 219, no entanto, Mozart concatena em progressão harmônica cromática descendente nada menos que... quatro acordes de Tristão, um após o outro! Já aqui revela-se quase impossível a tarefa de classificar tais acordes a partir do prisma da tonalidade mais ortodoxa. Trata-se de uma emancipação *avant la lettre* do agregado, num contexto em que o próprio cromatismo, em atitude pré-wagneriana, vê-se realçado de forma magistral. Estamos defronte da mais pura especulação da harmonia!

Exemplo 11 Mozart: *Sonata n. 15*, KV 533 u. 494, *Allegro*, compassos 214 a 217

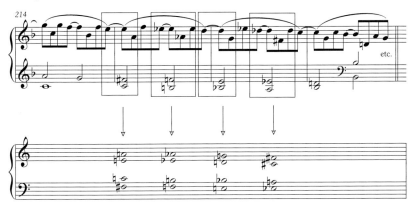

acordes de Tristão em progressão cromática descendente

No *Andante* da mesma *Sonata*, Mozart volta a fazer uso do acorde em três distintas passagens, e em suas aparições "periféricas" (quero dizer aqui: nas primeira e terceira aparições da entidade) assume a função que faz o arquétipo distinguir-se essencialmente do arquétipo-diminuto: o agregado aparece como dominante sem a fundamental, com sétima (menor) e nona maior.

Exemplo 12 Mozart: *Sonata n. 15*, KV 533 u. 494, *Andante*

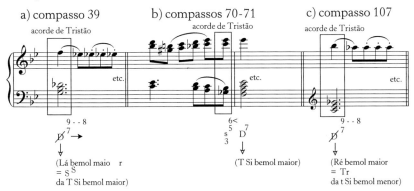

Nesses dois casos dos compassos 39 e 107, não há como não nos remetermos, agora, à aparição da entidade wagneriana em outro grande especulador, dadas as impressionantes semelhanças entre ambos os contextos: o mesmo perfil, a mesma figura, o mesmo andamento, o mesmo gênero. Assim é que a entidade emerge de forma quase idêntica ao início do *Andante* da *Sonata nº 4, Opus posth. 120 D 664*, de Schubert, de 1819. Ao final, Schubert faz uso de nova aparição do arquétipo, porém com função bem mais complexa do que a de seu primeiro emprego ao início do movimento.

Exemplo 13 Schubert: *Sonata n. 4*, Opus posth. D 664, *Andante*

a) início

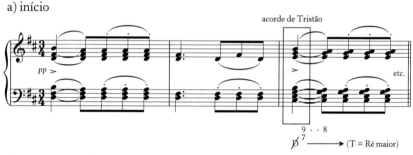

b) final (últimos 4 compassos)

Como bem vemos, o campo especulativo já estava mais que preparado para a inserção da entidade em meios às divagações românticas que se seguiriam.

Compulsão obsessiva em Schumann: uma loucura!

Entre o passado e o presente, tem-se a presença de um tempo tangencial, tresloucado, que na insistência mnemônica e ao mesmo tempo fragmentária, tipicamente romântica, aspira a uma conversão do passado em presente e transveste-se em ato desatinado, tomado pelas paixões, que se situa entre o sonho e a realidade. Em meio à (aparente) ausência de sobriedade, instaura-se um estado de vagante transitoriedade, e toda ideia torna-se passível de concreção elíptica, em face de seu alto teor de significância. Nesses aforismos da ideia musical, não seria desvairado afirmar que Schumann, em certa medida, antecipou em quase um século a economia temporal que reencontraremos apenas na obra de um Webern – algo diametralmente oposto à temporalidade totalizante e, sob este aspecto, totalitária da verve wagneriana.

Em clara referência ao paradigma bachiano – admiração assumida por Schumann, para quem o *Cravo Bem Temperado* constituía o pão nosso de cada dia –, retoma o projeto didático das *Invenções*, antecipa novamente por quase um século agora o Béla Bartók dos *Mikrokosmos*, e antecede os próprios antecessores contemporâneos de Wagner no *Album fur die Jugend Op. 68*, concluído em 1848, ao enunciar, realçado por sintomática fermata, o acorde de Tristão na peça nº 28, intitulada *Erinnerung* (*Lembrança*, ela mesma composta em data anterior a toda a obra, mais precisamente em 4 de novembro de 1847)[34]. A partir de então, Schumann, tomado pela obsessão compulsiva, e em desatino autorreferencial de índole (quase) esquizofrênica, faz emergir a mesma harmonia, com funções diversas por suas propensões harmônicas variadas (mas não por sua constituição!) – em eco ao projeto megatranspositor dos *Prelúdios e Fugas* de Bach, que transitam por todas as tonalidades – por nada menos que oito peças seguidas, sempre trans-

---

34 A aparição do arquétipo wagneriano nesta obra de Schumann ganha relevo pela obstinação com que o compositor aí dele faz uso, em particular a partir da peça nº28, mas não quer dizer que antes disso Schumann não tenha feito emprego algum da entidade, seja em obras anteriores, seja no corpo do próprio *Album fur die Jugend* (no compasso 17 da peça nº19, *Kleine Romanze*, por exemplo, a entidade já se fazia presente). Com relação a obras anteriores, já, por exemplo, em sua *Fantasie Op. 17* para piano, dedicada a Liszt e cujos primeiros esboços datam de 1836, percebe-se o emprego do arquétipo em diversas passagens, como ainda teremos ocasião de verificar.

figurada em contextos díspares e caracteres diversos, alternando entre a doçura de Eusebius e o ímpeto de Florestan, numa contínua lembrança da *Lembrança*. Em meio a tal processo, impregnado da divisão de personalidade que sedimenta a poética schumanniana, chega-se ao apogeu do ideário romântico: o fato de que se pode experimentar os errantes, "laborínticos" sentidos da loucura como vivência válida, certeira, dos sentidos! Se consciente ou inconsciente, tal aspecto pouco interessa diante do fato concreto que a presentificação da entidade em obra evidencia, da mesma forma como não vem ao caso distinguir, em face do fato estético, o são do insano. Encontramo-nos em meio aos becos com saídas dos tantos Tristãos pelos quais a obsessão, pelas mãos de Schumann, deixa de ser necessariamente compulsiva para tornar-se, por vezes, até mesmo lírica.

A aparição do acorde de Tristão na fermata de *Erinnerung* (Exemplo 14a) faz, no mais, transparecer uma das contradições do sistema tonal, cada vez mais evidentes a partir do período romântico. Interpretando-se a entidade, como o fizemos, como uma dominante da tônica Lá maior, na qual a peça logo repousará dois compassos depois, o Mi sustenido escrito por Schumann como base do acorde deve ser interpretado como um Fá natural, nona menor de Mi (fundamental ausente da dominante, como quer nossa análise). Mas o acorde pode ser visto igualmente como uma dominante da dominante de Si menor, afirmado na cabeça do compasso seguinte. O próprio Si menor, segundo grau de Lá maior, atua em duplo sentido: por um lado, como subdominante relativa; por outro, como subdominante com sexta de Lá maior (portanto: Ré – Fá sustenido – Si, tendendo a Lá), esboçando uma cadência completa à tônica Lá maior (recurso este bastante comum na tonalidade, e particularmente em Schumann). Neste caso, porém, o Mi sustenido do acorde de Tristão comporta-se como terça maior da fundamental ausente Dó sustenido, e o acorde passa a ser de uma dominante secundária com sétima menor (Si), nona menor (Ré), e sexta menor (napolitana) como *appoggiatura* da quinta Sol sustenido (enunciada na segunda fermata). Ao grafar Mi sustenido no lugar de Fá natural, Schumann opta, na escrita, por tal interpretação, e não pela nossa. Mas como haveria de optar por ambas? A propensão harmônica da entidade assume ambiguidade no próprio contexto da tonalidade, ramificações errantes que não podem ser acompanhadas pelas limitações unidimensionais da escrita. Enquanto a *escritura* (processualidade) se desdobra, a *escrita* mantém-se circunscrita a seus parcos meios, deflagrando, cada vez mais, uma contradição entre a intenção compositiva e a sua grafia no seio da tonalidade.

Exemplo 14 Schumann: aparições do acorde de Tristão no *Album für die Jugend Op. 68*

a) Peça 28: *Erinnerung*, compassos 19 e 20

b) Peça 29: *Fremder Mann*, compassos 36 a 39

Idem, compassos 45 e 46

c) Peça 30: sem título, compassos 29 e 30 (o mesmo acorde de Tristão reaparece no compasso 46)

d) Peça 31: *Kriegslied*, compassos 29 a 31

e) Peça 32: *Sheherazade*, compassos 17 e 18

f) Peça 33: "*Weinlesezeit - Fröhliche Zeit!*", compassos 17 e 18

g) Peça 34: *Thema*, compassos 16 e 17

h) Peça 35: *Mignon*, compassos 4 e 5

Idem, compassos 23 e 24

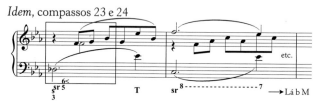

Idem, compassos 27 e 28

A entidade como ápice de tensão em Chopin

Quatro anos antes da conclusão do *Album fur die Jugend* de Schumann – portanto em 1844 –, Chopin escrevera sua terceira (e última) *Sonata, em Si menor, Op. 58*, em cuja primeira parte tem-se como centro de gravidade tonal Ré maior (tônica relativa de Si menor). A tonalidade em Chopin, como é notório, é das mais sofisticadas, já quase expandida e impregnada de arrojadas e constantes modulações, e mesmo antes disso ele já teria feito uso da entidade[35]. No caso específico deste movimento, o apoio quase sistemático no acorde diminuto como tensão harmônica assume caráter marcante, e bastaria um *retardo* de uma de suas notas para se atingir, mesmo que de passagem, o acorde de Tristão. Tal seria o caso se imaginássemos a passagem seguinte, do compasso 72 (Exemplo 15a), com uma pequena alteração nos terceiro e quarto tempos (Exemplo 15b), em que um simples *retardo* do Sol sustenido transformasse um acorde diminuto na entidade wagneriana:

Exemplo 15 Chopin: *Sonata em Si menor Op. 58*

a) compasso 72

b) alteração do compasso 72

acorde de Tristão

---

35 Tal é o caso, como bem me apontou meu aluno Marcos Pantaleoni, da primeira *Ballade Op. 23*, de 1836, na qual o acorde de Tristão eclode (exatamente com as mesmas notas originais do

E, de fato, Chopin assim o faz, utilizando-se do *retardo* de uma das notas do diminuto para fazer apelo ao nosso agregado, mas tal recurso somente terá lugar, estrategicamente, como última tensão apoiada no próprio Ré no grave (agora como sétima de sua dominante da dominante, Mi), tal como ocorre na cabeça do compasso 87 através de um *retardo* de um Lá de dois compassos antes (Exemplo 16a). Desta feita, Chopin, de modo bastante sintomático, reserva o papel de tensão resolutiva final a esse agregado inusitado. Na conclusão do movimento, com uma modulação que resulta não na tônica menor, mas em Si *maior* – instituindo, portanto, uma relação *mediântica*, ao invés de *relativa*, como era de se esperar com relação ao Ré maior anterior –, Chopin retoma o emprego da entidade no mesmo lugar estrutural, ainda que com função diversa[36]. Desta vez, estamos defronte exatamente das mesmas notas de sua primeira aparição em Wagner (Exemplo 16b).

Exemplo 16a Chopin: *Sonata em Si menor Op. 58*

a) compassos 84 a 87

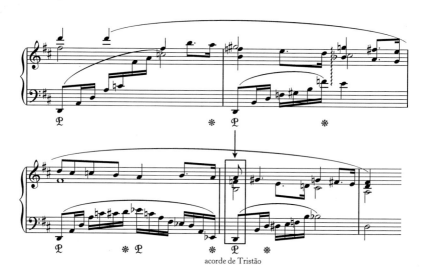

contexto wagneriano em *Tristão e Isolda*) no compasso 124, para logo em seguida (a partir do compasso 130) enunciar, talvez pela primeira vez na história, o que bem mais tarde viria a ser chamado por Olivier Messiaen de *Modo II de Transposições Limitadas* (notas graves do desenho ascendente da mão direita). E ainda antes, em 1832-1833, ouve-se a entidade na *Mazurka nº 10*, em *Si bemol maior, Op. 17 nº1*, nos compassos 16, 19 e 21 (e 32, 35 e 37).

36 Aconselha-se vivamente que se tenha em mãos a edição *Urtext* da obra (G. Henle Verlag, Munique, número 290), uma vez que diversas edições pensam em se tratar de um erro (???) o Ré

Exemplo 16b – Chopin: *Sonata em Si menor Op. 58*

b) compassos 194 e 195

Mas mesmo na primeira vez que aparece (compasso 87) – na qual a entidade assume função de dominante da dominante sem fundamental nem terça, com quinta no grave, e acrescida de sétima, nona menor e décima-primeira (Exemplo 17a) – poderíamos até pensar num encadeamento como o que encontramos em Wagner, e poderíamos, *à la* Brahms, até mesmo repousar em um Ré maior com sétima maior, como ilustra o Exemplo 17b. E tudo continuaria a funcionar perfeitamente! As condições para a presentificação da entidade, tais como as vemos cristalizadas em Wagner, já se fazem aqui presentes. É curioso, no mais, observarmos os desvios de função que a entidade adquire em contextos estruturais tão semelhantes, fato que revela a mestria e ao mesmo tempo o pioneirismo de Chopin no terreno da pura especulação harmônica: ao retornar na conclusão do movimento, a entidade, com as mesmas notas de sua primeira aparição no Prelúdio de Wagner, assume função diversa (dominante da dominante, porém apenas sem a fundamental, com sétima e nona maior – Exemplo 17c). Na verdade, Chopin antecipa o que veremos somente em Liszt, Mahler e Berg, fazendo do trítono da base do acorde uma estrutura pivotante, pois ao concluir em Si *maior* e transpor o Ré maior anterior uma terça menor abaixo, a entidade wagneriana deixa de ser igualmente transposta a uma terça menor abaixo para deslocar-se no âmbito de uma quinta diminuta!

---

sustenido no lugar de um suposto Ré natural no compasso 195! Querem, assim, transformar o acorde de Tristão num acorde diminuto, deixando transparecer uma total incompreensão acerca das entidades harmônicas e desrespeitando a estratégia harmônica, mais que consciente, de Chopin.

Exemplo 17 O acorde de Tristão e suas funções em Chopin

a) compassos 87-88: estrutura harmônica

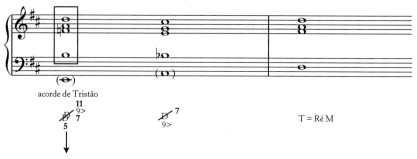

b) encadeamento melódico-harmônico *à la* Wagner, com terminação *à la* Brahms

c) compassos 195-196: estrutura harmônica

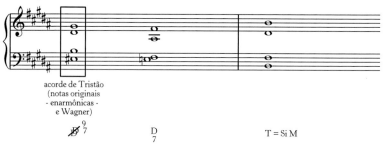

d) transposição das tônicas não coincidente com a transposição dos acordes de Tristão

Contemporaneidades: Brahms, Grieg, Bruckner e o próprio Wagner

O jovem Brahms, em sua tenra idade de vinte anos, e vinte anos mais moço que Wagner, não pode ficar de fora dessa história! Maduro, usaria o acorde de Tristão, em 1887, no *Allegretto Grazioso* de sua *Segunda Sonata para Violino e Piano Op. 100*[37], no terceiro dos *Drei Intermezzi Op. 117*[38], no *Intermezzo 2* dos *Klavierstucke Op. 118*[39], ou ainda no *Intermezzo 1* dos *Klavierstücke Op. 119*, estes três últimos de 1892. Nesta última peça, uma das mais geniais escritas por ele e inaugural do último ciclo de composições para piano de sua vida, Brahms constrói harmonias arrojadas em sobreposição de terças – fazendo eco às perambulações de terças do início de sua *Quarta Sinfonia Op. 98* (1886) –, chegando mesmo a encastoar na própria tônica Si menor a função de dominante com sétima e nona menor (como no antepenúltimo compasso), e insistindo no acorde de Tristão como subdominante menor com sexta maior acrescentada (Mi – Sol – Si – Dó sustenido)[40].

Mas é surpreendente que a entidade wagneriana encontre aparição, em Brahms, logo na primeira canção que escreveu, com fortes reminiscências de Schubert: *Liebestreu Op. 3, nº 1*, de 1853, em Mi bemol menor, portanto contemporânea da *Sonata* de Liszt de que logo trataremos e anterior ao Prelúdio de *Tristão e Isolda*. A data do emprego do "acorde de *Tristão*" é, pois, como no caso de Schumann e Chopin, ainda anterior à sua aparição em *Tristão e Isolda*. Na passagem (Exemplo 18a), a entidade, exatamente com as mesmas notas (considerando-se as enarmonias) de sua aparição primeira no contexto wagneriano, assume a função – podemos assim interpretar –

---

37 Cf. compasso 8 deste movimento.

38 Cf. compassos 28, 29, 78, 81 e 103.

39 Cf. compasso 59, terceiro tempo.

40 Cf. compassos 4, 42, 50, 58 e 63. Por uma única vez, a entidade chega a ser transposta, na passagem do compasso 13 para o 14. A entidade reaparece na última colcheia do compasso 6 do *Intermezzo 3* desse mesmo *Op. 119*.

da subdominante substancialmente alterada, com quinta diminuta e sexta acrescentada, de Sol bemol maior (tônica relativa de Mi bemol menor): tanto a quinta diminuta da subdominante – alteração mais condizente, em princípio, à função de dominante que de subdominante – quanto a sexta acrescentada preparam o campo da dominante por se tratarem, respectivamente, da terça maior e da quinta desta função (Exemplo 18b).

Além disso, verificamos aí uma correlação cromática bastante curiosa entre ambas as funções de subdominante assumidas pela entidade wagneriana nesses contextos até aqui descritos, pois mediante um "mero" deslize cromático em movimento contrário das notas centrais da função que acabamos de descrever em Brahms, chegamos à constituição mais comum da entidade enquanto subdominante menor com sexta acrescentada, o que a rigor nada mais faz que ocasionar uma transposição por terça menor do acorde de Tristão sem que, contudo, sua propensão harmônica seja alterada, pois ambas as transposições da entidade podem implicar a mesma direcionalidade resolutiva (Exemplo 18c). Por fim, ao observarmos o arquétipo como sendo uma subdominante com quinta diminuta e sexta acrescentada, percebemos que esta constituição harmônica pode igualmente ser vista como uma versão específica do acorde de sexta aumentada, em que a sexta deixa de ser *aumentada*. Como sabemos, este último acorde nada mais é que uma dominante sem fundamental, com quinta aumentada, sétima e nona maior, tendendo à mesma resolução que a descrita para a função alterada de subdominante à qual acabamos de nos referir, porém sua constituição intervalar simétrica sugere uma "rotação" da entidade sobre si mesma que tende à resolução na antitônica do contexto anterior (Exemplo 18d). Esta rotatividade – como vimos em Chopin e logo veremos em Liszt e também ao final de nossa exposição, quando falarmos de Mahler, Skriabin e Berg – será averiguada igualmente com relação ao próprio acorde de Tristão, gerando consequências especulativas bastante surpreendentes...!

Exemplo 18

a) Brahms: *Liebestreu Op. 3, n. 1, compassos 6 e 7*

b) esquema harmônico

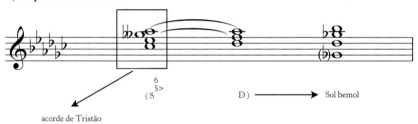

c) transposição por 3m do acorde de Tristão mantendo a mesma propensão harmônica

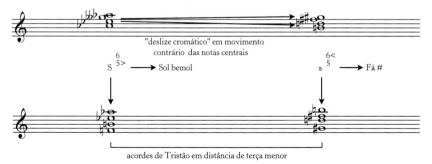

d) acorde de Tristão como versão específica do acorde de sexta aumentada

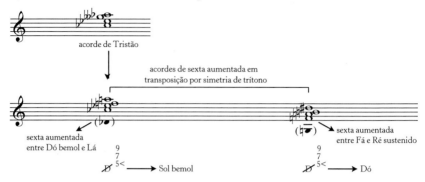

Um emprego assíduo da entidade wagneriana pode ser visto nas *Lyrische Stücke* de Edvard Grieg, cujo primeiro caderno, *Op. 12*, data de 1867. Nele, a entidade se faz presente logo na primeira peça, *Arietta*, por quatro compassos seguidos (dos compassos 5 a 8), para retornar na segunda peça, *Walzer* (compassos 11, 18, 29, 36, 63 e 70), na quinta, *Volksweise* (compassos 3, 19 e 35), e na oitava, *Vaterländisches Lied* (compassos 7, 13, 17, 25 e 29). Grieg revisita a entidade no *Op. 38*, na primeira (*Berceuse*, compasso 61) e terceira peças (*Melodie*, compassos 29 e 45), ou ainda logo no primeiro compasso da primeira peça, *Schmetterling*, do *Op. 43*. Neste último caso, a harmonia wagneriana é empregada como dominante sem fundamental, com sétima menor e nona maior, mas em geral a função da entidade, em Grieg, é de subdominante menor com sexta maior acrescentada.

O impacto de *Tristão e Isolda* de Wagner em geral é notório, por outro lado, naquele seu contemporâneo que quase se declara como um "wagneriano de carteirinha": Anton Bruckner. Em 1865 ele toma contato com esta obra de Wagner e com o próprio, a quem dedica sua *Terceira Sinfonia* (1873), também denominada, emblematicamente, *Wagner-Symphonie*. Não se pode permanecer imune à escuta escancarada da entidade wagneriana em meio ao *Adagio* de sua monumental *Sétima Sinfonia* (1883) – do compasso 27 ao 30 (Ré sustenido, Lá, Dó sustenido, Fá sustenido) –, e um bom ouvido não deixa escapar nem mesmo, ainda que muito *en passant*, a aparição efêmera da entidade na cabeça do compasso 39 do *Scherzo* da mesma obra (Dó nos violoncelos; Sol bemol, Si bemol, e Mi bemol nos trombones). Não somente por isso, mas por outras inflexões e progressões

MÚSICA MAXIMALISTA   **73**

harmônicas, Bruckner, como sabemos, antecipa aqui, clamorosamente, Mahler.

Mas é necessário, por fim, salientar que, a despeito da inegável significação adquirida pelo Prelúdio de *Tristão*, a entidade wagneriana não se circunscrevera nem mesmo à sua própria produção. Como bem pontua Martin Vogel, o arquétipo ganha significado trágico e é associado, posteriormente, tanto à fatalidade da morte em *Götterdämmerung* (1869), quanto ao ápice dramático na abertura no Terceiro Ato de *Parsifal* (1877-1882)[41].

Teria decorrido tal atitude de um anseio, por parte de Wagner, em perpetuar a entidade e torná-la arquétipo? Teria sido necessária tal estratégia? Quanto à primeira questão, constatemos que nada depõe contra a legitimidade do ato wagneriano: por que não teria o criador direito de abrigar sua invenção em lugar seguro no arsenal mítico dos tempos? Quanto à segunda, faça-se aqui, novamente, justiça: em que pese o valor de tais obras anteriores e contemporâneas a Wagner, foi, quer queira, quer não, pelo Prelúdio de *Tristão* e por esta ópera como um todo que sua, que *nossa* entidade encontrou as vias para sua arquetipação.

Música: arte sublime, na qual até mesmo um absolutista é digno de reconhecimento! Demos a Wagner o que é de Wagner! E, aí, escancara-se como inegável a genialidade wagneriana que tem como estratégia a ciclicidade em *Tristão e Isolda*. Nos momentos conclusivos da ópera, arrebatadores, em que Isolda morre, o ápice remete ao acorde de Tristão sem enunciá-lo verdadeiramente, uma vez que o Trítono da base do acorde transforma-se em quarta justa. E isto por duas vezes, justamente em distância de quarta, rimando, em transposição, com a própria alteração efetuada (Exemplo 19a). Wagner retarda, neste momento, a evocação de seu acorde, ainda que ele se faça presente – e como! – em compassos anteriores[42], perpassando o próprio ápice

---

41 Cf. Martin Vogel, *op. cit.*, p.110-113. Além disso, nós mesmos tínhamos já nos referido à aparição da entidade em Wagner na mesma época de *Tristão e Isolda* – cf. *Apoteose...*, p.76 –, quando analisamos a aparição do arquétipo em meio a *Der Engel* dos *Wesendoncklieder* de 1857-58.

42 No desfecho da morte de Isolda, a partir do *Sehr mäßig beginnend* da grade orquestral, a entidade wagneriana aparece de modo explícito – fora suas insinuações – nada menos que 27 vezes antes dos cinco últimos compassos que discutimos agora. Vemos, pois, que o processo de arquetipação do acorde de Tristão firma-se já mesmo no interior do próprio *Tristão e Isolda*, independentemente de seu reemprego em obras posteriores do próprio Wagner.

melódico-harmônico para somente reapresentá-lo em último gesto conclusivo, que nada mais faz que retomar o primeiríssimo da obra – aquele que enunciara o acorde de Tristão no Prelúdio. Aqui, porém, o Sol sustenido dá lugar a um Sol natural, a tonalidade de um Mi menor com sexta maior acrescentada (nossa entidade) tem lugar – a rigor, uma subdominante menor com sexta maior acrescentada –, e se na sua primeira aparição a entidade assumia função de dominante da dominante de um *Lá* (menor?), aqui reafirma a mesma função, direcionada, contudo, à tônica final de *Si maior*! A julgar pela concatenação desses dois fragmentos finais – ápice melódico-harmônico e reevocação cíclica do início da obra –, evidencia-se, implicitamente, um verdadeiro "encadeamento de Tristãos" (Exemplo 19b). Numa das mais comoventes passagens jamais escritas na história da música, Wagner reafirma a importância ímpar de sua obra e ameaça superar a genialidade ainda maior de seu grande amigo Liszt: no caso wagneriano, escuta-se a entidade mesmo quando ela já não se faz mais presente!

Exemplo 19 Wagner: *Tristão e Isolda (Morte de Isolda)*

a) esquema harmônico do ápice

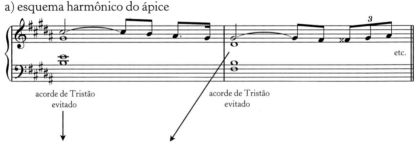

b) restituição dos acordes de Tristão implícitos na passagem
(nossas alterações = notas em losangos)

"Acorde de Liszt"?!

Mas será preciso, nesse contexto, fazer justiça ainda maior! Perguntamos, então, se não teria sido mesmo o caso de designar tal constituição harmônica por "acorde de Liszt"[43], uma vez que a obra a que nos referiremos talvez constitua uma das maiores obras do gênero em todos os tempos, senão uma das maiores de toda a história da música: a *Sonata em Si menor*, cujos esboços datam de 1851, e cuja composição propriamente dita ocupara Liszt entre 1852 e 1853, precedendo, de qualquer forma, o feito de Wagner. A injustiça configura-se pelo fato de a entidade receber tratamento estrutural ímpar nos diversos contextos em que aparece nesta obra-prima, e nos perguntamos mesmo se Wagner não teria, de alguma forma, partido deste "acorde de Liszt" para enunciá-lo obsessivamente em *Tristão e Isolda*...

Como é notório, a *Sonata* de Liszt prima por suas ousadias formais e harmônicas, além do desenvolvimento exemplar da virtuosidade pianística. Inaugura o que se designa por *Durchkomposition*, ou seja, a composição que se estabelece em um único movimento, abrindo mão da repartição tradicional da forma-sonata em movimentos distintos. Antecipa, nesse sentido, a preferência pelas obras de caráter formal unitário e único que viria a caracterizar boa parte da produção musical do século seguinte, no bojo da chamada música contemporânea. Em meio a tal processo eminentemente *contínuo*, embebe a forma-sonata de informações estruturais as mais diversas, da constituição de três temas principais (ao invés de dois) à referência à valsa (estrutura ternária de semínimas embutida numa métrica ternária mais alargada de mínimas – compassos 600 a 615), passando por um recitativo (a partir do compasso 301) e uma notável fuga a três vozes (a partir do compasso 460), sem contarmos com o(s) tema(s) e variações. E em meio a tais arrojos, não deixa de se arriscar por enunciações harmônicas de alto teor especulativo, a começar pela Introdução, de caráter nitidamente escalar

---

43 Aos moldes do que fizera Henri Pousseur com o modo melódico constituído pelo passo de terça menor + segunda menor, presente de maneira insistente na obra de Liszt, e que se configura como um *modo de transposições limitadas* como os de Olivier Messiaen, batizado pelo compositor belga como "modo-de-Liszt" – cf. Henri Pousseur, "Stravinsky selon Webern selon Stravinsky". In: *Musique en Jeu Nr. 4* (p.21-47) e *5* (p.107-126), Paris, Éditions du Seuil, 1971, em especial no *Nr. 4*, p.31.

descendente, que transforma um modo frígio em duas células do modo-de-Liszt em distância de quartas.

Exemplo 20 Liszt: *Sonata em Si menor*, estruturas intervalares da Introdução, compassos 1 a 7

A estruturação por quartas, aliás, constitui uma das aquisições extraordinárias desta obra capital, antecipando de modo espetacular sua emergência na primeira fase da obra de Schoenberg. É o que se evidencia no compasso 410, em trecho no qual a dominante Fá sustenido maior se faz tônica de passagem, num encadeamento harmônico ousado que parte de Mi maior (subdominante da subdominante de Fá sustenido), transita por uma inusitada relação mediântica a Sol sustenido maior (dominante da dominante de Fá sustenido), apresenta Ré maior com sétima menor como dominante secundária de Sol, e realiza cadência oculta de sexta napolitana, fazendo da fundamental Sol a sexta menor de uma subdominante menor de Fá sustenido maior. Em meio a tais acordes, enuncia-se um acorde de quartas, somente possível, antes de Schoenberg, em Liszt.

Exemplo 21 Liszt: *Sonata em Si menor*, compasso 410

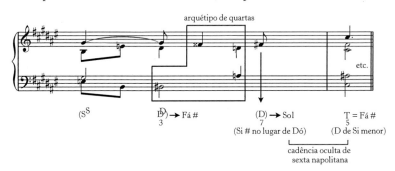

Quando esta mesma passagem retorna, no final da obra, na tonalidade de Si (ainda que *maior*), no compasso 724, a transposição a uma quarta acima encontra plena sintonia com a estrutura do arquétipo de quartas, expandindo-o até a nota Fá (no contexto do compasso, Mi sustenido).

Poderíamos discursar ainda sobre outras particularidades harmônicas relevantes, como por exemplo o *arpeggio* que enuncia o arquétipo-diminuto acrescido, no agudo, de uma quarta justa, logo no início do compasso 306 (Mi bemol, Sol bemol, Lá, Dó, Fá), e que prenuncia a invenção deste arquétipo harmônico por Berg (tipicamente de *Kammerkonzert* e de *Lulu*) em mais de 70 anos!

Mas é hora de centrarmos questão no acorde de Tristão e talvez mesmo proporemos que esta entidade receba, a partir de agora, sua justa nomenclatura: "acorde de Liszt"! Isto porque a entidade, usada com total consciência acerca de suas errantes ou múltiplas propriedades harmônicas, faz-se presente em momentos estruturais de extrema relevância no todo da *Sonata*, a começar pelo seu primeiro tema – o qual pode, por seu caráter tempestuoso e pela obsessão de Liszt com o *Fausto* de Goethe, ser conotado a Mefistófeles –, logo nos compassos 8 a 17[44]. O *perfil* do tema de Mefistófeles, em sua primeiríssima frase, calca-se sintomaticamente na entidade "wagneriana", e cada quebra de direção entoa cada um dos quatro componentes da entidade, contrapondo o modo-de-Liszt das primeiras notas com o arquétipo-diminuto das conclusivas:

Exemplo 22 Liszt: *Sonata em Si menor*, compasso 9 a 11 (início do primeiro tema)

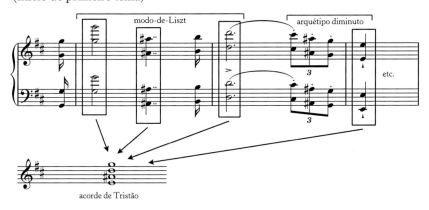

---

44 Não se trata, entretanto – e é bom que realcemos isto –, da primeira aparição da entidade em Liszt. A título de exemplo, pode-se ouvi-la já antes nas *Consolations* para piano, de 1848 (mais precisamente na segunda e na quinta, esta última remontando suas origens a 1844).

Este acorde, na verdade, institui uma dominante de Si, e apresenta-se mais apropriadamente como dominante sem fundamental (Fá sustenido oculto) com quinta aumentada, sétima menor e nona menor de Si *maior*, tal como a obra haverá efetivamente de concluir:

Exemplo 23

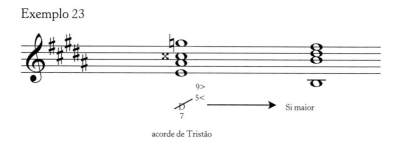

acorde de Tristão

A presença da entidade é evidenciada pela harmonização deste contorno temático quando retorna nos compassos 24-27. Na cabeça do compasso 26, o acorde de Tristão emerge sem titubeios:

Exemplo 24 Liszt: *Sonata em Si menor*, compassos 25 a 27

acorde de Tristão

Mas já antes, no segundo motivo do primeiro tema, a entidade wagneriana (lisztiana!) se fazia presente de modo implacável em duas transposições: a primeira igual à sua aparição no primeiro motivo do tema; a segunda, soando uma segunda maior acima, tal como nos mostra o Exemplo seguinte.

Exemplo 25 Liszt: *Sonata em Si menor*, compassos 14 a 17

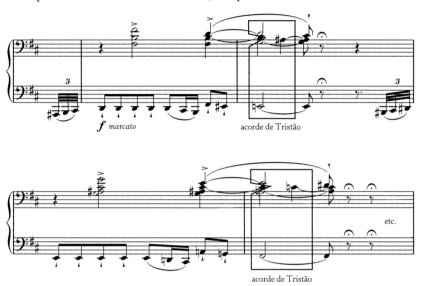

Tal conformação repete-se no compasso 31, quando a entidade volta a se situar na sua transposição primeira, ainda que, com grande mestria, o próprio segundo motivo do primeiro tema encontre-se, ele mesmo, transposto mais uma segunda maior acima!

Exemplo 26 Liszt: *Sonata em Si menor*, compassos 31 a 34

Após o grandioso segundo tema, de Fausto (compassos 105-119), constituído ele mesmo por uma transposição de sua célula melódica por passos de quartas ascendentes enquanto o acompanhamento percorre todo um ciclo cromático completo por passos de terças descendentes (!), há a retomada do primeiro, e o acorde de Liszt – digo, de Tristão – é explicitado em sua aparição original em meio a uma figuração melódica descendente:

Exemplo 27 Liszt: *Sonata em Si menor*, compasso 135

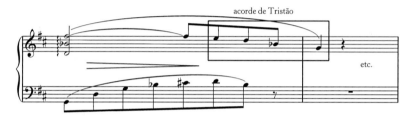

Que a *Sonata* de Liszt seja um tributo a Schumann não nos surpreende. Além de sua relações com Berlioz, Liszt relevara que apenas a música de Chopin e de Schumann poderia lhe interessar, e talvez esta passagem do compasso 135 desvele as origens referenciais a partir das quais Liszt edifica sua obra, já que a mesma transposição do acorde de Tristão, inclusive com a mesma configuração melódica descendente, encontra-se no compasso 46 do Primeiro Movimento da *Fantasie Op. 17* de Schumann, dedicada justamente a Liszt[45].

---

45 Esta passagem será repetida e transposta, com a presença da entidade, no compasso 238 da *Fantasie*, mas antes de sua aparição no compasso 46, Schumann emprega o arquétipo como acorde na cabeça dos compassos 29, 35 e 39. A primeira grande seção deste Primeiro Movimento culmina com a primeira fermata do compasso 80 (*Adagio*) justamente com um acorde de Tristão, que terá correspondência na primeira fermata do compasso 272. A entidade volta a aparecer também nos compassos 212-215 e na cabeça do compasso 231. No Terceiro Movimento, a entidade reaparece no segundo tempo do compasso 70, mas será evitada quando da repetição transposta dessa passagem no compasso 121.

Exemplo 28 Schumann: *Fantasie Op. 17*, Primeiro Movimento, compasso 46

É bem provável que tal referência tenha motivado o emprego da entidade tanto horizontalmente, enquanto linha melódica que delineia o perfil logo do primeiro tema, quanto como constituição vertical da harmonia, no que Liszt supera Wagner categoricamente. Ao que tudo indica, Schumann rolou a bola para Liszt, e este, para Wagner, numa triangulação perfeita.

No compasso 153 da *Sonata*, um segundo tema faustiano tem lugar, agora de caráter lírico, mas que não pode ser designado por "terceiro" tema da *Sonata*, uma vez que nada mais é que o segundo motivo do primeiro tema reelaborado em textura, caráter, registro e configuração harmônica[46]. É uma parte do caráter mefistofélico emprestado ao lirismo apaixonado tipicamente faustiano. Entre a primeira e a segunda frase, o arquétipo wagneriano/lisztiano desloca-se em dois tempos no interior do compasso:

---

46 Caso o presente trecho seja visto como um tema independente, como alguns afirmam, então haveria de se considerar todas as infindáveis variações texturais dos motivos que compõem o primeiro tema como sendo, cada uma, um tema à parte.

Exemplo 29 Liszt: *Sonata em Si menor*, compassos 153 a 160

Tem-se, na passagem acima, uma progressão harmônica da melodia calcada em uma transposição ascendente de segunda maior (de Ré para Mi), enquanto, mais uma vez, nossa entidade transpõe-se a *outro* intervalo, a saber, de terça maior. Tais estruturações (tanto a do Exemplo 29 quanto a do Exemplo 26) ilustram a engenhosidade do sistema tonal, em que uma certa progressão harmônica dá lugar a transposições de entidades que não se conformam necessariamente à transposição que institui a própria progressão das estruturas, fato que aqui, no contexto da *Sonata* de Liszt, se apoia justamente na entidade wagneriana. Tem lugar, então, uma refuncionalização dinâmica da entidade no seio do sistema. Tal fenômeno remete-nos ao reconhecimento sobre a tonalidade expresso pela compositora Kaija Saariaho em um de seus textos, cuja formulação bem ilustra a genialidade desse sistema do passado:

> Entre os modelos de organização conhecidos quanto ao domínio das alturas, o sistema tonal é [...] o meio mais eficaz de utilização da harmonia para construir e dominar as formas musicais dinâmicas. Tal fato é ilustrado por numerosas estruturas de forma, amplas e volumosas, que vieram à luz durante a época da música tonal. Seria difícil encontrar uma concepção assim tão dinâmica da forma entre as outras abordagens[47].

Tal reconhecimento não impede – como aliás o admite a própria Saariaho em seu texto – que vejamos o sistema tonal como algo definitivamente associado ao passado. Será preciso, evidentemente, reconhecer tanto sua engenhosidade quanto sua superação histórica, para aprender justamente da tonalidade seu potencial funcional inesgotável, nutrindo as especulações mais prospectivas e atuais da harmonia. Ao contrário do que se pensa vulgarmente, não é necessário um total esgotamento para que um sistema dê irreversivelmente lugar a outros tipos de estruturação, superando a si mesmo, como o fez, constatemos, a própria tonalidade pelas vias de Liszt, Schoenberg e outros.

As duas aparições do acorde de Tristão no Exemplo 28 repetem-se com variação de textura, respectivamente, nos compassos 172 e 176, mas entre as duas passagens, três outras aparições do arquétipo nos chamam a atenção, como bem ilustra o Exemplo 30.

---

47 Kaija Saariaho, "Timbre et Harmonie". In: *Le Timbre, Métaphore pour la Composition,* Paris, Christian Bourgois Éditeur, 1991, p. 413.

Exemplo 30 Liszt: *Sonata em Si menor*, compassos 165 a 170

Um outro ápice de tensão culmina na progressão harmônica dos compassos 270-276, nos quais a entidade aparece e reaparece em quatro transposições distintas, ganhando autonomia estrutural não resolutiva.

Exemplo 31 Liszt: *Sonata em Si menor*, compassos 270-271

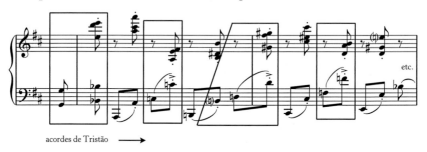

Todo este desenvolvimento formal culmina na reapresentação do primeiro tema, em sua configuração intervalar original, transposto ao trítono descendente, em que novamente o perfil perfaz o acorde de Tristão:

Exemplo 32 Liszt: *Sonata em Si menor*, compassos 286-288

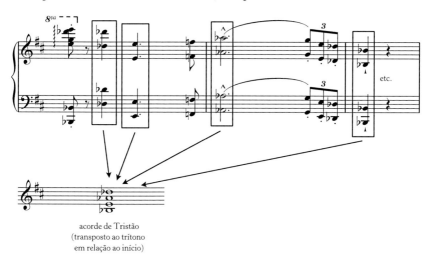

acorde de Tristão
(transposto ao trítono
em relação ao início)

Liszt trilha aqui o mesmo caminho especulativo percorrido por Chopin em sua *Terceira Sonata*, escrita curiosamente na mesma tonalidade de Si menor[48]. No ápice do movimento melódico ascendente do Recitativo – na cabeça do compasso 301 –, a entidade reaparece na sua mais recente transposição ao trítono. O trecho, comportando uma modulação para Dó sustenido menor (resolução subentendida, porém oculta, ao final deste compasso, com cadência claramente reminiscente de Beethoven), confere à entidade a mesma função que adquirirá no Prelúdio de Wagner: trata-se de uma dominante secundária (com fundamental em Mi), com quinta diminuta no grave (Lá sustenido no lugar de Si bemol) e, no agudo, uma sexta que escorrega aqui, porém – e ao contrário do contexto wagneriano –, para a sétima *maior* (Ré sustenido) e, sem seguida, para a quinta (Mi) de sua tônica (Lá). No contexto, o acorde de Lá acaba, ele mesmo, escorregando cromaticamente para Sol sustenido maior ao término do compasso, dominante de Dó sustenido menor, funcionando ambiguamente como uma subdominante (menor) de Dó sustenido sem a fundamental, com sétima e nona menor e

---

48 Mesma tonalidade da *Missa* de Bach, da *Sétima Sinfonia* de Mahler, da *Sonata Op. 1* de Berg e de tantas outras obras significativas ao longo da história da música.

evocando de modo subjacente uma cadência completa a Dó sustenido menor – Exemplo 33a. Nesse contexto, não é sobre o acorde de Tristão que recai o peso da dupla função e da ambiguidade, mas antes sobre o acorde no qual a entidade se resolve: o acorde seguinte (em princípio, de Lá maior com sétima) funciona ao mesmo tempo tanto como dominante de um inesperado e inadmissível Ré quanto como subdominante menor, em estado de profunda alteração (com sétima e nona menor e sem a fundamental Fá sustenido), da tônica menor da passagem (Dó sustenido menor) – cf. esquema harmônico do Exemplo 33a. Mas se esse "deslocamento de ambiguidade" ao próximo acorde isenta a entidade, nesse contexto, de dupla interpretação, nem por isso Liszt a deixa impassível diante de suas especulações. Logo a seguir, realiza progressão harmônica calcada no acorde diminuto, e a última harmonia antes da fermata do compasso 310 (e depois, transposta, do compasso 313) quase culmina justamente no acorde de Tristão do início, evitado aqui pela presença do Ré bemol – Exemplo 33b. Caso o arquétipo-diminuto cedesse lugar aqui ao acorde de Tristão, aquela mesma transposição pivotante já preconizada por Chopin, presente na *Sonata* de Liszt na relação entre a primeira aparição do primeiro tema e sua reaparição nos compassos 286-288, seria explicitada, uma vez que em ambas as transposições da entidade utilizam-se do trítono de base do acorde de Tristão para girar o eixo de sua estrutura intervalar – Exemplo 33c.

Exemplo 33 Liszt: *Sonata em Si menor*

a) compasso 301

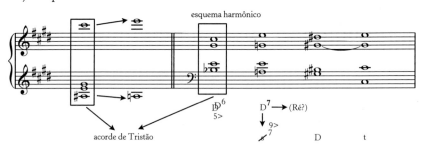

b) compassos 307 a 310

o acorde de Tristão
do início evitado
(Ré bemol em vez de Ré natural)

c) transposição dos acordes de Tristão do primeiro tema em suas aparições, respectivamente, nos compassos 286-288 e ao início (compassos 8-11), pelo intervalo pivotante de trítono da base da entidade

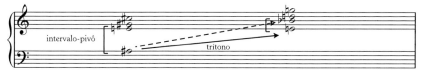

d) compassos 373   e   381

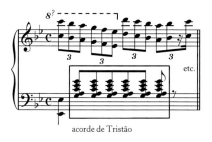

acorde de Tristão

acorde de Tristão

e) transposição dos acordes de Tristão dos compassos 373 e 381 pelo intervalo pivotante de trítono da base da entidade

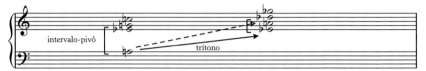

A consciência de Liszt acerca de tal propriedade pivotante da entidade wagneriana é, no entanto, absolutamente evidente, e não será pelo fato de ter evitado a entidade no compasso 310 que tal correlação não seja alvo estratégico de suas especulações, posto que, após introduzir o terceiro tema da *Sonata* – algo deveras inusitado, contrapondo-se ao dualismo presente na sonata clássica –, tema esse agora associado a Gretchen (a partir do compasso 331), percebemos, compassos adiante, o mesmo tipo de estruturação tendo novamente lugar, com a entidade harmônica reaparecendo no compasso 373 para, logo em seguida, sofrer nova rotação por eixo de trítono no compasso 381 – Exemplos 33d e 33e. Como se não bastasse tal engenhosidade calcada no intervalo-pivô de base da entidade, Liszt ainda nos brinda com a relação cromática entre ambas as sequências estruturais: basta compararmos o Exemplo 33c com o 33e para vermos que o encadeamento pivotante dos acordes de Tristão recebe, na realidade, tratamento cromático já tipicamente "wagneriano", deslizando por uma segunda menor abaixo!

A entidade volta a ser utilizada em meio à fuga subsequente, seja no perfil do primeiro tema (que serve agora de tema da fuga) nos compassos 460-463 (na mesma transposição do compasso 381), seja nas primeiras quatro colcheias do compasso 469, ou ainda na cabeça do terceiro tempo tanto do compasso 503 quanto do 505, agora em distância de terça menor entre si, para reaparecer então no final da obra (após reapresentar, transposta, a progressão harmônica dos compassos 270-276 nos compassos 665-672, na qual o arquétipo, como vimos, aparece em quatro transposições distintas).

Na conclusão da obra, o perfil do primeiro tema abandona seu conteúdo harmônico inquietante, que se calcava (ainda que nem sempre) na entidade wagneriana/lisztiana, para deslocá-la enquanto acorde autônomo na última aparição do arquétipo no compasso 743. Não há, aí, qualquer dúvida quanto à sua funcionalidade, mas ela institui, de qualquer modo, variação considerável com relação a seu uso anteriormente discutido, principalmente no tocante à *quinta*: exerce o papel de dominante sem fundamental, com quinta *aumentada* (não mais *diminuta*, portanto), sétima menor e nona menor ao grave da tônica Si (agora maior), restituindo sua primeiríssima função tal como exposta logo ao início da obra – cf. Exemplo 23. A existência de ambas as funções da entidade, com alteração tão sintomática da quinta (de diminuta para aumentada), explicita de modo exemplar tanto seu teor polissêmico quanto a genialidade especulativa de Liszt, talvez o maior músico do século XIX, no terreno da harmonia.

Exemplo 34 Liszt: *Sonata em Si menor*, compassos 743 e 744

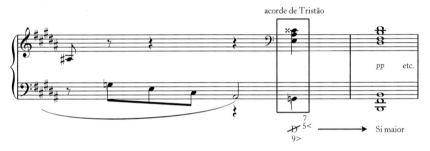

Ações *a posteriori*: o arquétipo bate asas em Strauss, Stravinsky, Debussy, Ravel, Gershwin, Prokofiev

Estamos nos limites da tonalidade e em princípios do século XX, e as referências ao arquétipo wagneriano começam a proliferar em diversas obras e por toda parte. Em Richard Strauss, por exemplo, a entidade aparece, com toda evidência e em meio a outras aparições, em *Tod und Verklärung Op. 24* (1888-1889), no ponto culminante dos compassos 161-162, após já ter sido enunciado com clarividência antes, como por exemplo no compasso 86. Em fase de alargamento e crise aguda do sistema tonal, a entidade se presta, ainda reminiscente de sua errante função de dominante, a notáveis ambiguidades e começa a chamar a atenção para si mesma, enquanto constituição harmônica *sui generis*, pleiteando autonomia estrutural.

Para encontrar a entidade em meio à produção da época-limítrofe da tonalidade, basta procurar[49]! Stravinsky, por exemplo, faz uso dela logo ao início da cifra 1 de *Le Rossignol*, cujo Primeiro Ato data de 1908-1909[50]. Ali, a passagem, calcada na tonalidade de Fá menor, expõe o arquétipo com toda a nudez com um sintomático respiro agógico que o estende por um tempo e meio após um *perpetuum mobile* de colcheias. Seja pelo repouso sobre a entidade, seja por sua dúbia relação com a tonalidade de Fá menor, o acorde atrai a atenção sobre si, esboçando autossuficiência[51].

Já em Debussy, encontra-se ora de modo explícito, ora dissimulado por engenhosa construção. Na conclusão da melodia inicial da flauta, o primeiro acorde do *Prélude à l'Après-Midi d'un Faune* (1892-1894) é o acorde de Tristão, que aliás é recorrente na obra, encerrando-a de modo cíclico com sua última aparição no compasso 108 (aqui na exata disposição intervalar de sua constituição naquele outro *Prelúdio*, o de Wagner). Explicitação e dissimulação da entidade podem, também, coexistir em um mesmo contexto. É o caso de *Reflets dans l'Eau*, primeira das peças que compõem *Images I* (1905), para piano[52]. Quando de sua primeira aparição, trata-se das mesmas notas da primeira entonação da entidade em *Tristão e Isolda*. Ali, ameaça constituir-se no compasso 19, mas instaura-se mesmo nos compassos 20 e 21, numa progressão harmônica na qual o arquétipo se vê transposto tendo como base outro: o arquétipo-diminuto (transposições por terça menor, fazendo eco, assim, às possibilidades por nós elucidadas há pouco – cf. Exemplo 18c).

---

49 Em *Apoteose de Schoenberg*, chamo a atenção para a aparição do arquétipo na produção de Béla Bartók do mesmo período do exemplo aqui dado em relação a Stravinsky, mais precisamente na décima das *Bagatelas Op. 6* (1908), e na décima-terceira peça do Volume I de *For Children* (1908-1909) – cf. *op. cit.*, respectivamente p.277 e 284.

50 Como se sabe, os Segundo e Terceiro Atos serão compostos um pouco mais tarde, em 1913-1914.

51 O que seria de fato este acorde (Mi bemol – Si dobrado bemol – Ré bemol – Sol bemol) em relação a Fá menor? Uma possibilidade seria considerar o acorde como sendo a Subdominante menor com sexta maior acrescentada (portanto com fundamental em Sol bemol) de Ré bemol maior, tônica antirrelativa. Outra, ouvi-lo como a dominante (com fundamental em Mi bemol) com quinta diminuta, sétima e décima menor de Lá bemol maior, tônica relativa. Vê-se, pois, que a ambiguidade toma definitivamente conta da situação...

52 Antes dessas duas obras, o arquétipo wagneriano aparece em outras peças para piano de Debussy. Vale ressaltar aqui: *Plélude* da *Suite Bergamasque* (1890, compassos 9 e 30); *Clair de Lune* da mesma suíte (comp. 13, 50 e 56); *Rêverie* (1890, comp. 65, 66 e 91); e *Ballade* (1890), obra na qual o uso da entidade wagneriana é abundante. E mesmo ainda em *Images I*, vemos a entidade surgir nos compassos 11 e 35 de *Hommage à Rameau*.

Exemplo 35
a) Debussy:*Reflets dans l'Eau*, compassos 20 e 21

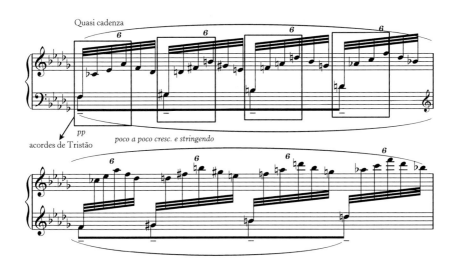

b) esquema harmônico: acordes de Tristão em passos de terça menor (transpostos pelo arquétipo-diminuto)

notas originais
do Prelúdio de Wagner

No encadeamento de acordes do compasso 32, reaparece em meio a outras três entidades, sendo que a última delas institui, ao que parece pela primeira vez depois de Liszt, o que será, principalmente no Berg do *Kammerkonzert* (1924-1925), da *Lyrische Suite* (1926) e da inacabada *Lulu* (1928-1935), o que designei em *Apoteose...* por arquétipo-*Lulu* de segundo tipo (que nada mais é que o arquétipo-diminuto acrescido de uma quarta ao agudo). Quanto aos primeiro e terceiro acordes, trata-se de dominantes com sétima em distância de tons-inteiros, transposição tão típica em Debussy, e o próprio acorde de Tristão encontra-se transposto igualmente por tom-inteiro em relação àquela sua primeiríssima aparição na obra. Seria agora vão procurar funções tonais para a entidade wagneriana, mesmo que ainda envolta no contexto de um tonalismo tardio, garantido aqui pela fundamental da dominante no extremo grave (Lá bemol, em relação à tônica Ré bemol maior), e mais uma vez Debussy demonstra que se utiliza da modulação com plena consciência de sua função estrutural, fazendo com que as transposições empregadas decorram da própria estrutura de suas constituições harmônicas preferidas (tons-inteiros) – como ocorrerá mais tarde em *Jeux* com o próprio arquétipo de tons-inteiros (objeto de nosso primeiro exemplo). Neste caso específico, *tem-se a estrutura intervalar de um arquétipo regendo a transposição de outro*, o que demonstra um alto teor de especulação harmônica, precursora de algumas de nossas investigações atuais acerca da imbricação funcional entre entidades distintas da harmonia.

Exemplo 36

a) Debussy:*Reflets dans l'Eau*, quatro entidades do compasso 32

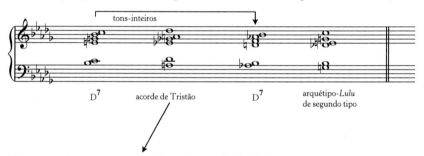

b) transposição por tons-inteiros do acorde de Tristão

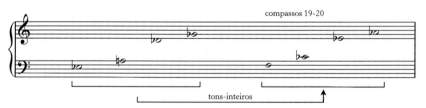

O acorde de Tristão reaparece no compasso 44, quando então Debussy enuncia arpejos na tônica relativa Si bemol menor na mão direita apoiados por um Sol natural no grave da mão esquerda, sexta maior acrescentada (harmonia esta que será retomada na passagem do compasso 79 para o 80), até culminar num longo trecho calcado em tons-inteiros. Este trecho, aliás, nos remete ao início dos *Gurrelieder* de Schoenberg, dos quais ainda falaremos.

Mas o que chama ainda a atenção, nessa obra-prima, é a *dissimulação* do arquétipo por artifícios de escrita que entrecruzam aspectos motívicos com outros de natureza tímbrica. Seria tal "descoberta" fruto de pura especulação? E se assim fosse, não se trataria, por isso, de algo legítimo?

A partir do compasso 51, com uma queda brusca de dinâmica em meio aos tons-inteiros – recurso de grande efeito dramático –, Debussy utiliza-se, em pouquíssimas notas, de uma *coincidência de oitavas* no contraponto entre as duas mãos, proporcionando à escuta um efeito tímbrico notável, o qual espelha, certamente, os reflexos em superfície de água, motivação impressionística que dá origem ao título da peça. No compasso 51, trata-se de um Fá; no 63, de um Dó bemol; e no 64, é a vez de um Mi bemol. Para que se complete nosso acorde de Tristão em "posição fundamental" (quero dizer aqui: mais uma vez com as mesmíssimas notas de sua origem em Wagner), resta-nos simplesmente o Lá bemol. Este encontra-se, contudo, tanto no que o motivo principal da obra, enunciado ao início, difere dessas notas (já que o motivo, Lá bemol – Fá – Mi bemol, contém duas das "notas timbradas" descritas nesse trecho), quanto naquela fundamental da dominante que ressoa em registro extremo no grave, quando da concatenação dos quatro arquétipos discutidos anteriormente.

Exemplo 37 Dissimulação do acorde de Tristão em *Reflets dans l'Eau* de Debussy

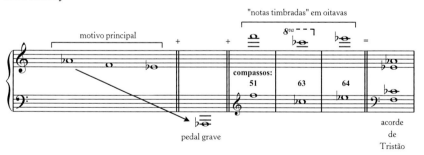

Coincidência ou genial estratégia de profunda (in)consciência harmônica?

Ainda dentro do chamado impressionismo musical (embora em época já bem posterior), é igualmente notável o emprego do acorde de Tristão, novamente "em posição fundamental", em meio ao segundo movimento do *Concerto* para piano e orquestra de Ravel, de 1929-1931. Aqui, a entidade assume função até então não abordada por nós: no compasso 9 da cifra 1, o acorde de Tristão atua como dominante sem fundamental, sem terça, com sétima, nona menor e décima-primeira, resolvendo-se em Ré sustenido no compasso seguinte (primeiramente menor, logo em seguida, maior, apesar de termos vindo de uma tônica em... Mi maior). O emprego do arquétipo dá-se em meio a um processo de modulação cromática bastante arrojada, ainda que, nesse caso, visivelmente tardia.

Exemplo 38 Ravel: *Concerto*, segundo movimento, cifra 1, compassos 8-12

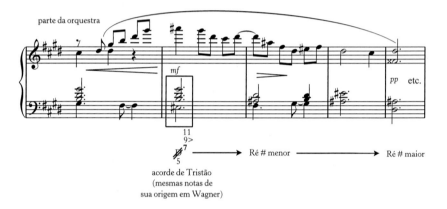

Não seria inoportuno, nesse contexto, citarmos a aparição da entidade wagneriana, nessa mesma época e com a mesma função da que se revestiu em Ravel (de dominante sem fundamental, sem terça, com sétima, nona menor e décima-primeira no grave, resolvendo-se na tônica Fá), como acorde ponto-culminante (três compassos antes da cifra cinco) da primeira frase da intervenção do piano no *Concerto para Piano e Orquestra em Fá* (1925), de George Gershwin, em obra limítrofe entre o *jazz* e o erudito. Se Schoenberg costumava dizer, realçando o talento de Gershwin, que suas melodias consistiam em "entidades indissolúveis", banhadas por harmonias muito bem elaboradas, podemos dizer, aqui, que o que é indissolúvel, nessa obra limítrofe entre o popular mais sofisticado do *jazz* e a especulação de cunho erudito, é a própria entidade wagneriana enquanto típica função de dominante da tônica principal.

E, fechando nosso ciclo, é digna de escuta a aparição da entidade wagneriana na conclusão do primeiríssimo encadeamento harmônico de *Romeu e Julieta* (1935) (do primeiro movimento, *Montecchios e Capulettos*) de outro russo, Prokofiev, transportando o símbolo harmônico de *Tristão e Isolda* para outra relação amorosa.

Um caso muito especial: Mahler

Poderíamos seguir citando muitas outras aparições significativas do acorde de Tristão[53], mas é a vez de enfocarmos o papel desta entidade naquele que, no tocante aos planos de simultaneidade de eventos musicais, deu o pontapé inicial no jogo da contemporaneidade: Gustav Mahler. Será em sua obra que poderemos de fato vislumbrar o quão este fator crucial da estruturação das ideias musicais (a simultaneidade sonora) faz a especulação radical distinguir-se de posturas diluidoras, pois em Mahler fundamentam-se não somente as poéticas da complexidade, como também compreende-se bem o sentido da asserção de Schoenberg quando este se refere aos chamados *acordes errantes*: "Não há limites para as possibilidades de simultaneidades sonoras, para as possibilidades de harmonia"[54].

De um ponto vista mais genérico – mas que nem por isso deixa de contribuir para um melhor entendimento em relação ao processo histórico da

---

53 Entre obras de compositores mais próximos de nossa época, nas quais se faz uso da entidade, poderíamos, por exemplo, evocar *Oraison* (1937), para ondas Martenot, de Olivier Messiaen; a obra acusmática *Variations sur une Flûte Mexicaine* (1949), de Pierre Schaeffer – em que o arquétipo pode ser ouvido, ainda que em sistema não temperado, quando o motivo principal do início é transposto e ligeiramente transformado ao extremo agudo; ou ainda a canção *Avendo Gran Disío* (1952 – quarta das *Quattro Canzoni Popolari*; as três restantes datam de 1946-1947), para voz e piano, de Luciano Berio. Entre nós, citei, em *Apoteose de Schoenberg* (*op. cit.*, p.82--83), a aparição da entidade em uma das obras de Henrique Oswald, mas é também digno de nota Villa-Lobos, que em *Impressões Seresteiras*, para piano, faz uso abundante da entidade wagneriana. A obra, de 1936 e escrita em Dó sustenido menor, é, apesar de sua tonalidade tardia, uma de suas melhores composições. No último *arpeggio* antes da reprise do tema principal, ao final da peça, a entidade (com as notas Dó (natural) – Mi – Fá sustenido – Lá, "resolvendo-se" em seguida num Sol sustenido grave) assume função de dominante com quinta aumentada (Mi em lugar de Ré dobrado sustenido), sétima menor e nona menor (o Dó natural no lugar de Si sustenido como terça do acorde), tal como já havíamos visto na *Sonata* de Liszt.

54 Arnold Schoenberg, *Harmonia*, São Paulo, Editora da Unesp, 2001, p.452.

saturação do sistema tonal –, a obra de Mahler, como procurei demonstrar já em *Apoteose*..., filia-se a uma linhagem distinta da opção ultracromática da estirpe de um Wagner ou de um Liszt. É mais lógico pensar, aqui, numa evolução que passa sobretudo por Schubert e Brahms, devido à relevância que ganham, no contexto desses compositores (incluindo Mahler), as modulações mediânticas[55].

Mas é um erro pensar que não existem, nesse complexo processo histórico, mútuas influências e cruzamento de dados com referência aos recursos harmônicos. Nesse sentido, perguntamo-nos: o arquétipo de Wagner estaria ausente do contexto mahleriano? E quanto à modulação cromática?

O primeiro exemplo que enunciamos, anterior mesmo aos mencionados de Stravinsky e Debussy, responde às duas questões. Trata-se do mais conspícuo exemplo de que o caráter sóbrio em geral associado às tonalidades menores pode decorrer de "mera" convenção histórica, por assentar-se em tonalidade maior (Fá), porém consistir em um dos momentos mais solenes de toda a história musical: o *Adagietto* da *Quinta Sinfonia* (1901-1902).

A partir do compasso 39, Mahler investe a tonalidade principal de novo caráter, mais impetuoso e ligeiramente mais ágil (*Fliessender*), para que, somente oito compassos mais tarde, efetue modulação cromática ascendente, e bastante inesperada, a Sol bemol maior (em sentido contrário, pois, à efetuada no exemplo de Ravel). Em meio a este processo, emprega (nos compassos 44-45) o acorde de Tristão como dominante com quinta diminuta, sétima e décima menor de Fá, já evocada por nós. A ambiguidade com a qual é investido o arquétipo, quando a entidade é empregada com tal função, se dá pela ausência da terça maior que confere caráter à função tonal da dominante (no caso, pelo Mi natural ausente), nota esta que, se constante do acorde, causaria conflito (plenamente condizente, no entanto, com a textura mahleriana) de sétima maior com a décima menor (Mi bemol). Com a omissão do Mi natural, Mahler abre mão do intervalo de sétima maior em prol da referencialidade ao arquétipo wagneriano e vale-se, ao mesmo tempo, de tal ambiguidade[56].

---

55 Cf. *Apoteose de Schoenberg, op. cit.*, p.33-92.

56 Ainda no *Adagietto*, Mahler recorrerá ao acorde de Tristão como última grande tensão harmônica, assumindo função de dominante da dominante de Fá, sem fundamental, com sétima e nona

Exemplo 39 Mahler: *Adagietto* da *Quinta Sinfonia*, compassos 42-46

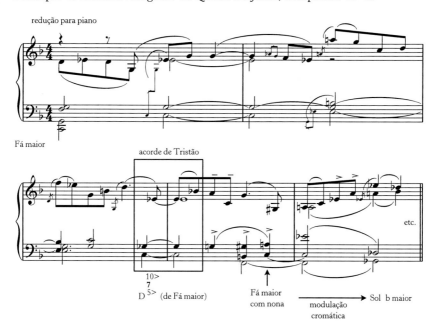

Falarmos de Mahler significa efetivamente falarmos do apogeu das funções referencial e metalinguística em música. Na mesma época, compõe *Kindertotenlieder* (1901-1904), cuja segunda canção, *Nun seh' ich wohl, warum so dunkle Flammen*, em Dó menor (mas que contém uma série de modulações de invejável extravagância), tem início com o mesmíssimo motivo melódico ascendente do *Adagietto*, aqui transposto uma segunda maior abaixo. Não bastasse esta autorreferência, Mahler emprega igualmente o arquétipo wagneriano no compasso 28, culminando no acento tônico do dativo da palavra *Geschick* (destino), conceito este de inestimável e obstinada significação para o expressionismo vienense emergente. Nessa passagem, Mahler ameaça – mas, em atitude *errante*, apenas ameaça, sem concluir o processo – efetuar uma cadência à antitônica Fá sustenido, passando pela sua dominante (aqui

---

maior, na segunda metade do compasso 94. Desta feita, utiliza-se de duas transposições distintas do arquétipo resolvendo ambas na tônica do movimento. Como veremos mais tarde, quando procurarmos elucidar a referência de Schoenberg a Mahler em suas *Sechs kleine Klavierstucke Op. 19*, talvez tenha isto constituído motivo para que Schoenberg extraísse desse *Adagietto* mahleriano um arquétipo de quartas que utiliza como um dos acordes da última peça de seu ciclo.

como arquétipo-diminuto, sem a fundamental Dó sustenido, com sétima e com a nona menor Ré natural escorregando descendentemente para a enarmonia da fundamental, Ré bemol). Não mais sabemos se o emprego da entidade é referencial a Wagner ou ao próprio Mahler do *Adagietto*; nem mesmo sabemos se há consciência de tal referencialidade. Não importa! O ato de linguagem, em música, é explícito e intencional, independentemente do fato de decorrer ou não de uma atitude plenamente consciente.

Exemplo 40 Mahler: *Nun seh' ich wohl, warum so dunkle Flammen* (*Kindertotenlieder, n. 2*), compassos 26-28 (versão para voz e piano)

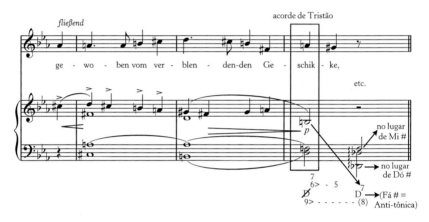

Aqui, como vemos, o acorde de Tristão adquire função até então não abordada por nós, pois é enunciado como *acorde de passagem*, pois a nota Lá atua como sexta menor que resolve na quinta da dominante (Lá natural indo para Sol sustenido na voz). Ainda que à tal função "transitória" não nos tenhamos aludido até aqui, lembremo-nos do emprego da entidade por Wagner em *Tristão e Isolda* valendo-se de uma de suas notas como nota de passagem ascendente. Tal recurso – o de utilizar-se do acorde de Tristão como decorrente de notas de passagem – não era, claro, desconhecido nem pelo jovem Mahler[57]. Uma década antes dos *Kindertotenlieder*, ao compor a segunda canção de um outro ciclo, agora de *Des Knaben Wunderhorn* (1892-1898), intitulada *Verlor'ne Müh'* e escrita em 1º de fevereiro de 1892,

---

57 No caso de Wagner, há até quem afirme que o acorde de Tristão poderia mesmo ser entendido não como um "acorde" em si, mas antes como um agregado resultante de notas de passagem. É nesse

a entidade wagneriana emerge no compasso 14 em meio às notas de passagem de uma dominante da dominante de Lá menor (sem a fundamental Si, com sétima no grave, nona menor, e sexta menor indo para a quinta diminuta – Sol natural indo para Fá natural). Justamente quando se dá a sexta menor é que se institui, de passagem, nosso arquétipo.

Exemplo 41 Mahler: *Verlor'ne Müh'* (*Des Knaben Wunderhorn*, n. 2), compasso 14 (versão para voz e piano)

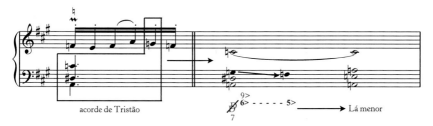

Mas será entre 1904 e 1905 que Mahler conferirá à entidade caráter inusitado, promovendo a instabilidade inerente ao acorde à *estabilidade* harmônica. Talvez tal fato constitua, com efeito, uma atitude precursora com relação a uma autonomia das entidades harmônicas, em si mesma preconizada por Schoenberg em *Farben* quatro anos mais tarde. Estamos então diante do início da *Sétima Sinfonia* de Mahler, em princípio em Mi menor, mas que tem como tonalidade inicial sua dominante em modo menor, ou seja, Si *menor*. A entoação da tônica Si aponta para uma ambígua afirmação dessa tonalidade inicial, não somente pela menorização do grau que viria a constituir a dominante da conclusão do movimento, mas também pela própria inflexão inicial: apesar de fazer conviver a quinta do acorde menor juntamente com a sexta maior acrescentada, e de a textura calcar-se em trêmulos hesitantes, não há como negar uma certa estabilidade do tom principal

---

sentido que Ernst Kurth afirma: "Tecnicamente, [o acorde de Tristão] baseia-se no livre concatenar-se de notas cromáticas vizinhas, que tomam o lugar de puros elementos acórdicos" (Kurth em: *Romantische Harmonik und ihre Krise in Wagners "Tristan"*, op. cit., p. 187). O fato de certa agregação decorrer de notas de passagem não implica, contudo, ausência de suas qualidades enquanto constituição harmônica, e era natural que, em fase tardia da tonalidade, a condução cromática desse origem a agregações inusitadas, pois como bem afirma Schoenberg ao referir-se ao próprio acorde de Tristão e aos acordes errantes de um modo geral, "esses acordes são, de preferência, acordes cujos sons permitem ser alcançados por um caminhar cromático" (Schoenberg, *op. cit.*, p.369).

desse contexto (Si menor), reforçado pela presença das funções-satélite mais fundamentais da tonalidade (tônica relativa e antirrelativa, subdominante, dominante e dominante da dominante). E a novidade já se faz sentir de pronto: Mahler exclui qualquer inflexão melódica que conduza ao acorde – tal como fizera ainda Wagner –, e o acorde de Tristão faz-se ouvir logo de início, pela primeira vez na história não como dominante, mas simplesmente como tônica menor com sexta maior acrescentada, além de simplesmente aventurar-se na concatenação de dois acordes de Tristão, um após o outro, logo como primeiro encadeamento harmônico. Além disso o arquétipo ainda é reapresentado, no quinto compasso, como acorde menor com sexta maior acrescentada tal como no início, porém agora de fato como subdominante, e no sexto compasso, com uma nova função (dominante da dominante com quinta diminuta e sexta acrescentada no grave), de maneira que, nas quatro vezes que aparece, adquira sempre nova função. Estamos diante da mais absoluta mestria em matéria de harmonia!

Exemplo 42 Mahler: *Sétima Sinfonia*, primeiro movimento, esquema harmônico dos compassos 2-7

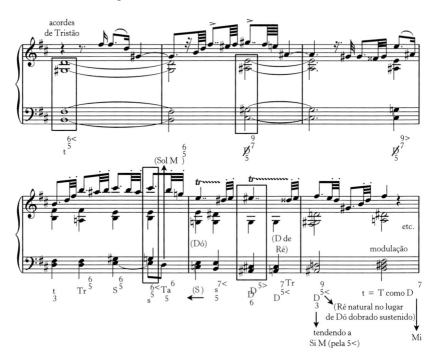

Afinal, revelada a reF(V)erência de Schoenberg a Mahler!

Ao que parece, a entidade wagneriana foi fiel companheira de Mahler por toda a vida. E o que dizer de sua Alma? Mahler pressentia o fim da era tonal como um drama, motivo, quiçá, de sua morte precoce, e naquele que talvez seja o mais notável dentre todos os movimentos que escreveu – opinião compartilhada, aliás, por gênios do calibre de um Berg ou de um Stravinsky[58] –, faz uso sistemático do arquétipo em diversas passagens. Trata-se do primeiro movimento, *Andante Comodo*, de sua *Nona Sinfonia* (1909-1910), cuja estreia, numa dessas implacáveis injustiças da história da música, o próprio Mahler não chegaria a presenciar.

Tendo sido uma das obras mais determinantes, desde minha infância, para que me tornasse compositor, reencontrei-me profundamente em 2002 com este movimento ao efetuar uma versão para dois pianos, visando à sua reelaboração radical, com intervenções de escritura de toda espécie (inclusive com transformações eletroacústicas), em um grande projeto para a mesma formação, de quase uma hora de duração, intitulado *Mahler in Transgress*[59]. Assim, reescrevi toda a obra, e deparei não somente com tais ocorrências, como também com uma impressionante revelação.

Em pelo menos sete passagens, Mahler faz uso da entidade. Vejamos em mais detalhes cinco delas. Dentre tais aparições, com exceção da primeira, pode-se interpretar a harmonia como uma dominante sem fundamental, com sétima e nona maior. Na segunda vez em que aparece, no compasso 69 (cifra 5), assume função de dominante secundária e tende à tônica principal do movimento, Ré maior, dois compassos depois:

---

58 Berg relata à sua esposa, em carta não datada do outono europeu do ano de estreia da *Nona Sinfonia* (1912), que esta seria a música mais esplêndida que Mahler teria escrito (cf. Alban Berg, *Lettere alla Moglie*, Milano, Feltrinelli Editore, 1976, p.142); quanto a Stravinsky, o compositor afirma a Robert Craft sua preferência pela *Quarta Sinfonia* e por este primeiro movimento da *Nona* (cf. Igor Stravinsky & Robert Craft, *Expositions and Developments*, Londres, Faber & Faber, 1962, p. 58).

59 Esta composição ocupou-me de julho de 2002 a abril de 2003, e teve sua estreia mundial em Madri em outubro de 2003.

Exemplo 43

a) Mahler: *Nona Sinfonia*, I (*Andante Comodo*), compassos 69-72 (minha versão para dois pianos)

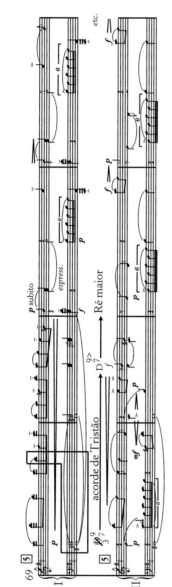

b) esquema harmônico: compassos 69-71

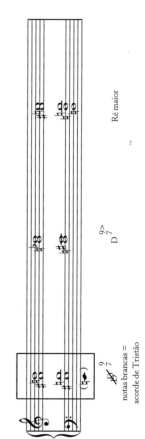

MÚSICA MAXIMALISTA 103

A entidade será empregada nos compassos 179 e 197, mas o Exemplo seguinte ilustra a aparição dos compassos 296 a 298, quando então a entidade resolve em Si maior no compasso 299:

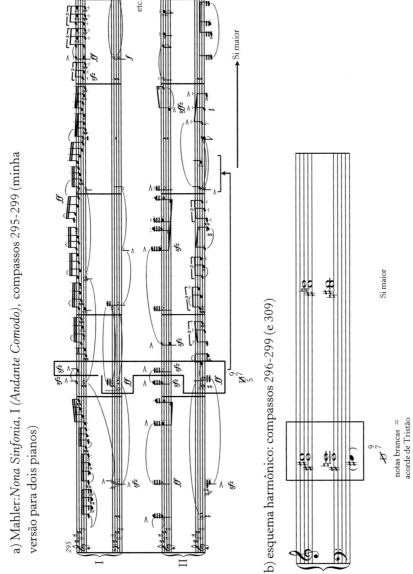

Exemplo 44
a) Mahler: *Nona Sinfonia*, I (*Andante Comodo*), compassos 295-299 (minha versão para dois pianos)
b) esquema harmônico: compassos 296-299 (e 309)

A mesma transposição do arquétipo, com a mesma tendência, ressurge, com resolução evitada, no compasso 309:

Exemplo 45 Mahler: *Nona Sinfonia*, I (*Andante Comodo*), compassos 308-310 (minha versão para dois pianos)

Na última de suas aparições, no compasso 364, o acorde de Tristão encontra resolução no compasso seguinte em Si bemol maior, numa engenhosa modulação que evita o curso "natural" das coisas em direção à tônica principal Ré maior, valendo-se, para tanto, da ambiguidade da função de dominante com quinta aumentada que realiza a ponte entre a entidade wagneriana e sua resolução:

Exemplo 46
a) Mahler: *Nona Sinfonia*, I (*Andante Comodo*), compassos 363-365 (minha versão para dois pianos)

b) esquema harmônico: compassos 364-365

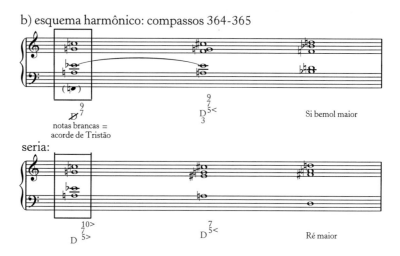

Mas é justamente quando emerge na obra pela primeira vez que a entidade destoa das demais no que se refere à sua função, pois atua como a subdominante (menor) com sexta maior acrescentada de Ré menor (ou seja: Sol – Si bemol – Ré – Mi). Enunciando o acorde de Tristão como decorrência de um pronunciado movimento ascendente, e fazendo-o soar concomitantemente a um pedal em Lá (fundamental da dominante) que encontra respaldo no trinado agudo – o que nem por isso causa qualquer empecilho à clara percepção da entidade wagneriana no meio do registro –, o feito acarreta o primeiro grande ponto culminante da obra:

Exemplo 47 Mahler *Nona Sinfonia*, I (*Andante Comodo*), compassos 42-51 (minha versão para dois pianos)

E será exatamente a este significativo e magnífico momento inaugural da *Nona* que se referirá Schoenberg, em homenagem póstuma a Mahler, na composição de sua sexta peça dos *Sechs kleine Klavierstücke Op. 19*, escrita em 17 de junho de 1911, logo após sua morte. Na peça de Schoenberg, os dois acordes iniciais constituem não somente os principais da miniatura, mas também referência precisa a este trecho da Sinfonia de Mahler: o primeiro (do grave ao agudo: Lá – Fá sustenido – Si) decorre diretamente da figura dos segundos violinos na passagem do compasso 48 para o 49 (mão esquerda em minha transcrição), ela mesma derivada do motivo inicial que continha essas três notas (Fá sustenido – Lá – Si – Lá); o segundo (Sol – Dó – Fá), enquanto arquétipo de quartas (tão fundamental para Schoenberg) que surge no próprio contexto mahleriano logo após a emergência do acorde de Tristão, no primeiro tempo do compasso 46 – cf. Exemplo 48a.

Exemplo 48 Schoenberg: *Sechs kleine Klavierstücke Op. 19, n. 6*

a) compassos 1 e 2

b) compassos 5 e 6

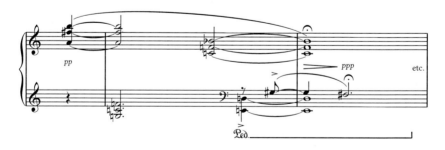

A fim de realçar tal descoberta, tomei a liberdade – a única em toda a minha versão para dois pianos do movimento, absolutamente fiel ao original de Mahler – de fazer soar, cada qual em um piano, os dois acordes (inexistentes enquanto tais na versão original de orquestra) exatamente da forma como aparecem na peça de Schoenberg, como se pode observar no Exemplo 47 (notas em losangos).

Não bastasse isso, o terceiro acorde distinto que aparece na peça de Schoenberg – ele mesmo uma transposição do segundo, por tratar-se do mesmo arquétipo de quartas transposto uma quarta acima (Dó – Fá – Si bemol) – parece originar-se da aparição deste exato acorde em várias passagens do *Adagietto* mahleriano, no qual, como vimos, o acorde de Tristão emerge de forma igualmente significativa (além desse compasso 12, já no compasso 3 e, depois, no 88, sempre com indicações de tempo mais lento, como se Mahler desejasse chamar a atenção para a agregação de quartas).

Exemplo 49 Mahler: *Adagietto* da *Quinta Sinfonia*, compassos 10 a 12, e a aparição do outro arquétipo de quartas citado por Schoenberg em seu *Op. 19, n.6*

No gesto misterioso e fugaz de Schoenberg, quase indecifrável, esconde-se um potencial metalinguístico de impressionante teor referencial, transcendendo o próprio contexto ao qual se reporta originalmente, uma vez que já antes, no próprio Mahler de *Das Lied von der Erde* (1908-1909), mais precisamente na última canção, de despedida (*Der Abschied*), que prenuncia ao mesmo tempo a morte e a eternidade, ouvimos exatamente a mesma sequência do acorde de Tristão – com as mesmas exatas notas de um Sol menor com sexta maior acrescentada (Sol – Si bemol – Ré – Mi natural) – seguido, alguns compassos depois, do mesmíssimo arquétipo de quartas Sol – Dó – Fá dos compassos 45-46 do primeiro movimento da *Nona Sinfonia*, ainda que, em ambos os contextos, tais entidades quase sempre sejam concomitantes a alguma nota de acréscimo decorrente do plano de simultaneidades que caracteriza a textura mahleriana, sem que no entanto a percepção desses arquétipos seja minimamente ameaçada! Referimo-nos mais precisamente à aparição da entidade wagneriana no sexto compasso da cifra 56[60] e do arquétipo de quartas a seguir, na cabeça da cifra 59.

Exemplo 50 Mahler: *Der Abschied* de *Das Lied von der Erde*

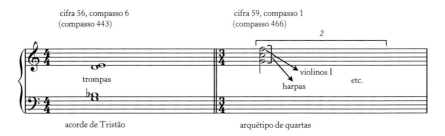

Da referência de Schoenberg tinha-se consciência, e chegou-se mesmo perto de sua origem, vinculando a última peça do *Op. 19* ao primeiro movimento da *Nona Sinfonia* de Mahler, mas o exato porquê da constituição daqueles acordes em Schoenberg era até aqui desconhecido[61]. Mas agora não há mais dúvida quanto às intenções de Schoenberg: ele utiliza-se da metalinguagem para salientar a própria função metalinguística da qual está impregnada a emergência do arquétipo wagneriano em meio ao *Andante Comodo* de Mahler.

---

60 A entidade wagneriana se faz presente, de maneira ora mais evidente, ora menos, em diversas passagens, e é reapresentada com clareza pela primeira harpa nos compassos 8 e 9 da cifra 60.
61 Albrecht von Massow, em seu texto *Abschied und Neuorientierung – Schönbergs Klavierstück op. 19,6*, chega a sugerir que a harmonia de nona do primeiro acorde da peça de Schoenberg tem origem na Sinfonia de Mahler, mas além de não apontar o preciso local de onde Schoenberg extrairia seu acorde, afirma que o acorde de quartas seguinte justifica-se por contrastar com o primeiro, "que apenas se repete sem quaisquer consequências harmônicas", simplesmente por abrir as vias ao atonalismo. Uma interpretação válida, porém forçada e vaga. A referência/reverência de Schoenberg a Mahler explica-se, portanto, nestas precisas passagens das *Nona* e *Quinta Sinfonias*, bem como em *Das Lied von der Erde*, tendo como motivação a eclosão, nesses precisos contextos mahlerianos, da entidade de Wagner. (Quanto a esse texto de Massow e à homenagem póstuma de Schoenberg a Mahler com seu *Op. 19, nº 6*, ver o magnífico livro de Manuel Gervink, *Arnold Schönberg und seine Zeit*, Regensburg, Laaber-Verlag, 2000, p.201-205, e nota 50 da p. 223). Em um texto recente ainda inédito, "Referências à *9ª Sinfonia* de Mahler no *Op. 19/6* de Schoenberg", meu ex-aluno Paulo de Tarso Salles esmiúça, a partir de minha descoberta, com bastante propriedade as relações entre ambas as obras.

Schoenberg e mais umas de suas invenções

Em um ato de concisão aforística de tal natureza, na qual se quer constituir uma referencialidade metalinguística a Mahler, tal como se dá a sexta peça do *Op. 19* de Schoenberg, a exposição desnudada do arquétipo wagneriano revelaria, no mínimo, imaturidade. As referências devem revestir-se de denso teor de (re)conhecimento, e não funcionar meramente como segredos revelados. Assim, Schoenberg prefere efetuar síntese das harmonias emergentes no entorno da entidade dentro do contexto original mahleriano do que se valer desta para explicitar sua homenagem póstuma, mesmo porque é a Mahler e não a Wagner que se faz reverência. Nem por isso Schoenberg explicita suas intenções, expurgando o arquétipo wagneriano, agora já mahleriano, para a peça anterior, que, composta antes que a sexta, servirá, nesse sentido, de preparação de campo para a elaboração do aforismo que encerra o ciclo. Na quinta, a harmonia soa, aí sim de forma isolada e transparente, como acompanhamento da linha melódica superior no quinto compasso.

Exemplo 51 – Schoenberg: *Sechs kleine Klavierstücke Op. 19, n. 5*, primeiros 6 compassos

E o acorde de Tristão parece ter constituído, de fato, uma obsessão para Schoenberg. Enfocar uma por uma de suas aparições seria material analítico para todo um livro. Basta mencionarmos algumas delas, como logo no primeiro Schoenberg, nas segunda e quarta canções dos *Vier Lieder Op. 2*, para voz e piano, de 1899[62]. Já em *Verklärte Nacht Op. 4*, do mesmo ano do

---

62 Na segunda canção, a entidade aparece logo na metade do primeiro compasso e se faz presente por toda a peça (cf. compassos 2, 3, 4, 6, 8, 9, 10, 11 – aqui com as notas originárias de Wagner –, 12,

Op. 2, o acorde serve como "tensa resolução" em momentos cruciais, como no compasso 132, e Schoenberg utiliza-se da entidade logo a partir do compasso 21, numa concatenação harmônica errante toda calcada no arquétipo wagneriano, como bem demonstra o esquema harmônico seguinte. Nesta passagem, a genialidade de Schoenberg se faz sentir pelo "contraponto", calcado em movimento contrário, entre o perfil das figuras e a própria propensão harmônica, pois que os gestos tendem nitidamente para o grave, enquanto, na verdade, as harmonias perfazem um caminho em direção ao agudo, clarividente se considerarmos o desenlace ascendente de quatro acordes de Tristão em direção à resolução em Ré menor.

Exemplo 52

a) Schoenberg: *Verklärte Nacht Op. 4*, esquema harmônico dos compassos 21 a 29

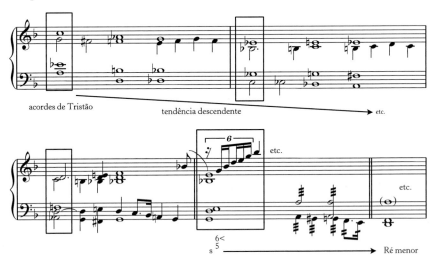

14, depois 34, 40 e 42); já na quarta canção, o arquétipo emerge por quatro vezes, em quatro transposições distintas em distância intervalar calcada num modo-de-Liszt (cf. compassos 5, 19 e 20, 27 e, por fim, 36, quando então o acorde de Tristão transforma-se em uma tônica menor com sexta maior acrescentada). Este recurso transpositor de uma entidade harmônica a partir do modo-de-Liszt pode, aliás, ser visto em Schoenberg igualmente com relação à própria tríade tonal, como ocorre nos compassos 7 e 8 da primeira canção, *Natur*, de seus *Sechs Lieder für Gesang und Orchester Op. 8* de 1903-1905, na qual o acorde de Tristão emerge, com toda evidência e com as notas originárias do contexto wagneriano (considerando-se as enarmonias) ao final da palavra *Leben* (vida), no compasso 26. Ao que tudo indica, *vida* e *destino* são conceitos, constatemos, que ora Mahler, ora Schoenberg investem intencionalmente de caráter instável, valendo-se ambos do arquétipo errante wagneriano.

b) progressão harmônica ascendente dos acordes de Tristão

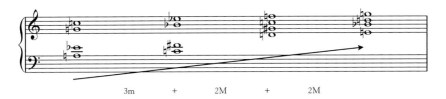

A quase onipresença desse arquétipo transparecerá de modo patente, contudo, nos geniais *Gurrelieder*, um dos mais magníficos monumentos de toda a história da tonalidade, cuja composição ocupou Schoenberg, ainda que com interrupções, por longos 12 anos (de 1900 a 1911)[63]. Uma olhadela nas estruturas harmônicas do início dessa obra, sob todos os aspectos, gigantesca, será suficiente para entendermos o significado que esta entidade adquire no contexto schoenberguiano.

Logo ao início, Schoenberg parece desejar explicitar o conteúdo analítico mesmo que a obra encerra entorno da entidade arquetípica wagneriana, ao transformá-la – podemos arriscar-nos a uma tal interpretação – em acorde de tônica *maior* com sexta (maior) acrescentada, assentando-se em cima de Mi bemol (que nos remete diretamente à opção interpretativa de considerar o acorde de Tristão como uma tríade menor com sexta maior acrescentada, como já vimos por diversas vezes). A entidade wagneriana encontra campo fértil, ali, para emergir como simples variação da modalidade da tríade, caso se preserve a presença da sexta maior: bastaria que o Mi bemol se tornasse *menor*.

---

[63] Schoenberg inicia a composição da obra em 1900, faz cessar o trabalho logo a seguir, retoma o projeto em 1901 e o acaba entre abril ou maio desse ano (com exceção do Coro final, bastante adiantado mas ainda não totalmente concluído), iniciando sua orquestração em agosto de 1901 e trabalhando nela até 1903, quando então a interrompe para retomá-la somente bem mais tarde, em julho de 1910, e concluí-la no ano seguinte, data de conclusão também de sua *Harmonielehre*. Em meio a tal processo, Schoenberg reconhece a diferença no estilo da orquestração entre o início e o fim da obra. (Cf. Arnold Schoenberg in: Alban Berg, *"Gurrelieder" von Arnold Schönberg – Führer und Thementafel*, Áustria, Universal Edition (EU 30440), p. V-VI).

Exemplo 53 Schoenberg: *Gurrelieder*, compassos 1 e 2 (transcrição para vozes e piano de Alban Berg)

Aliás, Schoenberg não hesitará em apresentar o acréscimo de sexta no próprio acorde de subdominante, como ocorre ao final do quinto compasso da cifra 1 (Lá bemol maior com sexta (maior) acrescentada).

Derivado das funções afins que rodeiam a tonalidade de Mi bemol maior (quais sejam: a tônica relativa Dó menor e a subdominante Lá bemol maior), surge já mesmo antes, no compasso 7 a partir do início da obra (3 antes da cifra 1), um motivo melódico descendente no trompete que, por coincidência (seria tal fato, efetivamente, mera coincidência?), nada mais é que a inversão transposta do primeiro acorde da sexta peça *Op. 19* à qual já nos referimos. Assim, o acorde inicial da peça conclusiva do *Op. 19* parece constituir uma dupla função referencial: reporta-se a Mahler, claro, mas também ao próprio Schoenberg, como inversão do motivo inicial dos *Gurrelieder*.

Exemplo 54

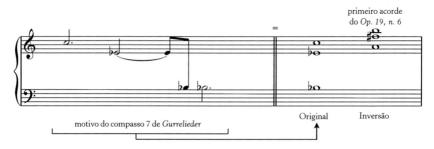

Na verdade, se especularmos sobre tais correlações, verificamos que a junção de todas essas notas em uma única função, com propensão harmônica direcionada à resolução em Mi bemol maior, dá origem a uma formação extremamente peculiar – uma dominante com quinta aumentada, sétima *maior* (como sensível da quinta da tônica), e a concomitância de *duas* nonas, maior e menor, em um mesmo e único acorde (Exemplo 55a). Ilusão pensar que tais divagações são fortuitas em relação a Schoenberg, uma vez que formação muito semelhante emerge logo na cabeça do primeiro tempo do primeiro compasso da primeira canção do ciclo *Op. 2* (já discutido por nós), igualmente "assentada" na tonalidade de Mi bemol maior, cuja constituição, deveras intrigante e de difícil explicação lógica nos meandros da tonalidade, difere da que deduzimos apenas pela presença da Décima-primeira no grave e pela exclusão da nona maior (Exemplo 55b). Logo voltaremos a esse acorde, em si mesmo fruto de consequente especulação schoenberguiana! Vemos que, no processo de resolução, a diferença substancial entre ambos os agregados se faz sentir no passo resolutivo ascendente em relação ao próprio Mi bemol: no primeiro acorde, resolve-se por passo de terça menor; no segundo, por passo de meio-tom.

Exemplo 55

a) Agregado como junção do motivo de *Gurrelieder* com acorde do *Op. 19, n.6*

b) Schoenberg: *Op. 2, n. 1*

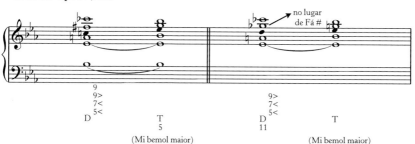

Nos *Gurrelieder*, o acorde de Tristão parece mesmo constituir a entidade em torno da qual gravitam as demais funções. Ele aparece de modo claro um compasso antes da cifra 3, afirma-se na cifra 3, transpõe-se ao final do compasso 2 e, mais uma vez, pelo mesmo intervalo de terça maior descendente, no início do compasso 3 da cifra 3, quando então atinge a harmonia com a qual reemergirá na cifra 9 (Si bemol menor com sexta maior – Sol – no grave), logo antes da entrada da primeira voz entoando o texto de alto teor expressionista de Jens Peter Jacobsen – um texto cujo teor crepuscular antecede semanticamente, em certa medida, o início de *Pierrot Lunaire Op. 21* (1912). Na verdade, a entidade wagneriana perfaz um ciclo completo de transposições, calcando-se na estrutura de base do arquétipo de quinta aumentada, alteração de dominante também fortemente presente na contextura harmônica dos *Gurrelieder*. Ao retornar à transposição da primeira de suas aparições (Fá sustenido menor com sexta maior acrescentada, no compasso 10 da cifra 3), verifica-se que assume, a rigor, a função de uma dominante secundária (e qual dominante, nessa obra, não seria "secundária"?) de um Ré bemol maior com sexta acrescentada, em dualidade de poder com um possível Si bemol menor, na cifra 4.

Exemplo 56 Acordes de Tristão em transposição pelo arquétipo de quinta aumentada em *Gurrelieder*

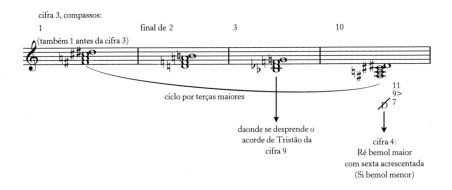

Antes, porém, de fechar o ciclo de tais transposições – em que um arquétipo, constatemos, serve de estrutura para o deslocamento de um outro[64] –,

---

64 Recurso este empregado mais tarde, em plena fase serial, por Webern na manipulação de suas séries a partir da transposição calcada na estrutura de certos arquétipos harmônicos – cf. *Apoteose de Schoenberg, op. cit.*, p. 241-256.

Schoenberg enuncia um clarividente encadeamento de seis acordes que se inicia com a límpida apresentação do acorde de Tristão com as suas notas originárias (considerando-se, mais uma vez, as enarmonias). O encadeamento, que servirá de harmonia para a segunda frase (b) do período melódico (a-b--a'-b')[65] do canto de Waldemar em sua primeira atuação (a partir do quarto compasso da cifra 9), passa pelo arquétipo de quinta aumentada mencionado acima e por outro de tons-inteiros (ambos cadenciando à antitônica desta passagem – Fá bemol maior no lugar de Mi maior) para revelar propensão harmônica resolutiva em Si bemol maior, tonalidade esta dominante da tônica implícita Mi bemol maior do início. No contexto, o acorde de Tristão, em inequívoca referencialidade a Wagner, funciona, pois, como a subdominante menor com sexta maior acrescentada, como revela o esquema abaixo.

Exemplo 57 Schoenberg: *Gurrelieder*, acordes da cifra 3, compassos 6-8 e 8-9

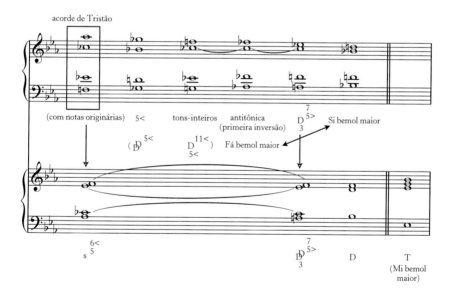

---

65 Utilizo, aqui, a concepção do próprio Schoenberg relativa à estrutura temática, em que faz distinção entre *sentenças* (a-a'-a''-a''') e *períodos* (a-b-a'-b') – cf. Schoenberg, *Fundamentos da Composição*, São Paulo, Edusp, 1991.

A primeira frase (cifra 9, compasso 4) do período do canto de Waldemar, por sua vez, inicia-se igual e sintomaticamente com um acorde de Tristão: trata-se de sua última transposição antes do fechamento do ciclo baseado no arquétipo de quinta aumentada de que falamos acima – Si bemol menor com sexta maior acrescentada ao grave. Aqui, no entanto, a entidade parece assumir função harmônica inusitada ou, no mínimo, bastante incomum, uma vez que pode ser interpretada como uma dominante da dominante de Mi bemol maior com a nona no grave, quinta aumenta e com a quarta (ou décima-primeira – Si bemol, no caso) como nota de passagem para a terça do acorde (ou décima – Lá natural). A tônica Mi bemol maior firma-se então, de modo inequívoco, na cifra 11, porém com a presença marcante da sexta acrescentada, tal como no início da obra. É um ciclo dentro do outro... Nessa espiral harmônica de alto teor de elaboração, Schoenberg vale-se então da dualidade entre maior e menor, conduzindo a harmonia a uma "resolução" em uma "menorização" da modalidade da tônica Mi bemol um pouco mais tarde (compasso 3 da cifra 12), sem abandonar, porém, no grave, a sexta maior acrescentada ao acorde. Tem-se, então, *outro* ciclo harmônico, já que se trata, novamente, de um acorde de Tristão! De dominante da dominante (com quinta aumentada, nona e décima-primeira), o acorde de Tristão metamorfoseia-se em acorde estável, ou seja, na tônica menor com sexta maior acrescentada ao grave. No grande arco que se vislumbra em meio à estratégia schoenberguiana, o acorde de Tristão acaba, aqui, por perfazer nessas duas transposições a trajetória de uma cadência perfeita, numa "resolução" de quinta descendente. Uma metamorfose da instabilidade em estabilidade com uma mesma entidade harmônica que poucos ou quiçá ninguém seria capaz de realizar, e de forma tão genial, em tão poucos compassos!

Exemplo 58 Schoenberg: *Gurrelieder*, primeira frase do período do canto de Waldemar e propensão harmônica do contexto

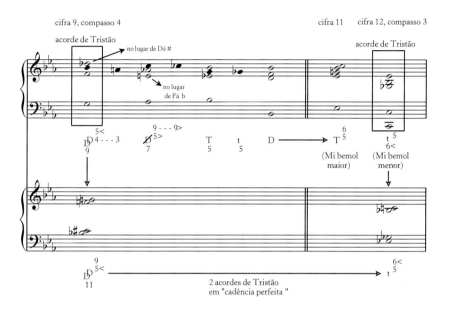

Na segunda edição de *Apoteose de Schoenberg*, acrescentei, na revisão de 2000, passagem na qual elucido a aparição do acorde de Tristão como resultante do motivo-Bach em meio ao serialismo dodecafônico de Schoenberg, mais precisamente no *Menuett* da *Suite Op. 25* para piano, composta entre 1921 e 1923[66]. A passagem é digna de nota, pois Schoenberg utiliza-se, logo no início da empreitada dodecafônica, da *permutação* na ordem das notas de sua série para moldar o tecido harmônico de forma a que ele permita o encadeamento desses dois arquétipos, respectivamente, melódico e acórdico em sua essência. A série parece constituir para ele um reservatório de notas e intervalos com o qual se permite um uso mais ou menos livre que privilegie, isto sim, a emergência de *campos harmônicos* com os quais deseja, efetivamente, trabalhar.

---

66 Cf. *Apoteose de Schoenberg, op. cit.*, p.236-240.

Exemplo 59

a) Série dodecafônica da *Suite Op. 25* para piano de Schoenberg

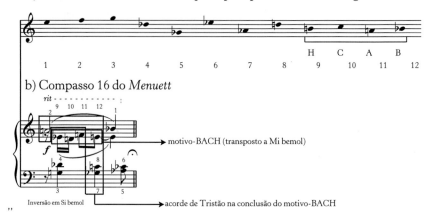

b) Compasso 16 do *Menuett*

Mas entre a "transto(r)nalidade" dos *Gurrelieder* e o dodecafonismo da *Suite Op. 25*, a permutação constituíra já recurso, em plena fase "pantonal", para a metamorfose especulativa do próprio arquétipo wagneriano, e nisso reside uma das muitas invenções a que se submeteu a estrutura desta entidade nas mãos de Schoenberg. Na conclusão da exposição da ideia inicial no primeiro de seus *Drei Klavierstücke Op. 11* (1909), ouve-se uma harmonia que desempenhará papel crucial no contexto harmônico da obra. O acorde de Sol – Si – Fá, somado à resolução melódica na nota Si bemol, resulta em uma agregação bastante inusitada, mas que, na verdade, nada mais é que uma *permutação* na ordem dos intervalos do acorde de Tristão: ao invés de *trítono + terça maior + quarta*, tem-se *terça maior + trítono + quarta* (Exemplo 60a). Que esta nova constituição ganha relevo para Schoenberg, não resta a menor certeza! Ela será comprimida na segunda peça logo após a primeira fermata no compasso 4, como se, mantendo o trítono no grave, os demais intervalos do acorde de Tristão sofressem um processo de compressão: trítono + segunda maior + terça menor. Mas ao transpormos uma de suas notas ao grave (ou seja, efetuando uma mera variação *contextual*), percebemos logo que se trata do mesmo agregado resultante da permutação dos intervalos do arquétipo wagneriano. A nova agregação, que se repete no compasso 9 e em diversos outros momentos, adquirindo suma importância para esta segunda peça, é transposta uma quarta acima na metade do compasso 10, mas sua reaparição mais tarde, no compasso 25, não deixa dúvidas: o Fá sustenido transpõe-se de fato uma oitava abaixo no próprio contexto da peça, como se Schoenberg desejasse revelar que se trata do mesmo acorde que encerrou a exposição inicial da primeira peça[67].

Exemplo 60

a) Schoenberg: *Op. 11, n.1*, compassos 9 a 11

permutação dos intervalos
do acorde de Tristão

b) Schoenberg: acorde do compasso 4 do *Op. 11, n.2*   c) Schoenberg: última harmonia do *Op. 11, n.2*

Fá # oitava abaixo,
tal como ocorre no
compasso 25

Não bastasse isso, a última harmonia acórdica da peça resulta de uma permutação, agora, da ordem dos próprios intervalos do agregado em "posição cerrada" (Exemplo 60c). Especulando em cima desta constituição inter-

---

67 De resto, ainda que em "posição cerrada" (trítono + segunda maior + terça menor) o novo acorde venha à luz em mais passagens que em "posição aberta" (terça maior + trítono + quarta), ouve-se a origem da agregação claramente no ápice na mão direita ao final do compasso 42: Ré bemol – Fá seguidos de Si – Mi, ou seja, a "posição aberta" original do agregado. A permutação na ordem dos intervalos do acorde de Tristão pode até mesmo ter motivado a construção do acorde "inexplicável" da primeira canção *Op. 2* a que nos referimos anteriormente (e ao qual ainda retornaremos), mesmo em plena fase tonal (cf. Exemplo 55b): excetuando-se a nota mais aguda (Dó bemol), o restante do acorde constitui, a rigor, outra permutação da entidade wagneriana: trítono + quarta + terça maior.

valar, porém agora em sentido inverso, podemos transpor o Mi bemol do extremo grave na região de oitava das três notas superiores, e perceberemos então que a ordem dos intervalos da entidade em estado comprimido é simplesmente permutada: ao invés de *trítono + segunda maior + terça menor*, tem-se então a ordem *trítono + terça menor + segunda maior*.

Assim é que Schoenberg não apenas vislumbrou, de modo visionário, a importância das novas entidades harmônicas, como ocorre de modo inelutável em *Farben*, como também abriu as vias para o descobrimento de novas constituições da harmonia. Por essas e por outras – o *Sprechgesang* constituindo aí apenas mais uma de suas invenções –, constatemos o óbvio: não foi somente um grande mestre, mas também um inventor, para quem a especulação, definitivamente, não encontrava limites.

Skriabin; Berg segundo Wagner segundo Mahler: uma nova hipótese

Mas se é para falarmos em especulação harmônica, podemos estar apenas começando! Isto porque especular reside, inexoravelmente, sempre num início... Mas é hora de concluir, e será então concluindo que se iniciará, talvez, uma nova trajetória...

Em outra ocasião, tínhamos chamado a atenção para o fato de que os dois principais arquétipos harmônicos da obra de Anton Webern poderiam ser vistos como diretamente derivados, cada qual à sua maneira, de dois arquétipos históricos de considerável importância: um como cromatização em relação às constituições com base em oitavas e terças, tais como vemos preponderantemente em Brahms; outro (ainda mais comum em Webern, fato que nos motivou a denominá-lo de "primeiro tipo"), como processo, igualmente típico da poética weberniana, de *concreção* da estrutura intervalar, suprimindo-se (ao invés de se permutar, como prefere Schoenberg) um dos intervalos do arquétipo wagneriano (o de terça, preservado na outra constituição de origem brahmsiana)[68].

---

68 Cf. o capítulo "A *harmonia de simultaneidade* e os dois principais arquétipos harmônicos da obra de Webern", em *Apoteose de Schoenberg, op. cit.*, p.113-127.

Exemplo 61 Hipótese sobre a origem dos dois principais arquétipos harmônicos de Webern

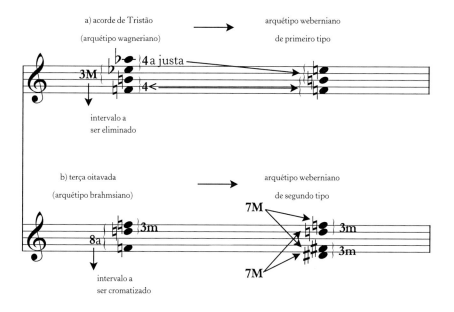

Mais uma vez percebe-se que a entidade wagneriana pôde ter servido de base para a invenção de um novo estado de coisas, e a índole da especulação vai de par com a índole do próprio criador por ela responsável: a *permutação* é condizente com o espírito schoenberguiano; a *concreção*, com o weberniano.

Mas talvez a índole mais propriamente *especulativa* da própria especulação estivesse sendo reservada a Berg, tal como ocorrera com as manipulações seriais de suas séries derivadas em *Lulu*, impensáveis em Schoenberg ou em Webern. E se a invenção de novas constituições harmônicas se fazia presente na poética do mestre, nem por isso o discípulo Berg teria se furtado a enveredar pela criação de seus próprios agregados, a partir da mesma referência, porém com sua referencialidade bem mais escamoteada porque ainda mais derivativa, chamando-nos a atenção, nesse contexto, particularmente para um agregado de suma importância em sua obra.

A referência explícita ao arquétipo wagneriano ocorre por diversas vezes na obra de Berg, e até mesmo a Wagner *in persona*, tal como ocorre com a citação literal do início de *Tristão e Isolda* nos compassos 26 e 27 do últi-

124 FLO MENEZES

mo movimento da *Lyrische Suite* para quarteto de cordas, de 1926. Existem outras tantas[69].

Mas é na preferência que Berg nutre pelo já analisado *Andante Comodo* da *Nona* de Mahler que talvez resida o âmago de uma das especulações mais espetaculares de Berg. Vejamos o porquê.

Dentre as sete passagens nas quais Mahler faz aí uso do arquétipo wagneriano, em três delas a entidade está relacionada diretamente à aparição do motivo melódico principal de segunda maior descendente, Fá sustenido – Mi (uma espécie de *Ur-Motiv*)[70], sendo a do compasso 309 um "eco" da dos compassos 296 a 299, como vimos anteriormente. Assim, podemos resumir tal circunstância basicamente em duas "situações harmônicas", e se analisarmos as duas transposições dos respectivos acordes de Tristão empregados em ambos os contextos, vemos que Mahler utilizou-se sabiamente do pivô intervalar contido na própria estrutura da entidade para efetuar alteração de sua propensão harmônica. Se o arquétipo wagneriano continha em si, dentre as muitas outras possibilidades verificáveis em sua propensão harmônica, aquela pela qual podia resolver-se tanto em uma tônica quanto em sua antitônica, a própria presença do trítono como base do acorde já permite, na verdade, pensar em uma alteração da constituição das notas da entidade pela simples intercalação das duas notas consti-

---

69 Ver, a esse respeito, o capítulo "A heterogeneidade harmônica em Berg: pluralidade de arquétipos", em *Apoteose de Schoenberg, op. cit.*, p.167-205. Além do acorde de Tristão, a música de Berg revela-se campo fértil para o florescimento de infindáveis entidades arquetípicas. Citemos, a exemplo, duas situações: ao mesmo tempo em que o tema da primeira versão, tonal (de 1900), de sua canção *Schließe mir die Augen beide* conclui, ao final do quarto compasso, no acorde de Tristão, não há como não se lembrar da entidade schoenberguiana do *Op. 11* (trítono + segunda maior + terça menor, a "posição cerrada" da permutação da entidade wagneriana que vimos em Schoenberg) no segundo tempo do compasso 17 de sua segunda versão, dodecafônica, de 1925 (com as notas Lá bemol – Ré – Mi – Sol bem no meio do registro do piano), versão esta que tem como base a mesma série dodecafônica de todos os intervalos que servirá também para a *Lyrische Suite*. Com a reincidência da entidade de Schoenberg, o tempo de estabilização da mesma excede a própria obra de origem, dá-se um claro processo de arquetipação e a entidade tende a tornar-se um dos arquétipos da harmonia pós-tonal.

70 Na passagem dos compassos 69 a 71, o motivo encontra-se igualmente presente, porém de modo bastante dissimulado em meio às células melódicas do contexto.

tuintes desse intervalo, o qual funciona, aqui, como "intervalo-pivô", tal como ocorrera em Chopin e Liszt.

E é justamente aí que a invenção de Mahler se instaura. Fazendo do trítono o intervalo-pivô a partir do qual a entidade wagneriana pode girar sobre si mesma, Mahler efetua considerável "modulação" na propensão harmônica do arquétipo a cada vez que emprega, simultaneamente a ele, o motivo descendente fundamental de segunda maior. Se considerarmos, porém, as duas constituições do acorde de Tristão, tais como presentes nesse movimento da *Nona Sinfonia* de Mahler, tão admirado por Berg, entendemos como este tenha, muito provavelmente, derivado a constituição da entidade harmônica que designei, em *Apoteose de Schoenberg*, por arquétipo-*Lulu* de primeiro tipo[71]. Esta entidade que, como sabemos, consiste em duas quartas em distância de trítono ou, inversamente, em dois trítonos em distância de quarta, parece ser, pois, diretamente derivada das *notas excedentes* do acorde de Tristão nas suas duas transposições em consequência do "giro" do intervalo-pivô de Trítono, tal como demonstra o esquema harmônico abaixo, elaborado a partir do contexto mahleriano. Berg efetua, ao que tudo indica, uma verdadeira análise das estruturas decorrentes de ambas as transposições do arquétipo wagneriano no contexto mahleriano, extraindo daí suas *disparidades constitutivas* para derivar então o conteúdo harmônico de uma nova entidade.

---

71 A respeito dessa entidade berguiana e de suas características, ver *Apoteose de Schoenberg, op. cit.*, particularmente p.179-180.

Exemplo 62
a) Mahler: *Andante Comodo* (*Nona Sinfonia, I*), compassos 45 a 47
compassos 296 a 299, mas sobretudo 309
b) os dois acordes de Tristão girando sobre o pivô de trítono

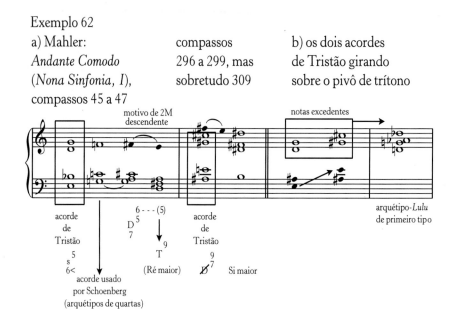

Se non è vero, è ben trovato, como dizia o ditado, espécie de *shareware* no domínio da especulação pura...

Cometeríamos, de qualquer modo, injustiça se não mencionássemos, à guisa de conclusão, a obra antecessora em seis anos do feito de Mahler, do ponto de vista estrito da manipulação por intervalo-pivô de trítono do arquétipo wagneriano. Abundante na mesma medida (ou mais!) que em *Gurrelieder*[72], o emprego da entidade na *Sonata nº 4* para piano de Skriabin, escrita em 1903, revela logo nos primeiros oito compassos a plena consciência do compositor russo com relação a essa propriedade "caleidoscópica". Skriabin constrói seu tema contendo duas transposições do acorde de Tristão, e em ambas a base consiste no trítono entre as notas Mi sustenido e Si. Numa clara referência metalinguística, apresenta sintomática e primeiramente a entidade com as suas notas originárias, tal como surge em Wagner, considerando-se as enarmonias: Mi sustenido – Si – Ré susteni-

---

72 Com efeito, a obra contém inúmeras aparições da entidade wagneriana, tanto no primeiro movimento, no qual esta aparece por diversas vezes, quanto no segundo, no qual emerge particularmente nos compassos 8 (com as notas originárias, em enarmonia, de sua primeira aparição no Prelúdio de Wagner), 51 e 55.

do – Sol sustenido, no compasso 2. No oitavo compasso, gira a entidade sobre si mesma com base no intervalo-pivô de trítono, e tem-se então: Si – Mi sustenido – Sol dobrado sustenido – Dó dobrado sustenido. Aqui já não é caso mais de centrarmos nossa atenção nas funções tonais das entidades. Basta, por fim, atentarmos para o arrojo da elaboração temática de Skriabin, fruto direto de forte especulação intervalar a partir do arquétipo wagneriano e preconizando, em certo sentido, seu uso estrutural na referida obra de Mahler. E dizer que tudo isto já estava, como bem vimos, em Chopin e Liszt...!

Exemplo 63

a) Skriabin: *Sonata n. 4*, compassos 1 a 8

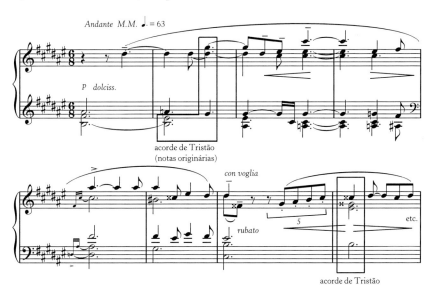

b) giro com intervalo-pivô de trítono dos dois acordes de Tristão

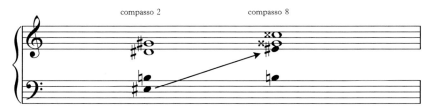

128 FLO MENEZES

A entidade expandida

Vimos todas as etapas concernentes ao acorde de Tristão do prisma de nosso enfoque sobre as entidades harmônicas, de sua constituição como singularidade à edificação de novas entidades a partir de sua estruturação intervalar, passando pelo processo de arquetipação que lhe conferiu lugar de honra na história da harmonia e pela especulação sobre sua múltipla propensão harmônica.

Resta, por fim, elucidarmos a possibilidade de se constituírem novas entidades harmônicas a partir de entidades em si mesmo derivadas, ou seja, ilustrarmos algumas das possibilidades de geração de novas estruturas harmônicas a partir da constituição de entidades que tenham sido, elas mesmas, decorrentes do arquétipo wagneriano[73].

E nesse contexto, retomamos o inusitado acorde de Schoenberg ao início de sua primeira canção *Op. 2* (nosso Exemplo 55b), assim como a entidade por nós deduzida como junção do motivo de nona descendente de *Gurrelieder* com o primeiro acorde da sexta peça de seus *Sechs kleine Klavierstücke Op. 19* (Exemplo 55a).

É possível – e (por que não dizê-lo?) necessário – compreendermos uma entidade por sua própria constituição intervalar e, no que diz respeito à ordenação específica de seus intervalos, pela *tendência harmônico-intervalar* que ela encerra em si mesma. Uma tendência, aqui, de caráter *não resolutivo*, mas essencialmente *expansivo*. Assim o fiz, por exemplo, com um acorde de Stravinsky que soa quase despercebido em meio às suas *Symphonies des Instruments à Vent* (1920). Este acorde interpolava um intervalo fixo de quarta com outros que, comparados, sugeriam uma alteração do âmbito inter-

---

73 Tal operação conserva intacta a função *referencial* das entidades; deslocando o eixo da referencialidade a um plano da derivação a partir do derivado, ela "desliteraliza", por assim dizer, a referência e acaba por constituir assim prova inexorável de que a *função referencial* é mais essencial à linguagem musical que a *função metalinguística*, esta sim associada inexoravelmente aos contextos literais explicitados pela citação, tal como verifiquei em outra ocasião, em que elucido o caráter *imanente* e *implícito* da primeira e o *ocasional* e *circunstancial* da segunda – cf. Flo Menezes, *Luciano Berio et la Phonologie – Une Approche Jakobsonienne de son Œuvre*, Publications Universitaires Européennes, Série XXXVI – Musicologie, Vol. 89, Frankfurt am Main / Berlin / Bern / Nova Iorque / Paris / Viena, Verlag Peter Lang, 1993, particularmente o capítulo *Moments, fonctions*, p.169-179.

valar. Tinha-se, pois, uma concreção intervalar no sentido grave-agudo, com uma intercalação de um intervalo fixo (no caso, de quarta). Assim, levei às últimas consequências sua estrutura intervalar até a ciclicidade com relação aos intervalos não fixos, de forma que pude constituir, a partir dessa entidade, outra, por mim utilizada em diversas obras[74].

Exemplo 64

a) acorde de Stravinsky   b) expansão da entidade

Quando da elaboração desta nova entidade, havíamos falado acerca de suas *possibilidades expansivas*, referindo-nos ao potencial de extensão em suas notas tal como nos sugere sua própria estrutura intervalar. Podemos agora, retomando o conceito aqui introduzido de *propensão harmônica*, falar de uma *propensão harmônica não resolutiva*, complementar da outra, *resolutiva*. Ao contrário da *propensão harmônica resolutiva*, que diz respeito à tendência resolutiva e direcional da entidade ou *para fora de si mesma (resolutividade diacrônica)*, resolvendo-se em *outra* entidade, ou para uma de suas próprias notas *no âmago da própria entidade (resolutividade sincrônica)*, em que uma de suas notas constitutivas é *polarizada* pelo conjunto dos intervalos que a constituem, a *propensão harmônica não resolutiva* releva uma tendência *expansiva* dos próprios intervalos da entidade. A expansividade faz parte, porém, igualmente da propensão harmônica de resolutividade

---

74 O exemplo tem origem, mais uma vez, em *Apoteose de Schoenberg*, onde discuto o procedimento em detalhes – cf. *Apoteose de Schoenberg, op. cit.*, p.343-344.

diacrônica, como ocorre na essência das resoluções tonais, na medida em que uma certa entidade dissonante tende a se resolver em uma outra consonante, expandindo o discurso harmônico.

Desta feita, a propensão harmônica de resolutividade diacrônica tende a expandir o campo harmônico, ao resolver-se em outra entidade, no eixo harmônico-temporal, enquanto a propensão harmônica não resolutiva o faz, em seu caráter expansivo-estrutural, em sentido sincrônico (harmônico--tímbrico). A essa oposição binária, entre resolução expansiva diacrônica e não resolução expansiva sincrônica, contrapõe-se outra, entre o caráter propriamente *expansivo* da propensão harmônica não resolutiva e o caráter implicitamente *contrativo* da propensão harmônica de resolutividade sincrônica, em que uma nota, ao ser polarizada pela conjuntura intervalar da própria entidade, tende a exercer o papel de centro de gravidade harmônico em detrimento das demais notas constituintes da entidade.

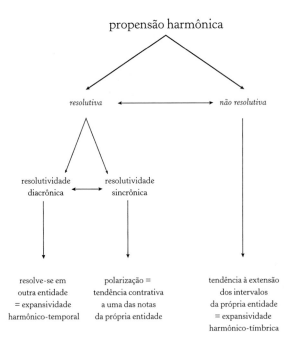

Sendo assim, podemos nos referir, mais precisamente, a uma dupla qualidade intrínseca de uma dada entidade, uma vez considerada dentro de seus próprios limites temporais: por um lado, todo agregado harmônico possui, considerado por si só, uma certa *carga elétrica* (mediada por intervalos polares, neutros ou apolares), um *potencial cardinal* – para falarmos com Edmond Costère –, ou ainda um certo *grau de polarização*, mais ou menos pronunciado, que tende a fortalecer, com maior ou menor evidência, um centro de gravidade harmônico; por outro, toda entidade pode se submeter a especulações acerca de sua própria constituição intervalar, expandindo sua própria constituição a partir de sua própria ordenação intervalar.

Historicamente, a tonalidade favoreceu tão somente a escuta propriamente *resolutiva* das entidades, e mesmo aí trilhou o caminho da resolutividade diacrônica, através da qual as entidades se encadeavam umas nas outras tecendo o discurso harmônico no tempo para, mais cedo ou mais tarde, depositarem todas as suas forças no fortalecimento perceptivo de uma dada tonalidade. A resolutividade sincrônica das entidades dobrava-se àquela diacrônica, enquanto o potencial estrutural das entidades, pelo prisma de suas constituições intervalares, era deliberadamente negligenciado.

A resolutividade que tende a outra entidade, típica da *propensão harmônica de resolutividade diacrônica*, é sempre mais factível, para a percepção, que a tendência polar presente na escuta sincrônica da *propensão harmônica de resolutividade sincrônica*, como bem se constata na escuta das constituições sincrônicas de agregados cromáticos com presença de segundas menores, sétimas maiores ou nonas menores, típicos do que se convencionou chamar de *harmonia de simultaneidade* a partir da obra de Schoenberg, Berg e em especial de Webern[75], mas a maior dificuldade de uma percepção inequívoca da tendência polarizadora de tal ou tal nota em um agregado de tipo weberniano não implica ausência de sua propensão resolutiva, eventualmente já presente na própria constituição da entidade.

Como quer que seja, é ao caráter *não-resolutivo* e ao mesmo tempo *expansivo* da propensão harmônica que por ora nos aludimos.

Tanto um quanto outro dos acordes de Schoenberg mencionados acima nos sugerem igualmente uma determinada expansão de seu conteúdo intervalar (cf. Exemplo 65). Considerando-se o acorde "inexplicável" do início

---

75 Cf. a esse respeito *Apoteose de Schoenberg*, pp. 113-127.

de sua *Canção Op. 2, nº 1*, percebe-se que nele também há interpolação de um intervalo fixo – aqui também realizada com o intervalo de quarta – com um variável, pois que o trítono do grave (Mi bemol – Lá, Exemplo 65a) comprime-se por passo de segunda maior em uma terça maior (Ré – Fá sustenido). Expandindo a entidade sobre si mesma a partir dessas suas qualidades intrínsecas, pode-se interpolar mais uma quarta ao agudo (Fá sustenido – Si) e, mais ao agudo ainda, efetuar mais uma concreção intervalar por passo de segunda maior, atingindo-se a segunda maior Si – Dó sustenido. Mais uma quarta ao agudo ocasionaria a repetição do Fá sustenido, e decidi interceptar o processo nesse passo. Já com relação ao sentido grave de propagação dos intervalos, pode-se acrescentar uma quarta descendente a partir do Mi bemol – quarta esta que funciona como intervalo de interpolação. O passo seguinte corresponderia à expansão intervalar por passo de segunda maior, gerando uma sexta menor a partir da nota grave Si bemol, mas isto ocasionaria a repetição do Ré, e por tal razão interceptei o processo, tal como fizera com relação ao limite agudo de sua propagação. A entidade, originalmente de cinco notas, adensa-se assim a sete notas constituintes.

Exemplo 65 Invenção de duas novas entidades a partir de Schoenberg

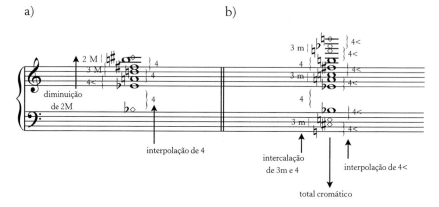

Já com relação à outra entidade harmônica, observa-se que sua estrutura intervalar intercala intervalos fixos de trítono com três outros intervalos que, do grave ao agudo, sugerem uma intercalação de outra ordem: alternam-se intervalos de quarta e de terça menor. Levando às últimas consequências a tendência de tal propensão intervalar, chega-se a um aglomerado contendo as 12 notas do sistema temperado, concluindo-se um processo de cromatização radical da entidade de partida (Exemplo 65b).

Conclusão

Por meio de nossas hipóteses com relação às especulações de Schoenberg, Webern e Berg que têm por base o acorde de Tristão, mas que enveredam por novas constituições harmônicas – ora pelo viés da permutação, ora pela análise combinatória das diversas manipulações contextuais a que se submete a entidade arquetípica –, chegamos ao terreno da invenção de novas entidades da harmonia que, muito embora ainda referenciais, *descontextualizam* a referência e metamorfoseiam a metalinguagem em pura linguagem – para falarmos com Roman Jakobson – *introversiva*[76]. Nesse sentido, as investigações acerca da propensão harmônica não resolutiva no âmago das próprias entidades revelam e, em certo sentido, preservam a força do pensamento estrutural nas trilhas da invenção harmônica, emancipando-a do jogo de linguagem que, muito embora sempre válido e legítimo, procura falar da própria linguagem ao invés de fazê-la de fato. Assentada no pensamento estrutural, ancora-se uma poética que prima pela investigação constitutiva dos próprios agregados.

Mas não há por quê se preocupar: nenhum ato de invenção é ou será plenamente puro, e a referencialidade permanece sedimento constitutivo de todo ato que vislumbre novas constituições. O passo que se dá é mais no sentido de deslocar o acento para a essência constitutiva das entidades, em vez de simplesmente ater-se aos jogos de (meta)linguagem.

Como quer que seja, nada revela-se mais necessário e essencial à composição que a pura especulação, e já tinha razão o visionário Gioseffo Zarlino quando, em seu histórico e paradigmático tratado *Le Istitutioni Harmoniche* de 1558, dividiu a música em *prática* e em *especulativa*, desejando "chegar à

---

76 A propósito da música como uma *semiosis introversiva*, ver: Roman Jakobson, "Le Langage en Relation avec les Autres Système de Communication". In: Jakobson, *Essais de Linguistique Générales 2 – Rapports Internes et Externes du Langage*, Paris, Les Éditions de Minuit, 1973, p.91-103.

especulação de diversas espécies de harmonia"[77]. Em sua defesa da especulação, em época bastante remota se comparada à nossa, na realidade levou adiante uma concepção que encontra suas origens em uma ainda mais remota, pois, como salienta Hugo Riemann[78], *Musica Speculativa* teria sido um dos primeiros trabalhos de Jean de Muris, ainda em 1323!

Nessa espiral em que consiste a invenção através dos séculos, o compositor radical, de qualquer época, não pode mesmo se furtar, no decurso do *transgresso* – um "progresso" não linear, de índole transgressiva, perpassando as eras e os tempos – que permeia e consubstancia a evolução da linguagem musical, a este recurso tão fundamental ao exercício de seu pensamento e de sua escuta. E, nesse contexto, em toda e qualquer esfera da composição – mesmo (e talvez principalmente) naquela que implica o emprego das novas tecnologias – a constatação é inexorável: *música especulativa* equivale a dizer, necessariamente, *harmonia especulativa*.

Julho de 2004 / novembro de 2005

---

77 Zarlino escreve literalmente: *"... pervenire alla speculatione di diverse sorti di harmonia"*. In: *Le Istitutioni Harmoniche*, Nova Iorque, Broude Brothers, 1965, p.8.

78 Cf. Hugo Riemann, *History of Music Theory*, Nova Iorque, Da Capo Press, 1974, p.205.

4
MICRO-MACRODIRECIONALIDADE EM WEBERG
Por uma análise direcional das *Sechs Bagatellen Op. 9* de Anton Webern[1]

Escutar é ouvir direções.

Se o termo pode ser, contudo, indicativo de finalidade, de direcionamento, podemos reduzir a essência da escuta – de uma escuta histórica, crítica – a uma palavra: *direcionalidades*. A percepção da direcionalidade é, a meu ver, o pressuposto básico do posicionamento não só artístico, mas também político contemporâneo. Analisar a história e a sucessão de suas fases de uma maneira não estática, não compartimentalizada, mas sobretudo dinâmica, instável, em permanente revolução – o que, em sons, significa trabalhar o lado *direcional* do material sonoro –, é analisá-la de maneira revolucionária, voltada às transformações do passado e à transformação do presente.

A questão fundamental da música, ou seja, o problema do tempo, por meio do qual se fazem sentir todos os problemas composicionais e no qual se manifestam todos os dados (informações) da escuta, gera, por conseguinte, uma preocupação que provavelmente poderá equacionar os diferentes posicionamentos musicais de hoje e, quem sabe, estabelecer a real distância entre as diversas músicas de nossa época, não só entre as diversas linhas da música contemporânea, mas englobando também a música popular: qual a velocidade exigida por um processo de composição, por uma expressão de uma ideia musical? Qual é o tempo necessário para a percepção clara, prazerosa, do caminho existente entre dois pontos distintos da escuta? Qual o tempo para que uma direcionalidade sonora possa expressar-se efetivamente?

---

1 Publicado anteriormente em: *Cadernos de Estudo – Análise Musical*, São Paulo, Atravez, nº 5, fev/ago, 1992, p.21-54.

Historicamente podemos, a partir daí, observar um fato que, sob esse prisma, nos causa muito interesse, por ser nada mais nada menos que uma discrepância gritante quanto ao pensar o problema do tempo numa mesma época e proveniente de uma mesma situação sociomusical: a discrepância, quanto ao tempo musical, Webern/Berg.

Toda a primeira fase do atonalismo – na verdade *pantonal*, como afirmaram com razão Berg e Schoenberg – foi uma fase contestadora, de protesto contra as normas estruturais de todo o desenvolvimento tonal, ou seja, de luta contra tudo aquilo que de uma maneira ou de outra atava o desenvolvimento da linguagem musical ao fluxo tonal. Existia, entretanto, direcionalidade neste fluxo, nesta consciência tonal, na finalidade tonal? Ora, é-nos fácil a constatação de que o desenrolar tonal exprimia nitidamente uma direcionalidade a um pólo central, a tônica, o que nos faz, sem demora, caracterizá-la como *direcionalidade harmônica*[2]. Tal direcionalidade exigia, naturalmente, um tempo para expressar-se, e a história da música ocidental – na qual se constata a permanência da direcionalidade harmônica tonal por longo período – mostra-nos claramente que, como tentativa de inovação, esta exigiu de mais a mais um maior tempo, uma maior duração relativa, global, no interior de uma obra tonal.

Se em relação ao tempo de uma obra sua negação é evidente no início do atonalismo, o mesmo não acontece com a forma musical, que passa a ser resguardada como algo "para além do bem e do mal", algo extrassistema, independente do sistema de referência harmônico ao qual se liga numa determinada peça (mesmo se as formas utilizadas tivessem sido criadas numa situação de extrema dependência do sistema harmônico que as gerou). Daí a utilização frequente, nesta época, da forma ABA, do caráter rapsódico, do rondó, da dramática forma-sonata etc.

A utilização dessas formas – bem como de toda a intencionalidade musical das obras do primeiro período atonal –, no entanto, tinha de adaptar--se ao posicionamento atonal com relação ao tempo, determinante, como já

---

2 Embora, como afirma Edmond Costère, a tonalidade não seja, na conclusão de uma peça, uma revelação como o é um polo num contexto atonal, mas sim uma reafirmação de algo já pressentido no decorrer da composição mesma, esta reprodução final de uma tonalidade não deixa de ser obtida, harmonicamente, por um processo direcional.

constatamos, das possibilidades comunicativas de uma ideia... Ou seja, toda preocupação estrutural teve de adaptar-se a uma existência curta, a um pequeno espaço de tempo, a um suspiro em contraposição a toda a respiração ofegante do final do tonalismo, pois a maneira mais inteligível, direta, simples e clara (e é esta a forma como definimos arte, segundo Webern) de negação, de protesto contra e de destruição da direcionalidade harmônica tonal e, por conseguinte, da estruturação tonal foi a percepção e utilização da *microduração temporal* como tempo global de uma determinada obra.

O caminho para a destruição da direcionalidade harmônica tonal foi indicado pela própria ausência do discurso tonal e, já que não se tinha mais um projeto composicional direcionado a uma tônica – projeto este que exigiria um maior tempo no interior da obra musical –, chegou-se então à questão: por que não utilizar o *menor tempo possível*? Por que não sintetizar as propostas sonoras em segundos?

Surgem, pois, as "miniaturas" de Webern (obras do chamado *estilo aforístico*), principalmente a partir dos *Fünf Sätze Op. 5*, para quarteto de cordas, escritos em 1909, juntamente com os *Sechs Stücke für großes Orchester Op. 6*, praticamente contemporâneos, portanto, dos *Drei kleine Stücke* (1910) para orquestra de câmera – sem *opus* – de Schoenberg, que sintetizam a preocupação microtemporal relativa à utilização da orquestra, numa dualidade massa/tempo, e dos *Sechs kleine Klavierstücke Op. 19* (1911), também de Schoenberg. É de se notar que as miniaturas contaram também com a adesão de Berg: seus *Fünf Orchesterlieder Op. 4*, para canto e orquestra, com textos de Peter Altenberg (1911-1912), e os *Vier Stücke Op. 5* para clarinete e piano (1913) são exemplos nítidos do posicionamento berguiano quanto às pequenas peças.

Essas primeiras experiências acabaram por impulsionar uma conscientização cada vez maior do problema do tempo com relação às composições subsequentes, gerando entre os três personagens da Segunda Escola de Viena três maneiras distintas de encarar o problema. Schoenberg opta pela reutilização de um tempo de maior porte, mas moderadamente; Berg, embora realizando obras não muito volumosas temporalmente, compõe uma grande ópera, *Wozzeck* (1914-1921), projetando suas preocupações num macrotempo; Webern, por sua vez, leva às últimas consequências o microtempo, presente principalmente dos *Vier Stücke Op. 7* para violino e piano (1910) aos *Drei kleine Stucke Op. 11* para violoncelo e piano (1914), mas que permanece nas obras posteriores, mesmo com a utilização de textos poéticos que absorveriam um tempo maior (como a partir dos *Vier Lieder Op. 12*, de 1915-1917).

O que se percebe nitidamente nessa altura dos acontecimentos, sob o prisma contemporâneo, é que se de um lado o dodecafonismo fez-se necessário para a rearticulação de um macrotempo que não encontrava apoio sistemático no atonalismo livre, de outro não alterou a essência mesma do posicionamento de Berg, Webern e mesmo de Schoenberg, seu criador (ou "descobridor"). Em Schoenberg, ele toma, em geral, as dimensões da maioria de suas obras tonais: é só compararmos a duração de suas *Variationen Op. 31* para orquestra, de 1926-1928, totalmente dodecafônicas, com as suas canções tonais *Sechs Lieder Op. 8*, de 1904 – embora haja exceção se compararmos a incrível condensação da forma-sonata em seu *Klavierstuck Op. 33a*, de 1928, o que só foi possível com a utilização do dodecafonismo enquanto estrutura, com os *Gurrelieder*, de 1900-1911. Em Berg, a ópera dodecafônica *Lulu* (1928-1935) e a ópera atonal-livre *Wozzeck* (embora contendo também trechos tonais e até enunciações pré-dodecafônicas) encontram correspondência temporal: a existência, em ambas, de um grande projeto composicional aliado à presença dos textos, por meio dos quais a dramaticidade berguiana edifica o que poderíamos denominar *macrodirecionalidade*. É notório, entretanto, que o macrotempo existe também no Berg atextual, como por exemplo no *Kammerkonzert* (1924-1925, atonal-livre), na *Lyrische Suite* (1925-1926, semidodecafônica) ou no *Violinkonzert* (1935, dodecafônico), respaldando-se ora no atonalismo livre, ora no dodecafonismo e ora na mescla de ambos (*Lyrische Suite*), aliado à metalinguagem e ao problema da macroforma, ou ainda da forma no macrotempo. Em Webern, por sua vez, vemos obras naturalmente alongadas pela presença dos textos (a partir, principalmente, do *Op. 12*) e pelo próprio desenvolvimento serial (a partir dos *Drei Volkstexte Op. 17*, de 1924-1925), mas sempre dosadas pela macropercepção de um microtempo, ou seja, pela necessidade de ouvir-se uma determinada obra como "um micro-organismo da arte, perfeito e cheio de leis, ao qual nada se pode acrescentar ou suprimir, como num ser vivo", segundo a definição de seu amigo Humplik. Esta definição foi endossada com entusiasmo pelo próprio Webern e dela fazem parte, como comprovação prática, tanto sua primeira peça dodeca-fônica, *Kinderstuck* (1924) – com apenas 17 compassos –, como o *Klaviers-tück Op. posth* (1925) – totalmente dodecafônico e com apenas 28 compassos em 3/4 –, e, ainda, sua última obra, a *II. Kantate Op. 31* (1941-1943) que, contendo seis movimentos totalmente dodecafônicos, não dura mais que 15 minutos, demonstrando a total dependência de Webern da concepção de brevidade, tão pertinente nas suas miniaturas atonais-livres[3].

Em Webern, entretanto, a maior prova de sua preocupação microtemporal são as construções de suas próprias séries dodecafônicas que, na verdade, deixam de ser "dodecafônicas" para se tornarem séries de seis (*Op. 21*), de quatro (*Op. 28*) ou até mesmo de três sons (*Op. 24* e o presuntivo *Op. 32*), demonstrando com isso que na realidade o que lhe importa é a destruição de qualquer temática estática e a edificação de uma "temática cinética" (segundo a terminologia de René Leibowitz), mobilizada, direcional, na qual se tem, se considerarmos como parâmetro a série de três sons, a simples sequência de dois intervalos como componentes básicos de toda a estrutura da obra, como um microtema em constante mobilidade – como é o caso do incrível *Konzert Op. 24* (1931-1934).

Esse posicionamento de Webern em pleno desenvolvimento dodeca-fônico (início da década de 1930) nos mostra a herança de uma concepção do próprio Webern, no que diz respeito à utilização de um tema, originária da época das miniaturas, mais precisamente do período entre 1911 e 1913, época em que compôs as "grandes" *6 Bagatellen Op. 9*, para quarteto de cordas, inteiramente construídas sob este prisma: um simples intervalo como um tema inteiro.

Coloca-se-nos agora uma importante questão: até que ponto inexistem direcionalidades, com referência a todos os aspectos do som (essencialmente massa, intensidades, alturas, durações, timbres), nas *Bagatelas*? Qual seria

---

3   Uma prova nítida disso se encontra no processo de composição dos *Drei kleine Stucke Op. 11* (1914) de Webern: Schoenberg, ao tomar conhecimento da intenção de Webern de compor para tais instrumentos, sugeriu a ele que tentasse formas mais extensas. Webern, aceitando tal "encargo" de seu mestre, iniciou a composição visando à sua maior extensão. Em meio à composição, entre-tanto, Webern informou Schoenberg que percebera com absoluta certeza que ele se sentiria como se deixasse algo composicionalmente não resolvido se suprimisse a urgência da composição, concluindo o trabalho com três peças que, juntas, não ultrapassam dois minutos de música!

o seu teor direcional? Somente uma análise atenta dessa obra (levando-se em conta, naturalmente, sua disposição final válida) nos possibilitará verificar quão estático é Webern, e quão estática foi a escuta de sua obra pelas gerações posteriores.

Durações: periodicidades e aperiodicidades

O primeiro aspecto que salta aos olhos tem relação direta com o pensamento do Webern dessa época quanto à utilização do total-cromático: segundo Webern, após apresentar os 12 sons da nossa escala temperada ocidental, a música parecia não ter mais o que dizer. Na verdade, considerando-se cada *Bagatela* separadamente, o número máximo de aparições de uma determinada nota (não considerando a imediata repetição de frequência devido a figuras rítmicas semelhantes) é nove vezes: é o caso da nota Si na *Bagatela* nº 2, e mesmo assim quase sempre com um tratamento diferenciado da vez anterior (noutra oitava, noutro instrumento, com outro modo de ataque etc.).

A aparição relativamente pequena das notas nas *Bagatelas* impossibilita o que seria mais tarde, no Webern dodecafônico, utilizado como meio de clarificação auditiva: a *periodicidade de frequências*, que veremos mais tarde. Interessa-nos aqui, em meio às miniaturas e ao atonalismo livre, que qualquer periodicidade de frequência obtida nas *Bagatelas*, ou seja, qualquer repetição de uma determinada nota numa determinada oitava – o que nos faz ouvir em meio ao dodecafonismo períodos ou resquícios de períodos simétricos e influenciará de maneira imperativa o serialismo integral dos anos 1950 – é audível através de *strattas* (utilizando a terminologia de Walter Kolneder) ou ostinatos rítmicos. Tal fato traz-nos à vista o comportamento rítmico, temporal weberniano, que é o gérmen de todo o seu desenvolvimento posterior quanto ao tratamento do tempo, envolvendo nesse processo a importância dada por Webern ao cânone como instrumento formal de periodicidade rítmica.

É-nos perfeitamente possível a audição, em cada uma das *Bagatelas*, de acontecimentos rítmicos simétricos, regulares, periódicos, em meio à assimetria, à irregularidade ou à aperiodicidade gerais de cada peça. Assim é que na *Primeira Bagatela*, logo no segundo compasso, a viola nos faz ouvir oito semicolcheias com a segunda maior Lá–Si; já na *Segunda Bagatela*, ouvimos o primeiro violino também realçando a segunda maior, agora Mi bemol–Fá, precedida de um Ré, sétima maior de Mi bemol, apresentando sete colcheias seguidas, bem como esta mesma periodicidade rítmica de colcheias espacializada no terceiro compasso com a quarta Si–Mi pela viola e, como consequência, a desintegração destas cinco colcheias em duas e três, *pizzicato*, no primeiro violino e na viola, nos compassos 6 e 7; na *Terceira Bagatela*, o segundo violino realiza uma espécie de trêmulo periódico entre Si e Fá logo no segundo compasso, juntamente com uma periodicidade de colcheias, com a segunda maior Si bemol–Dó, pelo primeiro violino, desembocando no centro da *Bagatela*, aperiódico, e direcionando-se a uma "periodização" ao término da peça; a *Quarta Bagatela* é construída basicamente com a sobreposição de periodicidades rítmicas distintas, como síntese desse aspecto até aqui; na *Quinta Bagatela*, que se mostra periódica do começo ao fim, ouvimos um Si periódico, em *pizzicato*, apresentado por três colcheias seguidas, pela viola, nos compassos 9 e 10; enfim, na *Sexta Bagatela* detectamos uma simetria geral de acontecimentos nos dois primeiros compassos, "macroperiodizando" o *ensemble* através de pulsação de colcheias, bem como a aperiodização a partir do primeiro *ritardando* até o fim da *Bagatela*, concluindo o *Op. 9*.

A partir desse primeiro aspecto já é possível medir o teor direcional de Webern: se observarmos cada *Bagatela* separadamente, sob o prisma de periodicidade e aperiodicidade rítmicas, podemos constatar que enquanto direcionalidade, ou seja, enquanto *condução de um caminho claro de um estado sonoro a outro* (da periodicidade à aperiodicidade e vice-versa), as *Segunda*, *Terceira* e *Sexta Bagatelas* são direcionais: na *Segunda* temos a desintegração direcional do elemento periódico de colcheias de sete para cinco, daí para quatro, e então para duas e três colcheias em seguida; na *Terceira*, vemos um ABA' sob este aspecto (A = periodicidade; B = aperiodicidade; e A' = periodicidade final) e cada parte destas direcionalmente encadeada, ou seja, com *transições* nas quais se sente a mescla de figuras periódicas e aperiódicas; na *Sexta* tem-se a direcionalidade no sentido periodicidade à aperiodicidade, concluindo a obra.

Como adirecionais ou estáticas em relação à periodicidade enquanto fenômeno, temos a *Primeira*, a *Quarta* e a *Quinta Bagatelas*, das quais a *Pri-*

meira e a *Quinta* são estáticas pela aperiodicidade rítmica presente na sua essência (embora, como já dito, com elementos periódicos no interior das mesmas), enquanto a *Quarta Bagatela* é estática exatamente por ser periódica do começo ao fim.

Enfim, analisando o *opus* inteiro sob este aspecto, vemos que ele é incrivelmente *direcional*, pois parte da presença quase insignificante de células periódicas da *Bagatela nº 1*, para a estruturação direcional dessas células no decorrer das *Segunda* e *Terceira Bagatelas*, sintetizando o elemento periódico rítmico em toda a *Quarta Bagatela* e retomando a aperiodicidade da *Primeira* na *Quinta Bagatela*. Concluindo a obra, como uma *Coda*, tem-se a passagem da periodicidade à aperiodicidade, presente na sucessão da *Quarta* para a *Quinta Bagatelas* (o que se ouve como uma autêntica "quebra" ou ruptura adirecional) e "direcionalizada" do começo ao fim da *Sexta Bagatela*.

Embora possa parecer pura elucubração ou cerebralismo teórico, devo acrescentar que tais conclusões nada mais são que fruto de uma detenção prática na *escuta* desta obra genial...

A Symphonie Op. 21

Esta concepção temporal do Webern de 1913 (ano em que a disposição das *Bagatelas Op. 9* encontrou seu estado definitivo) permaneceu no Webern maduro, o que é plenamente constatável em duas de suas obras dodecafônicas: na *Symphonie Op. 21* (1927-1928), particularmente no Primeiro Movimento; e no *Konzert Op. 24*, ao qual já nos referimos, particularmente no Primeiro e no Terceiro Movimentos. Nesses três movimentos dessas duas obras se faz sentir com nitidez toda a maturidade weberniana referente à transição da periodicidade à aperiodicidade rítmicas (e vice-versa), o que nos leva a caracterizá-los como trechos extremamente direcionais sob este aspecto.

No primeiro caso, ou seja, no Primeiro Movimento da *Symphonie Op. 21*, podemos ouvir a forma-*Lied* (o ABA') não só nas séries empregadas em determinadas transposições (cuja eficácia, aliás, é-nos pouquíssimo provável na escuta mesma), mas também na rítmica periódica ou não periódica (o que, para nós, é mais importante, pelo fato de atingir diretamente nossa audibilidade). De fato, ele exprime a transformação de um ritmo que se apresenta como periódico pela sua persistência através da própria periodicidade do cânone duplo em movimento contrário, "técnica-essência" de toda a *Symphonie* e que se constitui em uma determinada sequência fixa de durações (Exemplo 1)

Exemplo 1

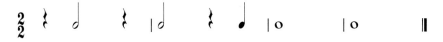

que, encadeada em cânone, nos passa a ideia da sequência rítmica repetida periodicamente (Exemplo 2), na qual os valores longos são interpenetrados por valores mais curtos (o que não está incluso no Exemplo 2) sem que isto interfira no sentido de alterá-los (outra característica estilística de Webern desde as primeiras composições).

Exemplo 2

Essa rítmica periódica já exprime, em cada período, uma direcionalidade do valor mais longo ao valor mais curto, o que num plano cartesiano de durações por tempo (no qual os valores maiores ficariam mais perto do eixo cartesiano e os mais curtos situar-se-iam mais distantes dele), apresentar-se--ia como uma típica direcionalidade rítmica dente de serra (Exemplo 3).

Exemplo 3 Direcionalidade rítmica dente de serra

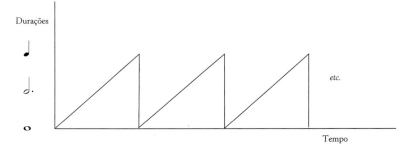

A partir do compasso 14, contudo, tem-se a quebra gradual de tal direcionalidade rítmica até um comportamento rítmico em que predomina a escuta de semínimas e o resultado é uma rítmica toda pulsada na própria semínima, o que, no mesmo plano cartesiano, exprime (nitidamente também na escuta) um ritmo estático, não direcional, embora também periódico (Exemplo 4).

Exemplo 4 Adirecionalidade rítmica pela periodicidade de semínimas

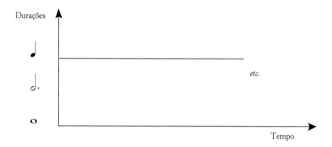

Toda essa transformação – que acontece no interior dos primeiros 25 compassos – soa-nos, entretanto, como uma direcionalidade de uma rítmica direcional a uma rítmica estática, expressa apenas neste pequeno espaço de tempo.

A partir do 23º compasso, Webern começa a introduzir silêncios no interior da pulsação de semínimas, aperiodizando a rítmica agora estática, aperiodização esta que tem sua radicalização em *B* (compassos 27 a 43), estático e periódico do ponto de vista rítmico.

Em *A'* (a partir do compasso 43), a aperiodicidade rítmica de *B* continua, mas o caráter periódico de *A* é resgatado pela manutenção de certas notas em determinadas oitavas (manutenção, portanto, de algumas *frequências*), principalmente do Dó sustenido agudo (que se distingue pela sua destacada zona de tessitura), o que nos faz ouvir uma espécie de *periodicidade de frequência*, pré-serial (no sentido do serialismo integral), embora tal periodicidade seja também estática (exceto nos compassos 40 e 41, nos quais este Dó sustenido aparece, nas violas e nos primeiros violinos, como uma rítmica direcional muito semelhante à rítmica direcional de *A*, também com uma diminuição progressiva de valores). Apenas a *Coda* (a partir do compasso

61) é que retoma a periodicidade rítmica de *A*, com a presença de sequências de colcheias como células periódicas em meio à aperiodicidade geral, as quais também funcionam de modo estático, lembrando a pulsação estática de semínimas presente em *A*.

Enfim, constatamos que a *periodicidade* (simetria) pode ser tanto *direcional* – quando ela exprime uma *progressão* de valores rítmicos ou um caminho entre um valor longo e um mais curto, passando *progressivamente* por valores rítmicos intermediários, mas fazendo com que tal direção se repita, tornando-se desta forma *periódica* – quanto *estática* – na medida em que não exprima um direção, mas simplesmente uma *pulsação contínua, periódica*, repetitiva.

Já a *aperiodicidade* rítmica, por sua vez, exige que não haja repetições nem de uma determinada estrutura rítmica nem de um valor rítmico qualquer, exigindo também, e principalmente, que inexista direção de valores mais curtos a valores mais longos e vice-versa. A aperiodicidade é em si mesma *adirecional*, estática.

O que nos chama a atenção no momento, contudo, é que Webern manipula esses diversos estados rítmicos de maneira *direcional, transicional*. Analisando globalmente este Primeiro Movimento do *Op. 21*, notamos que Webern transforma de maneira gradual – embora utilize sempre pouco tempo – uma periodicidade direcional em periodicidade estática, e esta em aperiodicidade (*A* desembocando, por fim, no *B* aperiódico), bem como retoma, a partir desta métrica aperiódica, um "embrião" periódico (*B*, por meio da periodicidade de algumas frequências) até atingir novamente células periódicas estáticas (de colcheias, em *A'*), sem abandonar, porém, a aperiodicidade geral do trecho precedente (como resquício, em *A'*, da aperiodicidade de *B*). Tudo isto "transicionalmente", gradual ou progressivamente, em uma apalavra: *direcionalmente*[4]!

---

4   É bem possível, por exemplo, que este posicionamento direcional quanto ao fenômeno da periodicidade rítmica na rítmica da *Symphonie Op. 21* tenha influenciado Stockhausen na feitura do *Klavierstuck IX* (1954, revisado em 1961), que tem como base uma série construída da mesma maneira que Webern construiu a série do *Op. 21* (a segunda metade é o retrógrado da primeira metade da série) e também apresenta essa transição da periodicidade rítmica à aperiodicidade do começo ao fim da peça.

146 FLO MENEZES

Antes de retornarmos às *Bagatelas*, é preciso nos deter ainda na outra obra citada que também contém este problema, completando assim este enorme "parêntese" ilustrativo: o *Konzert Op. 24*.

O *Konzert Op. 24*

Esta genial obra parece-nos crucial dentro da produção e da evolução do pensamento estrutural de Webern[5], seja pela simetria da série dodecafônica básica – que apresenta quatro células de três notas em que, tomando-se como base a primeira célula como original, temos a segunda célula como seu retrógrado da inversão, a terceira célula como seu retrógrado e a quarta célula como sua inversão –, seja pela própria essência deste posicionamento weberniano em relação à organização intervalar da série, ou seja, pela tendência nítida de *microtematização*, na qual a simples sequência de dois intervalos já se faz sentir como um tema inteiro, microtematização esta expressa aqui no interior da própria série dodecafônica[6]. Pode-se dizer que tal série é, na verdade, de três sons (Exemplo 5).

---

5   É interessante o fato de o *Konzert Op. 24*, além de situar-se exatamente no meio de toda a produção dodecafônica de Webern, ter sido concebido e composto no período de tempo (1931--1934) no qual se deram tanto a ascensão do nazismo na Alemanha (1933), quanto a revolta da Social-Democracia (da qual Webern, embora não fazendo parte ativa, era simpatizante, sendo regente titular de suas organizações musicais – Coro e Orquestra dos Trabalhadores), em fevereiro de 1934 na Áustria, abafada pelo governo fascista austríaco, pró-nazista. Esta foi, sem dúvida, a época em que Webern foi mais contestador, opondo-se ao regime nazista e regendo, em pleno 1933, obras de teor revolucionário, como as de Hanns Eisler, com textos de Brecht – obras influenciadas, contudo, pela estética reacionária do Realismo Socialista stalinista – ou de Paul A. Pisk, membros do Partido Comunista e Social-Democrata da época, respectivamente, em nítida contestação ao regime fascista recentemente instalado na Alemanha. Bem diferente, portanto, de sua adesão ideológica ao nazismo nos últimos cinco anos de sua vida (a partir de 1940)…

6   Quanto a esta última questão, coloco-a de maneira diferente da de Stockhausen em sua análise do *Op. 24* (citada por Kolneder). Segundo Stockhausen, aqui "o elemento essencial não é uma ideia escolhida para a obra inteira (tema ou motivo), mas a escolhida sequência de alturas, notas-valores e dinâmicas". É-nos perfeitamente claro, como bem indica Stockhausen, o conteúdo pré-serial integral do *Konzert Op. 24*, com a serialização rítmica, a periodicidade de frequências etc. No entanto, parece-me que em relação à temática, a intenção de Webern não é a de destruir o tema, como poderia sugerir a utilização de certas transposições das séries derivadas que evidenciam o processo de permutação serial, mas sim vesti-lo decisivamente de "roupa nova", concretizando,

Exemplo 5 Série do *Konzert Op. 24* de Webern

Tal preocupação foi de tão capital importância para a linguagem de Webern que sua última obra, infelizmente inacabada (seria o *Op. 32*), teria como série algo bem semelhante a esta série do *Op. 24*, tornando-se um segundo *Konzert*.

Dentre os dois movimentos citados (Primeiro e Terceiro Movimentos), o Terceiro Movimento apresenta-se, sob o ponto de vista da direcionalidade da periodicidade à aperiodicidade rítmica e vice-versa, como menos complexo. Vejamos, pois, o porquê.

Toda a periodicidade rítmica do Primeiro Movimento calca-se na construção simétrica, pulsada, periódica de cada célula de três notas, ou seja, cada célula apresenta-se com um mesmo valor para cada uma das suas três notas, seja a semicolcheia (Exemplo 6a), seja a colcheia (Exemplo 6b), seja a tercina de colcheias (Exemplo 6c), seja a semínima como quiáltera, tercinada (Exemplo 6d).

Exemplo 6 Células rítmicas do *Konzert Op. 24*

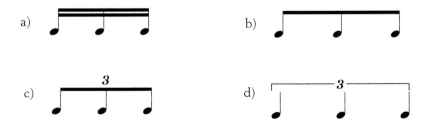

---

sob este aspecto, a verdadeira intenção da série dodecafônica, ou seja, a destruição da temática estática tonal em prol de uma temática transponível às diversas alturas, de uma *temática cinética*, móvel – pois, mesmo tendo havido tal intenção no advento mesmo do sistema dodecafônico, muitas obras não conseguiram concretizá-la na prática, tratando a série como algo estático. Webern, no *Op. 24*, microtematiza a série de forma cinética.

Dispondo-se essas microperiodicidades numa ordem progressiva, direcional, da que ocupa menos tempo à que ocupa mais, a ordem seria a seguinte (Exemplo 7):

Exemplo 7 Células rítmicas do *Konzert Op. 24* em ordem crescente de ocupação do tempo

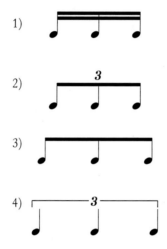

A execução dessa ordem em sequência possibilitaria a escuta de um *rallentando* escrito, por meio da desaceleração das células periódicas, da semicolcheia à semínima quialterada, o que, no eixo cartesiano já utilizado, apresentar-se-ia como uma *fase direcional dente de serra descendente* (Exemplo 8).

Exemplo 8 Direcionalidade rítmica dente de serra descendente

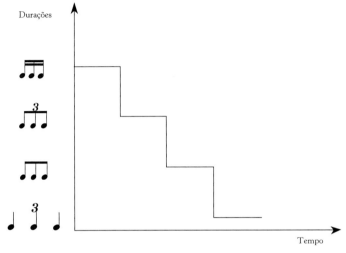

ou estilizadamente:

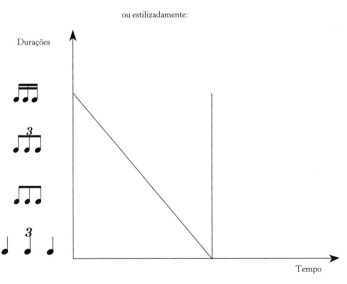

O que Webern nos faz ouvir, entretanto, é a concatenação intercalada dessas células periódicas, de modo que no eixo cartesiano tal encadeamento demonstra-se enquanto uma *onda quadrada* ou *retangular* tipicamente oscilatória (Exemplo 9a), já que a ordem de execução dessas células rítmicas apresenta-se como a seguir (Exemplo 9b):

Exemplo 9 Direcionalidade rítmica quadrada ou retangular

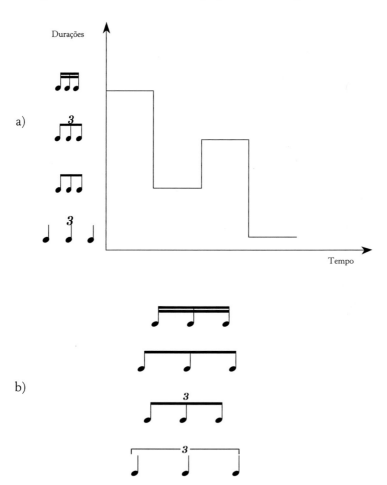

Tal resultado provém, pois, da execução, como primeira célula, da célula mais rápida (de semicolcheia), em seguida da terceira célula, depois da segunda (mais rápida que a terceira, mas mais lenta que a primeira) e, enfim, da execução da célula mais longa, mais distendida no tempo. Entre as quatro células não há, da forma em que Webern apresenta a série, uma progressão propriamente direcional, mas há de se sentir que a oscilação retangular do gráfico é transposta gradualmente para baixo, o que nos faz sentir, na prática, duas desacelerações: a primeira, da semicolcheia para a colcheia (Exemplo 10a) e a segunda, da colcheia tercinada para a semínima tercinada (Exemplo 10b), construindo, assim, uma desaceleração global da rítmica da série, de maneira direcional (Exemplo 10c).

Exemplo 10 Desacelerações

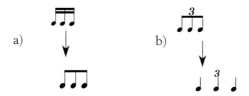

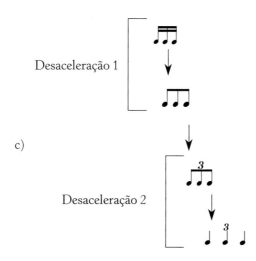

Resta salientar que essa direcionalização da onda retangular – que tem como propriedade básica a não direção – não elimina tal propriedade oscilatória presente na aceleração entre a segunda e a terceira células encadeadas, ou seja, presente na passagem da célula de colcheias para a de colcheias tercinadas, encadeamento este presente no meio da série global (passagem dos sons 4, 5 e 6 para os sons 7, 8 e 9 da série – Exemplo 11).

Exemplo 11 Aceleração no meio da série

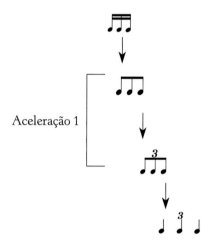

Não bastasse toda essa consistência informativa, o piano realiza (exatamente com uma transposição do retrógrado da inversão da série original, fazendo com que o próprio RI seja a série original com cada célula de três notas permutada em retrógrado) o exato retrógrado desta estrutura rítmica, concluindo, assim, tão somente a introdução do Primeiro Movimento. Temos, no eixo cartesiano, a constatação apresentada a seguir, o que, estilizadamente, demonstra-nos uma típica *direcionalidade triangular rítmica* atingida a partir de uma onda em si adirecional (onda retangular), construída, por sua vez, pela sucessão de células periódicas estáticas (Exemplo 12).

MÚSICA MAXIMALISTA 153

Exemplo 12 Direcionalidade triangular construída a partir da onda quadrada

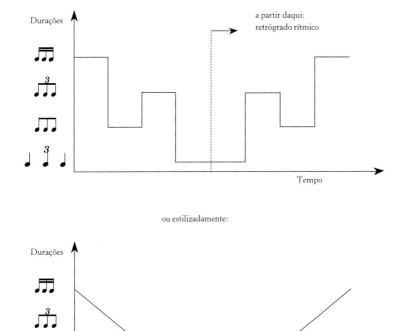

Toda esta escrita extremamente complexa, pré-eletrônica no tratamento de "desenhos" de ondas direcionais, aceleração e desaceleração, com síntese do uso do cânone, da microtematização da série, da síntese formal do concerto enquanto gênero (com a intervenção solística do piano), da utilização de permutação serial, da *Klangfarbenlemodie* etc., em cinco compassos binários!

Se, entretanto, a complexidade deste Primeiro Movimento é menos direcional do ponto de vista global do que o Terceiro Movimento, é porque nem sempre Webern discursa dessa maneira no decorrer do movimento. Exemplo disso é quando ouvimos cada uma das células rítmicas periódicas de três notas-valores ser tratada em cânone pelo *ensemble*, aumentando com isso sua periodicidade rítmica estática, como do compasso 15 ao compasso 23, onde temos o seguinte esquema (Exemplo 13):

Exemplo 13 Esquema rítmico dos compassos 15-23 do *Konzert Op. 24*

A primeira coisa que nos fica clara é que a ordem empregada na introdução, que direcionalizava a onda quadrada descendente, aqui não é empregada, e o caráter oscilatório das pulsações periódicas impregna todo o trecho, tornando-o adirecional, pois temos, na pulsação rítmica, a seguinte resultante no eixo cartesiano (Exemplo 14), já que a sucessão das células em cânones é apresentada no Exemplo 13.

Exemplo 14 Resultante gráfica do Exemplo 13

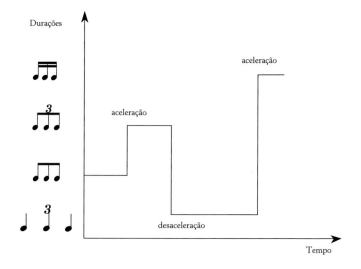

Ou seja, tem-se uma típica adirecionalidade através da onda retangular (ou quadrada) oscilatória, na qual não se ouve nenhuma progressão da pulsação rítmica pelo fato de que a desaceleração central (presente no eixo cartesiano de nosso Exemplo 14) é maior que a aceleração do início da onda, impossibilitando, com isso, a direcionalização, neste momento, da onda retangular (diferentemente, portanto, do Exemplo 9a, que viabiliza tal processo).

Mesmo quando uma determinada adirecionalidade se faz presente, sempre podemos ouvir algum fator *direcional* em Webern, como é o caso, aqui, da *extensão de cada fase de onda*, ou seja, do número de séries em cânone da primeira à terceira. Vemos então que a célula de colcheias contém três "entradas"; a célula de colcheias tercinadas, quatro; e a célula de semínimas tercinadas, cinco entradas através do conjunto dos instrumentos (cf. Exemplo 13).

Este "resquício" direcional não impede, contudo, que cheguemos a um *trio aperiódico* (precedido dos compassos 23-25) que caracteriza o meio do Movimento (clarinete, violino e piano), onde se percebe a camuflagem da própria célula de três notas, que perde aqui seu sentido "celular" (adquirindo um "atômico"!), na medida em que deixa de ser executada por um único timbre, um único instrumento, num processo de fragmentação aperiódica[7]. É apenas no compasso 35 que o trombone, ao memorizar a primeira célula da obra, como que se intrometendo no trio, começa a recuperar dados periódicos de rítmica, de timbre e de caráter canônico, até desembocar numa recapitulação rítmica exata da apresentação da série pelo piano e *ensemble* (trompa, oboé e flauta) nos compassos 45-48, desencadeando mais tarde (do compasso 53 ao 62) a reapresentação ligeiramente variada dos cânones das células periódicas (dos Exemplos 13 e 14).

Neste momento, a última célula em cânone (de semicolcheias), que exatamente "quebrava" a direcionalidade de crescimento das fases da onda retangular (cf. Exemplo 14), encontra-se separada do restante (compassos 67 e 68), funcionando como *Coda*. A separação é feita pela recapitulação

---

7 Antes da composição deste trecho central do Movimento, Webern sentiu-se impelido, em 11 de maio de 1934, a incluir um coro exatamente do compasso 25 em diante, com texto de Hildegard Jone, abandonando a ideia, porém, quatro dias depois, compondo assim este incrível trio aperiódico e continuando o *Op. 24* sob o prisma de até então.

exata da direcionalização triangular da onda retangular da introdução, mas com uma inversão com relação à execução: a sequência rítmica em cânone que era executada pelo piano é aqui executada anteriormente à que era executada pelo *ensemble*, e esta posteriormente, tudo executado somente pelo *ensemble* (Exemplo 15) e invertendo as fases da onda triangular do início (Exemplo 16 – cf. com o Exemplo 12). Além disso, o último compasso completa uma direcionalidade presente do início ao fim do Movimento: a tendência à *verticalização da série* em acorde (o último acorde compreendendo seis sons da série original transposta a Fá):

Exemplo 15

Exemplo 16 Inversão de fase da direcionalidade tringular do Exemplo 12

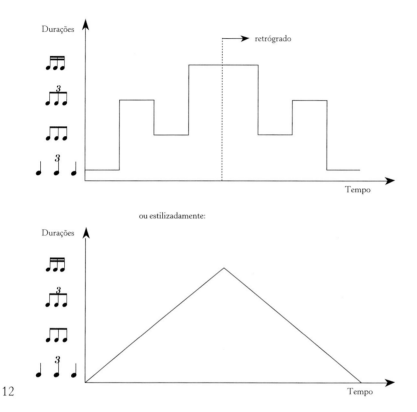

Relativamente ao tratamento das ondas direcionais, considerando o trio aperiódico no centro do Movimento, creio que podemos quase falar de um *Spiegelbild* (estrutura espelhada, simétrica) com relação à sua estrutura geral (Exemplo 17).

Exemplo 17 Estrutura geral do Primeiro Movimento do *Konzert Op. 24 – Spiegelbild*

Direcionalização da onda retangular	Cânones periódicos	Trio aperiódico	Curta memória do início (reconstituição da célula)	Cânones periódicos	Direcionalização da onda retangular	*Coda*
Compassos: 1-15	15-23	(23-25) 26-35	35 (36-53)	53-62	63-67	67-69

processo de *análise* da onda inicial   processo de *síntese* da onda inicial

Tudo isto me faz pensar que, tomando-se por base tão somente este Primeiro Movimento, o *Konzert Op. 24* já se apresenta, juntamente com as *Bagatelas Op. 9*, como talvez a obra mais significativa de Webern, e uma das mais importantes composições do século XX.

Quanto ao Terceiro Movimento, vemos que a característica fundamental reside no fato de Webern constantemente deslocar as fases rítmicas, os períodos rítmicos facilmente detectáveis, no interior do compasso-base (2/2), fazendo que a rítmica periódica do compasso em si seja "desregularizada", aperiodizando a métrica global. Quando isto acontece com evidência pela primeira vez (trompete, compassos 12 e 13), gera simultaneamente o primeiro *poco ritardando* do Movimento, desembocando na primeira verticalização em acordes das células da série (compassos 14 e 15, pela flauta, clarinete e trombone), numa pulsação global mais moderada que a do início (*etwas mäßiger*). Esta aperiodização mexe imediatamente, pois, com o metabolismo da peça.

A partir daí, a célula rítmica inicial – que até então funcionava *em fase* com os tempos forte e fraco do compasso (Exemplo 18a) – passa a se situar *em defasagem*, em não-sincronia com a pulsação rítmica, aperiodizando a métrica de até então, como é o caso dos compassos 16 e 17 (Exemplo 18b).

Exemplo 18 Célula rítmica do Terceiro Movimento do *Konzert Op. 24*

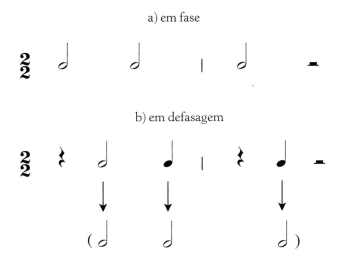

No entanto, a repetição da defasagem do Exemplo 18b nos dois compassos seguintes (18 e 19) faz com que a periodicidade desta célula em si mesma periódica (cf. Exemplo 18a) não seja esquecida e, ao contrário, que a própria defasagem aperiódica desta célula, com relação à métrica do compasso, seja periodizada (Exemplo 19), desencadeando, desta forma, uma sequência rítmica tipicamente periódica do final do compasso 19 ao compasso 24 (Exemplo 20).

Exemplo 19 Periodização da defasagem

Exemplo 20

Tal periodicidade não tem, contudo, continuidade, já que o piano retoma, no compasso 25, a defasagem do Exemplo 18b, não dando sequência ao último ataque do compasso 24 – realizado pelo *ensemble* –, alternando inclusive o timbre (Exemplo 21).

Exemplo 21

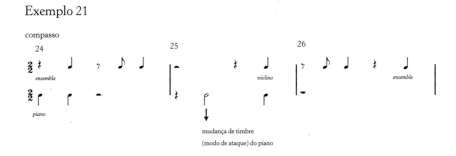

O que se ouve é novamente a aperiodização da sequência, fazendo com que o Movimento adquira a partir do compasso 27 (ou seja, a partir do segundo *poco ritardando* do Movimento) seu maior grau de aperiodicidade.

O que nos interessa aqui é mais uma vez a percepção nítida de uma condução extremamente *direcional* com referência à periodicidade e à aperiodicidade rítmicas no interior de um Movimento, realizada mais uma vez por Webern, considerado por muitos como essencialmente "adirecional".

Todo este pensamento estrutural weberniano, tão evidente nos *Op. 21* e *Op. 24* que nos serviram de parênteses até aqui, só pôde ser efetuado de forma madura após a realização das obras anteriores, entre as quais as *Bagatelas Op. 9* têm importância significativa. Mas ele não cessa, evidentemente, aqui:

a mesma problemática é perfeitamente audível, por exemplo, na Terceira e última Canção dos *Drei Lieder nach Gedichten von Hildegard Jone Op. 25* (1934), para canto e piano, se nos detivermos na rítmica empregada na voz[8]...

Mas voltemos, enfim, às *Bagatelas*.

Por tudo isto que vimos, podemos seguramente constatar que as *Bagatelas*, quanto ao aspecto rítmico, não só possuem um conteúdo extremamente direcional, mas também geraram frutos significativos na criação posterior de Webern, fazendo com que seja facilmente detectável, em sua obra, uma característica importantíssima, um determinante dado estilístico weberniano: o enorme peso que ganham as pequenas células periódicas estáticas na construção da direcionalidade ou mobilidade global de um sempre pequeno Movimento de uma peça ou de uma obra como um todo (como é o caso justamente do *Op. 9*) que, por serem de curta duração, fazem com que ouçamos, na escuta global de cada Movimento, *microdirecionalidades*.

E quanto aos outros aspectos? Qual o conteúdo direcional das *Bagatelas Op. 9* quanto aos outros aspectos sonoros?

Analisemos, pois, as intensidades.

Dinâmicas

Se considerarmos que quanto mais um determinado aspecto da escuta – no caso, agora, as intensidades – proporciona um distanciamento entre dois pontos sonoros distintos (um *reforçado* e outro *não reforçado*), simbolizados agora, respectivamente, por um acontecimento qualquer *fortissimo* e outro *pianissimo*, tanto mais esse aspecto tem probabilidade de tornar-se *direcional* – já que adquire maior possibilidade de exploração do âmbito entre ambos os pontos –, podemos dizer que, sob este ponto de vista, nos soam mais ricas, quanto às intensidades, as Bagatelas 1, 2, 3 e 6, ou seja, quatro

---

8 Esta canção foi concluída em outubro de 1934, exatamente um mês após a conclusão do Terceiro Movimento do *Konzert Op. 24*.

Bagatelas de importante colocação estratégica dentro do opus inteiro (na medida em que é nas três primeiras Bagatelas que, do ponto de vista rítmico, as células periódicas tomam dimensão estrutural – a *Sexta Bagatela* desempenhando, sob este aspecto, o papel de *Coda*, como já comentado). São justamente as Bagatelas 4 e 5 – a *Quarta*, periódica; a *Quinta*, contrastantemente aperiódica – que recebem um tratamento mais modesto quanto às intensidades.

Vejamos o porquê.

Exatamente estas três Bagatelas iniciais é que nos oferecem uma maior variação, um maior âmbito de intensidades, pois a *Primeira Bagatela* percorre desde a dinâmica *fff* até a *ppp*, passando pelos graus intermediários, o que nos dá seis intensidades diferentes (*fff, ff, f, p, pp, ppp*). Tanto a *Segunda* quanto a *Terceira Bagatelas* apresentam-nos, também, este número de variações dinâmicas, porém num âmbito mais restrito, do *ff* ao *ppp* (*ff, f, mf, p, pp, ppp*). E a *Sexta*, semelhantemente à *Segunda* e à *Terceira*, percorre as intensidades do *ff* ao *ppp* (com a supressão da dinâmica de maior reforço até então: *fff*), mas através de apenas cinco dinâmicas distintas (*ff, f, p, pp, ppp*).

O que nos chama a atenção, no entanto, não é propriamente a extensão das intensidades, mas sim como tal âmbito é explorado por Webern de maneira direcional, pois embora haja sempre maior probabilidade de direções com emprego de um amplo âmbito de um determinado aspecto, isto não quer dizer que não se possa tratá-lo de maneira adirecional, pontilhista, oscilatória. Para isto bastaria a execução seguida e alternada de uma dinâmica reforçada e outra não reforçada (por exemplo, *ff – p – fff – ppp – mf – pp*), em que não se percebesse uma progressão de valores dinâmicos, mas sim, ao contrário, uma pura oscilação de pontos de dinâmica forte interrompidos por outros de dinâmica suave ou vice-versa, como num autêntico pontilhismo adirecional de intensidades. Este não é, contudo, o caso das grandes *Bagatelas Op. 9*.

Nas quatro Bagatelas citadas acima, Webern utiliza o extenso âmbito de intensidades de maneira nada pontilhista, ou seja, evitando as oscilações abruptas entre o ponto de reforço da escuta do som (*ff*, por exemplo) e o ponto de não reforço (*pp*, por exemplo). Considerando o desenvolvimento dinâmico geral de cada Bagatela e transpondo os valores dinâmicos ao plano cartesiano por nós utilizado – em que o ponto de reforço ou de maior presença sonora, coerentemente com o que fizemos com as durações, situar-se-ia mais próximo do eixo, e o ponto de não reforço, mais distante –, temos as Bagatelas 1, 2, 3 e 6 como direcionais, e as Bagatelas 4 e 5 como adirecionais, estáticas (fato comprovado pela utilização de apenas duas dinâmicas distintas entre si: *pp*, e *ppp*). É o que nos demonstra o Exemplo 22.

Exemplo 22 Gráfico estilizado das *Seis Bagatelas* quanto ao desenvolvimento dinâmico

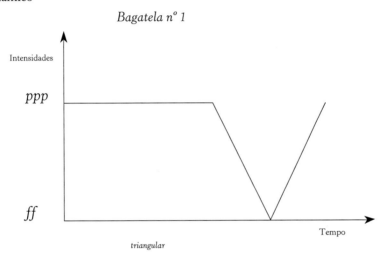

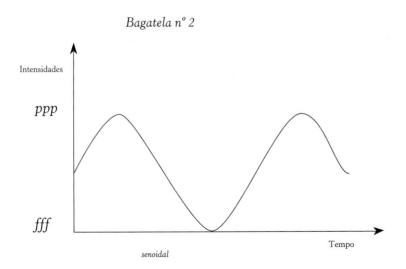

Bagatela nº 3

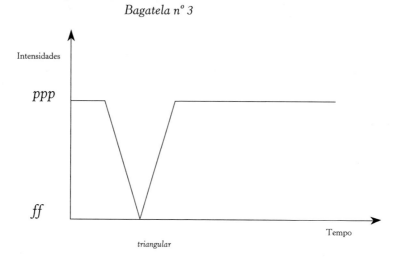

triangular

Bagatela nº 4

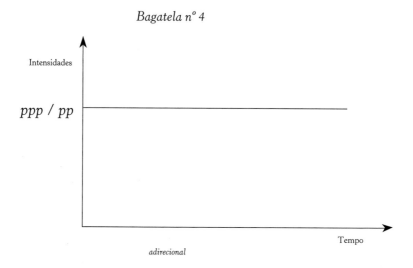

adirecional

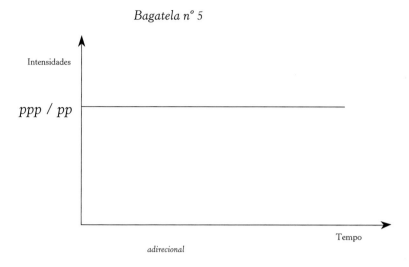

Bagatela nº 5

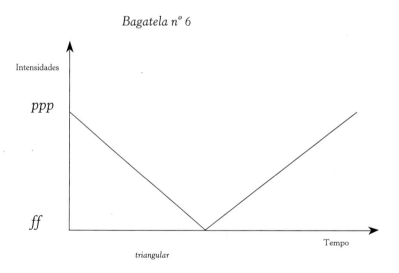

Bagatela nº 6

É visivelmente sintomático o fato de as três Bagatelas que demonstram com nitidez a existência de direcionalidade triangular (nos 1, 3 e 6) terem o cume de suas ondas direcionais diretamente associado aos seus centros, como se fossem três expressivos e semelhantes "gestos respiratórios". Embora todas as quatro Bagatelas direcionais quanto às intensidades sejam, pelas suas próprias consistências, móveis do ponto de vista dinâmico, a *Segunda Bagatela* é a que se destaca pela sua diversidade em relação às demais: o fato de detectarmos nela uma onda direcional senoidal evidencia uma maior utilização da extensão das intensidades, caminhando sempre *progressivamente* do ponto de reforço ao de não reforço e vice-versa. Essas quatro Bagatelas não deixam, no entanto, de expressar os respectivos centros como pontos culminantes (embora, no caso da *Segunda Bagatela*, tal ponto culminante central evidencie-se muito mais pelo fator tímbrico, como veremos a seguir, do que pela associação referente ao ponto de reforço dinâmico imediatamente anterior ao seu centro): um recurso composicional de relaxamento/tensão/relaxamento que, aqui, independe do sistema harmônico propriamente dito, dando lugar a uma preocupação eminentemente direcional, estritamente ligada ao organismo tanto de cada Bagatela em particular, quanto do *opus* como um todo.

A clarificação de tal escuta se dá quando ouvimos a *Quarta* e *Quinta Bagatelas*, que desfecham o encerramento do *opus*. Ambas evidenciam a maravilhosa concepção de equilíbrio presente no pensamento weberniano por meio da adirecionalidade estática quanto às dinâmicas, e de uma forma extremamente madura. Anos se passaram para que, após as tentativas realizadas pelo serialismo integral no sentido de atingir uma máxima informação composicional pela total serialização dos diferentes aspectos sonoros, percebêssemos que esse pretendido grau máximo de informação iguala-se a zero. Ou seja, pela experiência das vanguardas do pós-guerra a música contemporânea chega, enfim, a determinadas conclusões, ainda que aceitas apenas por algumas vertentes musicais, de que por vezes é necessário sacrificar alguns aspectos sonoros em favor de outros para que a intencionalidade da escuta ache seu *sentido de direção*, não se dissolvendo numa massa amorfa mais complicada que complexa.

As *Bagatelas 4* e *5*, presentes de maneira tão estratégica no corpo do *Op. 9*, temperam de forma eficaz a direcionalidade dinâmica das restantes com sua consistência completamente estática.

Além de Webern provar aqui, muito convincentemente aliás, que também direções se percebem com existência simultânea de momentos estáticos – os quais despertam a escuta para a informação direcional propriamente dita pela diversidade de sua essência –, ele o faz da maneira mais *funcional* possível, preferindo a adirecionalidade por falta de mobilidade e variação de dinâmicas distintas (apresentando apenas pp e ppp como intensidades) à adirecionalidade oscilatória multifacetada por muitas intensidades intercaladas.

É o momento, agora, de direcionar a escuta a outros fatores que, no organismo do *opus*, necessitam de maior atenção: de um lado, as células rítmicas (*Quarta Bagatela*) e a aperiodicidade (*Quinta Bagatela*); e, de outro, a questão harmônica (*Quinta Bagatela*) ou, ainda, a direcionalidade das alturas (mais uma vez, *Quinta Bagatela*). Por isso Webern prefere, neste momento, uma menor variedade de dinâmicas e a imobilidade quanto a este aspecto, aumentando assim o dinamismo de todo o *opus*.

A inclusão da *Primeira* e da *Sexta Bagatelas*, ambas de 1913, como início e fim da obra, abarcando as demais – compostas, por sua vez, anteriormente, em 1911 –, encontra-se já plenamente justificada para aqueles que, como fazia o próprio Webern quando lecionava composição, costumam pôr em xeque as opções do processo de composição da mesma obra.

Timbres

A análise dos timbres nas *Bagatelas* traz-nos mais problemas. Não pelo fato de este aspecto ser tratado de maneira adirecional, já que não será esta a questão propriamente dita, mas sim pela estonteante exploração tímbrica que Webern exerce, em tão pouco tempo, sobre um conjunto de instrumentos aparentemente homogêneo, como é o caso do quarteto de cordas.

Antes de analisarmos minuciosamente a composição de cada trecho da obra é mister, a fim de que o leitor tome conhecimento do alto nível de variedade tímbrica, que olhemos um pouco para os modos de ataque que Webern faz soar em cada uma das *Bagatelas* (Exemplo 23).

Exemplo 23 Modos de ataque empregados nas *Seis Bagatelas Op. 9*

Bagatela n º 1	sempre *con sordina* → *sul ponticello*; harmônico; *staccato sul ponticello*; *legato*; *pizzicato*; *tremolo sul ponticello*; *non legato*; harmônico *tremolo*
Bagatela n º 2	*legato sul tasto*; harmônico; *spiccato*; *pizzicato*; harmônico *non legato*; *non legato*; harmônico *pizzicato*; *staccato sul ponticello*; *martellato*; *legato*; *tremolo sul ponticello*; *non legato sul ponticello*; *tremolo*
Bagatela n º 3	*pizzicato*; *legato*; *legato sul ponticello*; harmônico *con sordina*; *tremolo sul ponticello*; *martellato*; *non legato sul ponticello*; *non legato*; *non legato con sordina*; harmônico *tremolo*; *pizzicato con sordina*; harmônico *non legato con sordina*
Bagatela n º 4	sempre *con sordina* → *legato sul ponticello*; *non legato*; *legato*; *pizzicato*; *legato sul tasto*; *non legato sul ponticello*; harmônico; harmônico *martellato (an der Spitze)*; harmônico *legato*
Bagatela n º 5	sempre *con sordina* → *legato*; *non legato*; *sul ponticello*; *pizzicato*; *tremolo sul ponticello*; *pizzicato glissando*; *staccato sul ponticello*
Bagatela n º 6	sempre *con sordina* → harmônico; trinado; *martellato sul ponticello*; harmônico *martellato*; *pizzicato*; *non legato*; *non legato sul ponticello*; harmônico *non legato*; harmônico *tremolo*; *tremolo sul ponticello*; *legato*; trinado *sul ponticello*; *non legato sul tasto*

Como podemos observar, as *Bagatelas 2, 3* e *6* são as mais ricas em varie-dade tímbrica, contendo, respectivamente, nada mais nada menos que tre-ze, doze e treze tipos distintos de timbres ou modos de ataque, executados pelo conjunto em apenas oito, nove e nove compassos!

Uma diversificação tão grande de modos de ataque em tão pouco tempo faz-nos imediatamente supor que tal uso tímbrico expressaria, provavelmente, uma constante oscilação, um verdadeiro pontilhismo de timbres... De fato, o aspecto tímbrico é extremamente complexo, mas não despreza, nem mesmo aqui, a *escuta direcional*. Sem dúvida, a presença de tão variadas maneiras de execução num espaço de tempo relativamente pequeno fez com que Webern tratasse o conjunto tímbrico como um fator de constante *alternância de cores*, e a transformação direcional de um timbre em outro propriamente dito não tem peso. Todavia, as direcionalidades tímbricas do *Op. 9* estão presentes na maneira como cada timbre se comporta particularmente no decorrer de cada *Bagatela*. Deste ponto de vista, temos como expressivamente direcionais as *Bagatelas 2, 3, 5 e 6*. Mais uma vez, proporcionando à escuta, agora sob o aspecto tímbrico, um impressionante equilíbrio, temos as *Bagatelas 1 e 4* como estrategicamente estáticas quanto ao timbre.

Se chego à conclusão da inexistência de direções de timbres nestas duas *Bagatelas*, é porque tanto na *Primeira* quanto na *Quarta* nenhum modo de ataque comporta-se de maneira instável. A estabilidade ou constância de determinados timbres, como o *pizzicato*, os *harmônicos* e as notas isoladas *non legato*, principalmente, e a predominância do *legato*, também de maneira estática, fazem com que a *Primeira Bagatela* não desperte tanto interesse sob este aspecto em uma escuta direcional. A *Quarta Bagatela*, por sua vez, semelhantemente à *Primeira*, traz-nos com regularidade estática a escuta de alguns timbres: o *legato* (ora *sul tasto*, ora *sul ponticello*, ora *naturale*), o *pizzicato*, o *harmônico* e o *non legato*. Nenhum destes modos de ataque tem uma atuação móvel, ou seja, eles sempre aparecem e atuam praticamente na mesma medida, não se ampliando nem se reduzindo quanto à *quantidade de sua atuação nas alturas disponíveis*.

Já as outras quatro *Bagatelas* apresentam intenso teor direcional. A *Segunda Bagatela*, embebida da presença de *pizzicati*, soa-nos bastante móvel timbricamente, exatamente pela ampliação do número de *pizzicati*, chegando a um acorde de quatro sons em *pizzicato* no último compasso. Esta ampliação, ocorrida nos três últimos compassos (embora a presença dos *pizzicati* seja determinante em toda a Bagatela, adquirindo do início ao fim uma evidência cada vez maior, o que já se pode constatar no centro da peça, onde o *pizzicato* faz o "recheio" do desenho tímbrico central em *legato* das vozes extremas), é acompanhada, entretanto, por uma também crescente evidência do *tremolo* (de *sul ponticello* a *naturale*) que, embora diminuindo o número simultâneo de suas aparições (de dois *tremoli* dos três compassos que antecedem o final para um *tremolo* no compasso final), ganha importância por restar só no final, acompanhado pelo acorde em *pizzicato*.

A partir desta análise prática, chegamos a uma definição mais clara do que vem a ser a direcionalidade quanto a este aspecto dentro desta enorme diversidade tímbrica do *Op. 9* de Webern: a *polarização de timbres*. Como Webern *polariza* determinados modos de ataque no decorrer de cada *Bagatela*, tornando-os mais evidentes no decorrer do sempre pequeno tempo utilizado: eis o que nos interessa fundamentalmente no momento.

Não bastassem estas duas polarizações tímbricas (*pizzicato* e *tremolo*), Webern as impulsiona de maneira extremamente significativa – embora, aqui, não de forma propriamente direcional – com a utilização, no centro da peça, do timbre *legato naturale* pelas vozes extremas, que tem presença marcante só neste momento. Mesmo adirecionalmente, com uma aparição abrupta, esta surpresa tímbrica desperta, a partir daí, a já mencionada configuração da polarização dos timbres. Mais uma vez Webern "tempera" a direção com uma surpresa estática!

Na *Terceira Bagatela*, três timbres são polarizados com duas direcionalidades diferentes. Semelhantemente à *Segunda Bagatela*, o *pizzicato*, já evidente no primeiro compasso com um acorde de quatro sons, chega a um acorde de cinco sons no antepenúltimo e no penúltimo compassos, adquirindo entretanto maior evidência logo após o centro da peça. Juntamente com ele, evidencia-se também o *tremolo* que, surgindo do centro da Bagatela, "filtra-se" dos *harmônicos* e resta *sul ponticello*, em quatro notas simultaneamente, tendendo à dispersão no campo de tessitura no último compasso (outra questão a ser observada, todavia...).

Muito semelhantemente à *Segunda Bagatela* sob o aspecto tímbrico, ambas as polarizações comportam-se como uma *fase direcional dente de serra* descendente, se observarmos o eixo cartesiano do reforço (polarização de timbre) ao não reforço (timbre não polarizado). É o que nos mostra o Exemplo 24:

Exemplo 24 Direcionalidades tímbricas da *Segunda* e *Terceira Bagatelas*

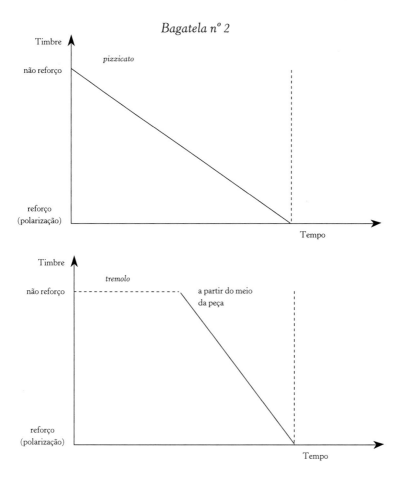

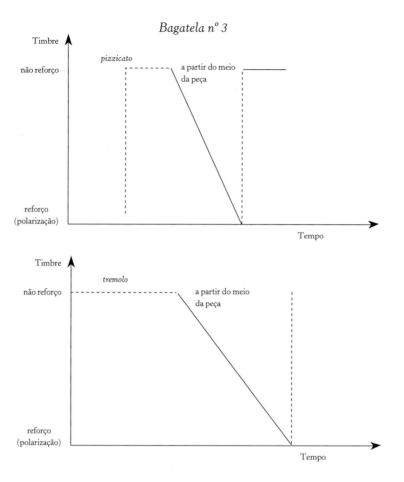

Assim como na *Bagatela* anterior, esta *Terceira Bagatela* motiva ambas as polarizações tímbricas finais (de *pizzicato* e *tremolo*) com um evento de particular importância no centro da peça. Agora, entretanto, também este acontecimento é conduzido de forma direcional: a polarização tímbrica, no meio da *Bagatela*, do timbre dos *harmônicos* (com *tremolo*), que chega a três sons simultâneos, precedidos e seguidos de apenas um *harmônico con sordina*. Uma típica direcionalidade triangular (Exemplo 25) que acompanha exatamente a direcionalidade triangular de dinâmica (cf. Exemplo 22).

Exemplo 25 Direcionalidade tímbrica triangular dos *harmônicos* da *Terceira Bagatela*

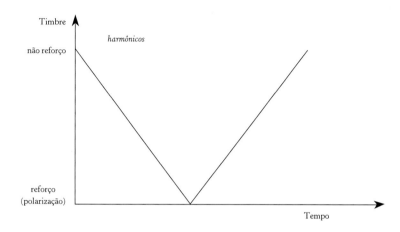

A *Quinta Bagatela* apresenta um equilíbrio notável. Construída com duas direcionalidades tímbricas distintas que se entrecruzam, esta peça encontra seu contrapeso às polarizações decorrentes na presença estática de uma "coloração tímbrica".

Dois timbres são polarizados: o *non legato*, através da direcionalidade triangular – que tem seu cume (ou seja, seu local de maior reforço sonoro, polarizando-se efetivamente) no quinto compasso, praticamente no centro da peça, portanto, onde chega a ter cinco notas simultâneas, e que encontra seu retorno ao estado de não reforço, despolarizando-se, com uma mudança de cor do *naturale* ao *sul ponticello* (embora tal característica já tenha se prenunciado logo no primeiro compasso) –, e novamente o *pizzicato* que, muito embora já presente no segundo compasso, evidencia-se a partir do sétimo compasso numa nítida *fase direcional dente de serra descendente*. Tal cruzamento (ou *difusão de fase*) é demonstrado no Exemplo 26:

Exemplo 26 Difusão de fase tímbrica da *Quinta Bagatela*

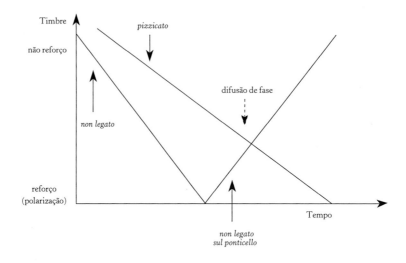

A dosagem da peça reside, contudo, também na presença estática, durante toda a *Bagatela*, da característica tímbrica *sul ponticello*, que a percorre em distintas formas, associada não somente ao *non legato* mas também ao *tremolo* e *staccato*. Aliás, tanto o *tremolo* quanto o *staccato* e o *legato* aparecem fragmentária e despretensiosamente como que "bordando" o fundo estático das duas direcionalidades tão evidentes no decorrer da peça.

A magnífica *Sexta Bagatela* é a "*Bagatela* dos *harmônicos*". Aqui, entretanto, Webern inverte o processo direcional até então utilizado, passando a uma *fase direcional dente de serra ascendente*. Isto só é possível com a presença já polarizada, desde os inícios, dos *harmônicos*, que se dissolvem a partir do meio da peça até o fim da obra. À tal negação desta polarização, semelhantemente à *Bagatela* anterior, é acrescentada uma típica *difusão de fase* (cruzamento) através da polarização tímbrica do *non legato* pela direcionalidade triangular (timbre que recebe, por sua vez, diferentes tratamentos, indo do *sul ponticello* ao *naturale*, quando então se polariza em quatro sons simultâneos, resultando em duas notas – *non legato sul tasto* e novamente *non legato sul ponticello*, respectivamente –, em meio a sete notas descendentes dos dois últimos compassos). É o que verificamos no Exemplo 27:

Exemplo 27 Difusão de fase tímbrica da *Sexta Bagatela*

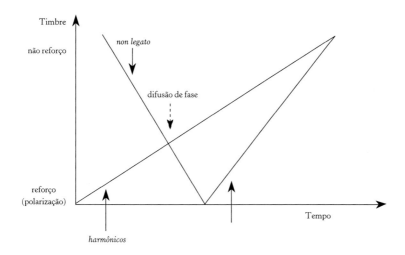

Esta última *Bagatela* também encontra compensação de suas direcionalidades tímbricas na apresentação estática em todo o corpo da peça de dois modos de ataque: o *pizzicato* e o *trinado* (ora *naturale*, ora *sul ponticello* e que aqui ganha o caráter de timbre, constituindo-se numa informação até então nova no corpo do *opus* inteiro).

Todo este trabalho é notável, mesmo sem contarmos com a variação tímbrica das sete frequências descendentes praticamente vizinhas, nos dois últimos compassos, que são acompanhadas pela última execução de dois *harmônicos* simultâneos (concluindo a negação da polarização deste timbre ocorrida anteriormente). Por meio destas sete notas, seis timbres distintos fazem-se ouvir (*trinado sul ponticello, non legato sul tasto, tremolo sul ponticello, legato* – em duas notas, logicamente –, *non legato sul ponticello* e *trinado naturale*, sem contarmos com os *harmônicos*). Se tal momento não é em si propriamente direcional, não deixa de encerrar a obra de maneira extremamente informativa e rica, após tantas microdirecionalidades!

Concluída a análise do espetacular trabalho tímbrico, seja nas *Bagatelas* em si direcionais (*Bagatelas* 2, 3, 5 e 6), seja na distribuição dessas no corpo do *opus*, passemos, enfim, à alturas.

Alturas e registros

É fundamental um bom conhecimento da questão das alturas (frequências ou simplesmente distribuição das notas) na obra de Webern. Foi exatamente a partir de conclusões relacionadas à utilização das notas num grande âmbito de tessitura na obra weberniana que erroneamente sua música é tida, por muitos, como essencialmente pontilhista. Na medida em que o pontilhismo é em si mesmo adirecional, pelo fato de caracterizar-se excessivamente por movimentos oscilatórios (típicos da onda retangular adirecional), alternando, no que se refere às alturas, sons graves e agudos e negando portanto qualquer progressividade direcional exercida num âmbito de tessitura determinado, o estudo deste aspecto sob o prisma das direcionalidades (aqui microdirecionalidades) nas *Bagatelas Op. 9* ganha particular importância, já que foi exatamente nessa fase do atonalismo livre que a expansão e a dispersão das notas no espaço emanciparam-se da centralização geral do campo de tessitura, tal como exercida anteriormente pelo sistema tonal.

Existem, pois, direcionalidades de alturas em Webern?

Se analisarmos atentamente as *Seis Bagatelas* em questão, veremos claramente que três delas são estáticas, realmente pontilhistas. As outras três são, contudo, pertinentemente direcionais!

As estáticas, são as *Bagatelas 1, 2 e 4.*

A *Primeira Bagatela*, contendo cinco oitavas e um semitom de extensão, explora este âmbito de alturas de maneira excepcionalmente bem distribuída, como uma verdadeira constelação pontilhista.

A *Segunda Bagatela*, com extensão de cinco oitavas e uma terça menor, assemelha-se à anterior, embora em seu final tenda à zona mais grave do respectivo âmbito de tessitura. Nela, porém, faz-se presente um maior teor direcional: a *espacialização* de uma célula periódica do segundo no terceiro compasso, culminando no centro da *Bagatela*, onde então as duas vozes extremas encontram imensa correlação (inclusive harmônica), tendendo, por sua vez, à reconcentração do campo de tessitura para a transformação tímbrica de um intervalo que "recheia" essas mesmas vozes extremas, o que nos soa como incrivelmente direcional. A dispersão seguida de concentração das alturas leva-nos à associação direta com duas direcionalidades triangulares opostas (em *oposição de fase*) e ao mesmo tempo simultâneas (Exemplo 28).

Exemplo 28 Oposição de fase em alturas na *Segunda Bagatela*

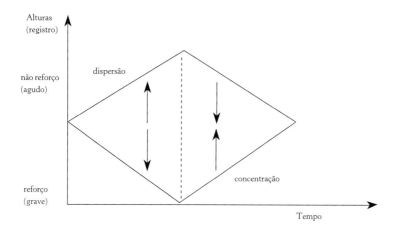

É o que ocorre com as frequências dispostas a seguir, conforme mostra o Exemplo 29. Por aí vemos no que consiste o "pontilhismo" de Webern...

Exemplo 29 Frequências da *Segunda Bagatela*

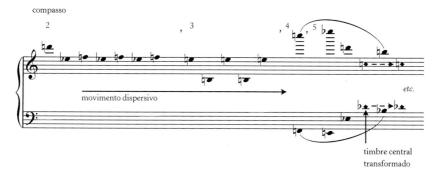

A Bagatela estática restante, ou seja, a *Quarta Bagatela*, com quatro oitavas e uma sétima menor de extensão, apresenta também aqui gesticulações de forte teor direcional.

Embora esta Bagatela também contenha, semelhantemente à *Segunda Bagatela*, uma transformação de uma oscilação típica da onda retangular, tal procedimento não nos conduz a nenhuma informação direcional (contrariamente, pois, à Segunda Bagatela) – Exemplo 30.

Exemplo 30 Ondas quadradas (ou retangulares) da *Quarta Bagatela*

a) Notas

b) Resultante gráfica

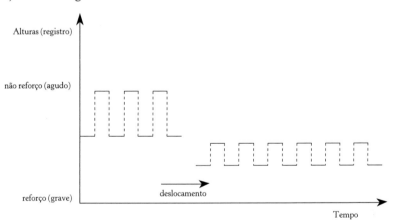

No entanto, uma análise temática traz à luz um comportamento direcional evidente do começo ao fim da peça. Faz-se necessário um parêntese: não se trata, agora, de tentarmos resgatar temas em meio a uma postura composicional contestadora com relação ao discurso tonal (essencialmente temático, como sabemos), típica do Webern dessa época. Contudo, é fundamental o entendimento de que já aqui, na *Quarta Bagatela* do *Op. 9* (composta em 1911), estão presentes os germes da futura perspectiva de *microtematização*, posteriormente tão constante na obra weberniana. A escuta de um *perfil melódico* constituído de apenas quatro notas, assumindo o papel equivalente a um tema de uma sonata clássica (tendo-se em conta as devidas proporções temporais), adquire aqui capital importância (como se prenunciasse a série de seu *Streichquartett Op. 28*, de 1936-1938[9]). Ao escutarmos a *Quarta Bagatela*, percebemos que um desenho melódico grave encontra correspondentes em cânone em inversão (e sob este aspecto esta Bagatela também nos parece importantíssima dentro da produção weberniana) na região média e, posteriormente, na região aguda da tessitura da peça, concluindo-a. A mobilização deste microtema e suas configurações derivadas (levando-se em conta não sua exata inversão intervalar, mas sim o *perfil direcional* da célula inicial de quatro sons) faz com que percebamos uma nítida *fase direcional dente de serra ascendente* (ao agudo, portanto), "bordando" direcionalmente esta Bagatela, no geral estática (Exemplo 31).

---

9   Embora menos microtemática que a série do *Konzert Op. 24* (que apresenta como célula básica, como vimos, um agrupamento de três sons), a série do *Streichquartett Op. 28* (composta em novembro de 1936) tem enorme peso na análise do microtematismo weberniano.

Exemplo 31 Direcionalidade microtemática da *Quarta Bagatela*

a) Células microtemáticas

b) Resultante gráfica (direcionalidade dente de serra ascendente)

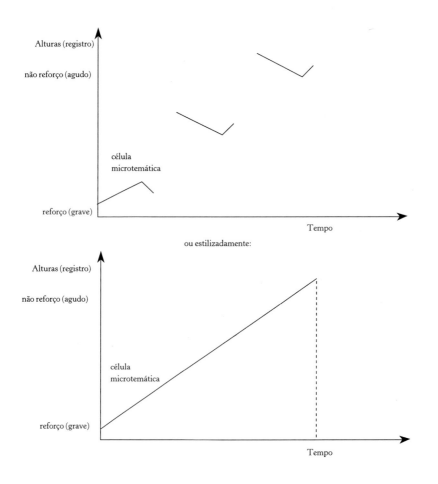

Notamos, portanto, que mesmo esta *Bagatela*, que exerce no *opus* o papel de "tempero estático" (ritmicamente, nos timbres, nas intensidades ou mesmo nas alturas generalizadas em seu conjunto), apresenta o fator direcional sob algum prisma, e sempre de forma pertinente à escuta.

Vejamos agora, como conclusão, as três *Bagatelas* restantes, que "sociabilizam" seus teores direcionais no conjunto da obra como um todo.

A *Terceira Bagatela* (com quatro oitavas e uma sétima maior de extensão) é marcante do ponto de vista das microdirecionalidades pelo alto grau de unidade direcional. A organicidade desta peça reside não só na questão das alturas, mas também, intrinsecamente, na relação entre as microdirecionalidades de alturas e as de intensidade e de timbre. Semelhantemente à *Quarta Bagatela*, que tece na correspondência microtemática o "pano de fundo" direcional de seu estatismo generalizado, a *Terceira Bagatela* possui, ela também, gesticulações microtemáticas audivelmente detectáveis pelos seus perfis direcionais. Se por um lado, entretanto, essa identidade motívica não se mobiliza no âmbito de tessitura da peça (o que ocorre com a *Quarta Bagatela*, como vimos), o fenômeno ocorrido com tal identificação motívica torna-se característica de todo o organismo da *Bagatela*: a *dispersão*.

É o que ocorre com o microtema do primeiro compasso, dispersado (espacializado) nos compassos 4 e 5 (Exemplo 32):

Exemplo 32 Dispersão motívica da *Terceira Bagatela*

a) O motivo e sua dispersão

b) Resultante gráfica (direcionalidade dente de serra descendente)

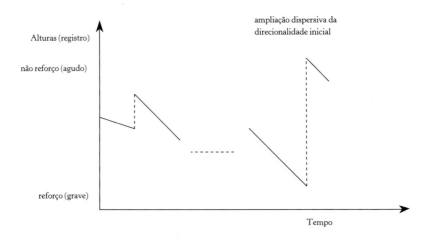

Entretanto, o caráter dispersivo torna-se característica orgânica da peça por meio de um acontecimento simultâneo constituído de uma direcionalidade dente de serra ascendente que caminha da região média de frequências à região aguda, culminando no centro da *Bagatela* e polarizando a escuta da segunda fase direcional da direcionalidade já ampliada do Exemplo 32, ao mesmo tempo em que atrai a atenção auditiva para a zona aguda da tessitura (Exemplo 33).

Exemplo 33 Direcionalidade dente de serra ascendente da *Terceira Bagatela*

a) Direcionalidade dente de serra ascendente

b) Resultante gráfica (direcionalidade dente de serra ascendente)

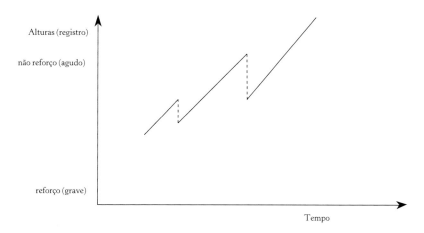

c) Direcionalidade ascendente juntamente com o Exemplo 32

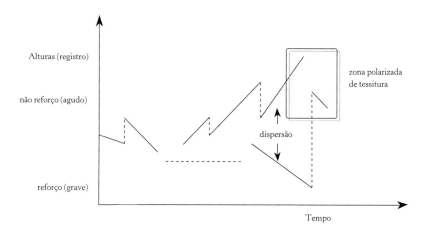

Estritamente ligada às demais microdirecionalidades, tal *polarização de tessitura* tem como correspondente, em intensidades, o cume da direcionalidade dinâmica triangular referente à *Terceira Bagatela* (cf. Exemplo 22) e, relativamente aos timbres, o início da direcionalidade tímbrica que polarizará no final da peça os modos de ataque *pizzizato* e *tremolo* (cf. Exemplo 24b), além de polarizar, neste momento, o timbre dos *harmônicos* (cf. Exemplo 25). Incrível organismo direcional!

Como uma *Coda*, os dois timbres polarizados no final da *Bagatela* expressam gesticulações dispersivas – Exemplo 34:

Exemplo 34 Gesticulações dispersivas na *Terceira Bagatela*

a) *Pizzicato*

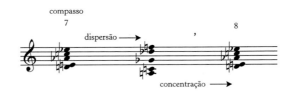

a) *Tremolo*

Esta magnífica *Bagatela*, no centro do *opus*, tem o mérito de dar à dispersão, que em geral tende à utilização demasiada de movimentos oscilatórios (na realidade, "pseudomovimentos"), um caráter eminentemente cinético, móvel, dinâmico, enfim, *direcional*.

Todavia, é a *Quinta Bagatela* que, embora sendo a de menor âmbito de tessitura (com apenas duas oitavas e um semitom), leva tal preocupação às últimas consequências, fazendo do caráter direcional do movimento dispersivo sua própria estrutura. A extensão máxima da peça só é atingida no décimo terceiro e último compasso, de maneira expressivamente progressiva, partindo do âmbito de uma simples terça maior no primeiro compasso.

No nono compasso, um *glissando* de um *pizzicato* a uma nota *non legato*, percorrendo praticamente toda a extensão da *Bagatela* (*glissando* de uma oitava e uma sétima maior), evidencia a expansão da tessitura de até então, expansão esta efetivada pela dispersão das distintas frequências da peça.

É lógico que se ouvirmos os últimos quatro compassos, o resultado nos parecerá essencialmente pontilhista, oscilatório, adirecional, estático, mas o importante aqui é entendermos o percurso tão claramente exposto por Webern para atingir este pontilhismo, numa clara direcionalidade a este último estado oscilatório. Webern traz a adirecionalidade a um plano em si mesmo direcional – Exemplo 35!

Exemplo 35 Frequências da *Quinta Bagatela*

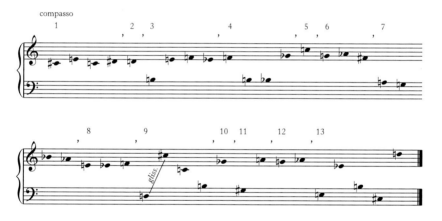

Incrível percebermos tal direcionalidade dispersiva associada à polarização do modo de ataque *pizzicato*!

Por fim, a última *Bagatela* demonstra-nos mais uma vez, agora com relação às alturas, uma inversão do processo direcional anteriormente utilizado. Webern parte do pontilhismo adirecional de alturas já dispersas no extenso âmbito de tessitura da peça (cinco oitavas e uma sexta maior, o que faz desta *Bagatela* a de maior extensão de toda a obra) para chegar a uma típica direcionalidade dente de serra descendente, de duas *fases de onda*, que vai do centro ao fim da peça, encerrando o *opus*. É o que nos mostra o Exemplo 36, reproduzindo as frequências e direcionalidade da *Bagatela* a partir do seu sexto compasso (ou seja, após o pontilhismo de até então).

Exemplo 36 Frequências da *Sexta Bagatela*

a) Notas

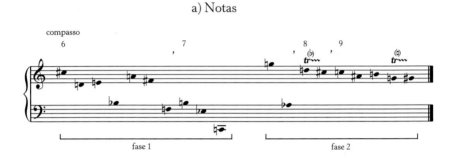

b) Resultante gráfica (direcionalidade dente de serra descendente com diminuição de amplitude da segunda fase de onda)

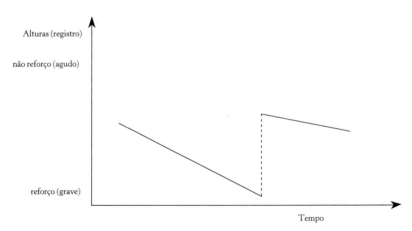

Resta salientar que neste exemplo foram suprimidas as poucas e restantes notas em *harmônico*, pois estas devem ser ouvidas, embora não interfiram na nítida *tendência direcional* ao grave, como fenômeno heterofônico à parte das demais frequências, do ponto de vista da disposição no espaço intervalar. Tais notas fazem parte da já apontada diluição sofrida pelo timbre dos *harmônicos* no decorrer da *Bagatela* (cf. Exemplo 27), invertendo também aqui o processo direcional (neste caso, de polarização tímbrica) até então utilizado por Webern.

Conclusão

Em sua análise didática referente particularmente à *Sexta Bagatela*, Pierre Boulez realça algumas características estilísticas que pretende estender, naturalmente, a todo o *opus*[10]: o cruzamento das vozes, o tempo aforístico, o atematismo, a descontinuidade (deduzida pela sequência de modos de ataque dos instrumentos vistos isoladamente) e a dispersão das notas no espaço intervalar (registro). Minha análise, sob o prisma direcional, não se diferenciou *grosso modo* de tais conclusões, mas procurou enfocar o caráter resultante do conjunto como um todo dentro do processo composicional weberniano. Desta forma, tanto o cruzamento das vozes quanto a descontinuidade tímbrica de cada instrumento não nos leva à escuta, obrigatoriamente, de *difusões de fase* com relação às alturas, ou de constantes oscilações tímbricas com referência aos modos de ataque, se procurarmos ouvir a obra de forma totalizante, orgânica. É preciso entendermos as *Sechs Bagatellen Op. 9* como uma concomitância ou resultante global das gesticulações particulares de cada um dos instrumentos do quarteto de cordas. Neste sentido, fica-nos absolutamente claro o alto *teor direcional* – e por isso nem pontilhisticamente estático, nem descontínuo – das *Bagatelas* ouvidas globalmente. Assim, também a dispersão, como visto, se impregna de caráter direcional, mesmo ocorrendo em tão curto espaço de tempo (daí nossa definição de *microdirecionalidade*). Naturalmente, existem momentos estáticos no *Op. 9* (prova disto é a *Quarta Bagatela*, principalmente). Mas se eles existem, estão estrategicamente muito bem dispostos, só auxiliando, com isso, a percepção das tantas microdirecionalidades presentes na obra.

---

10 Trata-se das fitas-cassete gravadas pelo Ircam de Paris com o Ensemble InterContemporain, dirigido por Pierre Boulez.

Quanto ao atematismo atribuído a Webern não só por Boulez como também por Stockhausen, creio já ter de certa forma respondido (e debatido) – cf. nota 6. Embora nem sempre detectável no escasso tempo de cada *Bagatela*, parece-me mais importante e pertinente perceber o fenômeno da microtematização do que insistir na negação da organicidade tão fundamental na obra de Webern, tentando entendê-la e escutá-la de maneira estática ao instituir um pretenso atematismo como característica estilística weberniana.

Resta, porém, a análise de uma questão delicada: a questão harmônica. Se não me detive neste aspecto foi porque este intrincado problema não se enquadrava em meu propósito de realizar uma análise detalhada do *Op. 9* sob o prisma das microdirecionalidades, já que este fato deve ser associado, por sua vez, a toda a produção weberniana. Embora a análise do aspecto harmônico das *Sechs Bagatellen Op. 9* de Webern seja de fundamental importância pelo tratamento de seu intenso *cromatismo orgânico* – como realça excepcionalmente Henri Pousseur[11] – e embora existam mesmo direcionalidades harmônicas claras, expressas pelas polarizações de determinadas notas decorridas da manipulação do tão expressivo cromatismo (que assume no Op. 9, como bem observa Pousseur, um caráter destituído enfim de sua conotação pós-wagneriana, assumindo seu potencial acústico real por meio de polarizações, bipolarizações ou negações de polarização), o estudo detalhado destas questões merece um trabalho à parte[12].

O que importa, finalmente, é que o *Op. 9* constitui um precioso monumento de processos direcionais com os diferentes aspectos do som em um curto espaço de tempo, pontuando, assim, que *todo discurso é em si mesmo direcional, mas nem toda direcionalidade é discursiva!* As microdirecionalidades de Webern estão aí para prová-lo. E se, aliando-se a uma intencionalidade harmônica mais ampla (mas nem por isso mais complexa) por meio do discurso harmônico com a inclusão de entidades harmônicas inclusive tonais (como o fez, como exemplo, Alban Berg – o que exige consequentemente um maior tempo global da obra) tende-se a construções de planos

---

11 Refiro-me ao texto teórico, "Anton Weberns organische Chromatik". In: *Die Reihe 2 – Anton Webern*, Viena, Universal Edition, 1955, p. 56-65, que se detém particular e minuciosamente nas relações harmônicas da *Primeira Bagatela*.

12 Cf. meu livro *Apoteose de Schoenberg, op.cit.*

direcionais quase inevitáveis em uma obra por natureza mais extensa (caso das *macrodirecionalidades* não só de Berg, mas também de Berio, por exemplo), as *Sechs Bagatellen Op. 9* de Webern exemplificam-nos genial e magnificamente, por outro lado, o quão cada curto espaço de tempo deste todo que constitui uma obra pode ser esculpido direcionalmente.

1982-1984

(Revisão de 1988, Colônia)

PARTE II

REFERÊNCIAS HISTÓRICAS DA VANGUARDA

1
CAGE[1]

De Terça pra cá
ou Respostas sem Perguntas – e há vice-versa –
a Respeito de

Cage

Cage e Schoenberg

O que Stravinsky definia como "não exatamente arte mas um modo de vida" passou por aqui, e a experiência de termos visto-ouvido John Cage deixa-nos significativas impressões. Sua música e seu livro (*De Segunda a um ano*) trazem-nos várias questões. Também proposições! **Muitas dúvidas ficaram em aberto com a cabeça de Cage, suficientemente perturbada para poder não respondê-las.**

Chega de brigar por ideias. As ideias existem, são atos.

---

1 Este texto inédito, ao mesmo tempo crítico e em homenagem a John Cage, foi escrito em 24 e 25 de outubro de 1985, por ocasião de sua passagem por São Paulo. Ainda que não haja nenhuma citação literal, todas as formulações aqui elaboradas reportam-se a passagens literárias do livro *De Segunda a um ano* de Cage (São Paulo, Editora Hucitec, 1985), em tradução de Rogério Duprat (revista por Augusto de Campos, que me presenteou gentilmente com um exemplar no seu lançamento, naquela oportunidade). Posteriormente, em outubro de 1988, o texto foi ligeiramente revisado em Colônia, Alemanha. O leitor interessado usufruirá melhor das referências aqui contextualizadas se tiver às mãos o referido livro de Cage.

Qual teria sido a última vez que Cage encontrou Schoenberg? Como se distanciaram? Ao lembrar o comentário de Stravinsky sobre a tradicionalidade em Schoenberg, **Cage esqueceu-se que seu anzol pescou o Mozart dos dados musicais, com linha e chumbada:**

> *a presença do efeito de modernidade em "HPSCHD" remete-nos joycianamente à modernidade de Mozart! Cage tende a ver a harmonia como condutora de ovelhas, e não de orelhas,* **mas se fizermos as coisas com novos métodos, encontraremos fertilidade em tudo que é impróprio, desde que seja prático.**

> A refuncionalização da História está aí para ser bordada, fazendo reentrar as coisas que antes já se renunciaram, não impondo, mas propondo o que deve acontecer em seguida.

```
Nada de protocolos. Começar com o
2001: som, silêncio, ruído, harmonia,
direcionalidade, atividade...
```
tempo!

Pensar é humano. Constatar é curtir. As proporções (harmonias) são constatações e devem ser flexíveis. A memória pode e deve transformar as experiências.

Não se trata de nostalgia: os ecos das experiências que temos permutam nossas sensações!

Já dizia Picasso *selon* Cocteau *selon* Schaeffer: "eu encontro primeiro, procuro em seguida".

Cage não dava bola ao principal legado de Schoenberg: a consciência harmônica. <u>**Não importa o que a gente faça, acaba sendo harmônico.**</u>
Quando lemos em Cage que
"não são necessárias operações ao
acaso quando as ações a
serem feitas são

desconhecidas", constatamos que nem ele próprio crê em sua existência. Também neste ponto estou de acordo com Berio: o acaso não existe, "com a melhor boa vontade do mundo, não podemos mostrá--lo como uma afirmação de liberdade".

As ideias não são meros fatos, são atos.
A opção harmônica amplia infinitamente as possibilidades de referencialidade e flexibilidade de nossas obras!

Cage e a entropia

Não seria contraditório (e uma contradição que não valesse a pena) ser contra o "melhorismo" pregado por Henri Pousseur, fazer apologia da entropia, e venerar Joyce? E quanto à negação do ato seletivo?

Em meio ao inventário dos recursos mundiais, Cage inventa seu percurso individual, e, como todo ser vivo, seleciona à medida que percebe. A percepção é já intencional.
A intenção, já seletiva.
Não se trata de aniquilar o resto: abundância!
Sementes e esporos pelo ar têm inúmeras chances de aterrissar, de serem percebidos pela terra, de fecundarem.

O espaço é permeável, e qualquer intenção deve ser flexível o bastante para não impedir nenhuma possibilidade de vida.

É a esta impotência humana quanto à previsibilidade que se chama acaso. Seria chato prever tudo? O fato é que, conscientes de todas as possibilidades, optamos pela Qualidade Y. Informação total = 0; muita informação = permeabilidade irrefutável.

Levando em conta a abundância, uma "situação de campo", a multiplicidade, uma possível previsibilidade total, a intenção, a proposição, a despreocupação com um emprego, optaríamos, sim! **Pois viver a experiência de algo é sempre fascinante. Uma coisa não saberemos prever nunca: a nossa própria intenção. Flexibilidade e inflexibilidade: a intencionalidade admite a postura de Cage, mas não há vice-versa.** *O universo caminha à impedição da acumulação com conflitos. Nem toda tática que encontramos é pertinente.* ▲Aceleração!

É do antagonismo que alguma semente poder**á** aterrissar e viver. Pode ser que aconte**ç**am até "democracias eletrônicas".-. mas neste ponto minha pr**ó**pria inten**ção** n**ã**o **é** assim t**ã**o imprevis**í**vel.

A música de Cage, embora sempre muito interessante, não contém tanta **multiplicidade de níveis** quanto seus escritos. A harmonia contemporânea é que abre caminhos para venerar a complexidade de Joyce fazendo música: refuncionalização de arquétipos! Criação de novos... !

Cage e o minimalismo e conceptualismo

Seria Cage um precursor do minimalismo?

A música de Cage ou tem notas demais ou insuficientes, mas nunca notas insuficientes por demais. A História já nos deixou perfeitamente claro: temos o mundo para o tempo! **O que o minimalismo não faz presunçosamente hoje em oito horas, Webern já o fez em vinte segundos.**

É preciso mudar a música de modo que as diferenças sejam revigorantes, de modo que as diversidades conectadas nos transmitam a sensação do maximal.

Tédio é coisa de decadente: "varie não os meios de conexão, mas as coisas a serem conectadas".

Que os minimalistas continuem a procurar seus precursores, enquanto continuamos achando os nossos. Nosso anzol traz mais peixes.

Sou também pela abundância!

Nada do que encontrarão será pertinente, a não ser um fato: a falta de perspectiva da classe.

E quanto à arte conceptual?

E quanto à funcionalidade da experiência?

Cage experimenta sem parar e continua humilde, fazendo da experiência o pivô de sua vida. *(E há vice-versa).*

Os conceitos, se existem,

estão em função

do que percebemos

, e embora por vezes Cage possa

abrir precedente à antiarte, ao conceito

negando a experiência concreta,

o que pretende, ao citar Wittgenstein ("o significado é o uso"), é estender

a estética à vid

a.

Percepção processual, dinâmica: Cage não é antiarte, mas pró-vida.
Como pode negar a química e aceitar a eletrônica?

Como pode introduzir Or**d**em na desordem e vice-versa?

Como pode?

Funcionalidade: a ideia só é ato e fato quando faz apologia de nossa interação com o viver esteticamente tudo.

E, diga-se de passagem, os conceitos estão em toda parte...

Cage e a Revolução

Para se mudar o mundo, Cage prega a Revolução.
Qual?
Não imagine que não há muitas novas razões para as muitas coisas a fazer. Existem tantas, que a gente não sabe por qual lutar. Lutemos por todas, usando critérios sociais, incluindo ação da parte de todos.

A virtude primeira de um revolucionário é a paciência, contudo, indo com calma, mas indo.

É a capacidade das pessoas de não ficarem inativas que acelerará o momento em que o prazer de todos será o prazer de cada um, em que "o prazer de outros deve ser a condição do próprio prazer".

A miséria de qualquer um será preocupação de todo**S.**

Choramos porque a cabeça de Um foi golpeada.

Picaretagem. **As** picaretas devem ser postas fora do jogo, como uma dama comida por um peão. Estrelismo é suficiente no céu. Aqui precisamos de técnica e despojamento, onde a arte não seja a picaretagem berrando coisas, mas pessoas fazendo e ouvindo de tudo, agindo seletivamente conforme **o** desejo de sua percepção.

Individualidade, não individualismo.

É preciso, pois, uma estratégia revolucionária: temos de fazê-lo de modo classista e também individual, "não reduzindo a raça humana num rebanho".

Todos agem! Uma boa política produzirá boa arte.

Mas para quem serve a boa arte? Para todos os que têm um mundo a ganhar, desejando desfrutar do repertório da história que agora determinam. "Enquanto você não renunciar à propriedade, mudanças sociais radicais são impossíveis; a gente devia se livrar de Deus".

Mas quem ainda não se libertou??? Lembra-nos Trotsky: primeiramente o homem elege vários deuses para compreender a vida; depois substitui esses deuses por um Deus; em seguida o **Czar** substitui este Deus; *do Czar a humanidade caminha à dominação por uma classe; enfim, aniquilando as classes (é a meta), o homem percebe a si mesmo e a todos.* Do processo teológico caminha-se ao teleológico, no qual o que se tem é o despertar da personalidade de cada um em meio às de todo**S**!

Este processo tem sua direção inversa quanto ao espaço utilizado pelo homem: "primeiro a gente se considera um membro de uma família, mais tarde de uma comunidade, depois um habitante de uma cidade, cidadão de tal ou qual **país**; finalmente a gente não sente mais o limite daquilo de que a gente faz parte" (Cage)!

Devíamos nos livrar das classes com armas e bagagens. Basta mudar nossa única mente para que mudemos nossa única vida radicalmente. A vida é uma só e é preciso vivê-la decentemente.

Eu sou m*a*rxi*S* ta:

o mesmo que você pode ser quando não está telefonando, ligando/desligando as luzes, bebendo água.

"A forma de perder nossos princípios é examiná--los, arejá-los", pois "nada é seguramente possuído; sendo incapazes de dizer «isto é meu», não vamos querer, quando perguntarmos, receber resposta alguma!"

Afinal, "más ferramentas requerem maior destreza" (Duchamp via Cage?).

Não há por que parar. **Pe***r***man**ente *revolução*... É preciso adaptar-nos à realidade: "os ecos dos gritos que damos transformam nossas vozes".

Fiquemos vivos: as mudanças que podem ocorrer são profundas e interessantes.

Quanto às guerras, é lógico que se deve co*n*cordar com Cage: ele prefere as frias **à**s quentes.

Contato com Cage

A força do impulso levou-me a Cage. A possibilidade de haver conversa residia na impossibilidade de nós termos tido as mesmas experiências, tendo estado ou não nossas atenções dirigidas para um mesmo ponto.

Vivendo como humanos, tornamo-nos faláveis.

Interrupção? Bem-vinda.
```
Ela me daria a chance de
saber se estaria
disciplinado.
Receptividade: Cage não perde uma
oportunidade de renascer a cada
intervenção.
```

Mas também estava liberto do hábito que temos de explicar tudo (está implícito no explícito).

Mesmo perto, houve distância.
Uma palavra eu entendi:
"silence" (pessoas que deveriam
ouvir umas com as outras). A
proposta era de levar os fatos da
arte a sério.
Ali, a ideia existia como ato-fato. *O que era falho, naquele momento, era extrair respostas das perguntas que eu respondo aqui.*

Não havia segredos: Bia Román começara a "executar" os 4'33" naquele instante. Cage me **a**rremeçou contra o silêncio... *e o que se tinha era a escuta em todas as direções de sons por toda parte, prontos para serem ouvidos.*

(Por que Cage faz música, então? A*bun*d**ânc**ia!

Mas não se deve preferir os sons da vida cotidiana àqueles que se ouvem nos programas musicais. Tudo é vida, saibamos ou não!

Os concertos não celebram, contudo, o fato de que qualquer ato envolve sons, música!

Nosso problema torna-se, então, mais socio-musical. É preciso que a "música" desça do patamar das artes e coabite o espaço com os sons propostos livremente pelos auditórios!!!).

Era difícil estar cônscio das informações relevantes. Mas elas estavam por toda parte, começando a serem percebidas. Distrações?

Depois de ouvir Cage, sons
são música e música é música.
Qual a diferença de sons-música
e música-música?

É a mesma coisa, a partir de que o ouvido ouça como quer a cabeça (suficientemente perturbada). E a cabeça sempre quer. É a passividade-ativa de todos, e há vice-versa. **A***ten***Ção** e inte*N*ção.

Cage recitando Joyce

O momento mais chamativo foi na terça-feira 8 de outubro: "*Muoyce*". **Uma mesa e microfone. Adiantei-me com o papel cheio de anotações para um provável debate. Estava impaciente. Mas minhas questões** não foram sequer formuladas.
Cage nos envolveu completamente, fazendo o que a gente precisava fazer.

Uma expansão das palavras!

NÓS sabíamos que era uma melodia, mas uma melodia que ainda não temos coragem de entoar: a poesia como voz! Nós estávamos lá enquanto estava acontecendo.

A vida estava em processo de retornar ao que lhe é próprio: a arte! Progresso. Cada palavra polimorfa da sintaxe polimorfa de Joyce na voz polimorfa de Cage. FOnologia!!!

"No princípio era a Ação" (Goethe-Trotsky); no meio o verbo e como fim a ação-verbo, o não arbitrário.

Berio já tinha aberto a mesma porta antes e Cage insistia em deixá-la aberta. O que sempre sonhei em fazer estava ali sendo feito por Cage! Mas as coisas também acontecem gradativamente. Adaptando-nos à realidade da guerra morna contra a ideologia, ainda "falaremos" por razões estratégicas...

permanente reconstrução. Nem os pássaros são livres.

Eles também estão comprometidos (sabendo ou não...) com seus cantos.

Saber animal, tornamo-nos cantáveis!

À **guisa** de ziguez**a**gue

Sem recusa de juízos de valor, Cage nem parece americano. **Experimentando sem parar e permanecendo humilde, o também enxadrista Cage é diferente de tudo o que está aí (o russo Kasparov, ao contrário de Schoenberg, adora o nº 13, mas é arrogante por necessidade. Acabou empatando na 13ª partida, mas mesmo assim será o campeão mais jovem da história).** "**Valores de continuidade** <u>cedendo lugar a valores de flexibilidade</u>".

Cage serve ao Imperialismo? Curti-lo é constatar que é preciso ter cuidado pra não perder o que não está em nossas cabeças, nem sempre suficientemente perturbadas.

Em lugar disso, fica-se por aí em cooperação, trocando dados, amigavelmente.

O que se to**ma** por verdade pode ser somente um dogma e, como tal, apenas uma parte dela.

Ao que Cage serve, é um campo. <u>É óbvio que temos redes nem sempre harmônicas nesse campo. "Linhas ziguezagueando numa multiplicidade de níveis".</u> Mas é preciso incluir em nossa percepção tudo/todos que a ideologia imperialista tenta jogar pra fora do foco de nossa atenção, e excluir tudo com o que ela tenta moldar nossas intenções.

(Meu comentário quanto ao "combattimento" de Tancredo em abril:

até aí, morreu Neves...).

É desta situação impura que se opta por
alguma, mantendo suficiente distância para
vermos panaromicamente todas as flores do
vale.

É também óbvio que, para ter curtido Cage, precisaríamos de cerca de 160 mil cruzeiros (duas entradas em Bienal, seu livro, o concerto de terça). (Eu mesmo fui bastante flexível para gastar apenas dez: Campos de atuação amigável. Afinal, vivo em perigo econômico. Justa indignação! Estou mais pobre do que nunca, e não saberia sequer como gastar o

dinheiro).I m pacto social.

Esta situação precisa purificar-se (da contradição ao antagonismo).

É provável que Cage não concordasse com 99% das transformações que m inhas paráfrases-eco efetuaram nos gritos de suas ideias. Mas não há discórdia.

Funcionalidade! (Existe diluição quando se infor$m$a?).

Ziguezagueando é que podemos melhorar o mundo sem correr o risco de torná-lo pior: sacando a flexibilidade, **liberdade, diversidade, multiplicidade de níveis que** Cage **prega, mais a unidade, proporcionalidade, organicidade, direcionalidade, referencialidade, memória** etc., que Cage não assume, embora nos demonstre na composição de seus textos e que, ainda que renunciando em sua música, se fazem presentes por vezes também nela.

Um último co**m**entário
(alguém pode tê-lo feito já não sei
quantos anos atrás):

abundância? Ne**m** sempre acontece algo assim, tão
memorável!

2
Pierre Boulez no *Studio PANaroma*[1]

Logo ao saber da vinda de Pierre Boulez com o EIC (*Ensemble Inter-Contemporain*) a São Paulo em outubro de 1996, convidei-o para uma visita ao *Studio PANaroma* de Música Eletroacústica da Unesp (na época em cooperação artística com a FASM – Faculdade Santa Marcelina –, onde aconteceria o encontro), enviando o convite ao Ircam por fax, a seus cuidados. Havia sido seu aluno nos Cursos Boulez do Centre Acanthes em Villeneuve Lez Avignon em julho de 1988, na França, e recentemente havia traduzido para o português, com sua concordância, seu texto "À la limite du pays fertile"[2]. Boulez respondeu-me imediatamente, aceitando o convite e propondo uma data para nosso encontro em São Paulo.

Na manhã do dia 21 de outubro de 1996 passei de táxi em seu hotel em São Paulo e dirigimo-nos ao *Studio PANaroma*, onde um seleto grupo de compositores e alunos, convidados por mim, aguardavam-no. No caminho, conversamos sobre suas impressões de São Paulo, tantos anos após sua primeira visita. A cidade, para Boulez, assemelhava-se agora a Tóquio, pela quantidade de pessoas e por seu frenesi.

---

1 Texto inédito. Parte desta entrevista foi publicada por Georges Gad como matéria da *Afaa* (*Association Française d'Action Artistique*) com o título "Un Monde Nouveau pour le Nouveau Monde", relatando a turnê de Boulez pela América Latina e realçando a visita ao *Studio PANaroma* como um de seus pontos altos. Transcrição da gravação da entrevista: Maurício Oliveira Santos; revisão: Flo Menezes. Agradeço a Pierre Boulez pela gentil concordância em sua publicação.

2 Cf. Pierre Boulez, "No Limite do País Fértil (Paul Klee)". In: Flo Menezes (org.), *Música Eletroacústica – História e Estéticas*, São Paulo, Edusp, 1996, p.87-96.

Uma das questões de que bem me lembro foi quando Boulez indagou se ainda vivia por aqui Hans-Joachim Koellreutter, a que respondi positivamente. A indagação de Boulez, sintomática, atesta a importância de Koellreutter como propagador da Música Nova no cenário brasileiro.

O encontro com Boulez durou cerca de uma hora e meia (das 11h30 às 13h) e constituiu, segundo a própria crítica francesa, um dos pontos altos de sua turnê pela América Latina[3]. Demonstrando profunda cordialidade e simpatia por nossa iniciativa, Boulez concedeu uma rica entrevista, discorrendo sobre assuntos bastante atuais que vão de suas próprias obras a questões concernentes às poéticas da complexidade, passando pela sua inestimável experiência como um dos maiores regentes de todos os tempos. Mesmo quando algumas de suas ideias não encontraram respaldo na concepção da maioria dos presentes – como especificamente no caso de suas críticas à música acusmática, que não foram nem são endossadas por mim ou por meus alunos do *Studio PANaroma*, instituição que prima, aliás, pela produção de obras eletroacústicas *sem* a presença de intérpretes e por sua forte atuação no campo da música eletroacústica mista – Boulez discursou com a autoridade de um grande mestre, profundamente respeitado e admirado por todos os presentes.

Uma das questões que eu desejava colocar, e que acabei não o fazendo durante o encontro, por falta de tempo, era a da citação musical. No táxi de volta ao hotel, disse a Boulez que suas críticas com relação à desfragmentação que se opera no discurso musical quando se apela a uma citação parcial no contexto da composição eram, a meu ver, de todo pertinentes, mas indaguei como explicar, então, o uso da citação em sua *própria* obra, como em *Dialogue de l'ombre double*, escrita em homenagem aos sessenta anos de Luciano Berio, na qual Boulez cita o próprio Berio, Karlheinz Stockhausen e a si mesmo. Boulez, não aceitando de forma alguma qualquer ameaça de contradição, respondeu-me assertivamente, em tom cate-

---

3   Além de minha presença como diretor do *Studio PANaroma*, organizador, mediador e tradutor do encontro, dele participaram dezoito pessoas – compositores: Gilberto Mendes, Aylton Escobar, Eduardo Álvares, Silvio Ferraz e Edson Zampronha; críticos: Arthur Nestrovski e Georges Gad; meus alunos: Alê Siqueira, Paulo von Zuben, Sérgio Kafejian, Fábio Gorodski, Antonio Ribeiro, Daniel Barreiro, Leonardo Martinelli, Ignacio de Campos, Celso Cintra e Fábio Parra; no mais, esteve presente também um dos pianistas do EIC, o grego Dimitri Vassilakis.

górico e sem qualquer titubeio: "Mais là il s'agit d'un cadeau d'anniversaire!" ("Mas trata-se aí de um presente de aniversário!"). Lembrei-me, claro, da famosa brincadeira que costumávamos fazer quando eu ainda era estudante de composição na USP, na qual falávamos das regras e, referindo-nos às ilustres exceções, dizíamos, em português propositadamente falho: "Em esses, pode!" O grande criador aceita as regras fora de si mesmo, mas quando se trata de sua própria obra... Mas é assim quando se trata de gênios como Boulez.

À noite, após um de seus magníficos concertos no Teatro Cultura Artística, voltamos a nos encontrar brevemente, no seu camarim, quando fiz questão de cumprimentá-lo mais uma vez.

Os oitenta anos de Boulez, em 2005, motivaram-me a transcrever e publicar, enfim, este valioso documento histórico.

Maio de 2005

Flo Menezes: Primeiramente, gostaria de dizer que é uma grande honra ter Pierre Boulez entre nós, aqui no *Studio PANaroma*. Agradeço-lhe de todo coração sua ilustre presença, e abro de imediato nossa conversação para as primeiras questões.

Eduardo Álvares: Gostaríamos primeiramente de saber como foi sua viagem até aqui, tendo passado por Buenos Aires, na Argentina, e por Santiago, no Chile.

Pierre Boulez: Surpreendente, posso assegurar a vocês! Isto porque, antes de mais nada, tivemos um público enorme, com salas completamente cheias, o que, no Teatro Colón de Buenos Aires, significa um público de três mil pessoas, e isso por dois dias seguidos! Tivemos uma acolhida verdadeiramente surpreendente, com muito interesse, calor e entusiasmo.

Aylton Escobar: Qual é a sua experiência com a música latina e, sobretudo, com a música brasileira, tendo em vista sua rítmica, seus timbres e sua "cor sonora"?

P. B.: Não tenho muita experiência nesse campo, pois as obras são raramente tocadas. Infelizmente, não há muita comunicação entre os países. Numa época em que há bastante facilidade de comunicação, cada qual permanece paradoxalmente em seu próprio país, e só muito raramente se trocam informações. As instituições são muito limitadas ou, no mínimo, muito convencionais. Existe, por exemplo, uma *Maison du Brésil* em Paris e de vez em quando recebo convites para concertos nos quais se tocam obras de Beethoven, Mozart – não tenho nada contra isso – e, de repente, um compositor brasileiro completamente desconhecido que é inserido nesse contexto quase como "refém"...

Arthur Nestrovski: Recentemente o senhor mencionou um livro sobre o *fragmento*. Ele está pronto?

P. B.: Quando eu era ainda professor no *Collège de France*, há mais ou menos um ano, o último curso que ministrei no último ano centrou questão na noção de *fragmento*. Mas nada disso já foi publicado. É Jean-Jacques Nattiez que se ocupa desse projeto, revisando tudo. O trabalho deverá ser publicado somente em um ou dois anos: "A obra enquanto fragmentos"[4]. Este grande tema interessava-me muito e por isso o escolhi. A obra pode ser considerada como um fragmento de um grande todo. Dessa forma, não teríamos apenas peças isoladas: as obras podem, em sua trajetória, corresponder-se. Elas nada mais seriam que fragmentos e poderiam ser consideradas como partes de um todo.

F. M.: No sentido de um *work in progress*?

P. B.: Exatamente! A obra considerada como não-acabada.

F. M.: A propósito da tecnologia, qual é o lugar da composição assistida por computador em sua obra? Sabemos que no Ircam existe uma forte tendência à estruturação com auxílio de computador, e isto mesmo no que diz respeito à música puramente instrumental...

---

4   De fato o texto ao qual se refere Boulez foi publicado recentemente – cf. Boulez, "L'œuvre: tout ou fragment". In: *Leçons de musique (Points de repère, III) – Deux décennies d'enseignement au Collège de France (1976-1995)*, textes réunis et établis par Jean-Jacques Nattiez, Paris, Christian Bourgois Éditeur, 2005, p.671-713.

P. B.: Existem dois aspectos que devem ser considerados nesta questão. Com o computador, naquilo que designamos composição assistida por computador, pode-se operar em *dois* polos. De um lado, há o pólo da *preparação do material* e, de outro, o da *extensão das estruturas*, ou seja, o da *automatização* das estruturas musicais. Para mim, esses fatores constituem as duas coisas principais a serem feitas nesse sentido.

Podemos ilustrar o aspecto relativo à preparação do material tomando como exemplo o que faz o jovem compositor francês Marc-André Dalbavie: se você quiser, por exemplo, passar de um acorde ou objeto vertical A a um objeto vertical B, os quais têm seis ou sete componentes – tanto faz –, é possível fazer uma transição entre tais objetos de uma maneira bastante progressiva, estabelecendo uma trajetória de A1 a B1, de A2 a B2 etc. É possível analisar todas essas transformações possíveis que conduzem do objeto A ao objeto B. Essas soluções são fornecidas totalmente pelo computador, que realiza os cálculos por nós, sem que sejamos obrigados a aceitar, claro, todos os seus resultados. Outro exemplo: se temos uma sequência e desejamos variá-la de acordo com determinados critérios, podemos calcular todas as sequências possíveis que se originariam da primeira sequência, seguindo as leis que estipulamos. O que demonstra ser tudo, menos uma operação de tipo casuístico...

F. M.: ...e que demonstra ser algo de predeterminado?

P. B.: ...predeterminado, claro, mas que revela igualmente *derivações* (*dérives*) que podemos calcular de antemão e que fornecem um material global que pode ser útil a seguir. A preparação do material pode ser empregada igualmente no campo da síntese sonora: prepara-se tal material com determinadas características que evoluem de um espectro a outro. Neste último caso, a transformação aplica-se ao próprio material sonoro, não somente ao material elaborado do ponto de vista estrutural: a um material, pois, elaborado do ponto de vista da própria *fabricação* sonora.

Tal fenômeno estende-se ao segundo aspecto ao qual me referia: à *extensão das estruturas* ou às estruturas das *periodicidades automatizadas*. Trabalho esta questão particularmente em *Répons*: em um dado momento desta obra existem periodicidades – de ritmo, de altura, de dinâmica, de timbre etc. –, e tais periodicidades jamais coincidem. Deixo que cada qual aja a seu modo, individualmente. Trata-se de um gesto automático que se renova constantemente, e não é necessário se escutar todo o processo de A a Z, pois tais estruturas não foram concebidas para serem escutadas em sua sucessão; elas constituem, na verdade, um fundo sonoro. Há, por exemplo, toda uma sucessão que pode ser completamente aleatória. Comparo esta situação com as nuvens: olhamos durante um certo tempo para as nuvens, fazemos outra coisa e depois relançamos nosso olhar sobre elas; sua disposição será diferente, mas a categoria da experiência permanece a mesma. Sua localização será também distinta. Caso não olharmos para as nuvens, elas continuarão de todo modo a modificar-se, mas a estrutura de base permanecerá a mesma. Interesso-me por periodicidades que se sobrepõem, por periodicidades desiguais. O que me parece particularmente interessante é poder estabelecer relações entre estruturas automatizadas e estruturas dirigidas e gestuais. Por exemplo, se escrevemos para um instrumento em que um instrumentista toca um evento bem determinado e completamente inserido em um gesto bastante preciso, é por vezes interessante procurar realizar algum contraste, e até mesmo fazer que a estrutura "aleatória" seja evocada pela estrutura do próprio gesto. É exatamente isto que realizo em *Répons*, no tocante ao limiar dinâmico: tem-se um *background* contínuo, mesmo se ele não pode ser ouvido, pois as periodicidades funcionam permanentemente. Quando um instrumento toca mais forte, elas aparecem claramente, mas desaparecem por completo em uma passagem mais suave, ainda que todo o processo seja, em si mesmo, ininterrupto. Após o desaparecimento, no entanto, a reaparição dessas estruturas jamais se revela como a mesma coisa. Há, neste caso, uma combinação de algo que é gestual com algo que não é gestual, gerado pela primeira coisa.

Gilberto Mendes: Tal problemática poderia ser também relacionada às *Structures* para dois pianos, dos anos 1950, no sentido de uma dicotomia entre decisão do compositor e liberdade ou indeterminação?
P. B.: Retomo a comparação com as nuvens: imagine que você está em uma montanha e que de repente você acende uma lâmpada muito forte. Você enxerga as nuvens. Mas se você apagar a lâmpada, as nuvens não podem mais ser vistas. O gesto em si é deliberado, mas ao mesmo tempo trata-se de um gesto determinista que faz emergir uma estrutura não determinista. O que clareamos repentinamente é algo contínuo: quando apagamos a luz,

tais estruturas têm de toda forma continuidade. Podemos acender de novo a lâmpada, clareando-as e visualizando-as de novo e assim por diante. Nesse sentido, é bastante interessante recorrer à composição assistida por computador, pois este se ocupará ora do cálculo de certas funções, ora do cálculo indeterminado das outras funções que estão em liberdade.

Leonardo Martinelli: Luciano Berio disse, em suas entrevistas a Rossana Dalmonte, que o senhor teria a tendência a menosprezar as realizações históricas para fita magnética (do próprio Berio, de Stockhausen e de outros). Como o senhor vê essa questão?

P. B.: Não tenho razão para menosprezá-las, mas as julgo incompletas. Ao menos não as ouvimos como deveríamos ouvi-las. Sempre achei terríveis esses concertos de música eletroacústica em que um público encontra-se diante de alto-falantes. Tentou-se fazer de tudo, como, por exemplo, apagar as luzes, mas na verdade o problema permanece o mesmo: olha-se para um lugar onde não existe gesto. A diferença entre uma música que passa pelos alto-falantes e uma música executada por instrumentistas não repousa simplesmente na questão visual – que é, de toda maneira, bastante relevante –, mas antes no fato de que, repito-o, o intérprete que toca uma partitura depara com uma música a ser por ele interpretada que é essencialmente *gestual*. Uma música que passa pelos alto-falantes é uma música absolutamente *não-gestual*. Existe sempre um mal-entendido em difundir-se uma fita magnética em um universo gestual do concerto, na medida em que tal fita implica em si mesma um universo não gestual. No Ircam, quando fazemos concertos desse gênero, fazemos, por exemplo, como numa exposição de pintura. Ou seja, procuramos organizar o evento de tal forma que as pessoas possam locomover-se. Do contrário, a situação evoca para mim as cerimônias fúnebres de um crematório: enquanto o corpo arde, espera-se e ouve-se alguma música. É abominável, pois trata-se de uma situação completamente falsa.

Sérgio Kafejian: Não compreendo porque a música eletroacústica não possa ter gesto. O senhor mesmo falou da relação com a pintura, mas quando vemos um quadro, sentimos a presença do gesto gerador do pintor, ainda que este não esteja mais presente. O gesto permanece fixado ali, três meses, dois anos, cem anos depois…

Ignacio de Campos: Penso que o gesto pode estar presente até mesmo na captação, com os microfones, dos sons que irão compor as estruturas da obra...

F. M.: Acrescento de minha parte: em que medida não podemos ter ou ouvir gestos na própria estruturação dos sons em uma obra puramente eletroacústica, acusmática? Como no caso da pintura, em que sabemos da existência de um gesto anterior que concretizou as imagens que vemos.

P. B.: Sim, é verdade, mas a pintura é algo imóvel. A música, ao contrário, é uma arte do *tempo*, enquanto a pintura é uma arte do *espaço*. A música é, pois, percebida de uma maneira completamente diferente da pintura. As pessoas que olham um quadro e não o apreciam, olham-no por três segundos e se vão, após ter absorvido a generalidade do quadro. Mas diante de uma obra musical em um auditório, você é obrigado a permanecer por quinze ou vinte minutos até perceber o que diz essa obra. Você é obrigado a seguir todo o seu desenvolvimento temporal. Há, pois, uma diferença entre a percepção do espaço e a percepção do tempo.

A produção do gesto musical, quando este não se dá visualmente, traduz-se em uma operação essencialmente *individual*. Não se pode colocar um disco para tocar diante de trezentas pessoas, a não ser quando se dá algum exemplo musical. Se ouvíssemos publicamente uma sinfonia de Mahler com um disco e alto-falantes, seria uma situação muito estranha, pois as pessoas estariam olhando para algo sem qualquer movimento. Mas em casa, sozinho, é plenamente possível ouvir uma sinfonia inteira de Mahler ou até mesmo uma ópera de Wagner, meramente com alto-falantes, pois neste caso a relação com aquilo que se ouve é puramente individual. Neste caso específico, você acaba imaginando os gestos, você efetivamente os reconstitui. Mas o que se passa no caso de uma música eletrônica? É claro que há gestos do compositor, mas tais gestos tocam você exclusivamente de modo mental; eles não o tocam visualmente. Se há uma relação mental, então se dá algo individual. Por isso penso que a música eletroacústica deve ser sempre executada em situações nas quais as pessoas sintam-se como indivíduos que podem fazer suas próprias trajetórias e suas relações individuais com aquilo que ouvem. Isto é, na minha opinião, absolutamente fundamental[5].

---

5   Em que pese todo o valor do pensamento bouleziano, é preciso, aqui, fazer alguns breves

A. N.: E quanto à ópera? O senhor tem proposições ou projetos a esse respeito?

P. B.: Existiram já planos concretos, mas infelizmente meus colaboradores foram morrendo um após o outro [risos]. Jean Genet, com quem trabalhava, morreu antes de realizar algo concreto nesse sentido. Depois disso, houve Bernard-Marie Koltès, com quem comecei a falar a respeito e também faleceu, e os planos não estavam assim tão avançados. O terceiro colaborador foi Heiner Muller. Havíamos começado a discutir seriamente e ele deveria fornecer-me um texto do libreto ainda este ano, em janeiro, mas faleceu exatamente um mês antes, em dezembro. Infelizmente, não deixou material suficiente sobre os papéis para que eu pudesse trabalhar. É preciso, agora, que eu encontre alguma outra pessoa, e espero apenas que meu novo colaborador não fique muito assustado com a ideia [risos].

Regi no teatro e em minha juventude trabalhei bastante com atores. Tenho, pois, muitas ideias, não somente sobre a relação entre música e texto, mas também sobre a *mise-en-scène* e sobre o *lugar cênico*, assim como sobre a maneira de ocupar este lugar. Penso que não se refletiu muito sobre isso, pois as casas de ópera são bastante limitadoras. Tem-se invariavelmente a rela-

---

comentários, uma vez que não compartilho de suas ideias a esse respeito. A questão resume-se ao seguinte: mesmo se admitirmos que na música fixada sobre suporte ou difundida exclusivamente por alto-falantes evocam-se gestos que, para serem reconstituídos, passam por uma relação essencialmente *individual, imagética*, por parte de cada indivíduo que a ouve, não há legitimidade em afirmar que, por tal razão, ela não possa se dar no ambiente de um concerto público. E isto por três razões fundamentais: a primeira, porque a reconstituição individual dos gestos de uma obra acusmática não exclui o espaço de *intersubjetividade* que se dá no ritual da escuta em um concerto, em que o ouvinte se vê acompanhado por outras pessoas ouvindo a mesma coisa; a segunda razão é que nenhum espaço doméstico pode substituir a vivência espacial, ampla, da escuta que se tem em um teatro, por menor que este seja; a terceira, por fim, é que nada impede que uma experiência eminentemente *individual* possa se dar em um espaço *coletivo* – não há argumentação contrária a essa possibilidade que de fato se sustente. Além disso, a observação de Boulez de que novas formas de escuta deveriam ser proporcionadas no caso da escuta acusmática é de todo pertinente, pois de fato se faz urgente que os teatros passem a ser concebidos de modo mais flexível – por exemplo, com cadeiras giratórias –, de modo que cada ouvinte possa, no caso da escuta de um obra acusmática, endereçar sua escuta e sua visão para onde desejar, em vez de ter de posicionar-se invariavelmente em direção a um palco que, neste caso, não desempenha qualquer papel. Nesse sentido, o comentário de Boulez é estimulante para que se pensem novas relações entre a posição de escuta e a difusão eletroacústica em concerto, ainda que, ao contrário de Boulez, eu pense que o espaço de concerto é mesmo o ideal para a escuta acusmática (observações de maio de 2005).

ção fosso/palco. Na minha opinião, as relações cênicas no teatro em si – refiro-me aqui ao teatro falado – foram bem revistas e o lugar teatral foi realmente repensado por cenógrafos como Patrice Chéreau ou Peter Stein, por exemplo, enquanto o lugar no teatro musical foi muito pouco repensado ou simplesmente deixado de lado. É preciso tentar repensar completamente o lugar musical, sobretudo integrando-o, antes de mais nada, às novas tecnologias que servem à música. Penso, por exemplo, na tecnologia sobre a voz em particular, que ainda utilizamos tão pouco: transformações vocais, ao lado, claro, das transformações instrumentais. Também do ponto de vista visual: máscaras, por exemplo, ou marionetes, empregadas como no *bunraku* japonês, em que não se sabe bem quem serve de guia, se é o boneco ou se é o manipulador. Existe realmente todo um teatro que me interessa muito do ponto de vista da concepção, e por isso gostaria de constituir uma verdadeira equipe entre cenógrafo, escritor e compositor, e isto desde o início.

No teatro musical, há condições acústicas que são bastante difíceis. Lembro-me de uma encenação em Paris, há muitos anos, de *Boris Godunov* de Mussorgski, na qual se desejou pôr em evidência a tragédia de Púchkin, bem mais que a música de Mussorgski. Cobriu-se o fosso da orquestra e os cantores cantavam bem à frente do público, enquanto a orquestra tocava bem ao fundo do palco. Quando os cantores atuavam, era possível ouvi-los perfeitamente e a orquestra soava bem longe; quando havia coro, a orquestra era então completamente abafada, mal soando ao fundo. Vemos, pois, que a relação fosso/palco não pode ser negligenciada. Trata-se de uma relação muito importante do ponto de vista acústico, mas é necessário que ela possa ser manipulada de outra forma, e é possível conceber outras relações neste sentido. É preciso que se estabeleça uma relação teatral/acústica.

F. M.: Permito-me agora mudar um pouco o rumo de nossa conversa: como o senhor vê as tendências da alta complexidade? O senhor sempre fez uma música bastante complexa, como, aliás, Stockhausen, Pousseur, Berio. Esses nomes estão indissociavelmente ligados a uma música da complexidade. Entretanto, temos agora a figura de um Brian Ferneyhough, que faz coisas muito complexas...

P. B.: ...hipercomplexas... [risos]

F. M.: Como o senhor encara essa atitude musical da alta complexidade *"à la* Ferneyhough"?

P. B.: Sempre dissemos a nós mesmos: "Fazemos sempre progresso e chegaremos a dominar as dificuldades que nos parecem excessivas hoje; chegaremos a dominar as coisas que são muito, muito complexas". Mas sempre fui muito realista a esse respeito. É preciso que possamos dominar e perceber aquilo que escrevemos. Minha evolução sempre se delineou no sentido de não abandonar uma certa complexidade de escritura, mas uma complexidade que seja sempre realizável. Estou tranquilo para falar de Ferneyhough, porque regi seus *Carceri d'Invenzione* e gravei uma de suas obras, *Funérailles*, e sei muito bem como os músicos reagem à sua música: eles reagem em função da impossibilidade de pensar as coisas. Esta problemática remonta, no mais, ao Stockhausen dos primeiros quatro *Klavierstucke*. Recordo-me muito bem: mostrei a Stockhausen como deveria fazer. Na música, considerando o aspecto rítmico – e é exatamente do ponto de vista rítmico que as coisas parecem mais complexas –, temos, por exemplo, a figura de sete no lugar de cinco; no interior dos sete, opta-se, por exemplo, por cinco no lugar de quatro, e como ainda sobram três valores, escreve-se então sete no lugar de três. Ora, é evidente que não podemos pensar em redes de relações dessa espécie! É algo simplesmente impossível, pois não se pode pensar mais que em *uma* relação a cada vez: você pensa numa relação de sete no lugar de cinco, após o que não é possível fazer mais nada! A solução desse tipo de problema – aliás, bem simples –, visando a um resultado semelhante, é, pois, pensar em uma mudança de velocidade.

Na concepção dos valores rítmicos, há, por um lado, a *quantidade* e, por outro, as relações de *velocidade* – sete no lugar de cinco significa simplesmente que você fará uma articulação *mais rápida* que a velocidade precedente. Basta calcular o tempo que corresponde a esta velocidade do valor sete em relação ao cinco e, quando você alterar a velocidade, aí sim, então, será possível pensar em uma relação de outra ordem. É preciso, nestes casos, lançar mão de dois tipos de relação: de uma relação de velocidade e de outra de quantidade.

F. M.: Tornando as coisas possíveis...

P. B.: Claro, pois com base no metrônomo, isto se torna possível, ainda que por vezes não absolutamente preciso. É claro que quanto mais formos no sentido desse gênero de operações, tanto mais iremos no sentido de uma *aproximação*, que demonstra ser igualmente problemática. Há uma anedota célebre para mim, que vivi pessoalmente, quando tocamos pela primeira vez os *Gruppen* para três orquestras de Stockhausen (o próprio Stockhausen, Bruno Maderna e eu como regentes). Há nessa obra toda uma escala de tempos bastante precisa: 80, 112.5, 167.2 etc[6]. E Stockhausen estava em desacordo com Maderna, quem não regia, segundo sua opinião, de modo muito preciso. A um certo momento, Stockhausen repreendeu Maderna, dizendo que o tempo era 82.5! Ao que Maderna respondeu: "Ah, você quer também o 'vírgula 5'...?" Era justamente o que deveria ter respondido! [risos]

F. M.: Como reagiu Stockhausen após esse troco de Maderna?

P. B.: Ele riu também [risos].

Na verdade, os músicos, quando deparam com algo impossível, realizam seus cálculos aproximativos e, no caso de coisas muito complicadas, simplesmente dizem: "Um pouco depois de 1; um pouco antes de 3; bem, aqui neste caso, mais ou menos no meio!..." No final das contas, têm-se aproximações extremamente grosseiras com relação a coisas que são em si irrealizáveis.

G. M.: Seria tal aproximação suficiente ou satisfatória para atingir o nível de dificuldade ou complexidade que se quer atingir? Digo isso com relação às estruturas microrrítmicas...

P. B.: Não. Nesses casos trata-se de uma aproximação muito grosseira, que simplesmente segue o impulso "depois", "antes" etc. Não subsiste aí mais nenhuma relação de valor; não há nada mais que uma relação aproximati-

---

6   Na verdade, os tempos de *Gruppen* que mais se aproximam dos tempos mencionados por Boulez são: 80, 113.5, 127. Em um texto de 1973 em homenagem a Maderna (ano de sua morte), recentemente republicado, Boulez relata esse mesmo episódio, ainda que não mencione, aí, o nome de Stockhausen – cf. Pierre Boulez, *Regards sur autrui (Points de repère, II)*, Paris, Christian Bourgois Éditeur, 2005, p.614.

va vagamente qualitativa. No mais, no Ircam fizemos experiências com o computador, que pode calcular tais valores com a precisão de microssegundos: segundo o caso, estamos diante de coisas que se situam bem aquém dos limites da percepção. Por tal razão, sou bastante cético sobre os valores em si, pois matemática e fisiologicamente eles situam-se aquém dos limites da percepção.

Mas quando digo tudo isto a Ferneyhough, ele replica: "Sim, mas dessa forma se produz uma tensão no intérprete quando tenta fazer aquilo que eu escrevi...". E eu lhe digo simplesmente: "Você alimenta muitas ilusões com relação aos músicos!" [risos].

A. N.: E com relação às proporções, bem difíceis de se reger, presentes nas obras de Harrison Birtwistle?

P. B.: As proporções de tempo em Birtwistle são difíceis, mas ao mesmo tempo possíveis de realizar. Por vezes a questão resume-se, sobretudo, a um problema de *notação*. Na obra de Birtwistle que tocaremos amanhã, *Silbury Air*, ora existem velocidades que mudam e que se reportam ao que chamamos de *modulação métrica* – tal como utilizada por Elliott Carter –, ora existem mudanças nas quais o compasso permanece o mesmo mas em seu interior encontra-se um número maior de notas. Por vezes, ao contrário, é a pequena pulsação que permanece a mesma, enquanto muda a batida do compasso. Para os músicos – e também para o regente, evidentemente – trata-se de saber quando é que a batida do compasso permanece a mesma, e quando é ela que muda efetivamente. É preciso ter uma agilidade de reação bastante rápida.

F. M.: ...com relação aos compassos?

P. B.: Com relação aos compassos, pois além disso existe uma notação cifrada que é assombrosa: ele coloca, por exemplo, cinco semicolcheias multiplicadas por 4 (5/16 X 4); em consequência disso o regente rege um compasso em 4 tempos. O que acaba sendo relevante é, finalmente, se se rege em 4, 3 ou 2, pois é isto que irá orientar os músicos. E não é que em seguida encontramos 3/16 X 7?! Se você olhar minha partitura – eu raramente anoto qualquer coisa em minhas partituras –, eu anotei, nesse caso, absolutamente tudo: a maneira racional pela qual rejo cada compasso. Portanto, a dificuldade não está necessariamente na *concepção*; por vezes o problema se reduz simplesmente a uma dificuldade de *notação*.

É verdade que muitos compositores não têm nenhuma ideia precisa sobre a relação da regência com os músicos. Poderíamos escrever coisas bem mais difíceis se simplesmente soubéssemos *como* fazê-las. Particularmente em *Répons* – que não é uma obra fácil de reger, sei muito bem! –, faço coisas infinitamente mais difíceis quanto à relação entre os executantes, com tempos distintos etc. Mas sei muito bem *como* escrever tais coisas, e à parte o problema da dificuldade em si da obra, não há aí, pois, qualquer problema de *transmissão*. Creio que o que é importante é, quando escrevemos uma partitura, o modo de transmissão.

F. M.: É poder mediar uma transmissão entre a complexidade imaginada e a complexidade real...

P. B.: Sim, e a complexidade real depende sempre da boa transmissão. Eu prefiro que a transmissão se faça a 90% sobre algo que é bem pensado, do que algo que é mal pensado, em que a transmissão se faça a 50% ou a 40%.

A. E.: Se os compositores tivessem uma prática maior, executando a música, eles poderiam adquirir talvez uma escritura bem mais clara, facilitadora da ação musical. Perguntaria se não seria interessante que os compositores não apenas pudessem ouvir as partituras de seus estudos, mas também executá-las...

F. M.: Eu acrescentaria a esse respeito: até que ponto esta problemática em torno da complexidade e esta falta de transmissão não são oriundas de um distanciamento com relação à interpretação da parte do compositor? Como o senhor vê essa questão?

P. B.: Evidentemente, a solução ideal seria que cada um pudesse resolver os problemas no cotidiano. Mas nem todos são dotados para isso, pois trata-se de um dom completamente diverso. Entre os personagens ilustres que conhecemos, por exemplo, sabe-se que Stravinsky não era bom regente. Tive a oportunidade de vê-lo reger; ele tinha, obviamente, uma grande personalidade, mas do ponto de vista técnico ele não era bom intérprete. Tudo o que se lê, por exemplo, sobretudo sobre Debussy e mesmo sobre Ravel, desde quando começaram a reger, não é boa coisa. Portanto, trata-se de um dom completamente diferente. O que penso ser decisivo é que haja, para os compositores, execuções rápidas de suas próprias obras, e que eles não precisem esperar quinze anos para ser tocadas. Creio ser muito importante, justamente, que as obras sejam estreadas logo que escritas, de modo que o compositor, mesmo não tendo o dom de intérprete, possa ter consciência de suas dificuldades, discutindo os problemas com seus intérpretes. Dessa forma, teríamos compositores bem diferentes de um Ferneyhough, que permanece completamente enclausurado em seu próprio mundo e que, no fundo, não ouve a diferença. E isto simplesmente porque é *impossível* ouvir a diferença. A um certo ponto, tenho vontade de abrir seus ouvidos e dizer: "Atenção! Você escreve dessa forma, mas você não ouve o que você escreve!" E a coisa mais importante para o compositor, a meu ver – e é por aí que o julgo efetivamente –, é que ele ouça aquilo que faz. Nesse contexto, é preciso dizer que existem compositores que ouvem muito bem tudo o que fazem: Stockhausen, Berio etc. Mas existem outros – cujos nomes não direi aqui – que não ouvem de forma alguma o que fazem. Você pode tocar um intervalo no lugar de outro, e... pifpaf! Tanto faz!

Falando mais genericamente, creio que o que é de fato importante para o compositor, é que ele possa se apoiar sobre coisas que ele conhece, que ele ouviu, para a partir daí poder fazer uma extrapolação e inventar algo que não existe ou que ele jamais ouviu. Nesse contexto, o *métier* e a experiência fazem que a extrapolação seja justificada. É claro que a extrapolação sofrerá, por vezes, correções – a extrapolação pode estar errada sob algum ponto de vista específico –, mas ela poderá, de toda forma, ser efetivamente verificada. Porém, se não se tem experiência de partida, a extrapolação será sempre uma coisa totalmente forjada, injustificada.

Não digo que o pensamento de Ferneyhough seja inútil ou absurdo, mas simplesmente que ele pode ser reduzido. Ele situa-se nos limites de uma transcrição que é, de alguma forma, muito vaga, pois baseia-se em diferenças que estão aquém da percepção. É preciso que a transcrição não seja vaga, que ela se reporte o mais lealmente possível à realidade. E isto é possível, certamente, com valores bastante complexos, mas que sejam de toda forma factíveis...

F. M.: ... que sejam realizáveis...

P. B.: Sim, exatamente isto: que seja uma complexidade *realizável*.

S. K.: Então não há diferença qualitativa verdadeira entre uma escritura hipercomplexa e outra mais simplificada que vá na mesma direção? Em que medida pode-se obter o mesmo resultado, sempre complexo, escrevendo-se de outra forma?

P. B.: Não, não há aí diferença *qualitativa*. Bem ao contrário, melhora-se a qualidade, uma vez que a escritura se centra sobre coisas que são possíveis, enquanto de outra forma, tenta-se centrar questão em coisas impossíveis, calcadas sobre a aproximação dos sentidos. Nas coisas que fazem parte desse gênero aproximativo, toda a energia procurará efetuar cálculos; ela não irá na boa direção, que é o gesto interpretativo em si.

Silvio Ferraz: Nesse sentido, uma obra como *Dialogue de l'ombre double* não constituiria um bom exemplo? Digo isso porque a notação é sempre bem simples nessa peça, enquanto o que ouvimos revela-se sempre como mais complexo...

P. B.: Sim, é *um* exemplo. Mas lhe dou outro: em *Répons* existem seis solistas que se situam bem distanciados uns dos outros, e um regente com grupo orquestral ao centro. O problema, para mim, consiste no seguinte: as pessoas muito distanciadas não conseguem seguir batidas de compasso rápidas. É totalmente impossível, pois elas não têm tempo para olhar. Há então, para este problema, três soluções possíveis. A primeira consiste em fornecer-lhes determinados *sinais* que nada têm a ver com as batidas de compasso. Faço as batidas somente para as pessoas do grupo orquestral central, bem diante de mim, mas para os solistas distantes faço somente sinais. Eles aguardam um determinado sinal e partem.

A segunda solução: tempos de compasso bem lentos e regulares, porque assim eles não precisam olhar todo o tempo. Não há necessidade de seguir cada batida de compasso, desde que estas batidas sejam lentas e regulares.

A terceira solução: quando se tratar de um tempo de compasso rápido, cada qual terá um tempo de partida. O efeito é o de um estroboscópio: as notas se seguem de modo tão rápido que não percebemos mais que há uma diferença; não podemos mais estimar a diferença entre a rapidez dos solistas e a rapidez do grupo central. Trata-se de uma completa ilusão, uma ilusão estatística: tem-se a impressão que todos tocam de modo absolutamente sincrônico, mas na verdade eles não o fazem de forma alguma.

Desenvolvi tais questões no âmago da própria escritura. Existe também a possibilidade de sobrepor tempos distintos, pois cada um, muito distante, pode estar completamente circunscrito por seu próprio tempo, tocando sequências independentes, cada qual com seu tempo individual. Como os solistas situam-se muito distantes uns dos outros, não é difícil para eles se tornarem independentes.

A propósito da segunda solução, se se têm compassos muito lentos, não é necessário que se tenha apenas um tempo ou então um número reduzido de eventos raros. Ao contrário, às vezes sobre compassos bem lentos há uma "falsa" impressão de velocidade que é condicionada por um número bem grande de notas no interior desse compasso. E todos se reencontram simplesmente sob a batuta, e isto de modo tão eficaz que se pode ter a impressão de tempos extremamente densos, extremamente preenchidos, com uma batida de compasso que é, na realidade, bastante lenta.

Em outra obra, *Éclats multiples*, bato um tempo para todos, e todos permanecem bem juntos, mas progressivamente vou parando de bater o compasso: como resultado, todos começam a defasar. E na medida em que bato novamente certa pulsação, todos se reencontram. São gestos muito, muito fáceis, mas que resultam em coisas que, se quiséssemos escrever, seriam impossíveis. Quando se escreve uma obra, é preciso também ter em mente o fator psicológico. Pode-se fazer uma porção de coisas com meios bastante simples. Em *Rituel*, por exemplo, peça na qual os grupos são separados, existe para cada grupo um percussionista que dá o tempo: um tempo bastante regular que dou a todos no início. Mas essa regularidade é constantemente interrompida por grupos irregulares. Dessa forma, na medida em que os grupos avançam, todas essas pulsações vão se defasando inteiramente umas com relação às outras. Sentimos que há uma regularidade para cada grupo instrumental, mas ouve-se uma total irregularidade dos grupos em si, considerados no conjunto. Podem-se obter coisas muito complexas se agenciarmos coisas bem simples, mas de forma desorganizada, desestruturada, que as pessoas sejam levadas a estruturar. A partir de então, tem-se o que se deseja! E acaba sendo bem mais complexo que sete no lugar de cinco...

S. F.: Sobre essa questão da notação rítmica, é quase impossível seguirmos a partitura da *Yamanaka-Cadenza* dos *Sept Haïcaï* de Messiaen: se não mantivermos em mente uma pulsação, perdemo-nos totalmente e não conseguimos entender bem os gestos...

P. B.: Nesse caso específico, a batida de compasso é totalmente artificial: trata-se de um mero recurso de tocarmos juntos. É o mesmo caso em *Chronochromie*, nas passagens com todas as cordas, para as quais faço sempre um grande sinal correspondente a cada cifra da partitura, pois os músicos podem perder-se aí completamente. Nesse contexto, o compasso também não tem qualquer significado.

Nesse tipo de evento, é preciso dar segurança aos músicos. Mas em *Éclats*, por exemplo, opto justamente pelo contrário: pela *insegurança*. Os músicos sabem que eles devem seguir um sinal, mas não sabem jamais quando este sinal vai chegar. Existem, por exemplo, quatro instrumentos em um dado momento: piano, harpa, vibrafone e címbalo. Cada um possui uma flecha em sua própria parte, e eles sabem que vou dar a entrada seguindo alguma ordem específica. Assim, em um ensaio dou as entradas em certa ordem, por exemplo: piano, harpa, vibrafone, címbalo; mas da próxima vez posso fazer totalmente de outra forma: címbalo, harpa etc. Produz-se então uma tensão, e aqui é uma *verdadeira* tensão, uma vez que todos aguardam o sinal, mas ninguém sabe quando uma mudança ocorrerá. É como um contato elétrico. Trata-se de uma relação entre a coordenação, liderada pelo regente, e os músicos. Eis aí uma coisa sobre a qual pode-se trabalhar bastante: uma coordenação que possa ser variável, uma coordenação dos gestos, em que o gesto possa desligar-se inteiramente da métrica.

L. M.: Qual é a sua estratégia, enquanto regente, com relação aos grupos musicais que não têm o hábito de fazer música contemporânea, mas que se propõem a fazê-la?

P. B.: É preciso explicar-lhes como a coisa funciona, e isso exige um pouco mais de tempo. É tudo que se tem a fazer! Mas é preciso que se trate de bons músicos, que tenham absoluto domínio sobre seus respectivos instrumentos...

F. M.: ...e que estejam disponíveis e abertos às novas ideias...

P. B.: Sim, mas ao mesmo tempo nem sempre se têm músicos que sejam absolutamente devotos àquilo que você faz. Se você transmite segurança, do ponto de vista técnico, ou seja, do ponto de vista do controle daquilo que você deseja fazer, os músicos reagem dizendo: "Sim, ele de fato conhece o que está fazendo; ele sabe o que quer ouvir!" E a partir de então os músicos respeitam você, de maneira bem profissional, mesmo se se tratar, do ponto de vista sentimental, de outra direção.

Gostaria, porém, de deixar claro, nesse contexto, que não escrevo, pessoalmente, coisas para simplesmente serem regidas de tal ou tal maneira. Por vezes as ideias sobrevêm a mim em primeiro lugar e apenas depois encontro o método correto para regê-las. Às vezes escrevo uma coisa e me pergunto: "E agora? Como vou reger isso?" E acabo encontrando a maneira de regê-la somente depois, no decurso de um ensaio: "Sim, vou reger isso desta forma!" Portanto, não obedeço simplesmente ao que conheço enquanto regente. Às vezes envolvo-me em processos ainda inusitados para mim e encontro apenas posteriormente uma solução no que diz respeito à sua regência.

Por exemplo, na obra que estou escrevendo neste momento[7] existem coisas realmente bem complicadas com relação aos gestos. Às vezes penso que seria melhor reger os músicos, mas às vezes imagino que eu poderia deixar que os músicos façam, por si sós, as conexões necessárias. Ou seja, haverá reações tanto individuais quanto coletivas.

E. A.: Qual é a ideia que norteou sua escolha do repertório para esses concertos em São Paulo? As trajetórias dos compositores escolhidos foram determinantes nesse processo?

P. B.: Não existe *uma* ideia propriamente dita. Os programas das turnês são geralmente muito difíceis de serem organizados. Às vezes não se pode gastar muito dinheiro, em alguns lugares não se pode contar com músicos suplementares, por vezes estamos limitados pela temporada, pois devemos ensaiar as obras num tempo limitado etc. Nunca há um programa ideal.

Procuramos, nesses três programas de São Paulo, apresentar várias coisas.

---

7 Trata-se, provavelmente, de *Sur Incises* (1996-98), para três pianos, três harpas e três percussionistas de teclado.

Primeiramente, obras da geração que me precedeu, ou seja, Stravinsky, Schoenberg, Varèse, Webern; depois, obras de minha própria geração, representada por Ligeti, por mim mesmo e por Birtwistle; por fim, há também compositores mais jovens, tais como Peter Eötvös, Philippe Hurel e Philippe Manoury...

F. M.: Manoury que morou aqui em São Paulo...

P. B.: Exatamente! Temos então, nesses concertos, três períodos ou três gerações com obras que são, a meu entender, bastante representativas dessa evolução da música atual... Mas não se trata de nenhuma enciclopédia. [risos]

Fábio Parra: O senhor já falou acerca das relações entre a automação das estruturas e a decisão do compositor. Quais são os critérios que determinam essa decisão não automatizada?

P. B.: Isto é relativamente simples, pois faz parte da própria composição. A composição tem um curva dramática ou expressiva por meio da qual desejo, por exemplo, amplificar os gestos, realçando-os. Tal amplificação provém de uma necessidade expressivo-gestual. Em *Répons*, existem várias maneiras de fazer isso: por exemplo, logo ao início existem sequências rítmicas que são tocadas pelos solistas; tais sequências rítmicas são multiplicadas como num jogo de espelhos por outra sequência rítmica feita pelo computador. Cada nota será multiplicada imediatamente. É como se você tivesse uma vela acesa e quarenta espelhos. De repente, você terá cem, duzentas ou trezentas velas, pois os espelhos vão se refletir entre si. A prolongação dessa mesma sequência rítmica tocada pelo instrumentista produz-se de forma tão rápida que você se dá conta disso somente de uma maneira estatística, a não ser bem no final do processo, quando você ouve uma nota bem forte que faz com que a verdadeira sequência rítmica seja de fato ouvida.

F. P.: Funciona como uma potencialização do gesto instrumental condicionado pelo processo da estrutura automatizada...

P. B.: Exatamente! Dou-lhe outro exemplo: em *Répons* existem acordes que são sustentados pelos metais, madeiras e cordas, e quando os seis solistas tocam mais forte há um acorde, gerado pelo computador, com um espectro que enriquece este acorde de base, envolvendo os solistas. Se os solistas tocam menos forte, esse espectro eletrônico desaparece. Mas o contrário também pode ocorrer: se em um dado momento invertemos o parâmetro, esse acorde eletrônico aparece justamente quando o instrumentista tocar de modo fraco, e desaparecerá se o instrumentista tocar forte. Como quer que seja, esses procedimentos estão sempre em relação com alguma coisa que provém do gesto instrumental. E ambas as coisas são ligadas por um gesto estrutural.

F. P.: Esta necessidade de gestualidade visual à qual o senhor se refere não teria proveniência no fato de que o senhor é também um intérprete, um regente?

P. B.: Não, não o creio. Nem fui eu quem disse, mas o próprio Stravinsky: a música é feita tanto para ser ouvida, quanto para ser vista. Penso que existe alguma coisa na coincidência entre o gesto do intérprete e aquilo que ouvimos que é de fato muito importante. Claro que isto não se faz absolutamente imprescindível, pois se você escutar um disco de um intérprete ou de um regente que você mal conhece ou que jamais viu, você não poderá imaginar os seus gestos. Mas estes são, de toda forma, transmitidos pela música. O importante é que o gesto seja transmitido à escuta. Existem, aliás, muitos intérpretes que fazem muitos gestos totalmente inúteis. O gesto deve se fazer presente justamente para mediar aquilo que ouvimos, e aquilo que ouvimos detém, evidentemente, a maior relevância.

Quando falo de gesto, não me reporto a algo necessariamente *visual*. Numa música que é gravada, como no caso da música eletroacústica, você reconstitui os gestos por si mesmos, mas nesse caso específico tal reconstituição dá-se de forma individual. E justamente por esse motivo, como já disse anteriormente, penso ser necessário, no caso de uma música difundida por alto-falantes, estabelecer um ambiente no qual a conexão individual seja favorecida.

G. M.: Tendo em vista que seu percurso está ligado à elaboração de uma complexidade, como foi possível que o senhor tenha regido um Frank Zappa? E estendendo um pouco a questão: em que medida o senhor dá valor às músicas populares em geral, e em particular à música *pop*, que faz uso da tecnologia? A música popular teria algum papel hoje, em relação à música culta, como era o caso no tempo de Bach, Mozart ou Schubert?

P. B.: No que diz respeito a Frank Zappa, minha relação como ele era uma relação pessoal, pois achava que Zappa era, nesse meio da *pop music*, algo totalmente diverso. Ele possuía um desejo de experimentação. Ele demonstrava, nesse domínio no qual não estava muito familiarizado, uma certa *inocência* (*ingénuité*) – eu não diria ingenuidade (*naïveté*). E não se trata, de forma alguma, do Zappa que possamos imaginar, unicamente sarcástico: não, bem ao contrário, ele demonstrava-se bem tímido nesse campo de atuação.

No que concerne às músicas populares em geral, é preciso que se reconheça que até mais ou menos a época de Bach, Mozart ou Beethoven, a música popular tinha, em geral, o mesmo vocabulário da música mais elaborada. Mas após o último Beethoven, uma coisa já não tem mais nada a ver com a outra. Na música popular, há certas coisas que eu aprecio, e outras que eu não gosto de jeito nenhum. Dou valor justamente a essa espécie de espontaneidade e à ausência do peso da História – História com H maiúsculo. Mas não gosto do fato de os compositores agirem de acordo com modelos que mudam conforme a moda. Eles atuam *"à la* Vivaldi": sempre o mesmo concerto. Tem-se um modelo rítmico; ótimo, toma-se esse modelo durante um ou dois anos, e depois troca-se de modelo. Se você assistir a um canal como o MTV, por exemplo, depois de vinte minutos a coisa fica insuportável, pois trata-se sempre da mesma marcha, das mesmas escalas, e disso eu não gosto nem um pouco. Em um século no qual pudemos ouvir a *Sagração da Primavera*, penso que permanecer sempre com um-dois-três-quatro, um--dois-três-quatro é realmente muito pouco. E isto mesmo com o uso das síncopas... [risos].

F. M.: ...como aliás o disse, muito bem, Adorno! Muitíssimo obrigado, caro Boulez, por sua disponibilidade, despendendo todo esse tempo conosco! Proponho agora que a gente beba um café ou um chá, *"par volonté ou par hasard"* [Boulez ri], e logo depois eu o levarei de volta ao hotel.

25, quai andré citroën
75015 paris

Cher Flo Menezes,

Nous nous sommes ratés à la toyette, car j'avais à faire avec l'orchestre Philharmonique, ce qui ne m'a pas laissé le temps d'assister soit à la répétition, soit au concert où vos tableaux ont été joués.

Je vous fais totalement confiance pour la publication de notre entretien; évidemment, je suis bien sûr que votre portugais sera excellent.

J'ai lu avec grand intérêt ce que vous avez écrit sur la synthèse. C'est une sorte de technique pour simplifier la perception de certains accords. J'utilise beaucoup cela dans la fin actuelle de Répons — Même vous disiez artistique, ce phénomène de synthèse contenu en accords, était perceptible d'une autre façon qu'en accord désynthétisé.

J'ai essayé d'autres engendrements d'accords bien sûr, mais vous savez tout cela, j'en suis sûr.

Avant de terminer, je voulais vous remercier des très récentes photos qui accompagnaient votre lettre et qui m'ont rappelé les moments merveilleux passés ensemble — Et enfin je tiens à vous remercier des bons vœux d'anniversaire dont vous m'avez fait part.

Croyez à mon bien amical souvenir

9. 6. 05

Cher Flo Menezes,

Nous nous sommes ratés à Los Angeles, car j'avais à faire avec l'orchestre Philharmonique, ce qui ne m'a pas laissé le temps d'assister soit à la répétition, soit au concert où vos *Pulsares* ont été joués.

Je vous fais totalement confiance pour la publication de notre entretien: évidemment, je suis bien sûr que votre portugais sera excellent.

J'ai lu avec grand intérêt ce que vous avez écrit sur la symétrie. C'est une sorte de technique pour simplifier la perception de certains accords. J'utilise beaucoup cela dans la fin actuelle de *Répons*. Même sans dessin mélodique, ce phénomène de symétrie condensé en accords, reste perceptible d'une autre façon qu'en accord désymétrique.

J'ai aussi d'autres engendrements d'accords bien sûr, mais vous savez tout cela, j'en suis sûr.

Avant de terminer, je voulais vous remercier des très vivantes photos qui accompagnaient votre lettre et qui m'ont rappelé les moments intéressants passés ensemble. Et enfin je tiens à remercier des bons vœux d'anniversaire dont vous m'avez fait part.

Croyez à mon bien amical souvenir

P. Boulez

9.6.05

Caro Flo Menezes,

Acabamos não nos encontrando em Los Angeles[8], pois tinha muitos afazeres com a orquestra Filarmônica, o que não me deixou tempo para poder assistir nem ao ensaio, nem ao concerto no qual seu *Pulsares* foi tocado.

Li com grande interesse o que você escreveu sobre a simetria. É uma espécie de técnica para simplificar a percepção de certos acordes. Utilizo muito isto no final atual de *Répons*. Mesmo sem desenho melódico, este fenômeno de simetria condensado em acordes permanece perceptível de outra maneira do que em um acorde não simétrico.

---

8 Boulez refere-se a novembro de 2003, quando, no mês inaugural do *Walt Disney Hall* de Los Angeles, minha obra orquestral eletroacústica *Pulsares* foi estreada mundialmente, no dia 24, no teatro experimental desse grande complexo – *RedCat* –, com o *New Century Players*, sob a regência de David Rosenboom. Na ocasião, Boulez ensaiava Wagner na grande sala.

Uso também, claro, outros encadeamentos de acordes, mas você sabe tudo isso, tenho certeza.

Antes de terminar, gostaria de agradecer as fotos muito vívidas que acompanhavam sua carta e que me fizeram lembrar os momentos interessantes que passamos juntos. E por fim gostaria de agradecer pelos bons votos de aniversário que você me transmite.

Com minhas lembranças muito amigáveis

P. Boulez

9 de junho de 2005

3
Boulez *Point de Repère*[1]: Heterofonia, Proliferação e Simetria[2]

A opção pelas heterofonias

Boulez chega, em 2005, a seus 80 anos. Ao longo desse tempo, firmou-se como um dos compositores mais consequentes de sua época. Em que pesem algumas contradições, na maior parte evidenciadas na trajetória bouleziana como revisões conscientes que efetuara sobre suas próprias ideias (como por exemplo com relação à sua visão sobre Alban Berg) e que se manifestam como facetas de um *work in progress* teórico da mesma forma como suas próprias obras musicais se prestaram, quase sem exceção, a inúmeras

---

1   *Point de repère* significa ponto de referência ou simplesmente referência. Trata-se de uma paráfrase do título de um dos livros de Pierre Boulez: *Points de Repère*, Paris, Christian Bourgois Éditeur / Éditions du Seuil, 1985.

2   Este texto, inédito, constitui em si mesmo uma "proliferação" e um desdobramento de um dos Apêndices da segunda edição, revisada e ampliada, de meu livro *Apoteose de Schoenberg, op. cit.*, no qual abordava "As Multiplicações de Pierre Boulez" (p.410-415). O texto enfoca as técnicas de Boulez e revela uma descoberta, feita por mim em 2002, sobre uma *lei das simetrias* em suas *multiplicações*, técnica por ele inventada por volta de 1952. Enviado a Boulez quando de seu término, juntamente com a transcrição em francês de nossa entrevista de 1996 junto ao Studio PANaroma, o ensaio suscitou em Boulez reação extremamente positiva, em carta datada de 9 de junho de 2005 (vide sua transcrição antes deste ensaio). À pergunta que lhe dirigi – indagando se tais correlações simétricas eram conscientes –, Boulez, no entanto, silencia, tecendo em contrapartida interessantíssimas considerações sobre a percepção (mais facilitada) de estruturas harmônicas simétricas.

revisões e metamorfoses[3], é impressionante o grau de coerência de Boulez por tantos anos à frente da geração pós-weberniana.

Um dos aspectos mais gritantes de tal coerência é seu interesse, já manifesto desde *Penser la Musique Aujourd'hui*[4], pela *heterofonia*. O conceito, já presente na Idade Média, implica certo *deslize* de tempo entre vozes simultâneas que recorrem ao mesmo tipo de material melódico-harmônico. Como bem define Gustave Reese, "o princípio da heterofonia consiste em uma mesma melodia sendo empregada simultaneamente por distintas vozes, mas de tal maneira que a linha melódica da voz principal – a qual expõe o 'tema' – não é simplesmente duplicada pelas outras vozes; estas cantam em torno da linha fundamental de forma livre e variam o tema sem, contudo, distanciar-se a tal ponto de se poder dizer que possuem independência melódica"[5].

A heterofonia, enquanto *morfologia de textura* da música medieval, distingue-se, assim, do que será posteriormente definido como *homofonia* ou como *polifonia*, estágios de densidade das estruturas antecedidos pela *monodia*, na qual apenas uma única voz atua[6]. Se na *homofonia* tem-se uma textura por *blocos*, em que vozes simultâneas atuam de forma sincrônica, acórdica, no sentido da constituição de uma textura morfologicamente homogênea, temporalmente regulada, ponto por ponto (nota por nota), pelos acordes resultantes das distintas vozes, na *polifonia* as vozes tornam-se *temporalmente* independentes, dando nascimento ao *contraponto* propriamente dito, o qual, a rigor, deveria ter sido definido como *"contralinha"*.

Mas se tanto polifonia quanto heterofonia distinguem-se da homofonia pela presença de variações das linhas melódicas e por uma *dessincronia* de

---

3   Cf. Jean-Jacques Nattiez, *O Combate entre Cronos e Orfeu – Ensaios de Semiologia Musical Aplicada*, São Paulo, Via Lettera, 2005, p.178-179.

4   Cf. Pierre Boulez, *Penser la Musique Aujourd'hui*, Genebra, Éditions Gonthier, 1963.

5   Gustave Reese, *Music in the Middle Ages*, Nova Iorque, W. W. Norton & Company, 1940, p.50. Num outro trecho, Reese define a heterofonia de forma semelhante, como a "variação de uma linha melódica por pessoas que intencionam cantá-la simultaneamente" (*idem*, p.258).

6   O fato de a monodia consistir em uma única voz não quer dizer que ela seja necessariamente menos complexa que as texturas homofônicas e polifônicas. Como podemos constatar, por exemplo, com a busca incessante de Luciano Berio, em suas *Sequenze*, pelo que denominou de *polifonia latente* da linha monofônica, é possível a edificação de uma linha única suficientemente complexa para sugerir, à escuta, distintos níveis correlatos de estruturação.

todas ou parte das notas cantadas por distintas vozes, em que diferem, essencialmente, polifonia e heterofonia?

A noção de responsabilidade na polifonia

É justamente aí que entra em jogo a noção de *responsabilidade* segundo Boulez: "...A noção de polifonia se distingue [da heterofonia]... pela *responsabilidade* que ela implica de uma estrutura à outra"[7]. Compreende-se bem ao que Boulez visa quando, pouco antes, contrapõe uma noção à outra: "Eu definiria, de maneira geral, a heterofonia como a sobreposição, a uma estrutura primeira, da mesma estrutura modificada *em aspecto*; não deveríamos confundi-la com a polifonia, que faz de uma estrutura *responsável* por uma nova estrutura"[8]. Mais tarde, Boulez definirá a heterofonia no mesmo texto como "uma repartição estrutural de alturas idênticas, diferenciada por suas coordenadas temporais divergentes, manifestada por intensidades e timbres distintos"[9]. Em época bem posterior a tais colocações, Boulez volta a abordar o par polifonia/heterofonia em um contexto no qual discorre sobre a escritura e o timbre: "... Polifonia verdadeira, em que as estruturas são deduzidas umas das outras, numa responsabilidade assumida por leis mais ou menos estritas; heterofonia, em que universos baseados sobre os mesmos princípios divergem na aparência"[10]. E bem recentemente, esclarece o princípio da heterofonia relacionando-a com o contraponto: "...Trabalhando principalmente sobre Mallarmé, o que me interessou sobremaneira foi o princípio da heterofonia, o qual permite que se faça do contraponto outra coisa, um contraponto paralelo, ornamental com relação a um dispositivo principal. ...A heterofonia é isto: uma linha principal, e uma ou mais linhas secundárias"[11].

---

7 Boulez, *op. cit.*, p.136.
8 *Idem*, p.135-136.
9 *Idem*, p.140.
10 Boulez, "Le timbre et l'écriture – le timbre et le langage. In: *Le Timbre, Métaphore pour la Composition*, Paris, Ircam/Christian Bourgois Éditeur, 1991, p.549.
11 Boulez, "Entretien avec Pierre Boulez" (por Philippe Albèra). In: Philippe Albèra (org.), *Pli selon Pli de Pierre Boulez – Entretiens et Études*, Genebra, Contrechamps Éditions, 2003, p.21-22.

Em outro contexto, Boulez elucida, versando sobre o contraponto e a polifonia, que o primeiro "é um fenômeno ocidental... . Em diversas civilizações musicais que precedem [a polifonia]... não se pode observar esta noção de *responsabilidade* que é a característica principal da noção de contraponto no Ocidente. Nas músicas ditas exóticas, observa-se frequentemente a heterofonia, a antifonia e todas as formas de sobreposição que são decorrentes de relações simultâneas no tempo, mas não *responsáveis*"[12]. Sabemos bem o quão Boulez deixou-se inspirar pela sonoridade das música ditas "exóticas" às quais se refere, cuja influência pode ser claramente verificada na sonoridade *à la* gamelão tão presente em *Le Marteau sans Maître* (1952-55), e mesmo o conceito de antifonia será, para ele, decisivo, como bem o prova aquela que é tida por muitos como sua principal obra: *Répons* (1981-84; 1989)

É preciso que se reconheça, contudo, a distinção essencial entre o resgate da noção de heterofonia em Boulez (e no contexto da música contemporânea em geral) e obras nas quais emergem simultaneamente estruturas totalmente díspares, sem qualquer relação necessária entre si, como no caso de algumas obras de Charles Ives – evocando sua vivência de uma escuta múltipla de bandas musicais que se encontravam casualmente pelas ruas –, ou de John Cage – cuja simultaneidade é radicalizada com a possibilidade de executar algumas de suas obras, compostas sob circunstâncias distintas, *simultaneamente*. Nesses casos extremos, abre-se mão da *responsabilidade* polifônica, mas também de qualquer redutibilidade possível dos materiais a qualquer matriz geradora (a qual, de alguma forma, revela sempre sua índole "serial"), e seria preciso ter um novo vocábulo para tais fenômenos de conjuminância de estruturas tão desrelatas. A tal fenômeno, prefiro dar o nome de *disfonia*, em uma acepção deste termo totalmente diversa da que já conhecemos. Seria possível, assim, complementar o quadro proposto por Boulez das morfologias estruturais em *Penser la Musique Aujourd'hui*[13], incluindo aí as disfonias de tipo cageano:

---

12 Boulez em seu verbete sobre o "Contraponto". In: Boulez, *Relevés d'Apprenti*, Paris, Éditions du Seuil, 1966, p.286-287.
13 Cf. Boulez, *Penser la Musique Aujourd'hui, op. cit.*, p.138.

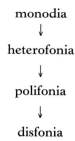

Proliferações

Ao mesmo tempo em que enaltece a noção de responsabilidade, típica das texturas polifônicas, Boulez nutre, constatemos, especial interesse pelas relações quase imprevisíveis oriundas das operações calcadas na heterofonia, cuja morfologia parece-lhe, em certo sentido, escapar dos cânones do esquematismo "clássico", mesmo porque nem sempre tal "imprevisibilidade" deixa de ser controlada, como, aliás, também o foram as formas abertas segundo a ótica dos europeus (liderados, entre outros, pelo próprio Boulez), em oposição ao casuísmo generalizante de um Cage.

Quando Reese discursa sobre o aspecto harmônico da heterofonia medieval, compreendemos a raiz da questão: "...Quando uma melodia é cantadas por dois cantores simultaneamente, intervalos verticais vêm à tona se ambas as versões diferem – ou seja, tem-se uma heterofonia. Tais intervalos são casuais (*accidental*) e [...] sua entonação é vaga. Na música primitiva de um estágio posterior de desenvolvimento, entretanto, esses intervalos passam a ser deliberadamente obtidos e claramente definidos, e as duas linhas melódicas estabelecem uma relação definida entre si: uma torna-se a voz principal; a outra, um acompanhamento"[14]. Nesse aparente caráter casual das relações harmônicas na heterofonia ancora-se, para Boulez, o fundamento de uma harmonia múltipla, não restritiva, condizente ao mesmo tempo com, por um lado, o princípio serial de derivação estrutural calcado em uma *matriz* e, por outro, com uma *proliferação intervalar*, pois no *deslize temporal* sugerido pelo conceito de heterofonia, Boulez vislumbra uma

---

14 Reese, *op. cit.*, p.256.

"ampliação" da noção mesma de harmonia: "Considero harmonia toda relação vertical de pontos, de figuras ou de estruturas"[15]. Apesar de a noção de harmonia preservar aqui, de maneira ainda condizente com uma visão mais "acadêmica" dos fenômenos harmônicos, um caráter essencialmente *vertical*, Boulez concede a esta verticalidade um caráter expandido – além de pontos, portanto, têm-se *figuras* e até mesmo *estruturas*[16] –, e não seria exagerado estender ainda mais essa ampliação do conceito de harmonia para a obra de Boulez em sua globalidade, vendo-a, através de sua tendência de contínua revisão de suas obras, recorrendo obstinada e ininterruptamente a um contínuo *work in progress* tipicamente joyceano, como o apogeu de um projeto eminentemente "heterofônico": vista como um grande "bloco" de criações, certas estruturas e obras recorrentes e revisitadas levam às últimas consequências, no plano da Obra como um todo, essa visão temporalmente "deslizante" e *dessincrônica* típica da própria heterofonia.

O princípio supremo de organização serial sobrepõe-se, assim, ao aparente caráter casual das texturas complexas heterofônicas, as quais lhe permitem, de toda forma, a edificação de estruturas suficientemente flexíveis para permitir a eclosão de *distintos níveis de leitura* da obra musical. Destarte, Boulez realça, em plena sintonia com Luciano Berio, o papel crucial dos labirintos semânticos que o compositor atento deve perseguir perseverantemente. Referindo-se ao potencial complexo e polissemântico de um Berg, Boulez assevera: "Esta ideia de 'níveis de leitura' em uma mesma obra é algo que me é muito caro. Já o disse algumas vezes: para mim, a obra deve ser como um labirinto; deve-se poder perder-se em meio a ela. Uma obra na qual descobrimos os percursos de uma maneira definitiva de uma só vez é uma obra plana, sem mistério. O mistério de uma obra reside justamente nessa polivalência de níveis de leitura"[17]. Na revisita de uma obra, nem sempre

---

15 Cf. Pierre Boulez, *Penser la Musique Aujourd'hui, op. cit.*, p.137.

16 Boulez salienta, assim, o quão conjugado deve ser o pensamento compositivo tanto no nível horizontal quanto no vertical: "Creio que não se pode escrever em duas dimensões diferentes seguindo-se duas leis diferentes, mas que, ao contrário, é preciso que se escreva a partir de leis que se apliquem reciprocamente à horizontalidade e à verticalidade" (Boulez, *Par Volonté et par Hasard – Entretiens avec Célestin Deliège*, Paris, Éditions du Seuil, 1975, p.118).

17 Boulez, *op. cit.*, p.27-28.

sua gênese torna-se claramente visível, e é a releitura presente que se faz mais premente[18]. Nisso reside, constatemos, o potencial sempre inovador de uma obra, diríamos, *maximalista*, cuja complexidade permite ao ouvinte que este a reencontre em fase futura sem que o frescor da criação se esvaeça: "Amo uma obra que resista a várias leituras"[19]. A obsessão de Boulez pelo potencial aberto desses reencontros culmina nos seus próprios reencontros com suas próprias obras, revisitando-as e revisando-as por diversas vezes.

O especial apreço bouleziano pela *proliferação* revela sua identidade com as texturas heterofônicas que podem mesmo ser definidas como "derivações que obedecem a um princípio de eco acústico", ou ainda como "projeções deformadas de uma linha principal"[20]. Dessa forma Boulez apregoa uma *escritura da ilusão*, turbilhonando a audição com sua texturas paradoxalmente transparentes e translúcidas, como num caleidoscópio auditivo: "Sempre fiz essa comparação: coloque uma vela no interior de um caleidoscópio e você obterá múltiplas velas. Um objeto real é suficiente para dar nascimento a múltiplos objetos virtuais; a barreira se dissolve entre categorias que, a primeira vista, pareciam totalmente incompatíveis"[21].

É, pois, na concomitância temporal e espacialmente deslizante de ideias que se centra a poética bouleziana, e a mera escuta das intervenções eletroacústicas em obras como *Répons* ou *...explosante-fixe...* (1991-93) é testemunha disso: "O que procuro constantemente não é uma imagem, mas antes a sobreposição de várias imagens", numa "ambiguidade generalizada"[22]. A Boulez não interessa, pois, o *ready-made*, mas antes o *objet retrouvé*[23]. E é nesse contexto que tem lugar, então, a noção de *enxerto* (*greffe*), tão funda-

---

18 É Boulez mesmo quem afirma, reforçando a imagem labiríntica da própria criação: "Eu mesmo, quando retomo uma obra, não encontro mais os caminhos que me levaram a um certo resultado, e isto me incomoda, mas acabo considerando o objeto tal como este se me apresenta. É como o escamotear das quedas de cachoeiras nas montanhas!" (Boulez, "Entretien avec Pierre Boulez", *op. cit.*, p.11).

19 Boulez, *Par Volonté et par Hasard*, *op. cit.*, p.60.

20 Boulez, *L'Écriture du Geste – Entretiens avec Cécile Gilly sur la Direction d'Orchestre*, Paris, Christian Bourgois Éditeur, 2002, p.135.

21 Boulez, *op. cit.*, p.127.

22 Boulez, *op. cit.*, p.134.

23 Cf. Boulez, "Entretien avec Pierre Boulez", *op. cit.*, p.12.

mental para compreender o artesanato de suas texturas: "Gosto dos enxertos: enriquecer uma ideia por ela mesma"[24].

Multiplicações

Vemos, por tais aspectos, o quão coerente se apresenta a trajetória caleidoscópica, labiríntica de Boulez. Sua inclinação pelas estruturas heterofônicas, aliada à responsabilidade de índole serial que habita a polifonia, dá vazão a uma postura que tem na *harmonia* suas consequências mais palpáveis. Disso resultam suas *multiplicações*, revelando o crucial papel que a harmonia desempenha em sua obra já desde os idos de *Le Marteau sans Maître*. Já na primeira peça escrita para esta obra, em setembro de 1952, Boulez entrevê a criação de

> 'objetos harmônicos' que se multiplicam [...] Havia procurado construir formas melódicas que comportavam retornos sobre determinadas notas; tais retornos provinham da sobreposição dos organismos: obtinha, assim, polarizações. Senti bem cedo que, sem polarização, não saberíamos mais onde estaríamos, pois não teríamos nada a que nos ater. [...] Mais tarde, construí acordes que retornavam e se multiplicavam sobre si mesmos [...] A percepção os analisa como transposições que se sobrepõem[25].

Dentro de tal perspectiva, permito-me uma autocitação de um trecho de *Apoteose de Schoenberg*, no qual elucido os fundamentos técnicos de suas *multiplicações*[26].

---

24 Boulez, *op. cit.*, p.19.
25 Boulez, *op. cit.*, p.17-18. A preocupação em torno da polarização é uma constante de Boulez e se afirma desde cedo igualmente no segundo livro de suas *Structures* (*Livre I*: 1952; *Livre II*: 1961), para dois pianos. Referindo-se a ele, Boulez relata, em contraposição ao primeiro livro, que nele "não há mais simplesmente essa estatística dos doze valores [da série], mas, ao contrário, polarizações sobre certos pontos das séries, as quais tornam-se regulares ritmicamente e já reestabelecem então uma certa direção em meio a esse universo estatisticamente diferenciado" (Boulez, *Par Volonté et par Hasard, op. cit.*, p.71; também, a esse propósito, p.120).
26 O texto a seguir constitui um dos apêndices da segunda edição, revisada e ampliada, de meu livro *Apoteose de Schoenberg, op. cit.*, p.410-415.

Em primeira instância, as *multiplicações de acordes* de Boulez ocasionam uma imediata *densificação harmônica* e vão de par com a tendência presente no início dos anos 1950 a uma maior complexidade do contexto intervalar no bojo da escritura serial integral. Nesse contexto, um paralelo com a *Ringmodulation* (*modulação em anel*) na música eletroacústica (na época, em sua vertente especificamente *eletrônica*), também chamada de *síntese multiplicativa*, não seria de todo casual, ainda que o uso frequente dessa modulação espectral nas obras eletroacústicas tenha se firmado categoricamente, enquanto procedimento específico e estruturante da composição, apenas a partir dos anos 1960, notadamente com algumas obras eletroacústicas mistas de Karlheinz Stockhausen (tais como *Mixtur*, de 1964; *Mikrophonie II*, de 1965; ou *Mantra*, de 1970). Na modulação em anel, tem-se matematicamente a *multiplicação* do seno da forma de onda de cada componente senoidal de um som (de cada um de seus componentes harmônicos ou de cada parcial de seu espectro) pelo cosseno de cada componente de um outro som, resultando numa densificação harmônico-espectral em que se tem, ao final, a *soma* mais a *diferença* de cada par de frequências assim correlacionado.

Como quer que seja, a técnica das multiplicações de Boulez antecede esse procedimento de densificação ainda em pleno contexto instrumental, na que podemos denominar de segunda e última fase do serialismo integral, concernente à chamada *técnica de grupos*. Sucedendo à primeira fase de elaboração do serialismo integral, tipicamente *pontual* ou *pontilhista*, na qual basicamente cada valor das séries de alturas, durações, timbres e intensidades era considerado como unidade autônoma e relativamente independente dos demais parâmetros sonoros (resultando daí estruturas fenomenologicamente pontilhistas e esfaceladas em sua essência), a instituição de um pensamento por *blocos* (*blocs*, na terminologia de Boulez) ou *grupos* (*Gruppen*, na de Stockhausen) procurava resgatar uma percepção mais localizada do contexto musical, recuperando em certo sentido o aspecto, digamos, "figural" das estruturas musicais, em que o ouvinte situaria sua escuta com maior eficácia diante dos complexos dados seriais. A obra passava a estruturar-se por *regiões* determinadas, em que determinados parâmetros eram, por assim dizer, "congelados" em suas manipulações seriais, estacionando-se em certos valores que os caracterizavam por todo um determinado trecho, enquanto os demais submetiam-se a manipulações seriais variáveis naquela mesma passagem. Ao contrário do estilo pontual, caracterizado pela contínua e permanente alternância dos valores (pontuais) das séries em cada parâmetro sonoro, os grupos sacrificavam a ininterrupta "perambulação" dos valores seriais de tal ou tal parâmetro para que outro pudesse ser serialmente manipulado. Como consequência disso, a percepção encontrava-se, por exemplo, diante de trechos em que as intensidades eram homogêneas, invariáveis, e o registro das alturas era essencialmente médio-agudo, enquanto os valores rítmicos, estes sim, eram fortemente variados, e assim por diante. Toda aquela passagem configurar-se-ia, então, com um grande *grupo* ou *bloco*, reconhecível pela percepção como sendo uma específica *região* temporal da composição. A percepção começava a ser novamente considerada em termos fenomenológicos pelos partidários do serialismo integral.

As multiplicações têm sua proveniência justamente nesse pensamento por blocos. Sua explanação teórica é praticamente inaugurada com o artigo "Éventuellement..."[27] de Boulez, escrito em 1952, e, mais tarde, com seu livro *Penser la Musique Aujourd'hui*[28], de 1963. Em ambos os casos, o leitor terá certa dificuldade em entender o procedimento, exposto de maneira pouco clara por seu idealizador, ainda que se trate, a rigor, de uma técnica bastante simples, a despeito da gênese de sua concepção, esta sim, como vimos, deveras complexa.

Ilustremos as multiplicações a partir do próprio exemplo extraído do livro de Boulez acima citado[29]. Uma determinada série de alturas passa a ser vista como suscetível de verticalização em blocos ou grupos de notas. Se por exemplo uma sequência de cinco notas é então agrupada em dois blocos de respectivamente três e dois sons, pode-se *multiplicar* um bloco pelo outro. Para tanto, cada intervalo de um dos blocos passa a ser como que "introjetado" no outro bloco a partir de cada uma das notas desse segundo bloco.

---

27 Boulez, "Éventuellement...". In: Boulez, *Relevés d'Apprenti, op. cit.*, p.147-182; e em tradução brasileira: Boulez, *Apontamentos de Aprendiz*, São Paulo, Editora Perspectiva, 1995, p.137-168.

28 Em tradução brasileira: Boulez, *A Música Hoje*, Coleção Debates, São Paulo, Editora Perspectiva, 1972.

29 Cf. Boulez, *op. cit.*, p.79.

Consideremos os dois blocos ou grupos seguintes (Ex. 1):

Exemplo 1 Dois grupos ou blocos de notas e suas possibilidades de "leitura"

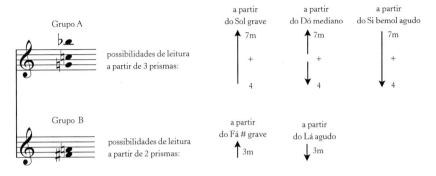

O primeiro grupo, de três notas, poderá ser considerado de três ângulos distintos, de acordo com a nota da qual se parte:

1) A primeira leitura possível, *realizada a partir da nota mais grave* (portanto a partir do *Sol*), compreenderá o grupo como uma sequência de intervalos organizada do grave ao agudo, numa sucessão de *quarta + sétima menor em sentido ascendente*;
2) a segunda leitura possível entenderá o grupo *a partir da nota intermediária* (portanto a partir do *Dó*), numa sucessão de *quarta descendente + sétima menor ascendente*;
3) a terceira e última possibilidade, *realizada a partir da nota mais aguda* (portanto a partir do *Si bemol*), lerá o grupo no sentido do agudo ao grave, como uma sucessão de *sétima menor + quarta em sentido descendente*.

Assim, um aglomerado de três sons poderá ser "lido" a partir de três prismas distintos, de acordo com a nota que se toma como ponto de partida; um acorde de quatro notas oferecerá quatro possibilidades distintas de leitura etc. *Multiplicarmos* este grupo de três notas pelo seguinte significa *introjetar* estas três leituras possíveis, cada qual numa etapa distinta, na estrutura intervalar do segundo grupo de duas notas, constituindo três aglomerados resultantes que, a rigor, nada mais são que um único resultado em três distintas transposições. Para tanto, o primeiro bloco será, na verdade, simplesmente *transposto* a cada uma das duas notas do segundo grupo de notas, a partir das três possibilidades de leitura de seu aglomerado tais como acima expostas. Assim, ambas as notas da terça menor do segundo bloco (Fá sustenido – Lá) reproduzirão, a cada etapa, uma das três possibilidades de leitura do primeiro bloco, *densificando* consideravelmente sua harmonia original (Ex. 2).

Exemplo 2 Multiplicações do Grupo A pelo Grupo B (notas brancas = Grupo B)

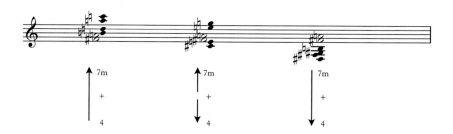

Como resultado, têm-se aglomerados harmônicos cujo número de notas será equivalente ao número de notas do primeiro grupo *vezes* o número de notas do segundo grupo, em que – como de resto em toda multiplicação – a ordem dos fatores não altera o produto: a cada multiplicação decorrente desse procedimento, tem-se uma reprodução *isomórfica* (para utilizarmos um termo de Boulez[30]) de intervalos, na qual ambos os blocos originários estão, de alguma forma, presentes no produto final, ainda que sua percepção seja mais dificultada pela própria densificação do acorde resultante. A única variação ocorrida diz respeito, constatemos, à disposição dos acordes resultantes no registro das alturas[31], como bem demonstra o Exemplo 3, no qual é o segundo grupo de notas que passa, agora, a ser multiplicado pelo primeiro.

---

30 Cf. Boulez, *Penser la Musique Aujourd'hui*, op. cit., p.88-90; e em português: Boulez, *A Música Hoje*, op. cit., p.78-80.

31 Isto se desconsiderarmos as imposições estéticas condizentes com o próprio pensamento serial integral dos anos 1950, tais como preconizadas pelo próprio Boulez e que interditavam a *repetição de notas* (nas oitavas ou como uníssonos), e que hoje podem não ser mais pertinentes. Por tal razão, nos exemplos elaborados por Boulez tanto em "Eventualmente..." (*Apontamentos de*

Exemplo 3 Multiplicações do Grupo B pelo Grupo A (notas brancas = Grupo A)

Observa-se, por fim, que a técnica das multiplicações não necessita, a rigor, ser utilizada inequivocamente como técnica exclusivamente "acórdica". O próprio Boulez, em *Le Marteau sans Maître*, para contralto e seis instrumentos – obra-prima iniciadora de sua técnica –, faz por vezes uso das multiplicações para a geração de aglomerados que se comportam como verdadeiros reservatórios de notas a serem, por exemplo, executadas sequencialmente, melodicamente (como *figuras*), pela flauta em Sol. Ainda que sua realização seja bem simples, trata-se indubitavelmente de uma das técnicas harmônicas mais complexas e interessantes da segunda metade do século XX[32].

Aprendiz, op. cit., p.155-156) quanto em *Penser la Musique Aujourd'hui (op. cit.*, p.79), a multiplicação de um grupo de notas por outro nem sempre resulta em acordes contendo um número de notas que equivalha à exata multiplicação dos dois acordes de base, mas antes em aglomerados com um número de notas *inferior* ao resultado efetivo das multiplicações, devido à eliminação das oitavações (ou dos uníssonos) decorrentes desse processo. Em se tratando do exemplo por nós utilizado, a multiplicação efetuada por Boulez do grupo de três notas pelo de duas resulta, pela eliminação da repetição de uma das notas (oitavada e conservada em nossos exemplos), em aglomerados de *cinco* notas ao invés de *seis*. Ademais, a disposição variada no registro das alturas de algumas notas nos exemplos fornecidos por Boulez dificulta sobremaneira a reprodução isomórfica dos aglomerados resultantes. Tais fatores certamente contribuem para a dificuldade de compreensão da técnica bouleziana a partir de suas próprias explanações, e foram, em nosso contexto, evitados, visando a uma maior clareza de exposição de suas premissas.

32 Fim do trecho citado de *Apoteose de Schoenberg*.

Simetrias

Ao final de 2002, em meio à composição de *Mahler in Transgress* (2002--2003) para dois pianos e eletrônica em tempo real – meu tributo de quase uma hora (cerca de 55') ao primeiro movimento da *Nona Sinfonia* (1909--1910) de Gustav Mahler (e ao mesmo tempo a Luciano Berio, pelas vias de sua *Sinfonia* (1968-1969)) –, realizei uma "descoberta" acerca das *leis de simetria* das multiplicações que explicam, possivelmente, a origem de formações simétricas na obra bouleziana. Difícil saber, no entanto, o que veio primeiro – a especulação a partir das simetrias, resultando nas multiplicações, ou as multiplicações, resultando em constituições harmônicas simétricas? No Boulez teórico não há menção a uma estrita correlação entre sua técnica e as simetrias, mas tão somente ao caráter "homogêneo" dos acordes derivados de tal procedimento que, como vimos, podem ser vistos como *transposições* de um mesmo agregado resultante do produto de dois blocos sonoros. É possível que tal correlação seja por demais evidente do ponto de vista matemático, como de resto, a maioria das especulações harmônicas de que se tem notícia. Mas como a música é uma *matemática dos afetos*[33], a carga emotiva que preside cada ato de invenção carrega toda evidência matemática em música de tal teor de expressão que nenhum cálculo seria capaz de revelá-lo. O que parece (matematicamente) evidente apresenta-se, então, como epífano e ao mesmo expressivo.

Além disso, pode-se perguntar em que medida há interesse pelas constituições simétricas. Há, aí, uma contradição de tendências não sem importância no contexto da música pós-tonal. Sabemos bem que o tonalismo amparou-se na simetria na edificação de suas funções harmônicas – basta citarmos, para tanto, o contrabalanço entre as funções de dominante e de subdominante –, mas que, no processo de sua saturação, a busca pela *assimetria*, em todos os sentidos (sobretudo harmônico e métrico/rítmico), consistiu uma das maiores armas do inovador expressionismo musical. Nada, porém, que não fosse, nesse sentido, imbuído de crassas contradições. Como contrapeso ao

---

33 Assim a defini em meu texto "A Estonteante Velocidade da Música Maximalista – Música e Física: Elos e Paralelos", na Internet, no site: http://www.itaucultural.org.br/interatividades2003/menezes.cfm, a partir de novembro de 2003.

novo universo essencialmente assimétrico proposto pelo pantonalismo expressionista, Alban Berg, por exemplo, perseguiu obstinadamente as formas simétricas[34], da mesma forma como em Anton Webern, o modelo *sui generis* de assimetria para os compositores da geração de Boulez, deparamos com inúmeras constituições simétricas ao extremo, como na constituição de várias de suas séries, fato que, aliás, foi paulatinamente reconhecido mesmo pelos compositores pós-webernianos[35]. Se a assimetria fora e continua sendo um inestimável ganho no contexto de uma música que prima pela imprevisibilidade, evitando o *déjà entendu* fácil de posturas pouco ou nada inventivas, nem por isso a simetria deixa, assim, de ter lugar de honra em meio às poéticas mais significativas da música radical. E mais uma vez a música nova afirma-se como uma ampliação da visão de campo do até então vivido, não como ruptura despropositada em relação ao passado.

Assim é que em meio às próprias especulações da geração pós-weberniana, na qual Boulez atuara como um dos principais expoentes, a simetria e as periodicidades, aliadas ao resgate necessário da *figura* reconhecível pela escuta, passam já a ser reconsideradas de maneira assídua sobretudo a partir dos anos 1960, do que é testemunho, por exemplo, a busca por uma *periodicidade generalizada* em Henri Pousseur. Não nos surpreende quando lemos, naquele que se configura como um dos oponentes mais vanguardistas à poética bouleziana, Iannis Xenakis, a declarada apologia da simetria: "Após anos de estudo me dei conta [...] que mesmo as probabilidades – as quais deveriam basear-se no aleatório –, o imprevisível, o não simétrico, calcam-se na verdade em uma simetria [...] Não existe, pois, aquela liberdade total à qual o termo assimetria parecia fazer alusão"[36]. E é nesse contexto que, aí sim, surpreendemo-nos pelo fato de que as simetrias são, de alguma forma, antecipadas pelas multiplicações em Boulez já em plena década de 1950.

---

34 Nas formas espelhadas (*Spiegelbilder*) de diversas de suas obras e nas próprias constituições harmônicas, do que é exemplar o *Andante Amoroso* de sua *Lyrische Suite* (1926).

35 Particularmente elucidativo disso é o exemplar texto de Henri Pousseur, "La Question de l'Ordre dans la Musique Nouvelle". In: Pousseur, *Musique, Sémantique, Société*, Tournai, Casterman, 1972, p.78-105.

36 Iannis Xenakis, "Un'autobiografia dell'autore raccontata da Enzo Restagno". In: Enzo Restagno (org.), *Xenakis – Autori Vari*, Turim, Edizioni di Torino, 1988, p.20.

Consciente ou não de tais correlações, fato é que a simetria preside às multiplicações de Boulez. Como quer que seja, foi a partir de uma entidade harmônica simétrica, base para a composição de *ATLAS FOLISIPELIS* (1996-1997) para oboé, *oboe d'amore*, corne inglês, percussão de peles, sons eletroacústicos quadrifônicos e eletrônica em tempo real (*ad libitum*), peça que retomei como base das especulações de *Mahler in Transgress*, que decidi desmembrar tal agregado a partir de seu intervalo central gerador de segunda maior.

Exemplo 4 Origem da entidade simétrica de *ATLAS FOLISIPELIS*

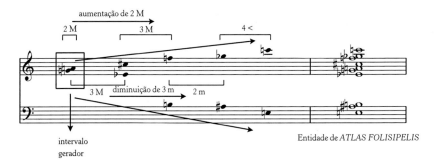

Destarte, considerei apenas a metade superior da entidade, porém conservando o eixo central pelo qual gira a simetria dos intervalos (nesse caso, as notas Sol e Lá):

Exemplo 5 Metade superior da simetria da Entidade de *ATLAS FOLISIPELIS*, conservando-se o eixo intervalar central (Sol + Lá)

A partir daí, desmembrei o agregado de seis notas em dois blocos iguais em número de notas (três notas cada), e efetuei todas as multiplicações possíveis de um bloco pelo outro, tal como previsto pela técnica de Boulez. Para minha surpresa, deparei com a *reconstituição* de todas as notas da entidade original – portanto de sua metade *inferior* –, se considerarmos as *"fundamentais"* de todos os agregados resultantes de tais multiplicações. (Desconsideremos, por ora, os acordes realçados com um quadrado e um número; isto fará sentido logo mais, na elucidação de minhas especulações ulteriores).

Exemplo 6 Multiplicações a partir do desmembramento em dois blocos iguais (três notas cada) da entidade do Exemplo anterior, e consequente reconstituição da parte simétrica inferior da mesma entidade a partir das *fundamentais* dos acordes resultantes (os acordes resultantes possuem sete ao invés de nove notas pelo fato de suas oitavações terem sido abolidas)

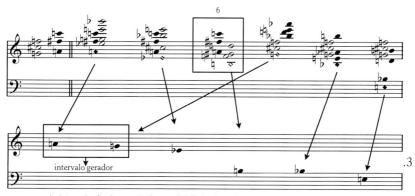

restituição, pelas fundamentais, da metade inferior simétrica

Visando à verificação de tal fenômeno, decidi proceder a um desmembramento distinto, de modo que os blocos não contivessem o mesmo número de notas: o primeiro teria, por exemplo, quatro notas, e o segundo, apenas duas. Mesmo assim, verifiquei que essa reconstituição da metade simétrica inferior fazia-se presente:

Exemplo 7 Multiplicações a partir do desmembramento em dois blocos desiguais da mesma entidade: a reconstituição da parte simétrica inferior da entidade resiste

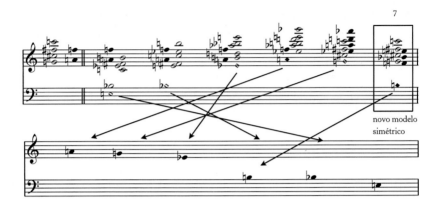

Decidi, então, retomar a divisão por igual dos blocos (três notas cada), mas de tal forma que ambas as notas do eixo central gerador (Sol e Lá) estivessem presentes em apenas um desses blocos, ao contrário das operações anteriores. Mesmo assim constatei que a reconstituição da metade simétrica inferior da entidade tinha lugar, ainda que, nesse caso, ela fosse *transposta* pela mesma medida do intervalo entre a nota-limite do eixo gerador (Lá) e a "fundamental" do segundo bloco (Dó sustenido), ou seja, pelo intervalo, aqui, de terça maior.

Exemplo 8 Multiplicações novamente a partir do desmembramento em dois blocos iguais da mesma entidade, mas no qual as notas do eixo gerador estão presente em um dos blocos: reconstituição *transposta* da parte simétrica inferior da entidade (os acordes resultantes possuem oito ao invés de nove notas pelo fato de uma oitavação ter sido abolida)

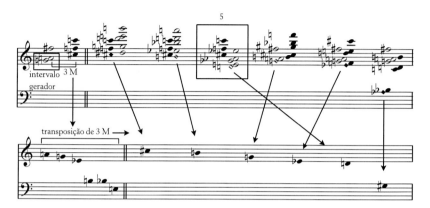

Refiz, então, a etapa anterior, porém com uma nova divisão desigual dos blocos (o primeiro bloco teria, agora, quatro notas, enquanto o segundo, apenas duas), mantendo-se as mesmas "fundamentais" de ambos os blocos, e verifiquei que a reconstituição transposta resistia:

Exemplo 9 A mesma etapa anterior, porém com uma subdivisão desigual dos blocos: a reconstituição transposta da parte simétrica inferior da entidade resiste (os acordes resultantes possuem seis ao invés de oito notas pelo fato de suas oitavações terem sido abolidas)

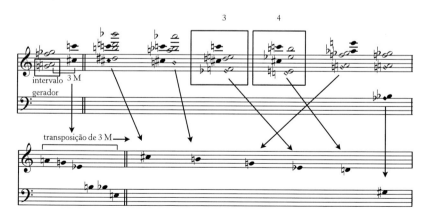

Desta feita, constatei uma *lei das simetrias* que preside às multiplicações de Boulez, fato, este, que se configura como uma das mais impressionantes descobertas decorrentes de minhas especulações harmônicas nos anos recentes: *todo acorde simétrico, gerado por um intervalo-núcleo central gerador, pode ser visto como o fruto das multiplicações entre blocos desmembrados de sua metade superior, conservando-se ambas as notas de seu eixo gerador e considerando-se as "fundamentais" de cada multiplicação.*

Em complemento a esta lei, tem-se outra, em que *toda multiplicação de acordes gera, através das "fundamentais" dos agregados resultantes, o espelho simétrico da soma das notas dos blocos que se multiplicam.*

Critérios de ordem superior

Há métodos e métodos em composição, e mesmo para um mesmo método existem diversos empregos possíveis. Um determinado método pode sugerir o emprego direto das notas em um dado contexto. Mas há também situações em que *critérios de ordem superior* – por vezes um subsequente ao outro – impõem-se à mente do compositor, em busca de outros componentes compositivos que se situam para além ou para aquém do método empregado.

Notamos que, nas multiplicações às quais procedemos até aqui a partir da entidade de *ATLAS FOLISIPELIS*, os acordes resultantes diferem em suas propriedades e constituições. Interessou-me a qualidade propriamente *simétrica* dos agregados gerados em uma dessas etapas, e selecionei um desses acordes simétricos como *novo modelo simétrico* para multiplicações ulteriores: o último acorde do Exemplo 7 (indicado ele mesmo por um quadrado e como acorde nº 7). Procedi, a partir desta nova entidade, com duas séries de multiplicações:

Exemplo 10 Multiplicações a partir do novo modelo simétrico oriundo do Exemplo 7 (no caso de b, os acordes resultantes possuem cinco ao invés de seis notas pelo fato de uma oitavação ter sido abolida)

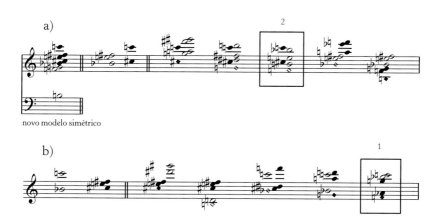

Por fim, a questão crucial em torno da *polarização* – critério pontuado por Boulez (em plena sintonia com o legado de Berio ou Pousseur), como vimos, como uma das estratégias fundamentais para a fenomenologia da escuta, e que me ocupa desde sempre[37] – desempenhou papel não menos relevante que a busca pelas simetrias. Acabei lançando um olhar sobre *todos* os agregados até então derivados, em todas essas etapas, para em meio a eles selecionar todos aqueles (ao todo sete acordes: os numerados e pontuados por um quadrado) que culminavam no Dó agudo da entidade original de *ATLAS FOLISIPELIS*, para então polarizá-lo pela sua iteração como limite mais agudo desses agregados, estabelecendo ao mesmo tempo um *pendant* às reconstituições em direção ao grave da metade simétrica inferior da entidade original. Dessa forma, repito-o, poderia estabelecer uma clara conexão entre agregados bastante distintos, em que uma identidade se fazia marcante: a polarização do Dó delimitador de campo harmônico.

---

37 Cf. Flo Menezes, *Apoteose de Schoenberg*, op. cit., p.101-111.

A seguir, coloquei-me a questão: com qual critério poderia eu organizá-los sequencialmente no corpo da composição? Recorri à *direcionalidade* ao grave – desta vez, pois, em acordo com as reconstituições simétricas de que tratamos acima – no sentido de uma *expansão* de tais acordes, até culminar na própria entidade de partida, selecionando de forma hierárquica, dentre esses agregados que culminavam no Dó 6 como nota mais aguda, primeiramente os agregados menos extensos e menos densos, e, paulatinamente, agregados ou cada vez mais extensos ao grave, ou mais densos de constituição (maior número de notas). Assim é que a sequência das entidades de base para *Mahler in Transgress* estava constituída, sequência esta que acabei reutilizando como ressonâncias eletroacústicas da *Textura Orquestral 6* de *labORAtorio* (1991; 1995; 2003) e que mesmo hoje, dois anos depois, ainda me ocupa, uma vez que um de seus agregados constitui o material de base de *Quaderno* (2005) para marimba e eletrônica e que suas quatro últimas harmonias servem-me como as quatro principais entidades de *Crase* para orquestra e eletrônica em tempo real, de cuja composição por ora me ocupo.

Exemplo 11 Sequência de agregados direcionais no sentido de uma expansão do registro, até culminarem na entidade de *ATLAS FOLISIPELIS* (identidade dos acordes pelo Dó 6 agudo; direcionalidade do agregado mais fechado ao mais aberto, e dentre agregados que ocupam o mesmo registro, do menos denso ao mais denso)

Assim, não basta, sob o prisma da especulação que sedimenta o ato de criação em música, somente ficarmos atentos às inovações metodológicas dos grandes mestres. Sua significação e relevância lhes pertencem por si sós, inexoravelmente. Mas para levarmos tais ideias ao apogeu, fazendo justiça à mestria, por exemplo, de um Boulez, faz-se imperativo que advenham daí especulações ulteriores e expansivas das ideias de base, edificando, em plena sintonia com o legado de Boulez, um autêntico *work in progress* do próprio ato especulativo.

Abril de 2005

4
A Teoria da Unidade do Tempo Musical de Karlheinz Stockhausen[1]

Por inúmeras vezes, defrontamo-nos com a *interdependência*, presente no cerne dos espectros, entre os distintos atributos do som. Se existe um fenômeno no qual tal interdependência orgânica e estrutural se dá de modo clamoroso, este fenômeno diz respeito à íntima relação entre *frequências* e *ritmos*.

Se a história não nos deixa a chance de comprovarmos ou contrariarmos a tese do substituísmo histórico, pela qual diz-se que se uma determinada personagem da história não tivesse existido, outra pessoa teria desempenhado as mesmas funções e efetuado as mesmas descobertas, é inevitável abordarmos tal relação intrínseca pelas vias daquele que a abordou em primeira instância: Karlheinz Stockhausen. Ainda que o próprio Pierre Schaeffer tenha exposto, com suficiente clareza, as imbricadas inter-relações entre percepção frequencial e percepção rítmica no *Solfège de l'Objet Sonore*[2], foi Stockhausen quem primeiro abordou a questão, tanto teoricamente quanto na prática da composição musical.

É certo que a ideia que sedimenta a "descoberta" de Stockhausen subjaz o pensamento especulativo presente já desde os tempos mais remotos, como no caso de Arquitas de Tarento (430-360 a.C.), que definiu o fenômeno so-

---

1   Publicado pela primeira vez em: Revista *Arte Brasil*, Instituto de Artes da Unesp / Pós-Graduação, Ano 1, Nº 1, São Paulo, agosto de 1998, p.81-85; e posteriormente como um capítulo ("A Unidade do Tempo Musical: Retrospectiva Histórica e Definição") de: Flo Menezes, *A Acústica Musical em Palavras e Sons*, Cotia, Ateliê Editorial, 2004, p.189-199. Neste contexto, não somente o texto original, mas também alguns parágrafos introdutórios de *A Acústica Musical...*, veem-se aqui reproduzidos.

2   Cf. Pierre Schaeffer, *Solfège de l'Objet Sonore*, Paris, INA/GRM, 1998.

noro como o resultado de pulsações do ar que produzem sons cada vez mais agudos quanto mais rápidos forem[3], deslocando o foco de atenção da fonte geradora do som para o ar e preconizando, ainda em plena Antiguidade, a teoria do compositor alemão, calcada, em última instância, no fenômeno da *vibração sonora*. Por outro lado, o gênio de Helmholtz – que antecipou, em seu tratado histórico *Die Lehre von den Tonempfindungen* (1862), até mesmo os experimentos de Henry Cowell e John Cage que deram origem ao piano preparado – não deixou de contribuir, à sua maneira, para que a ideia que permeia a teoria de Stockhausen viesse à luz cem anos antes, quando afirma, em plena sintonia com o músico alemão, que o campo privilegiado das alturas comporta *sete oitavas*, e que os batimentos nos forneceriam um importante meio de determinação do limite dos sons mais graves e de percebermos certas particularidades da transição da sensação de pulsos separados de ar à perfeita sensação de um som musical contínuo [4]!

Digna de nota é também a magnífica exposição visionária de Arnold Schoenberg que, em seu texto *Composition with Twelve Tones (1)*, de 1941 (publicado em *Style and Idea*), declara, em letras garrafais, que "o espaço bidimensional ou de mais dimensões no qual as ideias musicais são apresentadas constitui uma unidade"[5], afirmando a seguir, de maneira premonitória, que "a unidade do espaço musical demanda uma percepção absoluta e unitária", uma vez que "toda configuração musical, todo movimento de sons deve ser compreendido primeiramente como uma mútua relação de sons, de vibrações oscilatórias, aparecendo em diferentes lugares e tempos"[6]!

De toda forma, a discussão atenta acerca da exposição teórica de Stockhausen é de inegável utilidade e atualidade, por ter sido ele quem, pela primeira vez, atentou-nos de forma sistemática para o *continuum* temporal que une a percepção frequencial à rítmica no domínio da própria composição musical. O texto que se segue constituiu a prova escrita de minha Livre-

---

3   Cf. Oscar João Abdounur, *Matemática e Música – O Pensamento Analógico na Construção de Significados*, Escrituras Editora, São Paulo, 1999, pp. 14-20.

4   Cf. Hermann Helmholtz, *On the Sensations of Tone*, Nova Iorque, Dover, 1954, p.174.

5   Arnold Schoenberg, *Style and Idea*, Londres/Boston, Faber and Faber, 1975, p.220.

6   Schoenberg, *op. cit.*, p.223.

-Docência na disciplina Música Eletroacústica junto ao Instituto de Artes da Unesp, tendo sido elaborado de uma só vez em 23 de maio de 1997.

A chamada *Teoria da Unidade do Tempo Musical*[7] de Stockhausen representa indubitavelmente o apogeu da grande revolução operada pela música eletroacústica com relação à confrontação do compositor com o *tempo musical*, ao mesmo tempo em que representa o esgotamento, no seio da música eletrônica, do pensamento estrutural de origem serial.

Nesse sentido, faz-se necessário aqui um breve esboço retrospectivo das abordagens seriais advindas com a generalização do conceito de *série* na música instrumental do final dos anos 1940.

Levando às últimas consequências o pensamento serial, segundo o qual o compositor procurava organizar a estruturação de suas obras a partir da série dodecafônica (aplicada, até então, exclusivamente ao parâmetro organizativo das alturas), Olivier Messiaen, em sua obra pianística *Mode de Valeurs et d'Intensités* (1949), estende aos outros parâmetros sonoros a elaboração serial. Assim, não somente as alturas (frequências), como também as durações, intensidades e até mesmo os modos de ataque (timbre) submeteram-se à organização de tipo serial, na qual o compositor dispunha de valores discretos ordenados numa determinada sequência (*série*), obedecendo às manipulações básicas permitidas pela série dodecafônica (tais como inversão, retrogradação e inversão da retrogradação).

Ainda que tenha resultado bastante mecânica e automática, a obra de Messiaen logo instigou à especulação jovens compositores que giravam em torno de suas classes de análise, mais precisamente Pierre Boulez e, durante o ano de 1952, Stockhausen.

---

7   Cf. Karlheinz Stockhausen, "Die Einheit der musikalischen Zeit". In: Stockhausen, *Texte zur elektronischen und instrumentalen Musik*, Band I, Colônia, Verlag M. DuMont Schauberg, 1963, p.211-221. Ver minha tradução em português, sob o título de "A Unidade do Tempo Musical". In: Flo Menezes (org.), *Música Eletroacústica – História e Estéticas*, São Paulo, Edusp, 1996, p.141-149.

A enorme precisão dos parâmetros sonoros, contemplada por uma estética de controle total do evento musical, de intenção compositiva no sentido de uma compreensão absolutamente totalizante do fenômeno sonoro, teve como consequência primeira sua própria falência enquanto objeto artístico suscetível de *interpretação*. Por mais exata que uma execução pudesse ser, por mais extraordinariamente precisa que parecesse ser a interpretação de um instrumentista já habituado com o pensamento serial, a total pré-determinação dos parâmetros sonoros logo encontrou entrave insuperável na sua realização concreta em concerto. A mão humana revelou-se bastante imprecisa face à precisão microscópica da pré-determinação de cunho serial.

O advento da música eletroacústica, na forma da oposição clássica entre *musique concrète* (surgida em Paris em 1948 através de Pierre Schaeffer) e *elektronische Musik* (proveniente dos experimentos de Herbert Eimert junto à Rádio alemã NWDR de Colônia, a partir de 1949), recolocava a questão e tornava acessível, ao compositor serial, a realização mecanizada e hipoteticamente perfeita das estruturações seriais.

Se a música concreta, nesse sentido, nenhum interesse demonstrou pela elaboração serial por parte de seu maior representante, Pierre Schaeffer, pretendendo constituir antes uma ruptura com a então por ele denominada "música abstrata" (a música *escrita*, a *escritura musical* e sua evolução histórica, com suas leis sintático-gramaticais), a música eletrônica logo mostraria-se suscetível a consideráveis especulações no terreno da estrutura serial dos parâmetros sonoros.

Tal filiação, a bem da verdade, parecia natural: Herbert Eimert, pai e fundador da *elektronische Musik* ao lado de seu companheiro de rádio Robert Beyer e do linguista e foneticista Werner Meyer-Eppler, foi o pioneiro do pensamento serial em solo alemão, pois já em 1924 publicara o primeiro tratado sobre a música dodecafônica na Alemanha (*Atonale Musiklehre*[8]), no qual expunha os preceitos schoenberguianos quanto às manipulações seriais.

Curiosamente, entretanto, a música eletrônica alemã iniciaria seu profundo (ainda que temporalmente curto) envolvimento com as técnicas seriais somente quando da chegada de Stockhausen em Colônia em 1953, ano em

---

8   Cf. Herbert Eimert, *Atonale Musiklehre*, Leipzig, Breitkopf & Härtel, 1924.

que iniciava, após um ano de aulas com Messiaen em Paris, seu trabalho junto ao Estúdio de Colônia, a convite de Eimert e ao lado de jovens compositores como Henri Pousseur, Karel Goeyvaerts e Gottfried Michael Koenig, compositores estes defensores da estética serial.

O ano de 1953 representa, pois, o ano de "casamento" entre a música eletrônica e o pensamento serial. Ainda nesta data, Stockhausen realizaria seu primeiro experimento serial-eletrônico, composto integralmente de sons senoidais (sons puros, gerados eletronicamente), baseado numa matriz numérica de seis dígitos de seis linhas e seis colunas e em sua consequente manipulação. Tratava-se de *Studie I*.

A obra, de caráter eminentemente experimental, pretendia ser a conjunção perfeita do pensamento estrutural serial com a totalidade dos parâmetros sonoros, superando os entraves advindos da música serial instrumental, e isto sob dois aspectos cruciais. De um lado, o compositor, deparando com os meios eletrônicos de produção sonora, tornava-se independente da imprecisão do gesto interpretativo humano, podendo organizar a estruturação de seu material musical *relacional*, ou seja, dos elementos estruturais que sedimentam a organização temporal de sua obra, com a máxima precisão. De outro lado, a noção mesma de *material* subdividia-se em duas: para aquém de seu caráter *relacional* enquanto elementos estruturantes da forma musical, o material adquiria caráter *constitutivo*, que dizia respeito à própria organização interna dos espectros sonoros. Em outras palavras, o compositor não mais se limitaria a compor *com* os sons, mas também a compor *os* próprios sons, a determinar a própria composição dos espectros sonoros com os quais teceria a textura de sua obra.

Dessa forma, todos os timbres de *Studie I*, sem exceção, foram derivados da sobreposição de sons senoidais, resultando hipoteticamente, de acordo com a matriz numérica original de seis sons, em timbres variáveis de um som senoidal puro e isolado a sons complexos oriundos da sobreposição de até seis sons senoidais.

Tal preceito, contudo, demonstrou-se, na prática, um erro teórico. Foi somente após a realização de *Studie I* que a acústica chegou à conclusão que, para que se tenha a percepção amalgamada e unitária de um timbre resultante da soma de sons senoidais e não simplesmente de uma mera aglomeração acórdica desses mesmos sons senoidais, o ouvido necessitaria de um mínimo de dez a doze sons senoidais sobrepostos. Utilizando-se apenas e ao máximo seis sons, como foi o caso de Stockhausen, a percepção teria como objetos sonoros, no máximo, *acordes* de sons senoidais, individualizando-os no momento de sua audição. Jamais, porém, novos timbres resultantes da composição interna de tais sons.

Aprisionados pela ideologia serial, os compositores que vislumbravam a experiência de Stockhausen como pioneira e bem-sucedida sentiram-se incapazes, na época, de exercer uma profícua crítica aos próprios dogmas. Mas foi o próprio Stockhausen que, de um ponto de vista prático, teria exercido a própria autocrítica. Em *Studie II*, realizado no estúdio alemão em 1954, Stockhausen parte da organização de sons complexos constituídos invariavelmente de cinco sons senoidais que sobrepostos uns aos outros chegam a gerar aglomerados de até 33 frequências distintas e simultâneas no decorrer da peça. Ali, Stockhausen faz uso da ideia de "filtragem" pela duração variada dos aglomerados simultâneos, fazendo desaparecer determinados sons complexos antes de outros que perduram e percorrendo assim, num certo sentido, o caminho inverso de *Studie I*. Se em *Studie I* tratava-se do que fora denominado por *síntese aditiva*, a utilização da ideia das filtragens em *Studie II* fazia alusão a outra nova forma de *síntese* bem mais próxima do *tratamento sonoro* do que da *síntese* propriamente dita: a chamada *síntese subtrativa*.

Como quer que seja, a experiência frustrante com a síntese sonora a partir da sobreposição de um número insuficiente de sons senoidais e o subsequente uso de geradores de impulso e filtros ocasionariam um radical requestionamento com relação à própria essência dos espectros. O compositor recolocava de forma radical a questão em torno da composição dos próprios sons. E, ainda que frustrante do ponto de vista da geração por meio da síntese de novos espectros, o que se questionava era, em essência, não a síntese aditiva em si, mas antes as condições mínimas com as quais o compositor teria de se defrontar para a geração eletrônica de novos sons, para a edificação de novos espectros.

Verificou-se, entre outras coisas, o papel relevante que a dinâmica interna dos componentes senoidais exerceria sobre a própria percepção tímbrica. Um dos fatores decisivos de tal conscientização por parte do compositor foi, sem dúvida, o tratamento ainda rudimentar dado aos valores de intensidade nos aglomerados que compunham o *Studie I* de Stockhausen. Tratados de maneira quase uniforme, os sons senoidais sobrepostos revelavam-se essencialmente mecânicos, e os espectros (na verdade *acordes* de sons senoidais), monótonos. Percebeu-se, de forma irreversível, que as microvariações dinâmicas dos componentes senoidais de qualquer som no decurso temporal de sua existência revelavam-se muito mais decisivas para a riqueza tímbrica resultante do que poderiam inicialmente pressupor os compositores seriais. E, sob este ponto de vista, o tratamento mecanizado e absolutamente individualizado dos parâmetros sonoros, ainda que regidos por rigorosas especulações seriais, resultaria numa "compartimentalização" do som que destruía, a rigor, o controle sobre o espectro enquanto elemento resultante da *interdependência* de todos esses fatores.

Paradoxalmente, portanto, tem-se que a generalização do conceito de série, levada a cabo no seio da música eletrônica, requestionava a própria essência interdependente dos parâmetros sonoros. O som, "compartimentalizado" historicamente pela escritura musical a partir da articulação mais ou menos independente principalmente de seus aspectos rítmico e frequencial, revelava-se inexoravelmente como algo totalizante, enquanto totalidade de aspectos distintos porém essencialmente interdependentes.

Nesse sentido, podemos afirmar que o pensamento serial oscilou entre a pretensão de generalização dos procedimentos seriais como consequência de uma crescente atenção aos distintos aspectos do som e uma consciência igualmente crescente, no decurso de suas experiências, com relação à interdependência desses mesmos aspectos.

Foi nesse contexto que, após a incorporação do som concreto misturado aos eletrônicos na obra eletroacústica *Gesang der Junglinge* (1955-1956), o *Cântico dos Adolescentes*, talvez a maior obra eletroacústica dos primeiros dez anos desse novo gênero de composição, Stockhausen procurará tecer uma rede de intrincadas relações entre as séries de alturas e as prescrições de *tempo* na obra instrumental *Gruppen* (1957), para três orquestras. Ali, todas as indicações metronômicas seriam derivadas de cálculos proporcionais provenientes da própria organização serial conferida às notas e à sua disposição nos registros.

Stockhausen perseguia, assim – e em plena sintonia com a busca composicional exercida por seus companheiros de viagem (Luciano Berio, Bruno

Maderna, Henri Pousseur, dentre outros) –, a ideia de um *continuum* entre os distintos parâmetros sonoros (no caso de *Gruppen*, entre a organização serial das frequências e os valores referentes aos andamentos, ideia preconizada no início do século por Henry Cowell). Procurava, em outras palavras, levar ao universo instrumental parte das revelações de *interdependência* entre os parâmetros sonoros advindas da experiência em estúdio, a partir do trabalho sobre a própria composição dos espectros na música eletroacústica.

E foi nesse contexto que a relação interdependente entre frequência e tempo demonstrou-se como a mais curiosa e profícua revelação nos experimentos eletrônicos. A transposição, em *Gruppen*, das relações frequenciais aos valores de andamento revelava-se, a rigor, decorrente das mais modernas aquisições teóricas da acústica, amparadas pelas especulações efetuadas em estúdio e realizadas, na época, com as laboriosas incisões de tesoura sobre a fita magnética. Afinal, como afirmaria Luciano Berio mais tarde, reportando-se às irreversíveis aquisições da música eletroacústica, o compositor podia, enfim, "cortar o tempo com a tesoura".

Os experimentos com a organização microscópica do *impulso eletrônico*, estalido essencialmente curto e de espectro difuso e ruidoso, proveniente do *gerador de impulso* (aparelho eletrônico utilizado originalmente pela rádio), foram, sob tal ângulo, decisivos.

A partir de tal manipulação com cortes de fita magnética contendo impulsos gravados e sua posterior remontagem, Stockhausen chega então à conclusão que *as diferenças da percepção acústica podem, a rigor, ser reconduzidas às diferenças nas próprias estruturas temporais das vibrações*. Assim, partirá do modelo-símbolo do purismo eletrônico em oposição à *concretude* da vertente francesa de música eletroacústica – qual seja: do som senoidal – para, após atenta análise de sua constituição, transpor sua estruturação temporal aos próprios recursos de montagem de pedaços de fita. Assim é que o som senoidal, desprovido de outros componentes espectrais, revela uma estrutura essencialmente progressiva, a mais progressiva possível, traduzindo-se no oscilograma como uma curva perfeita e decorrente da projeção temporalmente sequencial do seno (daí sua denominação senoidal, como vimos ao início deste tratado). Transposta à dimensão temporal na organização da montagem sucessiva de impulsos, uma sequência essencialmente progressiva de *accelerandi* e *rallentandi* deveria traduzir a própria essência do som senoidal.

Dessa forma, Stockhausen procedeu uma minuciosa colagem de impulsos eletrônicos em distância progressivamente menor (*accelerando*) e, em seguida, progressivamente maior (*rallentando*), completando um *período*. Tal sucessão de eventos, percebida como *accelerando* e *rallentando*, portanto como evento essencialmente *rítmico*, foi então recopiada inúmeras vezes em outro pedaço de fita. A seguir, tal pedaço foi acelerado de forma que um período (equivalente, pois, a uma aceleração e uma desaceleração progressivas de impulsos) durasse apenas 1/440 segundos, ou seja, de forma que tal "célula" rítmica pudesse ser ouvida em uma fração de 440 avos de segundo. Obteve-se, assim, um período de uma onda sinuosamente progressiva, bem semelhante à senoidal, do Lá 440 Hz, constituído a partir da distribuição temporal de impulsos!

A experiência constituiu, com efeito, uma das etapas mais fundamentais da música contemporânea. A primeira consequência foi, então, que formas distintas de micro-organização dos impulsos, respeitando-se contudo organizações periódicas, resultariam em sons periódicos (de altura definida) de timbres variados (cada vez mais distantes das ondas senoidais). A segunda, que variando-se a disposição dos impulsos no tempo de modo radical, em que a distância mínima (mais curta) entre dois impulsos fosse de 1/16000" e a mais longa, de 1/20", ter-se-ia em hipótese a reconstrução, sempre a partir da micro-organização *rítmica* dos impulsos, de toda a gama de audibilidade humana frequencial (que vai, em média, de cerca de vinte a cerca de 16000 Hz).

Aquilo que constituía em essência uma organização rítmica revelava-se, se acelerada consideravelmente, como organização frequencial. A percepção rítmica, acelerando-se no decurso do tempo, adentrar-se-ia na percepção das frequências, e duas regiões historicamente delimitadas em zonas de articulação mais ou menos autônomas demonstravam-se, na verdade, enquanto duas faces de uma mesma moeda, qual seja: do próprio *tempo* musical.

A conscientização por parte de Stockhausen e subsequentemente dos outros compositores seriais e mesmo não seriais desse fenômeno consistiu talvez, na virada dos anos 1950 para os anos 1960, a principal aquisição da primeira década da música eletroacústica. Se a série almejava, já no contexto instrumental, uma micro-organização unitária que tivesse consequência direta na organização macroestrutural das obras, tal *continuum* sonoro entre micro- e macrotempo musicais foi de fato somente possível a partir de tais experimentos tipicamente eletroacústicos.

Do ponto de vista teórico, Stockhausen elaboraria então seu texto fundamental "Die Einheit der musikalischen Zeit" ("A Unidade do Tempo Musical"), traduzido em meu livro *Música Eletroacústica – História e Estéticas,* no qual expõe em detalhes sua descoberta e seu pioneirismo. Tal exposição vem a ser a conceituação teórica mais acabada e madura de todo o percurso do pensamento serial em seus erros e acertos durante toda a década de 1950, traduzindo-se como expressão mais adequada do que o próprio Stockhausen havia procurado realizar em seu texto *... wie die Zeit vergeht ...*[9] ("...como passa o tempo..."), concomitante à composição de *Gruppen.*

Em seu texto, Stockhausen generalizará a interdependência entre dimensão rítmica e dimensão frequencial, radicalizando a extensão dos fenômenos sonoros em direção a uma ainda maior dilatação dos eventos sonoros no sentido da percepção da própria forma musical (ou vice-versa, comprimindo-se os eventos no tempo e caminhando-se da percepção formal à frequencial).

Assim é que, partindo do pressuposto básico de que a oitava corresponde à proporção de *1:2* (ou *2:1*), Stockhausen afirmará que a gama total de "oitavas" pertinente para a percepção musical equivale a *3 x 7 = 21 oitavas.* Considerando-se as notas do piano (instrumento paradigmático no que diz respeito à percepção qualificada das articulações efetuadas sobre a percepção dos intervalos), observa-se que da nota mais aguda (de 4200 Hz) à mais grave (de 27 Hz) percorrem-se sete oitavas. Dando-se continuidade à dilatação temporal dos elementos periódicos, adentra-se na região perceptiva das durações (dimensão métrico-rítmica), cujo poder de discriminação da escuta vai de cerca de *1/16"* (quando então a "nota" musical, extremamente grave, passa a ser percebida como uma sequência de impulsos periódicos – mais precisamente de 16 impulsos por segundo) a *8* de duração (quando então a percepção começa a ter dificuldade, como vimos há pouco, em

---

9   Cf. Karlheinz Stockhausen, "...how time passes...". In: *Die Reihe 3 – Musical Craftsmanship,* Bryn Mawr (Pennsylvania) / Viena, Theodore Presser Co. / Universal Edition, 1957, p.10-40.

discriminar pequenas variações de duração – o ouvido terá sempre dificuldade, por exemplo, em discernir um som de 7.8 de outro de 8). Tal âmbito corresponde igualmente a sete oitavas:

$$1/16'' - 1/8'' - 1/4'' - 1/2'' - 1'' - 2'' - 4'' - 8''$$

E, por fim, levando-se às últimas consequências tal processo de dilatação dos eventos sonoros no tempo, adentrar-se-ia, segundo Stockhausen, na dimensão da percepção formal e de suas regiões articulatórias. Segundo Stockhausen, também aí a percepção articula-se essencialmente em sete oitavas (em 7 níveis ou regiões perceptivas discriminatórias), tendo-se, pois:

$$8'' - 16'' - 32'' - 64'' - 128'' - 256'' - 512'' - 1024'' \text{ (e talvez ainda}$$
$$2048'')$$

O âmbito total dos eventos temporais pertinente para a composição musical equivaleria, assim, àquele que vai *de 1/4200'' a aproximadamente 15 minutos*, indo da percepção frequencial à percepção formal, passando, a meio caminho, pela dimensão rítmica.

Do ponto de vista prático, a aplicabilidade da Teoria da Unidade do Tempo Musical encontra seu exemplo mais notório na obra eletroacústica *Kontakte* (1959-1960). Obra-prima de Stockhausen sob diversos aspectos, *Kontakte* apresenta como momento fundamental de sua estruturação formal – momento este particularmente elucidativo com relação à teoria que lhe dá suporte – a passagem na qual o ouvinte transita da percepção frequencial à percepção rítmica através de um elaborado procedimento de desaceleração, e desta última novamente à percepção frequencial através do alongamento reverberante do último impulso. Curiosamente, tal acontecimento dá-se a cerca de 17' do início da obra, ou seja, segundo o próprio compositor em sua explanação teórica, no limiar da percepção formal (cerca de $1024 = 7^a$ oitava da região perceptiva da forma musical). Pode-se indagar em que medida tal elaboração tenha sido proposital ou não. Nenhuma referência explícita pode ser encontrada na literatura de referência sobre o assunto, quer se trate dos textos do próprio Stockhausen, quer se considerem os textos de outros autores relacionados de alguma forma com a questão.

268 FLO MENEZES

Fato é que, de toda forma, a elaboração teórica e prática da Teoria da Unidade do Tempo Musical por Stockhausen fecha com chave de ouro toda a fase concernente ao pensamento serial integral no que diz respeito à sua pretensão original de organicidade totalizante do fato musical. E se assim o faz, isto se deve sobretudo à definitiva liberação, por parte do compositor de índole serial e portanto estruturante, dos preceitos seriais que, muito embora propícios a elaboradas excursões especulativas, demonstravam-se essencialmente inflexíveis e pouco fenomenológicos. A generalização do conceito de série, proveniente sobretudo de um rigor disciplinar bem-intencionado porém distante de uma avaliação mais condizente dos fenômenos perceptivos, encontrou definitiva resposta, assim, somente quando da consciência, por parte do compositor, da *interdependência real* entre as distintas regiões da percepção musical, interdependência esta que, uma vez elucidada pela prática composicional, ocasionou o irreversível adormecimento do cálculo exacerbado em proveito de um "adentramento" perceptivo e estruturante no fato sonoro concreto.

Foi somente a partir daí que a música eletroacústica pôde de fato decolar para o voo sem volta da experimentação com a própria recepção dos eventos sonoros e de suas elaboradas translocações no tempo musical, tempo este que passa irreversivelmente a constituir não mais elemento externo a ser incorporado pela composição, mas sim elemento fundamental e internalizado da própria constituição dos espectros.

Maio de 1997

5
A TRAJETÓRIA DE VANGUARDA DE STOCKHAUSEN[1]

No campo de batalha da Música Nova, é comum vermos criadores adotarem posturas por vezes autoelogiativas, quase numa tentativa de autopreservação face à incomensuravelmente maior força da arrebatadora onda de mediocridade proveniente da subcultura mercadológica e popularesca das sociedades capitalistas de fim de milênio. Minimizar o valor da obra confundindo-a com uma eventual exagerada autoestima de seu autor passa a ser, então, a tendência mais evidente da crítica. Nesse contexto deparamos com a personalidade de Karlheinz Stockhausen, cujo percurso revela-se, de toda forma, como um dos mais significativos de toda a história da música.

A rigor, sua obra pode ser dividida basicamente em três fases fundamentais. A primeira, que compreende o período do serialismo integral e dos primórdios da música eletrônica, dos quais Stockhausen foi um dos mais brilhantes porta-vozes, vai do início de sua carreira até o final dos anos 1950. Nela, Stockhausen firma-se como um dos principais nomes de sua geração, ao lado de Boulez, Berio, Pousseur, Cage, Xenakis. Suas obras são, em muitos aspectos, pioneiras: *Studie I* (1953), por exemplo, é a primeira obra eletroacústica realizada exclusivamente com sons senoidais e integralmente serial; *Studie II* (1954) introduz, por sua vez, a ideia de filtragem entre sons complexos e constitui a primeira obra a ganhar uma representação gráfica, inaugurando a partitura eletrônica; *Gesang der Jünglinge* (1955-1956), tal-

---

1 Publicado pela primeira vez como: "Compositor é o Beethoven do século 20". In: "Caderno 2" de *O Estado de S. Paulo*, 7 de fevereiro de 1998, p.D-16.

vez a maior obra dos primeiros dez anos da música eletroacústica, inova pela mistura de sons eletrônicos e concretos (a voz de um adolescente) e pela arrojada concepção espacial dividida inicialmente em cinco grupos de alto--falantes em volta do público.

Kontakte (1959-1960), obra-prima da música eletroacústica em duas versões (*tape* solo; e *tape*, piano e percussão), demarca as duas fases iniciais, e reverte em sons aquela que seria a principal contribuição teórica de Stockhausen, a Teoria da Unidade do Tempo Musical, na qual ele expõe o *continuum* da percepção sonora através de suas distintas regiões métrica, frequencial, harmônica e formal. Os ritmos são vistos como frequências extremamente desaceleradas, e as frequências, como ritmos extremamente acelerados. Todo fenômeno musical passa a ser entendido então como o resultado da estruturação interna das vibrações espectrais. Além deste aspecto crucial, *Kontakte* apresenta pela primeira vez sons rotativos no espaço e inaugura a *forma-momento*, inovação de Stockhausen no domínio formal e que consistiu na escuta da textura de cada momento independentemente de seu fluxo dramático e sequencial, operando-se, aí, um radical corte no tempo musical e resultando, daí, o afloramento da *duração* enquanto elemento fundamental da composição.

Adentramos, então, numa segunda fase, a da *música intuitiva*, fase que cobre a produção musical dos anos 1960. Nela, Stockhausen rompe de vez com as fronteiras geográficas. Oposto a todo e qualquer nacionalismo caduco e fechado em quatro paredes, a música de Stockhausen eclode num anseio universal e até mesmo cósmico, a partir de suas experiências com a meditação transcedental na Índia e de suas constantes visitas ao Oriente. Dessa fase fazem parte, entre outras, as obras *Telemusik* (1966), *Hymnen* (1966-1967), *Aus den sieben Tagen* (1968), *Stimmung* (1968).

A partir de *Mantra* (1970), para dois pianos e moduladores-de-anel, Stockhausen dá início a uma das mais significativas e inovadoras tentativas (bem-sucedidas) de resgate da melodia, dando início a uma terceira fase que se estende até nossos dias. Aliando a necessidade de reconhecibilidade perceptiva de "núcleos" intervalares por parte do ouvinte com a rica e complexa experiência serial dos anos 1950, Stockhausen inventa o que chama *fórmula*, que será de fundamental importância para o ciclo operístico *LICHT*, composto a partir de 1977. Por fórmula, entende-se um "sistema de aplicação a cada uma das personagens do drama, a cada uma das situações, de uma *fórmula melódica típica*, suscetível, no decorrer da ação – conservando seu caráter de origem –, de prestar-se aos desenvolvimentos mais diversos, mais extensos.... Curiosamente, entretanto, em transcendendo o planeta e almejando o cosmo, Stockhausen acaba, com suas fórmulas, por demonstrar-se o Beethoven do século XX, o compositor mais representativo da cultura germânica pós-wagneriana, pois – pasmem – a definição acima não é de Stockhausen, mas sim do próprio Wagner (em conversa com Rossini)!

Mas se Stockhausen, com suas mágicas fórmulas, traduz-se como o Novo-Wagner, o faz sem jamais hesitar em sua radical trajetória de vanguarda. As fronteiras da música de Stockhausen estão, quer queiram, quer não, definitivamente suprimidas.

Fevereiro de 1998

6
A CONDIÇÃO HISTÓRICA DA ESCUTA À LUZ DE STOCKHAUSEN[1]

Imaginemos a seguinte situação: um amigo põe uma música para você escutar, sem mencionar o autor e a época em que foi escrita. A obra lhe parece muito bem feita: um concerto para piano e orquestra, com nítido domínio tonal, uma certa musicalidade de índole clássica, alguns cacoetes neoclássicos que lhe sugerem um certo anacronismo. Você reluta em desconfiar que se trata de algo feito após a época de Mozart ou do primeiro Beethoven. É muito bem feitinho para tanto despeito em ser "contemporâneo". Após a revelação da autoria e do fato de que a época é aquela na qual você vive, você constata o quão retrocedida foi a concepção de tal obra. Ela imediatamente cai em interesse e você, ao reouvi-la, denota a cada gesto musical uma sensação de infindável monotonia. Estamos defronte do mais crasso e ignóbil anacronismo.

Imaginemos agora uma situação quase inversa: você ouve uma obra nas mesma condições, sem saber de quem é e quando foi feita. Depara, então, com uma obra eletrônica, toda feita com sons de sintetizadores, que remete você ao universo sonoro *pop* dos anos 1970. A qualidade, no entanto, parece atual. Tudo parece estranho. A densidade da obra é anormal. A extensão dos sons no tempo, nem se fala! Você estranha a coragem em ser tão "anacrônico" do ponto de vista da fonte sonora, em meio à tamanha massa de sons e à tamanha dramaticidade da forma na manutenção dos sons graves. Tudo soa muito esquisito. Quando você ouve o nome do compositor e da

---

1 Publicado pela primeira vez em: *Revista Concerto*, São Paulo, outubro de 1998, p.16.

obra, constata que está diante de um criador ímpar da história da Música Nova: trata-se de *Oktophonie* (1990-1991) de Karlheinz Stockhausen, música eletroacústica para oito grupos de alto-falantes dispostos em torno do público.

Em ambos os casos, estamos diante da *condição histórica* de nossa escuta, inevitavelmente situada nos tempos e nos espaços. No primeiro caso, trata-se de um desinteressante anacronismo caquético de um pobre compositor que se nutre de um gênio como Mozart para tentar escapulir de sua notória incapacidade de invenção. No segundo, aprendemos que uma obra não existe sozinha, mas antes acompanhada de todo o percurso do compositor em questão, e que a condição histórica de sua realização pode enaltecê-la e via de regra assim o faz quando tal percurso é permeado de invenção e descobertas.

Em 1953, quando adentrou no Estúdio de Música Eletrônica de Colônia a convite de Herbert Eimert, Stockhausen – que completou 70 anos em agosto passado – realiza a primeira obra eletrônica toda feita com sons senoidais e integralmente serial. Todos aqueles que o circundavam passaram então a fazer o mesmo tipo de música. Stockhausen inovou mais uma vez, realizando uma ano depois outra obra na qual já ampliava seu horizonte sonoro. Quando todos apregoavam o purismo eletrônico, foi a vez de *Gesang der Jünglinge* (1955-1956), obra na qual Stockhausen misturava sons eletrônicos com a voz de um adolescente. Todos passaram então a abandonar o purismo em prol da mescla de fontes sonoras. E quando a música que era essencialmente eletrônica enveredava-se pelo novo caminho, essencialmente eletroacústico, Stockhausen realiza *Kontakte* (1958-1960), cujos sons da fita magnética foram, de novo, realizados exclusivamente com recursos eletrônicos.

Oktophonie surpreende pelo uso, em plena década de 1990, de sons oriundos de sintetizadores. Desta vez, é possível que Stockhausen não encontre seguidores. Mas possivelmente através de *Oktophonie* ele consiga o que talvez sempre almejou: livrar-se dos epígonos e trilhar seu percurso único, unicamente.

São Paulo, 10 de setembro de 1998.

7
MICHEL BUTOR E HENRI POUSSEUR
A SIMBIOSE DA UTOPIA – SOBRE A ESTREIA DE
DÉCLARATIONS D'ORAGES[1]

Se observarmos a produção musical erudita do pós-guerra, conhecida como pós-weberniana (por ter sido diretamente derivada da estética presente na obra de Anton Webern), notamos que poucos são os exemplos, apesar da grande aproximação da música dos anos 1950 e 1960 com a literatura moderna, nos quais se tem uma simbiose tão perfeita entre compositor e escritor como no caso da colaboração entre o belga Henri Pousseur (que completa neste ano 60 anos de idade) e o francês Michel Butor, respectivamente. A termo de comparação, só poderíamos mesmo mencionar a colaboração artística que o compositor Luciano Berio desenvolveu com o poeta Edoardo Sanguineti (maior representante da corrente literária italiana *I Novissimi*, do início da década de 1960), da qual resultaram algumas de suas obras capitais (*Laborintus II, Passaggio, A-Ronne*).

Impressionado positivamente pelo texto "A Música, Arte Realista" (1959) de Butor (in: *Répertoire II*, de 1964), e fascinado pelos constantes usos de citações literárias como recurso referencial na obra do mestre francês, Pousseur decide entrar em contato com o escritor, em setembro de 1960, resultando daí uma profunda amizade, marcada pela identidade cultural e humana e pela elaboração daquela que seria, juntamente com o *3º movimento* da *Sinfonia* de Berio (1968-1969), a última grande obra musi-

---

1 Publicado pela primeira vez com o título: "Pousseur e Butor fazem sinfonia para a Revolução citando Blake e Maiakovsky". In: Suplemento Cultural "Caderno 2" de *O Estado de S. Paulo*, 29 de abril (sábado) de 1989.

cal realizada totalmente com base em citações: *Votre Faust* (1961-1967), fantasia-variável-gênero-ópera, com libreto de Butor e música de Pousseur.

A composição desta ópera, uma das mais belas obras da música contemporânea europeia e talvez a mais importante do compositor belga (que é, juntamente com Boulez, Berio e Stockhausen, um dos quatro principais compositores da segunda metade do século, apesar de praticamente desconhecido no Brasil), possibilitou a Pousseur o desenvolvimento de métodos altamente elaborados de transformação harmônica, na tentativa de fazer "rimar" citações tão contrastantes como as de Monteverdi e Webern, por exemplo, o que constitui indubitavelmente sua principal contribuição no terreno da música nova: a elaboração de novas possibilidades da harmonia, cujas funções foram deliberadamente congeladas pela estética serial (da qual o próprio Pousseur reconhece, contudo, ter feito parte como um dos principais expoentes).

Somente hoje é que se percebe paulatinamente a modernidade deste posicionamento de Pousseur em plena década de 1960, que lhe custou um certo isolamento ou até desprezo por parte daqueles que, de uma maneira ou de outra, seguiram de modo dogmático os preceitos da estética serial ortodoxa, tal como defendida, até muito brevemente, por Pierre Boulez – com quem Pousseur viria a polemizar em seu principal escrito teórico: "A Apoteose de Rameau" (1968). Todavia, o reconhecimento de Boulez com relação ao fracasso do sistema serial devido à distância entre ideia e percepção concreta, expresso em seu texto fundamental intitulado "Le Système et l'Idée" (dezembro de 1986), arremessa o discurso prolixo e vazio de muitos de seus "seguidores" contra a parede, como um verdadeiro "golpe de mestre".

A simbiose Butor/Pousseur não gerou como fruto apenas *Votre Faust*. Seguem-se a esta obra mestra ainda outras importantes realizações: *Jeu de Miroir de Votre Faust* (1968); *Petrus Hebraïcus* (1974); *Chevelures du Temps* (1980); *La Rose des Voix* (1982); *Traverser la Forêt* (1987); e *Déclarations d'Orages* (1989), cuja estreia se deu no dia 3 de março de 1989, em Bruxelas, com reexecução dia 6 de março em Liège, Bélgica.

Escrita em comemoração ao bicentenário da Revolução Francesa, esta última obra procura – como afirma o próprio Pousseur – "interrogar musicalmente (no sentido amplo do termo, compreendendo também os textos) a imagem da 'Revolução' – não somente a de 1789 – tal como ela se nos apresenta hoje". Tendo como base uma *chanson* com estrofes de doze versos octossilábicos de Butor, nos quais se nota a utilização de diversas fontes literárias mantidas nas línguas originais (o próprio Butor, Marcel Granet, William Blake, Pablo Neruda, Schiller e Maiakovsky), a obra, para grande orquestra (regida por Pierre Bartholomée), recitante (o próprio Butor), solistas vocais e instrumentais e fita magnética, apresenta um panorama da Revolução na história, da Revolução Francesa a Zapata, da Revolução Russa ao maio de 1968 na França.

Se o texto poético é marcado pelas interações de imagens, permutações de termos e pelo característico uso de frases imperativas, como que incitando o público a participar da obra (procedimentos típicos do trabalho de Butor, e já presentes em *Votre Faust*), o que se tem, do ponto de vista das sonoridades, é a imagem acústica de uma *polifonia de tempestades* (última expressão verbal a ser pronunciada na obra, e que dá a chave semântica para a compreensão do universo tímbrico proporcionado por Pousseur). Nela a ideia da Utopia se faz presente com uma insistência pouco comum: uma complexa textura moldada pelas incursões especulativas de Pousseur no domínio da harmonia, com a coexistência de canto, fala, recitação, transformações eletroacústicas e a presença marcante do poeta em meio ao conjunto instrumental, como um "trovador contemporâneo", munido o suficiente de referencialidade histórica para poder propor-nos a vivência de um espaço de atuação onde a Revolução – para alguns, coisa do passado – adquire na sua permanência seu valor mais atual.

É desta polifonia, espaço virtual de convivência interativa entre individualidades distintas, que se nutre, pois, a simbiose entre esses dois mestres, incitando-nos a considerar *Déclarations d'Orages* como modelo de um espaço social onde, nas palavras de Butor, "a única igualdade que vale deva permitir que nossas diferenças se expandam em liberdade".

8
Nosso Rameau[1]

Protagonista pós-weberniano

Dentre os grandes nomes que fizeram e fazem a história da música contemporânea, radical, verdadeiramente especulativa na segunda metade do século XX, é incontestável a singular presença de Henri Pousseur, nascido em 1929 em Malmédy, pequena cidade da comunidade francesa da Bélgica. Seu nome figura ao lado dos de Pierre Boulez (1925-), Karlheinz Stockhausen (1928-), Luciano Berio (1925-2003), Iannis Xenakis (1922-2001), György Ligeti (1923-2006), Luigi Nono (1924-1990), John Cage (1912-1992) e alguns poucos mais como um dos protagonistas da dita geração pós-weberniana.

É possível que o fato de justamente ser oriundo de um país dividido por no mínimo duas culturas – a francesa e a flamenga –, sem falar da influência alemã e inglesa, tenha contribuído para que, dentre tais nomes, seja o de Pousseur talvez o menos (re)conhecido, tanto entre nós quanto internacionalmente, em que pese sua evidente reputação, nos meios mais especializados, como um dos grandes nomes da música atual. Nada que justifique a ausência, na bibliografia em português, de alguns de seus escritos mais importantes.

---

1 Texto inédito concebido como Prefácio ao volume: Henri Pousseur, *Apoteose de Rameau (e outros ensaios)*, traduzido por Flo Menezes e Maurício Oliveira Santos e organizado por Flo Menezes, no prelo.

Pois trata-se – é preciso dizê-lo – não somente de um genial compositor: Pousseur é, ao lado de Pierre Boulez, também autor da talvez maior obra teórica da Música Nova. Sua envergadura, nesse sentido, é comparável à de Arnold Schoenberg para a primeira metade do século passado.

O entrecruzamento de culturas diversas certamente contribuiu para a formação humanista, crítica e profundamente diversificada do jovem Pousseur, que aos dez anos já ingressava no Conservatório de Liège para estudar piano e órgão. Em tal época, teve como professor de harmonia Pierre Froidebise, por meio de quem toma contato, ainda bem jovem, com a obra de Schoenberg e de seu aluno mais radical, Anton Webern, sem falarmos da obra, já bastante em voga, de Igor Stravinsky, por cuja música Pousseur viria a ter um respeito e amor incomensuráveis ao longo de toda a sua vida.

Mas é a década de 1950 que guarda para Pousseur as principais descobertas de sua carreira. Logo em 1951, por iniciativa do próprio Froidebise, empreende viagem à abadia medieval de Royaumont – a mesma que, em tempos atuais, sedia os famosos cursos de verão com o papa da Nova Complexidade, Brian Ferneyhough –, onde encontra pela primeira vez Pierre Boulez. Tal encontro foi decisivo em sua vida. De acordo com as próprias palavras de Pousseur, após ter mostrado a Boulez uma de suas primeiras composições (*Sept Versets des Psaumes de la Pénitence*[2]), ouviu do jovem "mestre" uma verdadeira aula de cerca de uma hora sobre a música de Webern, com especial acento nas relações harmônicas daquilo que viria a ser chamado de *harmonia de simultaneidade* (a verticalização das relações cromáticas: segundas menores, sétimas maiores, nonas menores). Seu vínculo indissolúvel com a obra weberniana estava então selado.

A esse significativo encontro seguiram-se muitos outros, com o próprio Boulez, claro, mas também com Stockhausen, de quem viria a tornar-se íntimo amigo, e logo em seguida com Berio, Bruno Maderna, e com os demais protagonistas da chamada "geração de Darmstadt", termo que deriva do fato de ter sido esta cidade alemã a que agregara, naquela época, os principais expoentes da vanguarda musical pós-weberniana em seus famosos festivais, realizados no verão europeu.

---

2 A obra, de caráter evidentemente religioso, revela a tendência espiritual do jovem Pousseur que, ainda adolescente, chegara a pensar em tornar-se padre.

A série generalizada

Pousseur engrossa, então, as fileiras dos partidários da estratégia compositiva de fazer uma *tabula rasa* do passado musical, tendo por base as premissas lançadas pela obra de Anton Webern. Intuito principal era a busca incessante pela mais genuína essência sonora, imbuída de um particular gosto pelo controle absoluto dos dados musicais, levando às últimas consequências o princípio serial esboçado por Schoenberg e seus discípulos com a técnica dodecafônica. Afinal, por que abrir mão da possibilidade de absoluto controle das estruturas musicais? Por que renegar a responsabilidade, enquanto compositor, pela estruturação dos aspectos ou parâmetros constituintes da forma musical, do menor ao mais vasto elemento de sua arquitetura?

Num desejo obstinado pela organização das estruturas musicais – o qual, aliás, nada mais faz que ecoar os anseios de toda música *especulativa*, já desde os primórdios da escritura musical em tempos bem remotos – residia a poética do que se convencionou chamar *serialismo integral*, ou ainda *série generalizada*, movimento do qual Pousseur conta como um dos principais expoentes.

Mas já desde suas primeiras obras seriais, Pousseur demonstra especial atenção a uma, diríamos, *fenomenologia da escuta*. Em que pese toda a elucubração de índole serial – processos intelectuais, aliás, absolutamente legítimos, sem os quais boa parte da música dos anos 1950 sequer teria vindo à luz, e sem os quais seríamos, hoje, musicalmente bem mais pobres –, Pousseur alia-se a uns poucos dentre os compositores da geração de Darmstadt (como por exemplo seu amigo Luciano Berio) que nutrem particular interesse pela maneira pela qual a música deve atingir os ouvintes, sem que se abra mão de sua organização extrema nem de seus preceitos "seriais". Assim, em suas *Symphonies à Quinze Solistes* (1952-1953) constata-se já a aplicação da chamada *técnica de grupos*, a segunda fase do recém-nascido serialismo integral. Nela, o serialismo não seria mais aplicado a cada ponto isolado do desenvolvimento musical, a cada nota, mas antes a pequenas sequências nas quais ao menos uma das dimensões paramétricas (alturas, registros, timbres, durações, intensidades) deveria permanecer constante. Como resultado, obtinha-se certo grau de continuidade e de homogeneidade de textura que se contrapunha à fase inaugural mais "esfacelada" da série generalizada, conhecida como *música pontilhista* ou *pontual*. Além disso, adentrava na metodologia serial integral uma certa *hierarquia* entre os parâmetros compositivos, ao mesmo tempo que o compositor vislumbrava um maior grau de liberdade de escrita sem, contudo, abrir mão de seus preceitos ainda rigorosamente seriais.

Música eletrônica, música serial

E é justamente nesse contexto que uma porta se abre aos compositores mais radicais desse período. Valendo-se da sensibilidade do pai da chamada *música eletrônica* (em seu sentido correto, originário, correspondente ao nascimento da *elektronische Musik* em 1949, em oposição e, ao mesmo tempo, complementação da recém-fundada *musique concrète* francesa de 1948), ou seja, a partir da iniciativa de Herbert Eimert, fundador do primeiro estúdio do gênero em 1951 junto à rádio alemã de Colônia (NWDR), Pousseur é convidado, em 1953, a fazer parte do seleto rol de jovens compositores que se enveredariam pela experiência da composição musical em estúdio.

Inseridos em um contexto laboratorial, esses jovens autores – Pousseur, Stockhausen, o belga Karel Goeyvaerts e o alemão Gottfried Michael Koenig – viam-se defronte da possibilidade de levar às últimas consequências, quanto às partículas sonoras mais elementares, os princípios de composição e organização seriais, levando ao apogeu o princípio "atomista" esboçado por Webern em meio à gesticulação delgada, já essencialmente pontilhista e miniaturista de sua escritura instrumental.

Não haveria outra forma de encarar a chance de tal experiência senão pelo viés de uma busca obcecada pela organização serial estrita de todos os parâmetros, incluindo aí os próprios timbres, a própria constituição interna dos espectros, algo que a música instrumental não proporcionava ao pensamento serial. A música eletrônica passa então a ser sinônimo, nesta fase inicial, de música serial[3], e Pousseur, mais uma vez, torna-se um dos protagonistas da nova empreitada.

---

3   Ver em detalhes, a esse respeito: Flo Menezes, *Música Eletroacústica – História e Estéticas*, São Paulo, Edusp, 1996, p.31-42.

Sobredeterminação

É a época dos famosos Festivais de Donaueschingen e sobretudo de Darmstadt, celeiro da Música Nova europeia. Era natural que, após uma primeira fase de radicalização extrema, os compositores da geração de Darmstadt, portadores eles mesmos de uma considerável bagagem no âmbito da música instrumental, desejassem resgatar o elo perdido com os instrumentos, e verificassem em que medida não seria possível conjuminar os recursos tecnológicos com os problemas sintáticos e com os aportes da escritura instrumental. Pousseur, nesse contexto, desempenha mais uma vez papel decisivo, concebendo uma das primeiras realizações musicais – se não a primeira de fato relevante – em que se conjugam orquestra e eletrônica: trata-se de *Rimes pour différentes sources sonores* (1958-1959).

Mas o mesmo ano de 1958 marca o reaparecimento bombástico de John Cage nos cenários de Darmstadt (onde já tinha atuado em 1954), em substituição a Boulez, quem cancela sua presença nos seminários do festival local de verão devido às suas ocupações com a finalização de *Poésie pour pouvoir* (1958), a ser estreada em outubro daquele ano em Donaueschingen[4]. Cage já havia tomado antes contato com o meio musical europeu, do que é testemunha sua rica correspondência epistolar com Pierre Boulez. Mas dos idos dos anos 1940 e início dos anos 1950 a 1958, Cage aprofunda e escancara seu interesse pela *indeterminação* (*indeterminacy*) na música, contrapondo-se cada vez mais, como bom americano, à ordem europeia. Ao intuito serial generalizado, hiperorganizado, Cage opõe o caos, o caso, em suma: o acaso, ainda que paradoxalmente também submetido a uma milimétrica organização. Com sua postura, balança os alicerces da geração pós-weberniana, ocasionando quase um ocaso da série generalizada.

Pousseur faz parte dos que, sem deixar de se influenciar pela postura de Cage, mantém desde cedo uma postura crítica às intervenções casuísticas e ocasionais do compositor norte-americano, contrapondo à indetermi-

---

4   Após esta atuação provocadora, Cage retornaria a Darmstadt novamente apenas bem mais tarde, em 1990. Ver a esse respeito Pascal Decroupet, "Cage in Darmstadt, 1958", capítulo in: Gianmario Borio e Hermann Danuser (org.), *Im Zenit der Moderne – Die internationalen Ferienkurse für neue Musik Darmstadt 1946-1966*, Band 2, Freiburgi. B., Rombach Verlag, 1997, p.231-240.

nação cageana o que teria preferido chamar *surdétermination* (ou seja: *sobre-determinação*). Ainda que conferindo ao papel do acaso certa importância, Pousseur almeja, assim, um controle de ordem superior, impondo às estruturas casuais uma estruturação causal: o acaso controlado. Uma espécie de descaso pela prepotência norte-americana em desconsiderar os esforços (des)medidos e acumulados em anos de árdua busca, levados a cabo pelos compositores europeus.

Era esse, a rigor, o verdadeiro sentido da *obra aberta* promulgada por Umberto Eco em 1957. Não se tratava, então, de negar a estruturação em si, mas antes em entender o potencial labiríntico ou, lembrando o poeta Edoardo Sanguinetti, colaborador de Berio, "laboríntico" de toda expressão. James Joyce, Ezra Pound e mesmo Mallarmé já haviam mostrado o mesmo caminho em literatura, e era preciso que a música demonstrasse suas capacidades em tornar-se igualmente flexível para os distintos níveis de "leitura" ou de escuta da própria obra musical. E é nesse sentido que se deve compreender Pousseur quando alega que, não fosse por Cage, a música europeia teria feito, por si só, apelo a uma certa abertura das estruturas musicais.

Como quer que seja, datam desse período criações de fundamental importância, tais como a peça eletroacústica *Scambi* (1957), *Mobile* (1957-1958) para dois pianos e *Répons* (1960) para sete músicos. Aliadas a uma flexibilização da forma musical, tais obras apontam para um novo caminho no itinerário criativo de seu autor.

O poder da música coletiva

A última obra citada motiva Pousseur a formar, em colaboração com o regente e compositor Pierre Bartholomée, um grupo musical para sua estreia em 1962, dando origem ao *Ensemble Musiques Nouvelles* de Liège.

Ao tomar contato, como principal mentor, com um grupo de músicos profissionais claramente constituído e voltado à nova música, e em eco às considerações acerca da participação ativa do ouvinte na percepção da própria obra musical tal como enunciada pelas poéticas da obra aberta, Pousseur vislumbra a coparticipação dos membros do conjunto em obras criadas coletivamente. Simultaneamente à sua intensa e incessante atividade pedagógica, desenvolvida mormente em Liège e nos EUA durante a década de 1960 e, mais tarde, por um bom período em Paris, Pousseur idealiza e lidera alguns projetos de música coletiva, vertente de suas atuações que terá como apogeu uma das mais belas obras do repertório musical contemporâneo: a composição coletiva *Stravinsky au futur ou l'Apothéose d'Orphée*, realizada em 1971, ano da morte do mestre russo.

Em tais empreendimentos, Pousseur revela a verdadeira natureza de suas profundas convicções democráticas: sem nunca ter reivindicado para si a autoria isolada de uma obra como *Stravinsky au futur*, a mesma jamais teria sequer sido concebida caso não houvesse a liderança inestimável de Pousseur, em todos os aspectos. Modestamente, Pousseur afirma-se como coparticipante, apesar de sua indubitável liderança. Ao descrever a função do compositor à frente de uma "criação autenticamente coletiva", Pousseur assevera que seu papel, nada fácil, seria o de "conceber as estruturas gerais, prever tanto quanto possível a diversidade de suas aplicações particulares e assegurar até certo ponto, tanto quanto possível, sua coerência"[5]. Afirmando o enorme potencial expressivo das criações coletivas – desde que se trate de uma formação calcada na presença de músicos altamente qualificados –, Pousseur como que se "dilui" em meio à força das intervenções pessoais dos instrumentistas, sem deixar, com isso, que a obra emergente não seja mais um Pousseur! Dessa forma, edifica verdadeiras pedras preciosas do repertório contemporâneo, num *pendant* radicalmente democrático à tendência da chamada *música intuitiva*, igualmente de caráter coletivo, encabeçada por Stockhausen nos anos 1960.

"O Fausto de vocês" e a problemática das citações

Mas tais realizações coletivas têm precedentes na própria obra de Pousseur. Após tomar conhecimento do texto "Música, Arte Realista"[6] de

---

5   Henri Pousseur, *Composer (avec) des Identités Culturelles*, Paris, Institut de Pédagogie Musicale et Chorégraphique, La Villette – Cité de la Musique, 1989, p.48.

6   Cf. Michel Butor, "La Musique, Art Réaliste". In: Butor, *Répertoire (I)*, Paris, Editions de Minuit, 1960, p.27-41.

Michel Butor – um dos expoentes do *Nouveau Roman* francês – e sentir--se fortemente impactado pelas ideias lá expostas (sobre citações, "cores" harmônicas, históricas), Pousseur entra em contato com o escritor francês, resultando daí uma profunda empatia e amizade, assim como uma colaboração criativa que se estende até os dias de hoje.

Em que pese a relevância dos trabalhos posteriores, frutos de tal irmandade, é o primeiro deles o que se configura, indubitavelmente, como o mais importante: *Votre Faust* (1960-1968), "fantasia variável do gênero ópera".

Tendo por base o drama de Fausto em suas mais distintas versões, no qual o protagonista da ópera, um compositor de sintomático nome Henri, desgastado por suas investidas quase vãs no intuito de propagar sua obra de vanguarda, vende sua alma ao diabo para poder compor uma obra que, por imposição do demônio, terá de ser uma ópera justamente sobre o tema de Fausto, a monumental obra de Pousseur/Butor parafraseia em seu título o *Meu Fausto* (*Mon Faust*) de Paul Valéry, incitando o ouvinte a coparticipar da obra no próprio ato de sua escuta. Em *Votre Faust* (*Vosso Fausto*), a sobredeterminação adentra não somente os elementos constituintes da forma, mas determina também a própria forma em sua globalidade: os ouvintes são convidados inclusive a votar sobre o final da ópera, do qual existem quatro opções – um final francês, um alemão, um italiano e um inglês.

Em meio a tal arquitetura radicalmente aberta, porém sempre responsável (em eco à noção de *responsabilidade* do compositor, evocada de forma tão veemente por um Boulez), Pousseur envereda-se por profundas especulações harmônicas. Generalizando o próprio princípio da série generalizada, Pousseur estende o conceito de participação não somente ao público ouvinte, mas também à própria história musical: *Votre Faust* constitui-se quase exclusivamente de citações, tanto musicalmente quanto no que se refere ao texto que lhe dá suporte. O caráter "coletivo" reveste-se, aqui, de um sentido histórico, na (des)apropriação de fragmentos de um vasto legado cultural.

Em seu magnífico texto *Composer (avec) des Identités Culturelles*, bem posterior a *Votre Faust*, Pousseur aborda de modo franco e aberto a problemática das citações, discursando sobre a essência poética desse recurso metalinguístico e eminentemente literário que, em música, revela-se, no mínimo, arriscado. Levando em conta o processo de fragmentação do objeto citado e sua *descontextualização*, assim como sua *recontextualização* no novo ambiente estrutural no qual se vê inserido, Pousseur discorre sobre as condições necessárias para a pertinência de tal uso, salientando, resumidamente, os seguintes aspectos:

a) Se se trabalha com elementos de citação reconhecíveis, é preciso ou que estes sejam postos em evidência como momentos particulares, como polos privilegiados de uma textura de conjunto de alguma maneira mais neutra, [...] ou que essa própria textura seja ela mesma inteiramente baseada em elementos, citacionais ou não, dotados, de toda forma, de uma pregnância análoga, e susceptíveis de contrabalançar uns aos outros.

b) [...] É preferível não respeitar completamente os contornos [perfis] completos[...]. Proceder-se-á, pois, preferentemente por *fraturas* (*déchirures*), por uma técnica de *fragmentação* (*lambeaux*), praticar-se-ão até mesmo *feridas* (*plaies*), confiando em que, conforme a tendência dos tecidos (nesse contexto, de um tecido *perceptivo*), tais feridas cicatrizem, produzindo assim *soldaduras* (*soudures*) naturais, em nosso caso entre elementos de origens diversas [...]

c) Uma maior ou menor dissolução da identidade reconhecível poderá ser obtida e controlada [...] sobretudo mediante alterações de proporções internas, variações do material intervalar etc. [...] nas quais a técnica das "redes" [de que logo trataremos] generaliza a aplicação eventualmente ao infinito. ...

d) [...] Será por certo igualmente muito útil poder dispor [...] de um *sistema* subjacente (ou dominante) suficientemente forte, claro e lógico [...] para assegurar *a priori* uma certa coerência à panóplia ou constelação dos elementos associados (a qual me parece precisamente reproduzir, transposta a uma escala macroscópica, o modelo aplicado por Webern no plano das microestruturas).

e) Todos esses artifícios – não nos esqueçamos – somente se justificam plenamente e apenas adquirem seu total sentido [...] se nos submetermos a uma operação *discursiva* no sentido mais completo da expressão [...].

f) Enfim, [...] ao menos de acordo com *certas condições*, o projeto de uma música feita em parte de restos de outras músicas preexistentes [...] pode demonstrar-se perfeitamente legítima e poeticamente rentável.[7]

Destarte, pelo viés da metalinguagem, Pousseur amplia e radicaliza o conceito da série generalizada, procurando englobar, de forma sistemática, o maior número possível de estruturas musicais, das mais atuais às mais lon-

---

7   Pousseur, *op. cit.*, p.24-26.

gínquas. Por meio de técnicas específicas da harmonia que elabora, tais como as *permutações seriais cíclicas* e, logo depois, as *redes harmônicas*[8], Pousseur pretende estabelecer um princípio generalizante que possibilite "rimar" o universo de um Monteverdi com o de um Webern, conforme suas próprias colocações[9]. Edifica-se, assim, uma *gramática musical generalizada*, e o conceito de série generalizada expande-se na incorporação de outros referenciais harmônicos. Ao mesmo tempo em que olha para trás e resgata elementos da sintaxe de outrora, o campo de germinação de tais reinserções aflora e aponta para um novo caminho, eminentemente especulativo, de uma harmonia múltipla, estendida, ampliada.

Sob tal ângulo, a citação em Pousseur difere completamente da empregada, na mesma época, por Berio no terceiro movimento de sua extraordinária *Sinfonia* (1968-69), no qual o mestre italiano ancora todo o seu contexto musical no uso integral e praticamente intacto do *Scherzo* da *Segunda Sinfonia* de Gustav Mahler. Se depois de Berio, ouvir este Mahler jamais será a mesma coisa, e se a cada reescuta deste Mahler as imagens acústicas de Berio interferem em nossa memória, numa das intervenções mais espetaculares que algum artista jamais realizara no legado histórico da cultura em qualquer um de seus domínios, Pousseur aglutina um somatório espantoso de citações (incluindo Berio e ele mesmo, Pousseur), olhando para o futuro das elaborações harmônicas. Enquanto Berio apela às citações – recurso, como vimos, em si mesmo bastante problemático e essencialmente literário – em atitude *retrospectiva, interferente* e *intromissiva*, Pousseur o faz de maneira *prospectiva, proponente* e *especulativa*[10].

---

8 Uma explanação detalhada a respeito de cada uma dessas técnicas encontra-se em meu livro *Apoteose de Schoenberg, op. cit.*

9 Cf. Pousseur, "L'Apothéose de Rameau – Essai sur la Question Harmonique". In: *Revue Esthétique – Musiques Nouvelles*, Tome XXI, fasc. 2-4, Paris, Éditions Klincksieck, 1968, p.122 e 132. Mais recentemente, Pousseur declara: "Eu queria desenvolver uma metagramática que absorvesse todas as gramáticas, incluindo as mais recentes, e que permitisse encontrar o mesmo denominador comum entre Monteverdi e Webern, juntamente com muitas outras coisas. Os nomes de Monteverdi e de Webern não constituem mais que um símbolo de uma realidade mais vasta, mas é curioso que suas iniciais, M e W, são o inverso de uma em relação à outra!" (Pousseur *apud* Michel Hubin, *Henri Pousseur – Rencontre avec son Temps*, Bruxelas, Éditions Luc Pire, 2004, p.32).

10 Desenvolvi tal correlação entre Berio e Pousseur sob o prisma da citação ao início dos anos 1990. Flo Menezes, *Luciano Berio et la Phonologie – Une Approche Jakobsonienne de son Œuvre*, Série XXXVI – Musicologie, Vol. 89, Frankfurt, Verlag Peter Lang, 1993, p.156-166.

Em meio a esse processo que encontra suas raízes na metalinguagem e que se afirma sobretudo com *La seconde apothéose de Rameau* (1981), estendendo--se até o presente com obras da envergadura de *Dichterliebesreigentraum* (1992--1993) – numa impressionante releitura de Robert Schumann –, a íntima colaboração com Butor encontra sempre espaço para um profícuo desenvolvimento, dando origem a obras-primas tais como *Traverser la forêt* (1987) ou *Déclarations d'orages* (1988-1989), a cujas estreias mundiais tive o privilégio de assistir ao lado de Pousseur.

Da série generalizada à periodicidade generalizada

Nesse sentido, a primeira colaboração Pousseur/Butor adquire importância fundamental. *Votre Faust* é um divisor de águas no percurso criativo de Pousseur. Pode-se entender sua obra musical como tendo duas fases principais: *antes* e *depois* de *Votre Faust*, da qual, aliás, desmembra-se toda uma série de significativas obras-satélite.

Em meio a tal referencialidade múltipla que caracteriza essa obra-mor de Pousseur, cada aspecto diferenciado de linguagem musical por ele evocado vem e revém, em ciclos periódicos, e a música de Pousseur assume, cada vez mais, esse caráter fragmentário de múltiplos aspectos, numa intercorrência de gesticulações ora cromáticas, ora diatônicas, ora mistas. Mais uma vez a imagem de Webern, o pai todo poderoso, vem à tona: é como se o universo pontual weberniano sofresse, aqui, certa dilatação, em que cada ponto, ligeiramente ampliado, constituísse em si mesmo um micro-organismo, numa alternância de cores que vai de encontro à absoluta homogeneidade do universo harmônico em Webern. A homogeneidade, em Pousseur, está na fragmentação (pós-romântica?) da heterogeneidade. Um exemplo magistral para compreender tal poética da fragmentação multicolorida tipicamente pousseuriana é sua obra para piano *Apostrophe et six réflexions* (1964-66). A variação colorística da harmonia é, em Pousseur, acentuada. Seus fragmentos são multicolores, sem deixar de revelar a mesma delicadeza e o mesmo refinamento dos quais se reveste a obra do mestre de referência: Webern.

Assim é que o próprio Pousseur esclarece:

[...] De minha parte, esforçava-me em reativar toda espécie de elementos históricos que havíamos até então severamente excluído, com o intuito de pô-los *ao serviço* de uma 'serialização' geral e bem mais possante, a fim de, dizia-me a mim mesmo (não seria isto – alguns o creram – apenas um álibi?), realizar em uma escala bem mais estendida (não mais entre notas pontuais, mas antes entre blocos, entre panos inteiros de música e por vezes de matéria sonora – o que por certo acarretava consequências à natureza própria desses grandes elementos) o ideal weberniano de um espaço 'multipolar', em que nada possa ser jamais completamente subordinado a outra coisa, em que nada mais, a partir de então, possa ser, inversamente, considerado como realidade referencial hegemônica[11].

Com isso, o próprio caráter *integral* do serialismo dos anos 1950 passa a ser questionado: "Nos anos 1950 não trabalhávamos, como vulgarmente se diz, com um serialismo integral, mas antes com um serialismo bastante restrito e elementar, aplicado a parâmetros simples e distintos e que se mostrava deveras negativo e paralisado no que dissesse respeito à tradição"[12]. E dessa forma é que se pode, então, compreender o que Pousseur designa por *periodicidade generalizada*. Sem abrir mão do conceito serial, Pousseur acaba por ampliar e estender o conceito de generalização do princípio serial, abrindo espaço para a inclusão de relações harmônicas – tais como o universo diatônico, os intervalos de terça e sexta e mesmo a oitava – que, em fase aguda do serialismo, seriam inconcebíveis ou, no mínimo, rigorosamente evitadas ao máximo e, em fase ainda mais madura, fazendo eclodir no seio de uma mesma obra universos musicais até mesmo antagônicos, numa ampla rede multirreferencial e, em certo sentido, radicalmente "democrática".

Mas não se trata, de maneira alguma, de uma espécie de retrocesso ou de neotonalismo. A referência a Stravinsky, além da clara a Webern, encontra-se, obviamente, aqui igualmente preservada, mas o modelo, além de ainda essencialmente weberniano, tem por base aquela que constituiria a principal obra especulativa do velho Stravinsky, já em namoro com o serialismo dodecafônico, e que recebeu do próprio Pousseur, em seu texto "Stravinsky

---

11 Pousseur, "Webern et Nous". In: Pousseur, *Musiques Croisées*, Paris, L'Harmattan, 1997, p.166.
12 Pousseur, *Parabeln und Spiralen – Zwei Hauptaspekte eines Lebenswerkes*, Komposition und Musikwissenschaft im Dialog II (1999), Signale aus Köln – Musik der Zeit, Münster, Lit Verlag, 2002, p.2.

selon Webern selon Stravinsky", uma das mais completas e exaustivas análises de que se tem notícia: *Agon*, de 1953-1954.

O resgate da figura e os perfis

Com a publicação da análise acima referida, sintomaticamente dedicada, em tom polêmico, a Pierre Boulez – para quem o interesse em Stravinsky, ecoando seu mestre Olivier Messiaen, reside exclusivamente no aspecto rítmico e no que concerne à técnica de montagem da forma musical –, configura-se um distanciamento irreversível com o mestre francês que custou a Pousseur, dada a influência exercida legitimamente por Boulez na *intelligentsia* musical internacional e sobretudo francesa, um certo e injusto isolamento[13].

A isso soma-se o estranhamento da relação com seu "irmão" Berio, na estreia de *Votre Faust* na *Piccola Scala* de Milão, em janeiro de 1969. Berio sai ao ataque da obra em um artigo intitulado "Notre Faust"[14], no qual, ainda que tecendo comentários bastante favoráveis e elogiosos em relação à partitura de Pousseur, castiga o texto de Butor. Pousseur, saindo em defesa de sua meia-parte e enaltecendo o próprio processo criativo impregnado pela parceria com o escritor francês, praticamente rompe com Berio, reavendo a relação de íntima amizade com este somente anos mais tarde. Com Boulez, o distanciamento estende-se reciprocamente até os dias presentes[15].

---

13 Referindo-se claramente a Pierre Boulez, ainda que não o citando literalmente, Pousseur relata acerca de tal distanciamento: "Igor Stravinsky compôs *Agon*, obra que logo elegi como um importante modelo, defendendo-a, o que acabou esfriando consideravelmente minhas relações com alguns de meus velhos amigos: '*Puisque vous aimez* Agon, *nous n'avons absolument plus rien à nous dire*' [em francês no original alemão: 'Já que você aprecia *Agon*, não temos absolutamente mais nada a nos dizer']. Vocês compreendem o que quero dizer?" (Pousseur, *op. cit.*, p. 6).

14 Cf. Luciano Berio, "Notre Faust". In: *Contrechamps No 1 – Luciano Berio*, Lausanne, Editions l'Age d'Homme, setembro de 1983, p.51-56.

15 O que não impediu, entretanto, que Boulez reconhecesse, em uma recente entrevista sobre sua obra *Pli selon Pli* (1957-1962), o papel relevante de Pousseur como seu interlocutor na elaboração das estruturas harmônicas da *Improvisation sur Mallarmé II* (o terceiro movimento de sua obra) – cf. Philippe Albèra, "Entretien avec Pierre Boulez". In: Albèra (org.), Pli selon Pli *de Pierre Boulez – Entretien et Études*, Genève, Éditions Contrechamps, 2003, p.18.

292   FLO MENEZES

Da mesma época datam dois de seus mais significativos textos teóricos: "Pour une Périodicité Généralisée" (1964) e "L'Apothéose de Rameau" (1968). No primeiro, discursa, com muita originalidade, sobre a correlação entre os desenhos das formas de onda, com os quais tomara contato na experiência da música eletrônica, com os perfis melódicos ou com as figuras intervalares. A partir de uma aguda consciência do caráter ondular dos espectros periódicos, Pousseur exemplifica como tais comportamentos podem ser transplantados para o desenvolvimento sequencial das notas em uma dada textura, atentando o leitor (e, mais especificamente, o compositor) para a importância de um trabalho consciente dos fenômenos de fase e de controle das ondulações que perfazem o perfil dos intervalos[16]. Com o paralelo figural entre formas de onda e figuras intervalares, Pousseur amplia a consciência ondular dos fenômenos sonoros, externando o aspecto microestrutural das ondas periódicas na elaboração dos perfis melódicos.

A preocupação, a essa altura dos acontecimentos, volta-se – constatemos – a um resgate da *figura*, ou seja, de algo apreensível pela mera escuta na confrontação com uma obra contemporânea, da mesma forma que a harmonia revestia-se de aspectos antes evitados pelo caráter proibitivo do serialismo generalizado. E mais uma vez Pousseur firmava-se por uma postura essencialmente fenomenológica com relação à elaboração das estruturas musicais.

Já com relação à "Apoteose de Rameau", estamos diante do texto mais complexo de Pousseur. Nele, Pousseur esmiúça em detalhes sua técnica das redes harmônicas e pretendera elaborar – e elabora de fato – uma *gramática generalizada* dos universos harmônicos. Se Rameau representara o balizamento racional da fundamentação harmônica tonal, erigindo a teoria do baixo fundamental que sedimenta as constituições triádicas da tonalidade, era chegada a vez de procurar levar seu pensamento à apoteose, pelo pris-

---

16 No Brasil, essa visão de Pousseur logo teve repercussões significativas no seio da vanguarda musical: tomando contato com essa "concepção ondular" em Darmstadt em 1963, quando havia sido aluno de Pousseur no Festival de Verão daquela cidade, o compositor Willy Corrêa de Oliveira sentiu-se fortemente influenciado por tais correlações entre formas de onda e desenhos melódicos, edificando boa parte de suas análises nas disciplinas de Composição junto à Universidade de São Paulo (USP) a partir de tais paralelos, do que eu mesmo fui testemunha como seu aluno nos anos 1980.

ma pós-weberniano, em que a essência de todas as relações harmônicas passa a ser vista como passível de ser interpretada por uma *rede* constituinte de três dimensões – vertical, horizontal e oblíqua[17] –, passíveis de serem espacializadas (*à la* Webern) de forma distinta, a partir da qual certa estrutura harmônica possa ser aí *projetada* e, operando-se uma transformação das dimensões intervalares dessa mesma rede, *transformada*, mantendo-se, de qualquer modo, traços de identificação que se calcam essencialmente na constituição dos *perfis* intervalares.

Um episódio bastaria para entender um pouco mais a amplidão do pensamento pousseuriano. Após minha defesa de Doutorado sobre Berio em 1992, para a qual contei com Pousseur como Orientador junto à Universidade de Liège, Pousseur convidou-me a uma conversa detalhada sobre meu trabalho em uma cafeteria. Era a primeira vez que sentávamos para discutir em detalhes minhas ideias tais como as elaborei no trabalho de tese no decurso de alguns anos. Até então, Pousseur deixou-me totalmente à vontade na elaboração teórica, confiando plenamente em minhas intenções. Quando o via, falávamos sobre tudo, menos sobre a tese. Mas daquela vez foi diferente e Pousseur insistia numa conversa delongada. Desejava ver substituído em meu trabalho o termo "indeterminação", quando aplicado à sua música e à de seus companheiros de viagem, por "sobredeterminação", e visava a uma ampla conversa sobre diversos outros aspectos. Quando por mim interpelado sobre a eventual correlação de sua teoria das redes harmônicas com o *pitch class* norte-americano, Pousseur afirmou, com justeza, o caráter muito mais amplo, abrangente e relevante de sua técnica no que se refere à consideração do *registro* dos intervalos (aspecto sem o qual, aliás, a obra de um Webern jamais poderia ser de fato compreendida). E, salientando a amplidão de alcance das redes harmônicas, exemplificou a gama de ação de sua teoria ao evocar a estruturação pré-serial do

---

17 Concebendo suas redes harmônicas em três dimensões, Pousseur faz eco, pois, à essência triádica da tonalidade. Mas está convencido que a essência da tríade tonal repousa não em *três*, mas antes em *quatro* notas, com a repetição da fundamental oitava acima (por exemplo: Dó–Mi–Sol–Dó). Assim é que afirma, em "L'Apothéose de Rameau": "... Os intervalos fundamentais do espaço acústico e auditivo... não são apenas a quinta e a terça maior, mas também e primeiramente a oitava..." (Pousseur, "L'Apothéose de Rameau", *op. cit.*, p.151).

motivo-Bach[18] e, ao mesmo tempo, a indeterminação de tipo cageano para, não sem certa ironia, desenhar-me em um guardanapo a correlação por redes entre tais universos opostos, pela simples alteração de seus "calibres intervalares" (tais como preconizam suas redes):

Seu sistema seria, pois, capaz de abranger tudo, estabelecendo paralelos até mesmo entre fatos opostos: tem lugar, aí, uma alteração dos passos intervalares, mas conserva-se a identidade das figuras ora pelo seu perfil (contorno dos intervalos), ora pelo seu conteúdo harmônico (a terça menor Lá-Dó). O próprio Pousseur elucida: "É como uma paisagem cuja estrutura fundamental permanece estável apesar da variação das estações e das horas e até mesmo das colonizações vegetais, animais e humanas, e que a despeito dessa variação e das surpresas que ela pode reservar ao viajante que retorna após uma longa ausência permanece de alguma forma reconhecível"[19].

Além do controle dos perfis para garantir a identidade das figuras, Pousseur atentava – e isto já desde a década de 1950 – para o poder polarizador de certos intervalos, procurando (em plena sintonia com Berio) generalizar o conceito pré-tonal e tonal de *polarização* ao de *omnipolaridade* ou *multipolaridade*[20]. Assim, para além dos perfis, a fenomenologia de tipo pousseuriano revelava o cuidado com a escuta ao ampará-la com tangíveis *centros de gravidade* da harmonia.

---

18 O motivo-Bach possui as propriedades, afins com os princípios seriais, de cobrir todas as notas cromáticas de certo âmbito (no caso, da terça menor) e de apresentar seu *retrógrado da inversão* como sendo igual a seu *original*, como ocorre com algumas séries de Webern.
19 Pousseur, *Composer (avec) des Identités Culturelles*, op. cit., p.47.
20 No mesmo número inaugural da revista *Incontri Musicali* (cf. *Incontri Musicali*, Numero Uno, Milão, Edizioni Suvini Zerboni, dezembro de 1956), Pousseur falará de *multipolaridade* em seu texto "Da Schoenberg a Webern: una Mutazione" (p.4), enquanto Berio recorre à mesma noção em seu texto "Aspetti di Artigianato Formale" (p.61).

A utopia e a obsessão por Ícaro e Mnemósine

Em meio ao universo polissemântico da obra de Pousseur, ancorado na referencialidade múltipla das citações e de suas especulações harmônicas, vislumbra-se pouco a pouco, em uma série de obras, uma sintomática obsessão pelos mitos de Mnemósine, a Memória, e de Ícaro, filho de Dédalo, o engenhoso construtor do labirinto do Minotauro na Ilha de Creta.

Que Pousseur recorra à Deusa da Memória para cunhar simbolicamente seu próprio trabalho é questão que não nos surpreende. A condição mnemônica está presente de forma cabal tanto no reconhecimento da identidade dos perfis em meio à obra complexa, quanto no recurso incessante à metalinguagem que tem na citação seu veículo mais fundamental.

A insistência ainda mais pertinaz da referência a Ícaro, no entanto, exige uma explicação mais atenta dessa figura mitológica. Acompanhante de seu pai Dédalo, o criador do labirinto, na condenação que o próprio pai sofrera, vendo-se obrigados a permaneceram nos emaranhados descaminhos da inventiva construção, Ícaro faz-se cúmplice do pai em um audaz plano de fuga pelos ares, em pleno voo: o caminho por terra, ainda que Dédalo soubesse como sair do labirinto, seria vigiado pelos medíocres soldados. Alçando vôo, não haveria como ser surpreendidos. Dessa forma, constroem suas asas e planejam a partida. Ao decolarem, no entanto, Dédalo aconselha ao filho um voo mediano, entre a umidade do mar e o excessivo calor dos raios do sol, para que a cera que mantinha juntas as suas asas não derretesse. Ícaro parte em voo em companhia do pai, da mesma forma como Dante faz-se acompanhar por Virgílio saindo do Inferno na *Divina Comédia*. Ao se distanciar do risco de nova captura, contudo, Ícaro deixa-se inspirar pelo voo e empreende uma trajetória cada vez mais alta, aproximando-se demasiadamente do sol. A cera de suas asas derrete, as asas se desprendem e Ícaro cai no mar profundo, engolido pelas águas que, por isso, levam seu nome: Mar Icário.

A simbologia é das mais pertinentes: em meio ao labirinto serial ou pós--serial, ancorado pela Memória das citações, Pousseur pretende alçar voo livre e arrojado, não dando asas ao risco de uma violenta queda e reportando--se ao mito que encarna a vontade indomável de liberação. Nessa perspectiva, encara a própria tarefa de edificação mítica e inventa um segundo

Ícaro, *Icare 2* que, ao contrário do originário, não se precipita ao mar e leva sua viagem às últimas consequências[21]. Dá a mão, assim, ao projeto utópico, a uma *utopia concreta*, nos dizeres daquele filósofo que exercera talvez a maior influência sobre seu pensamento: Ernst Bloch, o filósofo da utopia, cujo *Das Prinzip Hoffnung* (*O Princípio Esperança*) Pousseur descobrira na biblioteca de Stockhausen[22].

A extensão do conceito de redes harmônicas dá-se, utopicamente, até mesmo no plano de uma integração de linguagens musicais distintas. Pousseur começa a entrever obras nas quais não somente as citações, mas as próprias linguagens musicais distintas e concomitantes, incluindo aí, por exemplo, até mesmo a música do *jazz*, fazem-se presentes.

O projeto utópico pousseuriano, aliado ao conceito de *modelos reduzidos* de sociedade – termo que inclusive ocasionou toda uma série de obras de Pousseur[23] –, fortemente influenciados pelos utópicos franceses do século XIX (em especial pelo socialista-utópico Charles Fourier), chega a tal ponto que parece, em certa medida, superar a pretensão primordial do próprio serialismo integral em constituir uma *tabula rasa* da composição, para em vez disso almejar, prioritariamente, uma postura que fosse suficientemente democrática para incluir a maior gama de referências possíveis no âmago das novas estruturas musicais. É por tal viés que se pode compreender quando Pousseur afirma, referindo-se à sua geração mas reportando-se sobretudo a si mesmo, que aquela música "teria menos por função a proposição de um novo vocabulário [...] do que *abrir e articular*

---

21 A obra *Les Éphémérides d'Icare 2* (1970) para vinte músicos inaugura o encontro de Pousseur com o mito de Ícaro. É o próprio Pousseur quem diz: "Após essa obra, a figura de Ícaro tornar-se-á recorrente em meu trabalho: depois das *Éphémérides...*, haverá *Icare Apprenti, Icare obstiné, La Patience d'Icarène* etc.. Por que Ícaro? No mito antigo, Ícaro é associado à queda; inventei um seu irmão, Ícaro 2, que consegue voar, pois recebera de sua tia Mnemósine (a memória) a receita da cera que não derrete com o sol" (Pousseur *apud* Michel Hubin, *op. cit.*, p.33). Em seu reconhecimento a Webern, Pousseur chegará a escrever que este seria o "*Ícaro vitorioso* da música moderna" (Pousseur, "Stravinsky selon Webern selon Stravinsky". In: *Musique en Jeu Nr. 5, op. cit.*, p.118).

22 Cf. Pousseur, "Webern et Nous", *op. cit.*, p. 188.

23 E que, num certo sentido, faz eco ao *miniaturismo* de índole weberniana, na medida em que o próprio termo, tanto em português quanto em francês (*modèles réduits*), é utilizado para as miniaturas, maquetes e outras construções que reproduzem, em menor escala, estruturas de maiores dimensões.

um espaço suficientemente vasto para que todas as músicas presentes no mundo contemporâneo e na consciência coletiva possam aí ter lugar, encontrar-se, confrontar-se, dialogar, casar-se, mesticizar-se, e [...] produzir assim uma espécie de super- ou metalinguagem que as englobaria todas (assim como seus múltiplos cruzamentos) e na qual tais músicas pudessem emergir como subsistemas comunicantes"[24].

Em 1967, sua obra orquestral *Couleurs croisées* desvela a união da utopia pousseuriana com sua clara inclinação política de esquerda, na medida em que incorpora como tema principal a canção *We shall overcome*, símbolo da resistência antirracista norte-americana, cuja referência se vê motivada igualmente pelo fato de que Pousseur, nos idos dos anos 1960, lecionava como compositor convidado nos EUA.

Sem dobrar-se às pressões ideológicas tanto mercadológicas quanto stalinistas e sem, portanto, qualquer concessão ao profundo amor pela especulação musical mais genuína, alimento e sedimento de toda vanguarda autêntica, Pousseur afirma-se, assim, no mínimo como um dos compositores mais progressistas ou, ainda melhor, *trans-gressistas* de sua época.

Pousseur e Berio

Ter elegido como lema semântico um hino de protesto contra o racismo não deixa de entrever forte correlação com a postura de seu "irmão" Berio, que também em 1967 escreveria *O King* para mezzo-soprano, flauta, clarinete, piano, violino e violoncelo, peça incorporada logo depois como segundo movimento de sua *Sinfonia*, na qual paga tributo à memória do líder negro norte-americano Martin Luther King, então recém-assassinado. Na conclusão do famoso terceiro movimento da *Sinfonia*, Pousseur é um dos autores citados por Berio, e a obra referenciada é justamente *Couleurs croisées*. Dando continuidade a essa rede de referências, Pousseur compõe em 1970 *Crosses of crossed colors*, dedicando a obra *in memoriam* Martin Luther King.

---

24 Pousseur, *Composer (avec) des Identités Culturelles, op. cit.*, p.21.

Mas as referências recíprocas entre Pousseur e Berio são constantes já desde os anos 1950, e merecem um comentário a parte, dada a importância capital de ambos os mestres no cenário da música contemporânea e dado o grau de correspondência e diálogo entre os dois compositores, de difícil equiparação – tal como a relação Pousseur/Butor – ao longo da história da música do século XX. Ora tais paralelos demonstram-se como convergentes, ora como divergentes, mas mesmo nesse caso, nutre-se profunda identidade de postura e, no mínimo, um incomensurável respeito mútuo.

Vimos já o quanto diferem as atitudes de ambos diante da problemática das citações: enquanto Berio interfere na história, Pousseur permite que a história interfira em sua música. A questão harmônica, tão proeminente no trabalho de Pousseur já mesmo em meio à aguda fase do serialismo integral, assume, como bem sabemos, papel de honra igualmente na obra de Berio, que compartilha desde os anos 1950 com Pousseur, como vimos, a necessidade da noção de *multipolaridade*. Mas mesmo se considerarmos a força individualizante dos intervalos tomados um a um, vemos o quanto ambos os compositores afinam-se. O papel das terças, por exemplo, que se reveste de caráter fundamental como principal intervalo na obra de Berio (em particular a terça menor), é de suma importância nas considerações que levariam Pousseur a refletir acerca do reemprego sistemático de intervalos consonantes quando da elaboração de suas permutações seriais cíclicas – o estágio imediatamente anterior à concepção das redes harmônicas. E também o uníssono, relegado na fase aguda do serialismo integral a um plano inferior por suas afinidades com a oitava – intervalo este vetado de modo categórico por Boulez –, encontra-se revitalizado tanto em *Quintette à la mémoire d'Anton Webern* (1955) de Pousseur quanto em *Allelujah II* (1956--1958) de Berio.

E os paralelos não param por aí. Pousseur concebe *Rimes* em 1958, obra dedicada a Berio e a Bruno Maderna; Berio motiva-se e compõe/contrapõe *Différences* um ano depois. A convite de Berio, Pousseur ingressa no *Studio di Fonologia Musicale* de Milão e compõe *Scambi* em 1957, a primeira obra aberta dentro da vertente de música eletrônica; Berio endossa a experiência e realiza uma versão pessoal da obra de Pousseur. Berio compõe no estúdio eletrônico *Visage* (1961), obra concebida, em princípio, exclusivamente para o rádio da mesma forma como *Electre* (1960) de Pousseur, que responde com *Trois visages de Liège* (1961), obra na qual, em uma de suas partes (*Voix de la ville*), escutam-se vozes declamando nomes de ruas de Liège, talvez uma alusão às vozes e ruídos citadinos referentes à cidade de Milão em *Ritratto di città* (1954), a primeira realização eletroacústica de Berio, feita em parceria com Maderna. Quando Berio concebe, em 1966, sua *Sequenza III* para voz feminina, dedicada à Cathy Berberian, Pousseur responde no mesmo ano com *Phonèmes pour Cathy*, cujo título inspira Berio em 1971, em *Recital I (for Cathy)*. *Tempi concertati* (1958-1959), de Berio, é dedicada a Pousseur, e emprega, pela primeira vez, a notação proporcional; Pousseur utiliza a inovação beriana em seu *Madrigal I* (1958) para clarinete solo, e retribui a dedicatória de Berio com um belo texto analítico sobre a obra do compositor italiano. Não bastasse isso, Pousseur publica em 1970 seus *Fragments Théoriques I sur la Musique Expérimentale*[25], dedicando o volume a Berio e a Stockhausen, após ter, em 1969, escrito importante texto sobre a verbalidade na obra de Berio[26]. É deste último o verbete sobre Pousseur em uma enciclopédia americana dos anos 1970[27].

Das "convergências divergentes", citemos ainda algumas. Berio baseia-se em Claude Lévi-Strauss como sedimento semântico de sua *Sinfonia*, no mesmo ano em que Pousseur polemiza com Lévi-Strauss em um dos textos (redigido em 1968) de seu livro. Berio publica em 1969 seu texto "Notre Faust", de que já falamos, e Pousseur sai em defesa de Butor e, consequentemente, de sua própria obra, cuja imbricação com o autor do libreto lhe parece indissolúvel, publicando uma resposta intitulada "Si, il nostro Fausto, Indivisibile"[28]. Quando da publicação do primeiro volume da série *Contrechamps* em 1983, dedicado a Berio, este liga pessoalmente para Pousseur – segundo o próprio Pousseur me relatou – para pedir a permissão da republicação de seu "Notre Faust". Apesar de Pousseur ter se oposto

---

25 Cf. Pousseur, *Fragments Théoriques I sur la Musique Expérimentale,* Etudes de Sociologie de la Musique, Bruxelas, Editions de l'Institut de Sociologie, Université Libre de Bruxelles, 1970.

26 Cf. Pousseur, "Berio und das Wort", texto de encarte do disco "Luciano Berio – *Circles, Sequenze I, III, V,* WER 60021, Wergo.

27 Cf. o verbete "Henri Pousseur", de autoria de Berio, in: *Dictionary of Contemporary Music,* Nova Iorque, Dutton & Co., 1974, p.588.

28 Pousseur, "Si, il nostro Fausto, Indivisibile". In: *Nuova Rivista Musicale Italiana 2,* 1969, p.281-287.

à republicação do artigo, o texto de Berio reaparece no volume, o que motiva um novo afastamento entre ambos os mestres, bem como a publicação, por parte de Pousseur, de uma significativa carta aberta a Berio na mesma série de publicações[29]. Isto tudo a partir de *Votre Faust*, obra que, ao início, cita *Thema (Omaggio a Joyce)* (1958) de Berio.

Dentre tais aspectos divergentes, um é digno de maior atenção: Pousseur disseca *Agon* de Stravinsky em "Stravinsky segundo Webern segundo Stravinsky", obra pela qual tinha especial admiração Berio, citando-a inclusive em sua *Sinfonia*. Ao encerrar seu texto, Pousseur aguilhoa Berio ao proclamar que "Stravinsky está vivo!" – frase ela mesma paráfrase do famoso texto no qual Boulez investe contra Schoenberg: "Schoenberg est Mort"[30], de 1952 – "com a tranquilidade daqueles cujos olhos viram e os ouvidos ouviram"[31]. Nessa postura antissinestésica escamoteia-se uma nítida contraposição ao final do artigo polêmico de Berio que, conclamando Pousseur a restituir o "nosso Fausto", instiga o amigo belga a "corrigir-se na base de motivações significativas para quem sabe também olhar com os ouvidos e ouvir com os olhos"[32], numa evidente referência seja ao contexto operístico, seja à noção de *teatro dell'udito* (*teatro do ouvido*) do Renascimento italiano de Orazzio Vecchi[33]. Berio havia já, anteriormente, escrito, a propósito de seus *Circles* (1960), que a obra deveria "ser ouvida como teatro e vista como música"[34].

---

29 Cf. Pousseur, "Les Mésaventures de *Notre Faust* (Lettre Ouverte à Luciano Berio)". In: *Contrechamps No 4*, Lausanne, Editions l'Age d'Homme, abril de 1985, p.107-122. Por volta de 1991, Pousseur retoma o contato com Berio, mantendo com este a amizade de outrora até o desaparecimento do mestre italiano. Pousseur contou-me pessoalmente em Colônia, em dezembro de 2004, que Berio havia lhe telefonado pessoalmente pouco antes de sua morte, pondo-o a par do estágio avançado de sua doença.

30 Cf. Pierre Boulez, *Apontamentos de Aprendiz*, São Paulo, Editora Perspectiva, 1995, p.239-245.

31 Pousseur, "Stravinsky selon Webern selon Stravinsky", *op. cit.*, p.126.

32 Berio, "Notre Faust", *op. cit.*, p.56.

33 Cf. a obra *L'Amfiparnaso* (1597) de Orazzio Vecchi, em cujo Prólogo o coro canta: "… Questo di cui parlo / Spettacolo, si mira con la mente / Dou'entra per l'orecchie, e non per gl'occhi / Però silenzio fate, / E'n vece di vedere, hora ascoltate". A expressão *teatro dell'udito* é, por vezes, encontrada como *teatro per gli orecchi* (*teatro para os ouvidos*).

34 Cf. texto de Berio como encarte do disco (LP) *Berio – Visage, Sequenza III, Circles, Cinque Variazioni*, Vox-Turnabout LC 0391, Holanda. O LP teve por base as notas de programa para o concerto no *Berkshire Festival* de Tanglewood, em 1960.

Por fim, há de se mencionar o embate em torno da questão *melódica*: enquanto Pousseur, em distintas ocasiões, acentua o papel da melodia e investe na constituição de novas estruturas melódicas, vendo a melodia inclusive como um instrumento de resistência cultural[35], Berio assevera em tom francamente polêmico:

> Entre as muitas tendências e maneiras de hoje, existe uma que é ao mesmo tempo curiosa e patética: a reconquista da melodia. Meu amigo Pousseur atualmente está apregoando o dever de tirar as melodias do inimigo e, uma vez conquistadas, o dever de usá-las contra ele. [...] Como tive ocasião de dizer ao próprio Pousseur, [...] os processos que geram melodias não se fabricam de um dia para o outro e [...] as melodias nascem espontaneamente na coletividade e nas poéticas quando todos os "parâmetros" musicais fazem as pazes e se põem a "cantar" juntos, isto é, decidem contribuir para a melodia, seja ela de Bach, Mozart, Webern ou mesmo Gershwin[36].

Para Pousseur, no entanto, o manifesto butoriano sobre o caráter realista (e ao mesmo tempo utópico) da música ainda preserva toda a validade, quando o escritor francês declara já com todas as letras: "A gramática da música é uma gramática do real; [...] os cantos transformam a vida"[37].

Mais uma vida pela Harmonia

Recentemente, em 3 de dezembro de 2004, pude participar como convidado de um debate público em homenagem aos 75 anos de Pousseur, com sua presença, na Universidade de Colônia, Alemanha. Éramos quatro à mesa: além de nós dois, um jornalista e Christoph von Blumröder, proeminente musicólogo do Instituto de Musicologia local e organizador do evento.

Na ocasião, Pousseur presenteou-nos com a *performance* de duas versões de *Scambi*, a sua e a de Berio, discorrendo sobre as diferenças de concepção

---

35 Particularmente notável, nesse sentido, é sua carta a Herman Sabbe – cf. Pousseur, "Lettre à Herman Sabbe: La Mélodie comme Arme Culturelle". In: *Yang XV/2*, Gent, 1979.

36 Berio, *Entrevista sobre a Música – Realizada por Rossana Dalmonte*, São Paulo, Civilização Brasileira, 1981, p.67-68.

37 Butor, *op. cit.*, p.28.

entre ambas. Em meio à conversação, não podia eu deixar escapar a oportunidade de colocar-lhe a questão em torno da relevância da Harmonia, ciência mãe da música, para o advir de novos dias. Qual o papel que as especulações harmônicas ainda ocupariam em seu percurso criativo? Como veria essa questão?

A resposta, das mais sintomáticas, não poderia ser mais categórica: "Se eu tivesse ainda uma vida toda pela frente, não seria capaz, ainda assim, de esgotar as possibilidades infindáveis que possuem os intervalos".

Em sua busca incessante e inabalável pela Harmonia – entendida, aqui, em seu mais amplo sentido, tanto musical quanto humanamente –, consiste a originalidade e singularidade da obra de Henri Pousseur, aspecto este que lhe confere ainda hoje, já em pleno século XXI, lugar de honra dentre os criadores mais perspicazes de nosso tempo.

São Paulo, abril de 2005

9
O MAXIMALISMO COMEMORA OS SETENTA ANOS DE BERIO[1]

No Brasil, ainda não se perdeu o hábito de discorrer publicamente sobre os grandes fatos da cultura internacional com certo atraso. É pertinente procurarmos detectar as razões ilegítimas deste perdurável desconhecimento, tão arraigadas na imprensa nacional. Mas enquanto a ignorância persiste na publicidade aeróbica da subserviência (refiro-me aos tantos espaços dedicados, na imprensa dita "cultural", a questões de menor significância e de maior pseudomobilidade da massa acrítica), militamos de forma consistente pela propagação das obras de real substância nos espaços aos quais temos acesso: universidades, festivais, simpósios, congressos.

Assim é que no Festival de Inverno de Campos do Jordão 1995, o principal do país no terreno da música, ministrei curso de Composição e Análise no qual centrei questão na abordagem de 25 obras daquele que é, a meu ver, o maior compositor vivo: o italiano Luciano Berio[2]. O motivo principal não era somente a paixão por sua obra, mas algo que, em toda a Europa e nos EUA, foi motivo de inúmeras programações culturais: Berio completou, em 1995, 70 anos de idade. A imprensa brasileira, contudo, silenciou sobre este fato, mais ainda sobre meu curso... Aliás, para não dizer que o silêncio foi total, tivemos o desprazer de ler meia página de jornal em 16 de junho passado, redigida pelo então jornalista da *Folha de S. Paulo* Luís A.

---

1   Publicado pela primeira vez como: "Berio: 70 anos". In: Suplemento Literário nº 11, Secretaria de Cultura do Estado de Minas Gerais, março de 1996, p. 3-5.
2   Lunciano Berio veio a falecer em 2003.

Giron, na qual entrevistava Gerald Thomas. Ali, enquanto o mundo aclamava Berio pela importância incontestável de sua obra, ambos se deleitavam em proferir xingamentos à personalidade do mestre italiano: corrupto e tirano eram algumas das muitas palavras desferidas contra Berio em sua ausência, no mesmo momento em que Thomas se apresentava, em Florença, como parte integrante (ainda que ínfima) da ópera *Zaide* que Mozart deixara inacabada, e que fora completada por Berio nos últimos anos, num minucioso estudo sobre os manuscritos do compositor austríaco. A intenção do mediano jornalista e do autoenaltecido homem de teatro brasileiro de nome importado era óbvia: Thomas colocava-se pretensiosamente como a principal personagem da ópera de Mozart-Berio. As desavenças com o verdadeiro criador, Berio, resultaram, contudo, na demissão de Thomas dias após este ter "descido a lenha" em Berio, sem que este, é claro, pudesse se defender. Sem Thomas, a ópera consagrou-se, no segundo semestre de 1995, como um dos grandes sucessos da intensa vida musical europeia. E o Brasil ficou, com tal episódio, um pouco mais desinformado...

Autor de dezenas de obras que abrangem as mais distintas categorias da música contemporânea – da música para teatro à sinfônica, passando por praticamente todas as formações camerísticas –, Berio nasceu em Oneglia (Itália) em 1925. Aluno de composição de Ghedini no Conservatório de Milão, conhece nos anos 1950 uma das maiores cantoras de todos os tempos, Cathy Berberian (com quem viria a se casar), especialista em música barroca (notadamente no Monteverdi da *seconda prattica*) e em música contemporânea. Em 1954, é cofundador, ao lado de Bruno Maderna, do primeiro estúdio de música eletroacústica da Itália: o *Studio di Fonologia Musicale* de Milão. Ainda nos anos 1950 conhece Umberto Eco, a quem introduz a teoria linguística estruturalista de Saussurre, e por meio do qual toma contato com a obra literária de James Joyce.

De lá para cá, Berio consagra-se como uma das quatro principais figuras da geração pós-weberniana de música contemporânea. A seu lado despontam nomes como os de Pierre Boulez, Henri Pousseur e Karlheinz Stockhausen. A tal grupo de inventividade inesgotável viriam a somar-se os nomes de Cage, Nono, Xenakis, Ligeti e de tantos outros.

Dentre todos Berio é, todavia, o compositor que se destaca como autor da principal obra vocal do século! Profundamente interessado por todos os recursos da voz humana, Berio foi o primeiro a vislumbrar, no profícuo terreno da música eletroacústica, a interação potencial entre os recursos tecnológicos deste então novíssimo gênero musical e a literatura de vanguarda. Sua obra eletrônica *Thema (Omaggio a Joyce)*, de 1958, baseada na manipulação de sons da voz de Berberian, tem como partida a leitura de um trecho de *Ulysses* de Joyce. Ali, literatura de vanguarda e música contemporânea uniam-se inexoravelmente, a exemplo do que procurava Boulez com o texto surrealista de René Char em *Le Marteau sans Maître* anos antes (1953-1955). Apoiada no isomorfismo entre a palavra e o som, tão presente nesta obra-prima da música eletroacústica, toda uma gama de realizações desenvolver-se-ia no decorrer dos anos 1960. Em obras como *Circles* (1960, baseada em três poesias de e. e. cummings), *Epifanie* (1961-1965, na qual encontram-se textos de Joyce, Sanguineti, Brecht, Machado, Proust, Simon), *Passaggio* e *Laborintus* II (ambas de 1965, com textos de Sanguineti), *Sequenza III* (1966; texto de Markus Kutter), e *Sinfonia* (1968-1969; textos de Lévi-Strauss, Beckett, Joyce etc.), Berio edifica indubitavelmente o mais significativo percurso criativo no âmbito da música não popular com uso da voz, explorando-a do "ruído mais insolente ao canto mais sublime", como nos diria o próprio compositor italiano. E tudo isto ao lado daquela que, a meu ver, constitui até o presente a mais preciosa realização da música eletroacústica: *Visage* (1961), para fita magnética baseada em sons derivados mais uma vez da voz de Berberian, obra na qual a única palavra inteligível, em meio a gestos vocais os mais variados, é justamente a palavra "palavras" em italiano (*parole*).

Foi baseada neste isomorfismo entre vanguarda literária e musical, calcado numa intrincada rede de correlações não necessariamente lineares, que toda uma produção brasileira faria eco ao "estruturalismo" beriano. Refiro-me, mais precisamente, às obras vocais dos dois grandes expoentes da Música Nova brasileira, cuja obra soube fazer frente às tendências mais caducas e nacionalistas entre nós: Gilberto Mendes e Willy Corrêa de Oliveira. Elaborando suas preciosas obras "experimentais" a partir de textos de alta qualidade poética, dentre outros de Augusto e Haroldo de Campos, Décio Pignatari e Florivaldo Menezes, e com ênfase na produção literária brasileira "verbivocovisual" de cunho joyceano, tanto Willy quanto Gilberto despontaram como os grandes representantes, nos anos 1960 e 1970, da nossa radical Música Nova. E neste sentido, o profícuo contato de Willy e Gilberto com os compositores de Darmstadt nos anos 1960, especialmente com Berio e Pousseur, fora de inelutável importância.

As simulações linguísticas presentes em *Visage*, assomadas às ricas proliferações espectrais de sons eletrônicos, configuram, por outro lado, um dado de estilo presente em quase toda a obra do compositor italiano e que, a rigor, adquire ainda maior importância estética para a atualidade. No seio deste traço estilístico funda-se aquilo que distingue, em primeira e última instância, a música não popular (erudita, contemporânea, experimental, de vanguarda, clássica moderna?) da popular, mercadológica: a *complexidade*.

Por ironia do destino, talvez o maior dentre os minimalistas, Steve Reich – o que vale dizer: a que mais sugou dentre as pulgas, exíguas pela própria natureza, ainda que persistentes –, foi aluno de composição, na Julliard School em Nova Iorque, justamente de Berio. O que define a poética beriana é, contudo, o que poderíamos definir, por antítese ao minimalismo e às tendências popularescas, por *maximalismo*.

Para além do positivo impacto que a música de Berio exerce sobre o ouvinte que pela primeira vez defronta com ela, as composições do mestre italiano guardam em si um inesgotável poço de informações, minuciosamente costuradas numa trama polimorfa e multigestual, susceptível a subsequentes "releituras" pelo ouvinte. Há sempre o que se degustar na reescuta de uma obra de Berio. Detalhes submersos emergem face à aparente obviedade do já percebido, numa constante redescoberta. O maximalismo beriano guarda profundas correlações, pois, com o conceito original de "obra aberta" elaborado por Eco nos anos 1950. A criação sempre sujeita à reinterpretação pelo receptor da obra de arte não necessita do dado aleatório para "abrir-se" a renovadas leituras de seus múltiplos conteúdos. Basta, para tanto, que seja suficientemente *complexa*, elaborada de forma minuciosa e polimorfa; basta que permita uma simultaneidade de discursos através de dimensões paralelas do fenômeno perceptivo. Neste sentido, é interessante notarmos que Berio foi o único a não lançar mão do acaso para projetar o conceito de obra aberta na música contemporânea. Ao contrário de Boulez, Pousseur e Stockhausen, Berio nunca fez concessão ao acaso como elemento preponderante na constituição formal de suas obras. Para Berio, o acaso nunca existiu em música, e no entanto sua obra jamais perdeu o sabor da sensualidade, da sensação do imprevisto, da surpresa do gesto. Foi o único a entender realmente o que significava a "abertura" para Eco.

Assim é que, em obras subsequentes às dos anos 1950 e 1960, Berio continua a tratar e retratar os textos de diversas e iterativas maneiras no decorrer do tempo musical. É como se a cada vez que o texto emergisse, uma nova interpretação musical do Verbo fosse viabilizada pelo novo contexto sonoro. Em sua magnífica composição vocal *A-Ronne* (1974-1975), Berio "relê" o texto de Sanguineti cerca de 23 vezes. A cada vez, um novo tratamento perfaz uma direção distinta em meio à trama semântica dos vocábulos, numa constante renovação daquilo que, para Berio, configura-se como irredutível: a relação som/palavra. O isomorfismo não linear de outrora deflagra-se aqui como infindável procura/descoberta de significação intersemiótica. E isto a ponto de gerar subsequentemente uma das mais inusitadas ideias do teatro musical de todos os tempos. Em sua ópera *La Vera Storia* (1977-1981), o texto de Italo Calvino, elaborado para o primeiro ato, repete-se literalmente no segundo. O que difere é, todavia, seu tratamento eminentemente musical. Qual seria o verdadeiro teor da estória narrada, se suas inflexões musicais sugerem infindáveis releituras dos mesmos elementos verbais?

Não é, obviamente, apenas no terreno da música vocal que Berio pode ser visto como a principal personagem da Nova Música. A mesma multiplicidade de níveis que se encontra nas obras vocais pode ser observada em sua produção puramente instrumental. Exemplo disso são suas *Sequências* para instrumentos solistas. Tive recentemente a oportunidade, em Paris, de observar em mãos os manuscritos da última delas, a *Sequenza XII* para fagote, estreada no primeiro semestre deste ano na capital francesa. Durante 26 minutos com uma única respiração circular (o fagotista executa ininterruptamente sons em seu instrumento sem que desgrude seus lábios do bocal para respirar, técnica de extrema dificuldade nos instrumentos de sopro) e iniciando-se com um *glissando* de cerca de oito minutos que varre toda a tessitura do instrumento, a peça é uma das mais extraordinárias composições jamais escritas para um instrumento de sopro. E isto para não falarmos de *Formazioni* (1987), talvez a maior obra escrita para orquestra nos últimos 30 anos!

É sempre bom verificarmos que a síndrome da revisão não abate necessariamente todo e qualquer compositor que passa dos 50 anos, e que talvez tal infelicidade se restrinja ao Brasil. Mas, para nosso bem (ao menos sob este aspecto), todo fenômeno local é reversível. O isolamento do socialismo e seu decorrente retrocesso à economia de mercado, previsto por Trotsky já em 1936, bem nos demonstrou o quanto teria sido bom se tivéssemos seguido a trilha do internacionalismo, abarcando o mundo por todos os lados, este mundo tão ínfimo perto do Universo. Em suma: é bom vermos um velho tão jovem.

A música de Berio não é, a bem da verdade, italiana. Seu teor maximalista e complexo implica uma abrangência do mundo. Não é de hoje que prego a suspensão das nacionalidades. Se a nacionalidade fosse conferida a um cidadão não no seu nascimento – no qual não teve opção alguma –, mas sim após sua morte, metade dos problemas do mundo teria solução a curto prazo.

Mas enquanto a utopia concreta (como diria Ernst Bloch, professor de Adorno) não se realiza, é necessário gritarmos por nossas ideias. Se um dia ficarmos roucos ou perdermos a voz, saberemos, ao menos, ouvir nossos próprios ecos na rede polimorfa e maximalista de suas significações.

São Paulo, dezembro de 1995

10
Berio Eterno![1]

A incomparável satisfação em ser compositor atuante da Nova Música, apesar de todas as adversidades pelas quais passamos, impele-nos paradoxal e constantemente a um sentimento dúbio, a uma espécie de inconformismo, quando pensamos nas tantas injustiças às quais alguns mestres do passado tiveram de se submeter em face das exíguas condições de suas existências.

Luciano Berio, com quem tive o enorme privilégio de manter durante mais de uma década uma relação de proximidade, certa vez manifestou-se acerca disso ao referir-se a Schubert. É de fato muito injusto pensar que o compositor austríaco tenha vivido tão pouco tempo. E o mesmo pode ser dito de Mozart! E o que dizer do fato de Mahler sequer ter tido tempo para ouvir seu maior feito, o primeiro movimento de sua *Nona Sinfonia*? E se pensarmos em Bach, que dista em dois séculos das inigualáveis interpretações de sua obra pelas mãos de Glenn Gould no piano moderno?

É como se desejássemos subverter a ordem e a extensão dos acontecimentos para poder proporcionar aos verdadeiros criadores a experiência sempre renovada de escuta de certas obras que, por suas mãos, fazem parte do legado mais sublime de toda a humanidade...

O desaparecimento de Berio, aos 77 anos de idade, faz, contudo, com que revertamos nosso olhar sobre essas injustiças oriundas das incongruências

---

1 Publicado pela primeira vez na Internet a partir de maio de 2003, no site: http://www. movimento.com/mostraconteudo.asp?mostra=2&escolha=3&codigo=1532; e depois no Programa do Concerto "Luciano Berio *In Memoriam*", Masp, São Paulo, 26 e 27 de maio de 2004.

310 FLO MENEZES

do Tempo, para as quais ele mesmo chamou nossa atenção, e nos perguntemos, por fim: é justa, a rigor, a morte de um criador de sua estatura, qualquer que seja sua idade?

Se Berio tivesse morrido em 1965, aos seus 40 anos, certamente já teria assegurado lugar de honra no seleto time dos maiores criadores da música ao longo de sua história, ao lado, por exemplo, de Stravinsky, Schoenberg, e dos jovens Mozart e Schubert. Naquela época já havia realizado obras que fazem parte obrigatória da cultura de qualquer músico minimamente sério. Penso em *Thema (Omaggio a Joyce), Circles, Visage, Epifanie, Laborintus II,* só para falar de algumas delas. Mas como o Tempo foi, neste caso, generoso, Berio pôde escrever, quatro anos depois, aquela que viria a ser a principal obra orquestral da segunda metade do século passado, *Sinfonia,* que tivemos o privilégio de ouvir em São Paulo em 2002, ainda que não pelas mãos do próprio Berio, que já se encontrava doente, cancelando sua vinda ao Brasil. E a esta magnífica criação somam-se outras tantas em todos os gêneros possíveis da composição musical, que fazem de Berio o maior nome, ao lado de Stockhausen, Pousseur e Boulez, da geração dita pós-weberniana. Apesar disso, Berio foi suficientemente modesto e, do alto de sua grandeza, pronunciou-se emblematicamente em 1971, quando da morte de Stravinsky: *"Adieu, père, et merci!"*

E mesmo em meio ao sofrimento que o levou à morte, ao que parece Berio ainda encontrou forças para, duas semanas atrás, concluir sua obra *Stanze,* para barítono, três coros masculinos e orquestra. Desta vez, foi mais generoso que o Tempo que, traidor, lhe impôs o mesmo infortúnio de Mahler... Somos nós que a desfrutaremos.

O fim da existência de um gênio é sempre injusto, porque o potencial criativo de seu intelecto é inesgotável, e sua marcha só pode ser estancada pela inexorabilidade da morte.

Resta-nos a esperança de interpretarmos o Tempo e suas instâncias como possíveis janelas para, lançando algum olhar, enxergarmos a *eternidade.* Aí, vemos que a ideia de *presente* é incompatível com a de *passado* ou a de *porvir.* Ou o que se foi e o que será nada mais são que frutos de nossa memória e imaginação, ou são estes momentos que de fato existem e o presente é mera ilusão. De qualquer forma, quanto mais compromissados estivermos com a noção de *tempo,* mais próximos estaremos do passado e do futuro, enquanto o presente, que nos escapa ininterruptamente, liberta-se de qualquer amarra temporal. O que passou e o que será sempre terá tido um fim, mas como pode acabar o que não se aprisiona ao Tempo?

Assim, se entendermos por *eternidade* não a duração temporal infinita, mas a própria *atemporalidade*, fazendo com que viva na eternidade quem vive no presente, como queria Wittgenstein, então basta vivenciarmos as obras de Berio – qualquer uma delas! – como modelos ideais de *presente*, imbuídos de referências passadas e sempre propensos a futuros reencontros. Momentos presentes cuja insuperável beleza faz com que, em ato, esqueçamos da existência do próprio Tempo, momentos de sábia densidade e complexidade, em que, como desejava Berio, o ouvido defronta com um "laborinto" de simultâneos níveis de desenvolvimento e de expressão.

Fundem-se, então, o belo e o sublime, e sentimos a convicção de que pode ser muito bom estarmos vivos! Aí sim, o caráter inexoravelmente exíguo da existência e do Tempo, que hoje nos leva para sempre Berio, diminui de importância, e nos certificamos de que o gênio é eterno, de que Berio é eterno!

Addio, padre, e grazie!

11
A RELAÇÃO "LABORÍNTICA" ENTRE TEXTO E MÚSICA EM BERIO[1]

A verdade como contínua iluminação

"La vérité est un autre nom de la sédimentation"[2]. Esta lapidar definição de Merleau-Ponty acerca da *verdade*, noção que adquire sentido apenas se concebida enquanto uma contínua superação de si mesma, não somente resume de modo extraordinário o que, em filosofia, designamos por *fenomenologia* – estudo da percepção como apreensão dos fenômenos que nos são dados à consciência –, mas pode igualmente ser vista como lema da produção beriana[3]. Em conformidade com este movimento mutável e ininterrupto das distintas significações provenientes de nossas experiências,

---

1   Publicado pela primeira vez em alemão sob o título: "Das 'laborinthische' Verhältnis von Text und Musik bei Luciano Berio". In: *Musik-Konzepte – Luciano Berio*, Band 128, München, Edition Text+Kritik, abril de 2004, p.23-41. Trata-se de um ensaio desenvolvido a partir de um artigo escrito quando, em 1992, obtive a pedido de Luciano Berio bolsa da Fundação Paul Sacher na Basileia para trabalhar com seus manuscritos, correspondência pessoal e esboços, intitulado: "Une poétique phénoménologique et structurale – le rapport texte/musique chez Luciano Berio (in: *Mitteilungen der Paul Sacher Stiftung* Nr. 7, Basel, Paul Sacher Stiftung, abril de 1994, p.34-37).

2   Maurice Merleau-Ponty *apud* Jean-François Lyotard, *La Phénoménologie*, Collection Que sais-Je?, Paris, Presses Universitaires de France, 1954, p.44.

3   É o próprio Berio quem descreve a *Phénoménologie de la Perception* de Merleau-Ponty como uma das obras que mais influência exerceram sobre seu pensamento – cf. Luciano Berio, "Entretien avec Luciano Berio: Propos recueillis par Maurice Faure". In: *Les lettres nouvelles* 10 (1962), p.131. Também no texto de Luigi Nono ao qual nos referiremos, existe clara menção às ideias do filósofo francês (cf. Luigi Nono, "Texte–musique–chant", in: *Écrits*, Paris, Christian Bourgois Editeur, 1993, p.171). Ao que parece, esta corrente filosófica exerceu forte influência não só no meio composicional, mas também na musicologia italiana (cf. Luigi Rognoni, *Fenomenologia della Musica Radicale*, Milano, Garzanti, 1974).

Berio escreve: "Non siamo mai perfettamente padroni dei mezzi che usiamo: non è mai perfettamente vero che forma e contenuto siano, nella coscienza dell'uomo, la stessa cosa"[4].

É também por tal viés que se pode compreender a refutação de Berio quanto a uma sistematização teórica dos processos compositivos, expressa sumariamente em sua colocação a Umberto Eco: "A differenza di voi filosofi, non sono portato a cercare disperatamente il prolungamento del senso di un'esperienza nel senso di un'altra e a trasferire l'insieme delle esperienze e del loro senso in un sistema"; pois Berio propõe-se antes de mais nada à criação de uma obra, não exatamente à prescrição de sua poética: "Formulare progetti e creare oggetti che sono allo stesso tempo concreti e ideali strumenti di conoscenza"[5].

Diante desta atitude, não é necessário se pôr exaustivamente à procura de uma exposição teórica, da parte do Berio compositor, que esteja absolutamente sedimentada. Constatamos mesmo, após um exame de seu legado escrito, que defrontamos sobretudo com pequenos textos ou com um considerável número de entrevistas. Mas apesar disso, delineia-se através desses testemunhos uma inegável coerência de ideias e de proposições, ainda que no decurso de uma trajetória de índole essencialmente prática, e suas considerações acerca da relação entre texto e música tornam-se, nesse contexto, particularmente reveladoras, diríamos, desta sua abordagem *fenomenológica* da composição.

Dentre todos os seus escritos, apenas três deles tratam de modo sistemático de suas próprias obras: "Aspetti di artigianato formale" (de 1956, sobre *Allelujah I* para orquestra); "Poesia e musica – un'esperienza (de 1959, sobre a obra verbal-eletroacústica *Thema (Omaggio a Joyce)*); e por fim A-Ronne (de 1985, sobre obra homônima, para oito vozes em sua versão definitiva). Vemos que, entre os segundo e terceiro destes textos, existe uma lacuna de... vinte e seis anos! Como quer que seja, será no último texto citado que Berio descreverá de maneira mais clarividente sua concepção quan-

---

4   Berio, "Eugenetica musicale e gastronomia dell''impegno'". In: *Il convegno musicale* 1/2, 1964, p.128.
5   Berio, "Eco in ascolto: Intervista di Umberto Eco a Luciano Berio". In: *Komponisten des 20. Jahrhunderts in der Paul Sacher Stiftung*, Basel, 1986, p.329.

to à relação texto/música em face da história da música, cuja problemática constitui um dos traços mais marcantes de sua poética.

As três fases históricas da relação texto/música segundo Berio

Segundo suas colocações, podemos observar historicamente três tendências fundamentais nessa relação. A primeira via, que cobre o período que vai dos séculos XIII ao XVII, caracteriza-se sobretudo pelo uso na música de textos conhecidos universalmente. O conhecimento prévio do texto da parte dos ouvintes teria permitido aos compositores uma enorme "liberdade acústica" diante do verbo, resultando em "regiões musicais de uma grande densidade e complexidade"[6]. Vemos que se trata da fase concernente ao pleno desenvolvimento da escritura polifônica e da sedimentação do sistema tonal. Tal tendência teve como consequência o paulatino abandono do texto de origem exclusivamente latina, resultando, em suas obras mais radicais, nos motetos politextuais ou, em fase tardia da Renascença (*prima prattica*), mais particularmente em obras nas quais o entendimento do verbo é totalmente dilacerado devido ao emaranhado de vozes polifônicas. Exemplar deste fenômeno – que a revolução da *seconda prattica* barroca promulgada pela *Camerata Fiorentina* irá cunhar de *laceramento della poesia* – é o moteto a quarenta vozes (oito coros a cinco vozes) de Thomas Tallis, *Spem in alium* (1573).

No que se refere à segunda tendência, que diz respeito particularmente aos séculos XVII e XVIII, assistimos a uma verdadeira coincidência isomórfica[7] entre literatura e música, a uma correlação absoluta entre forma literária (verbal) e forma musical. O ápice desta tendência coincide com o apogeu do *Lied* alemão, e a relação Schumann/Heine é lembrada por Berio como modelo de tal interpenetração de códigos. A elaboração musical teria a tendência, ao abandonar o emprego dos textos de origem comum, a tomar como modelos literários textos cada vez mais complexos, que di-

---

6 Cf. "A-Ronne". In: *Fonè: La voce e la traccia*, a cura di Stefano Mecatti, Firenze, 1985, p.272.
7 Berio precisa: "Coincidenza metrica, prosodica, retorica, formale ed espressiva" (*idem, ibidem*).

ficilmente tornam-se, por sua vez, inteligíveis no contexto musical – e isto mesmo àqueles que os conhecem de antemão, uma vez que a condição de seu reconhecimento dependerá circunstancialmente da contextualização musical na qual são inseridos. O compositor, ao eleger uma poesia como base de sua canção, crê estar expressando em música a verdade mais autêntica em relação ao texto poético, e o paradoxo romântico da inabalável crença na verdade musical irá dar lugar a *Lieder* compostos por compositores distintos a partir, coincidentemente, de uma mesma poesia, cada qual convencido de que seu feito decorre da mais cristalina autenticidade. Tal ilusão isomórfica pode ser exemplificada com a eleição dos versos de *Kennst Du das Land?* de Goethe por Schubert (1815), Schumann (1849) e Hugo Wolf (1888): a mesma poesia dando origem a projetos isomórficos distintos; verdades musicais paralelas em torno de um mesmo referencial poético. Um caso particular nesse contexto é o de *Schließe mir die Augen beide* de Alban Berg: a poesia de Theodor Storm, que servira a um *Lied* de Berg em 1900 dentro de um contexto ainda tonal, será por ele mesmo revisitada numa versão dodecafônica 25 anos mais tarde. Trata-se, a rigor, de uma sintomática ponte entre o isomorfismo romântico e a postura multilateral, "polimórfica", de que por ora trataremos.

A terceira tendência, na qual Berio insere a si mesmo, não se caracteriza necessariamente pela exclusão das tendências precedentes, mas antes pelo fato de que a música passa a adquirir o papel de *instrumento de análise e redescoberta do texto*, cujos diversos níveis de significação tornam-se mais ou menos explícitos segundo o contexto no qual se veem inseridos na obra musical. É na relação extremamente complexa entre som e sentido da linguagem verbal que se põe o acento. Assim a define Berio: "Usare la musica come strumento di analisi e di riscoperta di un testo (letterario o no, non importa). Penso alla possibilità di far percorrere e far scoprire in tante maniere diverse, a chi ascolta coscientemente la musica, quel meraviglioso itinerario che c'è fra il suono e il senso"[8].

---

8   Berio, *idem*, *ibidem*. Com esse comentário, Berio deixa entrever a influência que exercera sobre seu pensamento a obra de Roman Jakobson, cujo enfoque sobre o som e o sentido na linguagem verbal foi particularmente desenvolvido em *Six Lectures on Sound and Meaning*, Cambridge / Londres, The MIT Press, 1978.

A crença num pretenso isomorfismo dá lugar, aqui, a um *polimorfismo*, no qual nem sempre as inflexões propriamente musicais procuram elucidar, no plano acústico-musical, o conteúdo semântico do texto. No embate da música com o verbo, em que ora há apoio mútuo, ora distanciamento recíproco, estabelece-se uma gama de possibilidades interpretativas condizentes com uma bifurcação de índole joyceana, numa pluralidade de leituras do texto a partir de seu confronto com o universo musical.

Paralelos e diferenças em relação à abordagem de Nono

Em época anterior ao texto de Berio, Luigi Nono formulara algo bem semelhante ao enfocar a relação histórica entre a música e o texto poético, dividindo-a igualmente em três fases distintas. Motivado pelos comentários depreciativos de Karlheinz Stockhausen em seu texto "Musik und Sprache" acerca da obra *Il Canto Sospeso* (1955-1956) – no qual a postura do compositor italiano diante da inteligibilidade do texto é veementemente questionada –, Nono sai em defesa de sua poética, visando à expressão musical do texto enquanto estrutura fonético-semântica. Nesse caso específico, trata-se de cartas de condenados à morte pela repressão nazifascista, e é nesse sentido que Nono afirmará, ao final de suas conferências de julho de 1960 em Darmstadt, que, longe de o texto decorrer de uma escolha arbitrária, a música se ancora visceralmente sobre o tecido referencial e semântico das palavras: "L'héritage de ces lettres est l'expression de ma composition"[9]. Ao se referir a *Coro di Didone* (1958), Nono afirma que "le principe de décomposition du texte... n'a pas retiré au texte sa signification, mais il a exprimé musicalement ce dernier comme structure phonético-sémantique"[10].

Em seu texto, Nono realça por princípio a capacidade de autonomia da música em relação ao texto poético, referindo-se ao papel da metáfora em música[11], e, realizando um retrospecto da relação texto/música, menciona

---

9   Nono, *op. cit.*, p.188.
10   Nono, *idem, ibidem.*
11   *Idem*, p.167.

três fases históricas que precederiam a geração de Darmstadt[12]. Na primeira, concernente à Idade Média e à Renascença[13] e ao *trivium* escolástico que aglutinava em um todo a música, a gramática e a retórica, "le rapport du texte à la musique reposait", diz Nono, "sur une analogie entre une symbolique figurative et musicale potentielle et le facteur sémantique pourtant schématisé en figures rhétoriques. [...] L'époque voulait que le contenu du texte devînt contenu de la musique"[14].

Numa segunda etapa histórica desta relação ambivalente, Nono evoca a *seconda prattica* monteverdiana. Os afetos vêm à tona e a musicalidade deixa- -se impregnar pelo conteúdo semântico dos textos, motivando a emergência do *recitar cantando*[15] e, consequentemente, do teatro musical propriamente dito: "L'analogie avec la rhétorique [*Rhetorik*] classique disparaît au profit d'une imitation de l'art du discours [*Redekunst*] mettant l'accent sur la diction et sur l'émotion du discours"[16].

Nono salienta, ao referir-se a esta segunda fase, que é justamente nesta época que o latim, língua oficial de uso comum e cada vez mais destinada à redação teórica dos grandes tratados, passa a conviver com a permissividade em relação às línguas vulgares, fenômeno que origina uma riqueza e plura- lidade de sentimentos humanos, resultando numa coexistência de distintos estilos musicais a eles correspondentes.

Nesta aproximação em princípio irreversível da música à fala ordinária, através da pluralidade das línguas, ancora-se o que parece constituir, para Nono, uma terceira fase histórica da relação música/texto, que se verifica

---

12 A bem da verdade, o texto de Nono não possui a clarividência das colocações de Berio, muito pro- vavelmente por ter sido objeto de duas conferências que, em forma de texto escrito, foram compiladas não por ele próprio, mas antes por Helmut Lachenmann. Assim é que Nono menciona, a rigor, quatro fases históricas da relação música/texto, porém descreve ao longo da conferência apenas três delas.

13 Nono refere-se exclusivamente ao período renascentista, quando na verdade tal *trivium* se constitui já na Idade Média.

14 *Idem*, p.168-9.

15 Particularmente interessante nesse sentido é a carta que Claudio Monteverdi escreve a Ales- sandro Striggio em 9 de dezembro de 1616, na qual realça a importância, em música, do "parlar cantando", e não do "cantar parlando", em postura em prol de uma radical musicalização da fala (cf. Claudio Monterverdi, *Lettere, Dediche e Prefazioni*, Roma, Edizione de Santis, 1973, p.88).

16 Nono, *op. cit.*, p.169.

sobretudo a partir da primeira metade do século XIX com a cristalização do *Lied*. A imbricação da música com o texto dá-se de tal forma que, na ausência do verbo, a música parece referir-se, ainda assim, a um conteúdo programático. Pensemos na música de programa em Liszt ou mesmo nos *Lieder ohne Worte* (1829-1945) de Mendelssohn.

E será a partir desse fato – que mesmo na ausência de um texto a música se vê imbuída do que poderíamos definir como *semanticidade* – que Nono assenta sua poética em prol de uma investigação expressiva do verbo como elemento fonético-semântico, chamando a atenção para a significância de cada fenômeno sônico ligado às línguas mesmo na ausência de uma enunciação clara do próprio texto ao qual, de alguma maneira, vê-se atada toda e qualquer forma de expressão musical. A música passa a ser vista por Nono – assim podemos deduzir, de acordo com a terminologia saussuriana – como uma espécie de *fala*, e como tal abdica de sua função enquanto *língua*. Em tal ligação umbilical com a linguagem verbal, a música pode, para Nono, até mesmo valer-se da presença factual do texto sem que, para tanto, necessite atrelar-se à sua evidente enunciação. Mas nem por isso pode-se fazer, no caso da música que se utilize de textos, abstração da inteligibilidade do próprio tecido verbal – como Stockhausen alega ser o caso em *Il Canto Sospeso* –, e toda escolha em relação a um texto decorre de uma incontestável motivação que encontra suas origens no verbo: "En lisant ou en écoutant une musique accompagnée d'un texte, peu importe l'époque, on ne peut pas faire abstraction de l'existence même du texte"[17].

Ao compararmos ambas as abordagens – de Berio e de Nono – acerca da relação histórica da música com o texto, notamos diferenças substanciais. Enquanto Nono discorre sobre tal relação tendo por base as figuras de linguagem, pontuando, numa primeira fase (na música calcada no latim), a prevalência das regras da *língua* na forma da retórica clássica e, numa segunda, a maior aproximação da música ao próprio fenômeno da *fala*, a partir da qual subentende uma evolução gradual em direção a uma terceira fase, com a qual se identifica e em que se tem uma potencial abstração da música em relação ao texto sem que se abdique de uma intrínseca referencialidade da

---

17 *Idem*, p.171.

música ao verbo mesmo no caso da música puramente instrumental, Berio tende a quebrar a unilateralidade concernente a uma visão linear do desenvolvimento histórico de tal relação, enfocando-a de um ponto de vista da *irredutibilidade* dos dois sistemas sígnicos (linguagem verbal e linguagem musical) desde as origens de tal confrontação de códigos tão distintos. Esta demarcação deu vazão, aliás, ao próprio desejo de autonomia representacional que, de certa forma, motivou a aparição da notação musical, a qual, assentada primordialmente nas propriedades prosódicas que a escrita verbal, baseada sobretudo na diferenciação dos timbres dos fonemas, insistia sistematicamente em ignorar (alturas e durações, mais tarde intensidades), propiciou a edificação da própria linguagem musical e o desenvolvimento das técnicas de composição.

Desta feita, Berio pontua a autonomia musical que se ancora já numa primeira fase histórica desse "relacionamento amoroso" porém já conflituoso (mediante o uso de texto de origem comum que tem seu reconhecimento garantido), insinua o caráter ingênuo da intenção isomórfica entre música e texto que caracterizou o ideário musical romântico enquanto representação musical autêntica e plena do verbo poético e toma partido de uma poética errante, eminentemente "aberta" e polivalente, da música em relação ao verbo.

A História e o lugar do erro: profecia de Schoenberg

As origens do isomorfismo entre música e linguagem verbal, que tem no Romantismo sua fase áurea, remontam entretanto à irrupção da *seconda prattica* barroca, com seu lema *"prima la parola, dopo la musica"*, tendo à frente a obra de um mestre a quem se refere Nono e por quem nutre incomensurável admiração o próprio Berio, pois indagado certa vez sobre o compositor que o teria influenciado mais ao longo de toda a sua vida, presenciei-o responder sem titubear: "Monteverdi"[18]!

---

18 Isto se deu em agosto de 1989, quando Berio atuava como *composer in residence* do Festival Mozarteum de Salzburg.

Nada poderia parecer mais contraditório! Para quem a convivência entre música e texto pode arrimar-se tão somente numa relação que não seja unilateral, eleger como sua referência máxima uma poética que aparentemente prima pela submissão de um aspecto linguístico (a música) a outro (o verbo) parece, de fato, constituir um contrassenso. Mas é justamente no caráter multilateral da experiência que a logicidade do pensamento beriano se sedimenta. Se se perde por um lado, ganha-se por outro: a aparente submissão da música ao texto em um Monteverdi fez eclodir a pluralidade de afetos a que se refere Nono, liberando o compositor barroco das amarras religiosas da Renascença que o impingia a uma certa placidez, em estado de estupefação diante do divino. A música, num certo sentido, humaniza-se então radicalmente. E na exposição dos sentimentos humanos e até mesmo mundanos (incluindo nesse processo a própria religiosidade), ela passa definitivamente a ser vista como uma *matemática dos afetos*[19]. A história da música, como de resto de toda a humanidade, embebe-se em processos não-lineares, em que o erro tem lugar. Com a diferença, contudo, de que o erro em arte – como bem apontara Schoenberg – apresenta-se como dado essencial da própria investigação criadora: "[...] O erro [...] mereceria um lugar de honra, porque graças a ele é que o movimento não cessa, que a fração não alcança a unidade e que a veracidade nunca se torna a verdade; pois nos seria demasiado suportar o conhecimento da verdade[20].

Mas no que se refere a Nono, ao que parece não há escapatória diante da contradição. Ao mesmo tempo que, em resposta às críticas de Stockhausen, salvaguarda sua atitude musical diante tanto da escolha quanto do tratamento dos textos, Nono inicia suas conferências fazendo menção a um peculiar comentário do mesmo Schoenberg que, por um lado, vai a rigor de encontro à sua defesa da motivação na escolha musical do texto e, por outro, acaba por reforçar a visão multifacetada de Berio. No mesmo ano em que concebe

---

19 Desta forma procurei defini-la em um recente ensaio sobre as relações intrínsecas entre a música e a física: "A estonteante velocidade da música maximalista – música e física: elos e paralelos", Internet (em português e inglês): http://www.itaucultural.org.br/interatividades2003/menezes.cfm.

20 Arnold Schoenberg, *Harmonia, op. cit.*, p.458.

Pierrot Lunaire – portanto em 1912 –, Schoenberg afirma de modo surpreendente em um artigo intitulado "The relationship to the text":

> A few years ago I was deeply ashamed when I discovered in several Schubert songs, well-known to me, that I had absolutely no idea what was going on in the poems on which they were based. But when I had read the poems it became clear to me that I had gained absolutely nothing for the understanding of the songs thereby, since the poems did not make necessary for me to change my conception of the musical interpretation in the slightest degree. On the contrary, it appeared that, without knowing the poem, I had grasped the content, the real content, perhaps even more profoundly than if I had clung to the surface of the mere thoughts expressed in words[21].

Mais uma vez certificamo-nos que, malgrado toda a importância da obra ímpar de Webern e das condições históricas que a elegeram como principal fonte de influência em época imediatamente posterior a seu desaparecimento, estamos diante de implacável injustiça ao aferirmos as contribuições dos mestres da Segunda Escola de Viena e designarmos a geração subsequente de *pós-weberniana* e não, como haveria de ser, de *pós-schoenberguiana*. Não há como negar a pertinência de tal colocação: a intelecção da semântica verbal, em geral fortemente prejudicada quando o texto se insere na música, revela-se apenas como um dos possíveis níveis de entendimento dos distintos planos de significância de uma obra musical dotada de um mínimo de complexidade, e o potencial semântico do universo *intersemiótico* da música – para falarmos com Roman Jakobson[22] – independe, em princípio, do plano de significações mediado pela presença de um texto.

Tomando o texto como ponto de partida para dele liberar-se logo em seguida, Schoenberg enuncia o princípio da *organicidade* – o mesmo que o levaria onze anos mais tarde à sedimentação da metodologia serial dodecafônica – para redimir-se de sua voluntariosidade diante do verbo: "It became clear to me that the work of art is like every other complete organism. It is

---

21 Schoenberg, "The relationship to the text". In: *Style and Idea, op. cit.*, p.144.

22 Roman Jakobson definirá a música como uma semiosis introversiva – cf. seu texto "Le langage en relation avec les autres systèmes de communication". In: *Essais de Linguistique Générale II*, Paris, Les Éditions de Minuit, 1973, particularmente p.99-100.

so homogeneous in its composition that in every little detail it reveals its truest, inmost essence. When one cuts into any part of the human body, the same thing always comes out – blood. When one hears a verse of a poem, a measure of a composition, one is in a position to comprehend the whole"[23].

A matiz da diferenciação entre a concepção schoenberguiana e a atitude de Berio frente ao texto consiste, assim, no fato de que se para Schoenberg o texto serve de inspiração inicial para um voo livre da estruturação musical, sem que para tanto haja necessidade de reportar-se à estrutura do próprio texto, para Berio, como logo veremos, a confrontação das duas linguagens favorece a constituição de densa trama, num emaranhado labiríntico de saídas múltiplas.

Para Schoenberg, a metonímia emerge como fundamental figura de linguagem no dialogo da música com o texto; para Nono será, como vimos, a vez da metáfora; já no caso de Berio, a irredutibilidade de ambas as linguagens constitui a estratégia compositiva de tal confrontação.

A sobrevivência do projeto isomórfico na poética bouleziana

No que tange à coincidência isomórfica entre literatura e música, a concepção do texto como "centro e ausência" da música em Pierre Boulez merece aqui ser mencionada, por demonstrar-se como uma de suas consequências mais evidentes e particularmente radicais no século XX. A intenção bouleziana gira em torno do texto como alimento da ideia musical, preservando-se, porém, a noção de que se trata de duas entidades de naturezas diversas e, nesse sentido, buscando-se "un amalgame tel que le poème se trouve 'centre et absence' du corps sonore"[24]. Visando à tal imbricação, Boulez concede espaço a uma certa perda de compreensão do texto. *Compreensão* textual e *inteligibilidade* do sentido do texto adquirem, aqui, valo-

---

23 Schoenberg, *op. cit., ibidem.*
24 Pierre Boulez, "Son, verbe, synthèse". In: *Points de Repère*, Paris, Christian Bourgois Editeur / Éditions du Seuil, 1985, p.179.

res distintos, e será sobre a inteligibilidade em si, motivada pelo contexto semântico do texto, que a poética bouleziana centra questão: "Il semble [...] que l'on puisse agir sur l'intelligibilité d'un texte 'centre et absence' de la musique. Si vous voulez 'comprendre' le texte, alors lisez-le, ou qu'on vous le *parle:* il n'y aura pas de meilleure solution"[25].

Assim, a própria presença viva do texto torna-se prescindível, num processo de radicalização daquilo que, de certa forma, Schoenberg preconizara: se para este o texto nada mais faz que motivar a estruturação e expressividade musicais, as quais se valem da referência textual apenas como ponto de partida para o voo livre da composição, permanecendo o texto, porém, ainda presente, em Boulez tal empréstimo de sentidos que o texto faz à música permite que o verbo possa, enfim, dela se ausentar. Presença da palavra transmuta-se, então, em mera reminiscência textual, tal como se vê com clareza sobretudo em *Don* (1960-1962) e em *Tombeau* (1959), os movimentos periféricos de *Pli selon Pli* (1957-1962). Ilusão pensar, contudo, que por tal viés a música liberta-se da referência ao texto: ele continua a constituir o elemento central da linguagem musical, cuja concepção bem aproxima, sob este aspecto, a visão de Boulez da de Nono: mesmo na música puramente instrumental, pressente-se para ambos a presença implícita da verbalidade e da voz, como se toda música nada mais fosse que uma forma de expressão do próprio texto[26].

No encontro da poesia com a música, a imbricação isomórfica de cunho bouleziano se dá pelas *correspondências estruturais* que amparam a reciprocidade entre ambas as linguagens: "La transfusion de poésie à musique s'opère à plusieurs niveaux du langage, et de la signification. ... Il se produit communication par l'intermédiaire de la *structure...*" [27].

Desta feita, Boulez acaba por realizar uma síntese entre duas das tendências descritas por Berio. Por um lado, leva às últimas consequências a cren-

---

25 Boulez, *idem*, p.180.

26 Nono afirma em seu artigo, referindo-se à ligação estreita da melodia com o texto, que "il devient possible dans la musique instrumentale pure d'assortir d'un texte la structure mélodique" (Nono, *op. cit.*, p.170); enquanto Boulez escreve: "La musique instrumentale n'est alors qu'une attente de la vocalité, nécessaire pour entretenir le rite dans sa continuité" (Boulez, "Poésie – centre et absence – musique". In: Points de Repère, *op. cit.*, p.186).

27 Boulez, *idem*, p.197-8.

ça romântica num *isomorfismo* entre música e texto, e de tal forma que o próprio verbo pode aí ausentar-se sem que, com isso, a música deixe de implicar uma leitura que se quer *verdadeira* do texto. Se Boulez afirma, com relação ao texto, não acreditar em uma sua "leitura em música" ou "com música"[28], é porque o texto passa, a rigor, a ser "lido" *através* da música. Nesse sentido, sua poética não destoa, em última instância, dos *Lieder ohne Worte* já mencionados de Mendelssohn, ainda que – podemos bem imaginar – tal asserção possa parecer, aos olhos de Boulez, como fortemente provocadora. Por outro lado, resgata, em plena ausência do texto, a liberdade estrutural da própria música, desvencilhando-a de uma pretensa responsabilidade frente à compreensão semântico-verbal, uma vez que faz apelo ao mesmo conhecimento prévio do texto de que se serviram tantos compositores da Idade Média e em período áureo da Renascença, quando do uso de textos latinos: "Le travail plus subtil que l'on vous propose à présent, implique une connaissance déjà acquise du poème"[29].

O projeto isomórfico de Boulez encontra paralelos, no panorama da música atual, somente com as obras corais dos principais compositores da vanguarda paulista entre os anos 1960 e início dos 80 do século passado, Gilberto Mendes e sobretudo Willy Corrêa de Oliveira, obras estas calcadas em trabalhos poéticos radicais da moderníssima poesia concreta e visual brasileira[30].

---

28 Boulez assevera: "Nous refusons la 'lecture en musique', ou plutôt la lecture avec musique" ("Son, verbe, synthèse", *op. cit.*, p.180).

29 *Idem, ibidem.*

30 Praticamente desconhecidas na Europa, essas obras baseiam-se em poemas de Haroldo e Augusto de Campos, Décio Pignatari, Florivaldo Menezes (pai) e Héctor Olea. No domínio eletroacústico, desenvolvi, quando atuei como compositor junto ao Estúdio de Música Eletrônica de Colônia, Alemanha, entre 1986 e 1990, a *forma-pronúncia*, que poderia ser vista talvez como uma consequência ainda mais radical no sentido desta "tendência isomórfica" entre linguagem verbal e música: uma certa palavra (portanto não mais um texto), cuja estrutura fonológica passa a ser radicalmente estendida no tempo, determina a textura de timbres dos diversos momentos consecutivos da forma musical. Apesar de estar estruturalmente presente, a palavra, a partir desta sua extensão no tempo, jamais será percebida enquanto tal, impingindo à forma musical, no entanto, cores texturais dos momentos formais que são proporcionais à estrutura temporalmente estendida de seus fonemas constitutivos. Trata-se, pois, de uma *presença-ausência da* palavra, ou de um *laceramento della parola*, ao invés *della poesia*, como diria a *seconda prattica* barroca referindo-se à dilaceração do verbo na Alta Renascença

Berio e a opção pela terceira via

É na potencial capacidade da música em tornar-se instrumento de análise e redescoberta do texto que se fundamenta, pois, a atitude beriana. Ainda que de forma não excludente em relação às demais formas de confronto do texto com a música, as vias pelas quais atua preponderantemente Berio refletem uma interdependência essencialmente multilateral de um código linguístico em relação ao outro.

Dois exemplos bastariam para nos certificarmos da presença, ainda que de forma alguma sobressalente, das outras tendências já descritas em meio à produção beriana. O primeiro é anterior mesmo a *Pli selon Pli* de Boulez e aponta, em meio à produção beriana dos anos 1950, para a escolha de um texto como fonte original que irriga a estruturação da obra musical, mas que se abstrai, contudo, do produto musical final. Referimo-nos a *Nones* (1954) para orquestra, cuja fonte literária – o texto homônimo de W. H. Auden –, embora servindo de motivação para a estruturação de toda a composição, jamais emerge em sua versão final. Ele atesta, ainda que em modo de exceção, a presença da "segunda via" na obra de Berio: a de basear-se na estrutura semântica do texto, abstraindo por completo sua presença factual na obra musical.

O segundo exemplo consiste, na verdade, num ótimo modelo da "terceira via" da qual por ora trataremos, mas em tempos recentes admite, por assim dizer, uma aproximação àquela "primeira via" que se ancorava no conhecimento prévio do texto para melhor compreender a própria música. E nesse contexto vale mais uma anedota pessoal: quando editei no Brasil sua composição verbal e eletroacústica *Thema (Omaggio a Joyce)* (1958), no CD que acompanha o livro *Música Eletroacústica – História e Estéticas*[31] – o qual, de resto, contém tradução de seu texto "Poesia e musica – un'esperienza" –, o fiz da forma como a obra sempre foi, pelas mãos do próprio Berio, até então divulgada. Mas ao encontrá-lo pessoalmente no saguão de um teatro em Bruxelas em 1997, Berio, ainda que demonstrando satisfação em relação à publicação, manifestou desejo inesquecível, sintomático e muito significativo: "Sarebbe meglio in una seconda edizione che la recitazione di Cathy del testo

---

31 Cf. Flo Menezes (org.), *Música Eletroacústica – História e Estéticas, op. cit.*

di Joyce fosse inclusa prima della composizione, perché si capisce meglio". Tais foram aproximadamente as palavras de Berio[32], evidenciando o mesmo desejo já expresso anteriormente por Boulez e que visa em essência a um entendimento mais profundo, por parte do ouvinte, do universo polissêmico da obra musical baseada em um texto.

Mas tais exemplos são, de fato, exceções na obra do mestre italiano. Ao contrário de uma poética musical que se assenta num conhecimento prévio do texto, ou em outra que se estriba numa correspondência estrutural entre palavras e música a partir da qual o próprio texto pode desta se tornar ausente, a "terceira via", opção preponderante da atuação beriana, ancora-se, constatemos, sobretudo na noção de *irradiação*, tão essencial para o pensamento mítico. Nela percebe-se mais uma vez o quão Berio fora influenciado pelo pensamento de Claude Lévi-Strauss, principalmente a partir do texto de *Abertura* de *O Cru e o Cozido* (1964), fonte fundamental para compreender, como bem sabemos, grande parte da concepção semântica de *Sinfonia* (1968-1969). Assim é que lemos nessa obra-prima da antropologia estrutural:

> A divergência das sequências e dos temas é um atributo fundamental do pensamento mítico. Ela se manifesta sob o aspecto de uma irradiação que é a única em relação à qual a medida das direções e de seus ângulos incita a postular uma origem comum: ponto ideal onde os raios desviados pela estrutura do mito haveriam de se reencontrar se, justamente, não proviessem de algures e não tivessem permanecido paralelos ao longo de todo o trajeto. [...] Essa multiplicidade oferece algo de essencial, pois está ligada ao duplo caráter do pensamento mítico, que coincide com seu objeto, constituindo dele uma imagem homóloga, mas sem jamais conseguir fundir-se com ele, pois evolui num outro plano. A recorrência dos temas traduz essa mistura de impotência e tenacidade. O pensamento mítico, totalmente alheio à preocupação com pontos de partida ou de chegada bem definidos, não efetua percursos completos: sempre lhe resta algo a perfazer. Como os ritos, os mitos são *in-termináveis*[33].

---

32 Desejo este que honrarei postumamente – uma vez que uma segunda edição do volume está em vias de preparação – e que faz com que a duração total da obra seja substancialmente alongada: de 6'11" para 8'12". Uma versão da obra contendo já a recitação de Berberian fora editada em CD ainda antes da morte de Berio: CD "Many more voices", Nova Iorque, BMG, 1998.

33 Claude Lévi-Strauss, *O Cru e o Cozido*, Mitológicas 1, tradução de Beatriz Perrone-Moisés, São Paulo, Cosac & Naify, 2004, p.24.

Se entendermos o texto e a música como os polos opostos aos quais a passagem acima se reporta (no lugar da dúbia relação entre o mito e seu objeto de referência, entre o significante e o significado míticos, tal como ocorre no contexto original de Lévi-Strauss), compreendemos a essência de toda a poética beriana no que tange à problemática da relação texto/música: divergência das sequências; direções distintas e concomitantes, reportando-se idealmente a uma origem comum que, a rigor, jamais emerge como solução inequívoca das disparidades; raios desviados a partir de intenções múltiplas; proveniência factual de naturezas distintas, incitando diálogo, porém preservando um intrínseco desenvolvimento paralelo nos distintos campos de atuação linguística; multiplicidade; referencialidade, preservando-se porém uma autonomia estrutural; dramaticidade pela impotência de uma transdução literal de uma esfera à outra da expressão, manifestada pela recorrência tenaz dos temas (textos) a que se faz referência, os quais transparecem, porém, com tratamentos sempre diversos; ambiguidade, ancorada pela ausência de pontos de partida e de chegada comuns, numa pluralidade de enfoques de índole labiríntica, mas que se remetem à ideia de um labirinto de múltiplas saídas; caráter interminável na relação dúbia entre texto e música. Eis, em essência, do que se impregna a poética beriana.

Os três traços distintivos do não isomorfismo na relação texto/música

À essência da relação texto/música reivindicada por Berio correspondem – para falarmos em termos da fonologia estrutural – três "traços distintivos" fundamentais, cuja compreensão nos auxilia em muito a definir a poética beriana e, consequentemente, a atingir esta "escuta consciente" de sua música[34].

---

34 Procurei, em duas publicações decorrentes de meu Doutorado, realizar uma análise pormenorizada da íntima relação entre aspectos da fonologia e das ideias de Roman Jakobson e a obra de Berio. Em *Luciano Berio et la Phonologie: Une Approche Jakobsonienne de son Œuvre* (Publications Universitaires Européennes, Série XXVI, Musicologie, Vol. 89, Frankfurt/Berlin/Viena/Bern/Paris/Nova Iorque, Verlag Peter Lang, 1993), enfoco a influência da verbalidade na obra de

O primeiro traço ou característica fundamental diz respeito à edificação, em uma única obra, de *vários níveis de leitura*. Vemos aí o quão o percurso criativo de Berio está indissoluvelmente ligado ao desenvolvimento literário do século XX, e sua visão passa necessariamente pelo conhecimento das poéticas em prol da multiplicidade de autores como James Joyce, Umberto Eco, Edoardo Sanguineti. A obra musical não deve, portanto, esgotar todas as suas potencialidade expressivas logo na sua primeira escuta. Ao contrário, sua complexidade deve ser de tal ordem que permita ao ouvinte "redescobri-la" a cada novo encontro. Ela não se resume a um objeto fechado, a um modelo de verdade, mas antes revela-se como criação aberta e susceptível de prestar-se a um contínuo e interminável processo de *sedimentação*[35]. A elaboração musical envereda-se pela complexidade, porém por uma complexidade essencialmente *fenomenológica*, que permite ao ouvinte situar-se a si mesmo diante da obra complexa, de forma a tomar partido por estratégias de decodificação do objeto apreendido e optar, em meio a tal *"laborinto"*, pela saída que melhor lhe convier. Berio afirma: Mon auditeur aura la possibilité d'entendre la musique différemment: d'une façon s'il arrive à repérer les références, d'une autre façon s'il ne les connaît pas[36]. *Laborintus II* (1965), uma verdadeira mescla de oratório, moteto multilingual e madrigal, certamente é a obra que melhor representa a cristalização de tal postura no percurso criativo de Berio. Uma obra em cujo título já transparece

---

Berio, presente até mesmo em suas composições puramente instrumentais, desenvolvendo a tese de que os dois principais traços de sua escritura reportam-se a fenômenos essenciais da linguagem verbal: por um lado, a oposição binária mais fundamental a todas as línguas do mundo – a oposição entre *vogais* e *consoantes* – reflete-se no constante recurso que Berio faz à oposição entre *uníssonos* e *aglomerados harmônicos*; por outro lado, o papel estrutural determinante, em Berio, do intervalo de *terça menor* parece ser um reflexo da *relativa mobilidade das regiões formânticas* nas vogais, as quais, apesar de sua fixidez relativa, podem variar no âmbito desse intervalo. Já *Un Essai sur la Composition Verbale Électronique* Visage *de Luciano Berio* (publicado como Primeiro Prêmio do Concurso Internacional de Musicologia *Premio Latina di Studi Musicali 1990*, in: Quaderni di Musica/Realtà N. 30*, Modena, Mucchi Editore, 1993) consiste em uma análise detalhista de *Visage* (1961), incluindo aí a realização de uma audiopartitura contendo todos os fonemas da obra.

35 Berio escreve: "The real enriching experience is to be able to perceive processes of formation, transformation – of changing things – rather than solid objects (Luciano Berio on new music: an interview with David Roth, in: *Musical Opinion*, setembro de 1976, p.549).

36 Berio *apud* Ivanka Stoianova, "Luciano Berio – Chemins en Musique", *La Revue Musicale*, Triple Número 375-376-377, Paris, 1985, p.17.

o distanciamento da música em relação ao texto: o *II* reporta-se não à existência de alguma composição intitulada *Laborintus I*, mas ao fato de que o texto de Sanguineti, *Laborintus*, transmuta-se em outra coisa na obra de Berio.

O segundo traço distintivo consiste em uma frequente *redundância textual*. Pelo recurso à redundância, Berio aproxima sua música mais uma vez do fenômeno linguístico e da essência da própria fala, que dele faz uso constante e essencial[37]. Para que o texto possa ser continuamente reinterpretado pela música e para que o ouvinte possa perceber a complexidade de tal articulação, ele será repetido por diversas vezes. A recorrência dos temas no pensamento mítico, tal como formulada por Lévi-Strauss, encontra paralelos, aqui, com uma recorrência textual. Pensemos, por exemplo, novamente em *Thema*, ou em *Circles* (com a retomada, a partir da segunda metade da obra, dos dois primeiros poemas de e. e. cummings usados na primeira metade), *Sequenza III* (na qual o texto de Markus Kutter é retrabalhado de inúmeras maneiras), *Sinfonia* (com as aliterações suscitadas pelas citações de *Le Cru et le Cuit*), *Coro* (na qual, segundo o próprio Berio, "le même texte revient plusieurs fois avec une musique différente"[38]), *A-Ronne* (na qual o texto de Sanguineti é repetido por volta de vinte vezes), *La Vera Storia* (ópera na qual o texto de Italo Calvino que serve ao Segundo Ato é essencialmente o mesmo que constituiu a base do Primeiro Ato) e mesmo *Visage* (em que a única palavra inteligível – parole, ou seja: palavras – é repetida, ainda que por vezes deformada, por seis vezes ao longo da obra[39]).

Entre esses exemplos de utilização iterativa de um texto em Berio, o primeiro dentre eles é, do ponto de vista histórico, particularmente interessante.

---

37 Roman Jakobson escreve a esse respeito: "Redundant features occupy a considerable place in the sound shape of speech... The auxiliary role of redundancy is to provide complementary information about the identity of contiguous distinctive features which are either adjacent (preceding or subsequent) in the sequence or concurrent with the redundant features" (Roman Jakobson & Linda R. Waugh, *The Sound Shape of Language*, Bloomington / Londres, Indiana University Press, 1979, p.36).

38 Berio *apud* Stoianova, *op. cit.*, p.185.

39 Cf. Flo Menezes, *Un Essai sur la Composition Verbale Électronique* Visage *de Luciano Berio*, *op. cit.*, p.23-25.

Com efeito, *Thema (Omaggio a Joyce)*, que tem por base o começo do Capítulo XI de *Ulysses* de Joyce, parece constituir o início desta empreitada em direção à reiteração do texto e ao mesmo tempo a ponte entre a efetiva repetição textual, concretizada em *Circles* em 1960, e a total abstração do texto de W. H. Auden em *Nones*. Em *Thema*, o texto de Joyce, apesar de repetido por várias vezes, torna-se quase imperceptível enquanto tal em consequência das radicais transformações eletroacústicas aos quais é submetido. Ele está aí ausente ao mesmo tempo em que a música consiste exclusivamente de sua presença. Desta feita, pode-se considerar tanto *Nones* (como vimos) quanto, em certa medida, *Thema* como obras que anteciparam a opção bouleziana do texto como "centro e ausência" com relação à estrutura musical, da mesma forma que, em sentido inverso, a repetição do texto *Bel édifice et les pressentiments* de René Char em duas das peças constituintes de *Le Marteau sans Maître* (1953-1955) de Boulez precede a opção preferida de Berio por uma redundância do texto na música. Mais um cruzamento de influências, constatemos, bastante curioso entre duas figuras capitais da música do século XX.

Por fim, o terceiro traço distintivo desta terceira via à qual se refere Berio traduz-se por uma certa *indiferença da música em face do texto*: "I think it is important, occasionally, to suggest a certain indifference in relation to a text, to keep a certain musical distance from it"[40].

Deste ponto de vista, tal distanciamento da música diante do texto – poderíamos mesmo dizer: distanciamento brechtiano, condizente a um estado de "estranhamento" – implica uma relativa autonomia desses sistemas sígnicos e uma elaboração sintática mais ou menos independente deve produzir-se para que se favoreça esta polissemia na relação música/texto:

> Lavorando, musicalmente, su diversi livelli di comprensibilità di un testo e sulla possibilità di istituire un rapporto sempre mutevole fra una stessa dimensione poetica ed acustica di un testo e un processo musicale generatore di significati sempre diversi è spesso decisiva la possibilità di poter contare su un testo privo

---

40 Berio, "Two Interviews with Rossana Dalmonte and Bálint András Varga", (trad. e ed.) David Osmond-Smith, Nova Iorque/Londres, 1985, p.142.

di ovvie intenzioni musicali. Ho una speciale avversione per i testi 'musicali'. Mi attraggono invece i testi che vengono da lontano, da regioni non musicali, e che diventano musica attraverso un lungo e complesso percorso...[41].

Por tal razão, é bem possível que a obra na qual Berio mais profundamente tenha se avizinhado da por ele tão almejada relação radicalmente multifacetada entre música e texto seja justamente *Visage*, na qual faz recurso não às línguas existentes, mas antes às suas simulações, sempre amparadas pelos gestos vocais mais variados. É como se, desvencilhando-se da esfera dos significados, todo o potencial de significância da própria esfera dos significantes viesse definitivamente à tona, fortalecendo a tendência já em si mesma significativa dos próprios fonemas e de seus traços distintivos, para a qual chamara a atenção Roman Jakobson ao realçar o simbolismo fônico (*sound symbolism*) das línguas. Esta tendência consubstancia o conflito que, como veremos, reside na dicotomia entre o lado sensorial e o lado conceitual de todo signo linguístico[42].

A terceira via gerando uma terceira coisa e a dramaticidade do gesto musical em Berio

Longe de ser arbitrária, a conflituosa relação texto/música para Berio deve fundar-se sobre um necessário distanciamento recíproco, gerando consequências em sua própria concepção de teatro musical. É assim que

---

41 Berio, "La musicalità di Calvino". In: *Il Verri: Rivista di letteratura*, 1988, p.11. Sob este aspecto, Berio opera em sentido inverso à tendência primordialmente associada ao texto poético de uma aproximação natural em relação à música, tal como relevada por Boulez: "Toute poésie était initialement destinée à être chantée: l'évolution des formes poétiques ne pouvait se séparer de leurs correspondances musicales" (Boulez, "Poésie – centre et absence – musique", *op.cit.*, p. 186).

42 Assim é que Jakobson, ao reportar-se à capacidade imediata em significação dos traços distintivos dos fonemas, escreve: "... Any distinctive feature is built on an opposition which, taken apart from its basic and conventional linguistic usage, carries a latent synesthetic association and thus an immediate, semantic nuance" (Roman Jakobson & Linda R. Waugh, *op. cit.*, p.235). Particularmente importante nesse sentido é o livro de Ivan Fónagy, *La Métaphore en Phonétique*, Ottawa, Didier, 1979.

MÚSICA MAXIMALISTA 333

Berio expõe a Henri Pousseur sua atitude diante da relação entre a música, o texto e o teatro:

> Il pourrait être assez intéressant à développer une action, une musique et un texte qui sont indifférents l'un vers l'autre – mais à condition que ces trois couches indépendantes aient une articulation expressive très claire. [...] Le problème d'un rapport texte/musique a toujours existé, évidemment, mais pas sur le plan d'une insoutenable égalité, mais sur le plan d'une re-structuration réciproque [...]: c'est-à-dire [...] une structure narrative qui se lie, par une nécessité quelconque, avec une structure musicale[43].

O que Berio almeja é que estas duas coisas – o texto e a música – possam dar origem a "uma terceira coisa", produzindo "um conflito significativo"[44]. Por tal viés entende-se o porquê da *dramaticidade* da qual está imbuída a música de Berio e que se reflete no seu gosto por uma gestualidade sonora exuberante e conflituosa. Será mais uma vez sob a égide do pensamento de Roman Jakobson, no qual se baseia fortemente o pensamento mítico do próprio Lévi-Strauss, que podemos compreender a chave da questão, uma vez que é na própria ausência de correlação direta e inequívoca entre a esfera sensível e a conceitual no cerne do próprio signo linguístico, ou seja, na

---

43 Carta inédita a Henri Pousseur, de 23 de dezembro de 1983, *Luciano Berio Sammlung*, Paul Sacher Stiftung, Basileia (respeitamos a sintaxe do texto original em francês, fazendo apenas algumas pequenas correções com relação à ortografia de algumas palavras). A discussão tem por motivação originária a polêmica em torno da ópera *Votre Faust* (1961-1968) de Pousseur, com libreto de Michel Butor, suscitada desde a ocasião de sua estreia em Milão em janeiro de 1969. Trata-se de uma das obras mais notáveis do repertório contemporâneo, especialmente no que diz respeito à profunda elaboração entre enredo poético e trama musical, e as críticas relevadas por Berio, bastante cético em relação ao trabalho de Butor, são, a rigor, injustas, se consideradas em relação à obra monumental de Pousseur – discussão esta que foge do âmbito deste ensaio. Como quer que seja, na argumentação beriana transparecem conceitos que fundamentam de modo bastante pertinente sua própria poética em torno da relação música/texto.

44 *Idem, ibidem*. Ainda que, ao se referir a Beethoven, parta de uma concepção oposta à de Berio (na medida em que a noção de partida é que palavras e música sejam *a mesma* coisa), é curioso lermos em Stravinsky ideia semelhante: "Beethoven has already expressed [the views on 'music and words']... in a letter to his publisher: 'Music and words are one and the same thing.' Words combined with music lose some of the rhythmic and sonorous relationships that obtained when they were words only; or, rather, they exchange these relationships for new ones – for, in fact, a new 'music'" (Igor Stravinsky & Robert Craft, *Memories and Commentaries*, Londres, Faber & Faber, 1960, p.74-5).

intransponibilidade do significante ao significado, evocada por Jakobson, que reside a inviabilidade de uma verdade absoluta. Assim é que assevera o pai da fonologia estrutural: "... Accanto alla coscienza immediata dell'identità tra segno e oggetto (A è A1) è necessaria la coscienza immediata dell'assenza di identità (A non è A1); questa antinomia è indispensabile, poiché senza paradosso non c'è dinamica di concetti, né dinamica di segni, il rapporto fra concetto e segno si automatizza, si arresta il corso degli avvenimenti, la coscienza della realtà si atrofizza"[45].

Assim, vemos bem em que consiste a poética beriana: a dicotomia presente no seio mesmo de cada ato de significação enquanto realidade antinômica, em que a relação signo/conceito realiza-se por uma *identidade* ao mesmo tempo que por uma *diferença* de uma coisa em respeito à outra, vê-se exteriorizada – o que se encontra em plena correlação com o conceito beriano de *gesto musical* – igualmente na relação entre música e texto, e tal fator explica o caráter notavelmente *dramático* de sua obra. A poética de Berio configura-se, nesse sentido, oposta à de um Nono ou à de um Scelsi: o som em si não o interessará jamais, caso não esteja relacionado a algo que o relativize, e tal diferenciação estrutural (condição elementar de uma *sedimentação contínua*) reflete-se de maneira particularmente privilegiada justamente na relação entre o texto e a música, ou em outras palavras, na relação música/linguagem, cujas "diferenças sintáticas", para Berio, "são irredutíveis"[46].

Não há, pois, do que se lamentar em relação, como diria Schoenberg, à natureza do próprio equívoco ou, para Berio, da própria ambiguidade. É na ausência de correlação absoluta e inequívoca entre o objeto referido e o próprio ato de referencialidade que reside a mola propulsora de toda expressividade humana, e é nessa busca constante e interminável de uma inatingível verdade, pelos caminhos tortuosos do erro, que se assenta toda criação.

Setembro/outubro de 2004

---

45 Roman Jakobson, "Che cos'è la poesia?". In: *Poetica e Poesia – Questioni di Teoria e Analisi Testuali*, Torino, Giulio Einaudi Editore, 1985, p.53. Umberto Eco, companheiro de viagem de Berio, também refere-se enfaticamente a essa passagem em seu artigo "Il contributo di Jakobson alla semiotica", in: *Roman Jakobson*. Roma, Editori Riuniti, 1990, p.290.

46 Cf. "Eco in ascolto: Intervista di Umberto Eco a Luciano Berio", *op. cit.*, p.334.

PARTE III

ESCRITOS SOBRE A MÚSICA ELETROACÚSTICA HISTÓRIA E ESTÉTICAS

1
OS PRIMÓRDIOS DO PAÍS FÉRTIL
Depoimento sobre o Pioneirismo Eletroacústico de Jorge Antunes no Brasil dos anos sessenta

Da mesma forma como a música instrumental se ressente da insipiência das instituições musicais em um país como o nosso sincrético Brasil, resultando daí uma generalizada fraqueza do meio musical em que músicos excepcionais e particularmente abertos às experiências da Música Nova marcam presença como dignas exceções, a música eletroacústica – termo genérico pelo qual se designam todas as facetas do fazer musical em estúdio eletrônico – sofre com o atraso tecnológico por que passa uma nação dita, ainda que de modo bastante presunçoso pelos colonizadores, terceiro mundo. Tanto lá quanto cá, recairão sobre o produto final do fazer artístico as consequências mais funestas, ou seja, sobre a própria obra de arte.

Uma prática pouco satisfatória na interpretação ocasionará uma reduzida apreensão, por parte do compositor, dos resultados por ele imaginados durante o processo criativo. Ele acaba ou por fazer inúmeras concessões, limitando o exercício pleno de sua linguagem musical à mais elementar técnica interpretativa em resposta às limitações de seu próprio meio, ou por avaliar de modo não menos enganoso o próprio resultado com o qual se confronta na escuta de sua própria obra, o que não raras vezes acaba por influenciá-lo na adoção de uma postura mais condizente com as estéticas

---

1   Texto escrito a pedido do compositor Jorge Antunes sobre aspectos de sua própria obra e publicado pela primeira vez como "Depoimento sobre o Pioneirismo Eletroacústico de Jorge Antunes no Brasil dos Anos Sessenta". In: *Uma Poética Musical Brasileira e Revolucionária* de Jorge Antunes (org.), Brasília, Sistrum Edições Musicais, 2002, p.93-100.

mais anacrônicas. Nesse último caso, é em geral a trilha em direção ao retrocesso da linguagem, mais precisamente a uma retomada nostálgica dos elos com a velha tonalidade, que se escancara e se faz presente como dado de evolução linguística do criador em sua fase, diríamos, pretensamente mais "madura".

No que tange à produção eletroacústica, a escassez dos meios reduz a paleta de possibilidades no nível dos dois pilares básicos de toda produção em estúdio, de suas origens até nossos dias – de um lado, dos processos de *síntese*, de outro, dos procedimentos de *tratamento sonoro*. Ainda que a música eletroacústica traduza-se como espaço de confronto imediato do compositor com o próprio som, sem mediação do intérprete – vantagem que minimiza os graves percalços por que passa o criador defronte das intempéries e dos despreparos de certos amaldiçoados intérpretes –, aquilo que poderia tornar-se arma em suas mãos de artesão por vezes nada mais constitui que ilusão malfadada à frustração de suas expectativas. E isso não pela eventual limitação de sua capacidade imaginativa, mas pelos parcos recursos aos quais terá acesso em seu empreendimento artístico.

Nesse sentido, a única chance de sobrevivência da obra de arte que se ampara nas tecnologias no embate com o que de melhor se produz lá fora será irrevogavelmente uma ausência completa de toda e qualquer concessão, tanto técnica quanto esteticamente. Do ponto de vista eminentemente técnico, ou melhor, tecnológico, será preciso que se constituam as condições mais adequadas da produção artística, com o arsenal de ponta a que tem acesso o compositor privilegiado dos países mais ricos. Do ponto de vista estético, apenas e tão somente uma aprofundada reflexão sobre os possíveis significados desses meios tecnológicos, em interação dialética com os elementos técnicos da própria linguagem musical (que, a rigor, independem dos meios tecnológicos em si), é que propiciará ao criador a edificação de uma obra que não somente possa igualar-se à melhor produção estrangeira, como também poderá, circunstancialmente, superá-la, elevando o patamar da chamada arte "brasileira" em meio ao cenário internacional da música radical. E, quando isto de fato ocorre, será pertinente tecer comentários os mais diversos sobre os êxitos de tal feito, menos o de classificá-lo, justamente, como "brasileiro", posto que a inserção da obra em contexto internacional, apontando caminhos a serem seguidos inclusive por compositores provenientes de localidades outras que não o Brasil, só se faz possível precisamente pela superação de qualquer aprisionamento local da própria linguagem, em atitude antes universalista que tribal.

Desse ledo engano é que se nutriu o tímido academismo do nacionalismo brasileiro, responsável em grande parte por esse atraso da linguagem (reflexão) e por essa escassez de meios tecnológicos disponíveis a que se tem aqui acesso, nacionalismo este que via nas cantigas de roda, legado tão válido de nossas infâncias, a essência da expressão artística nacional, cunhando suas ideias no conformismo em relação ao atraso tecnológico e visando à exteriorização de uma "cor nacional" que representasse de modo presumivelmente autêntico o âmago das questões artísticas aqui esboçadas e desenvolvidas. Com tal postura, covarde como qualquer outra que procura desesperadamente demarcar seus territórios, assinava-se o decreto que impingia à composição brasileira seu atraso institucional, incorrendo-se em grave erro que, em suas mais recentes consequências, transparece de modo indireto nos processos de globalização: ao invés de globalizar a cultura e de setorizar as economias a partir de "modelos reduzidos" de sociedade (como bem apregoa um Henri Pousseur, em eco aos pensadores que fazem da condição utópica a força motriz de seus pensamentos), setorizam-se as produções artísticas e globaliza-se a economia, limitando pelas fronteiras dos passaportes o pensamento estético e criando via livre ao imperialismo dos países aparentemente mais "evoluídos", munindo-os inclusive da detenção dos meios de produção tecnológica.

Em meio a essa folia estribada por posturas piratiningas em que até mesmo sambas ou *rocks* dodecafônicos podem ter lugar, a resistência militante de alguns poucos pioneiros constitui atitude, no mínimo, louvável. E mesmo que a produção desses bandeirantes eventualmente não resista à comparação das sofisticadas realizações contemporâneas de mestres internacionais, debilidade esta decorrente do fato de incorrer em atitudes condescendentes com os modestos recursos aos quais se teve acesso, ao menos no cenário local tais resultados deverão ser avaliados de forma apropriada, conferindo-lhes o merecido valor e méritos condizentes com o que genericamente se designa por resistência cultural.

É nesse contexto que, entre nós, emergem figuras cujas trajetórias artísticas possuem inelutável valor cultural e cuja contribuição para o afloramento dos campos propícios às experimentações de vanguarda é inquestionável. Talvez nem sempre pelos elementos de evolução da linguagem tais como expostos em suas próprias obras, mas inegavelmente pela atitude estratégica de base: a de regar o campo para que possíveis frutos possam ter lugar. E, nesse sentido, vemos mesmo surgir obras que não se limitam a um valor local, pois conseguem transcender as limitações do próprio meio e impõem-se como realizações de valor universal. No contexto da música instrumental, nomes como os de Gilberto Mendes e Willy Corrêa de Oliveira são aqueles que mais nos chamam a atenção. Foram os porta-vozes da autêntica vanguarda internacional, os que puseram em pé de igualdade a produção aqui realizada com os feitos mais afortunados de mestres europeus do calibre de um Berio, um Boulez, um Stockhausen ou um Pousseur em fase áurea do pensamento pós-serial. A obra coral de Gilberto, por exemplo, não encontra paralelo em nenhum desses gênios europeus, salvo criações genuínas como as da música aleatória ou do *happening* (*Santos Football Music*, *Blirium C-9*, para citarmos apenas algumas delas). Obras como os *Instantes* para piano, os *Phantasiestücke* ou ainda *La Flamme d'une Chandelle* de Willy são somente algumas das composições mais representativas do alto nível de elaboração a que chegou este compositor, expoente máximo do pensamento pós-weberniano no Brasil dos anos 1970 e 1980.

No âmbito da música eletroacústica, mais precisamente em sua vertente genuinamente "eletrônica" – em sintonia com a oposição primordial entre a *música concreta* parisiense e a *música eletrônica* alemã do final dos anos 1940 e início dos anos 1950 –, eclode o nome de Jorge Antunes, compositor de ampla produção igualmente instrumental e vocal, mas cujo papel pioneiro no desbravamento da terra para o cultivo da música eletroacústica é, no contexto brasileiro, inigualável.

É certo que Jorge Antunes não foi o primeiro a fazer música eletroacústica no Brasil, nem o único em insistir em tal estética, uma vez que o papel desbravador do uruguaio Conrado Silva, radicado no Brasil, não deve ser negligenciado. Já um pouco antes de Antunes, mais precisamente em 1956, Reginaldo Carvalho, fortemente influenciado pela estética da música concreta de Pierre Schaeffer, realizara uma curtíssima peça eletroacústica, despretensiosa, produzida com poucos recursos e intitulada *Sibemol*. Mas a realização de Carvalho, ainda que marco do início da música eletroacústica brasileira, revela-se pouco consistente se comparada à trajetória iniciada pouco depois, em 1961, por Antunes, então um jovem de 19 anos, com uma *Pequena Peça para Mi Bequadro e Harmônicos*, de 3'46" de duração. Curioso notar que em ambas estas primeiríssimas realizações eletroacústicas brasileiras o foco centrava-se em uma determinada nota, ambas constituindo, entre si, um trítono opositor.

Esta primeira obra eletrônica de Antunes decorre de seu deslumbramento após ter presenciado o primeiro concerto de música eletrônica no Brasil, organizado pelo maestro Eleazar de Carvalho no Teatro Municipal do Rio de Janeiro em 24 de setembro de 1961, e no qual David Tudor apresentara a célebre obra *Kontakte* de Stockhausen (que viria a ser reapresentada no Brasil somente em 1998, em São Paulo, por minha iniciativa), além de obras de Pousseur, Gottfried Michael Koenig, Earle Brown e Sylvano Bussoti. Em meio aos poucos aparelhos utilizados por Antunes, marcava presença sua façanha como "radiotécnico": um gerador de ondas dente de serra por ele mesmo construído, a partir de seus conhecimentos técnicos como eletrônico.

Se nessa primeira composição do gênero eletroacústico Antunes permitiu-se o emprego de sons de origem concreta, o passo seguinte consistiria na elaboração de algo que se baseasse exclusivamente em sons gerados eletronicamente. Foi o caso da charmosa *Valsa Sideral*, de 1962, em que elementos periódicos contrapõem-se a inflexões melódicas distorcidas e reverberantes. É o início da aventura *eletrônica* propriamente dita no Brasil, em sua acepção mais restrita e primordial.

Tendo tal obra sido realizada com laços de fita magnética (*loops*) e com variação de frequências por manipulação de potenciômetros, Antunes dá o nome de "varreduras de frequências" a essas inflexões melódicas, ideia fixa que far-se-á sentir em suas obras eletroacústicas posteriores, até mesmo da mais recente fase, na qual o sistema informático UPIC, concebido por Xenakis, é utilizado para derivar varreduras diversas das alturas.

Logo no ano seguinte (1963), tal procedimento será explicitado no título da próxima realização eletroacústica de Antunes, *Música para Varreduras de Frequência*, na qual *glissandos* com *vibrato* constituem o material de maior importância. Segundo as palavras do próprio Antunes, assume-se a "estética da precariedade", na qual confere-se valor musical aos defeitos provenientes das graves limitações tecnológicas impostas ao compositor pelas condições adversas da experiência eletrônica.

É necessário pontuar, aqui, o risco de tal empresa. Não seria tal "estética da precariedade" justamente o caminho para as concessões das quais falei no início deste texto, e que deveriam ser evitadas a todo custo? Não teria tal postura contribuído para que a música eletroacústica brasileira não tivesse de fato decolado para um voo pleno de suas trajetórias?

Nesse contexto, duas observações devem ser feitas. A primeira diz respeito ao fato de que a incorporação quase conceitual dos defeitos e dos problemas técnicos decorrentes do trabalho cotidiano em estúdio começava a fazer parte do pensamento eletroacústico da época. Pensemos, por exemplo, na obra-prima *Hymnen* (1966-1967) de Stockhausen, na qual diversos ruídos, *clicks* e até mesmo conversas efetuadas durante as etapas de produção da obra em estúdio foram incorporados no contexto da própria composição. Nesse sentido, ainda que Stockhausen não tivesse tido obviamente nenhum contato com os experimentos do jovem Antunes, o feito do brasileiro é, em certo sentido, "precursor" desse conceitualismo típico dos anos 1960. Contudo, se assim foi, tal fato ocorreu acima de tudo pela força das circunstâncias e não por uma postura de índole genuinamente conceitual, como no caso de Stockhausen (no que se refere, explicitemos bem, ao uso desses sons "problemáticos"), cujas realizações primorosas já desde 1954 (particularmente desde *Studie II*) o promoveriam ao digno papel de principal compositor da música eletroacústica nos primórdios desse gênero musical em ascensão. No caso brasileiro, não havia, porém, uma terceira solução possível: ou optava-se pela experimentação a todo custo ou sequer se adentrava pela odisseia eletrônica. No caso específico de Antunes, optou-se pelo papel do pioneiro, ainda que pagando o alto preço decorrente da precariedade dos meios disponíveis à própria experimentação.

Assim é que, em 1964, exatamente dez anos após a primeira partitura da música eletroacústica – precisamente a partitura de *Studie II* de Stockhausen –, o jovem Antunes, então com 22 anos, realiza *Fluxo Luminoso para Sons Brancos I*, de 2'29, em cujo título transparece seu gosto peculiar pelas cores associadas aos sons. Trata-se muito provavelmente da primeira partitura do gênero no Brasil, elaborada em pleno ano de contrar-revolução militar no país. Já bem mais elaborada que as obras precedentes, ainda que realizada igualmente com poucos recursos, este pequeno experimento revela-se como o primeiro no qual Antunes faz uso de cortes de fita magnética, além do uso de um novo aparelho: um gerador de ondas senoidais e quadradas. O material é eclético: partilha sons eletrônicos inclusive com o uso, ao final da peça, da própria voz gravada.

No ano seguinte (1965) foi a vez de *Contrapunctus contra Contrapunctus*, de 4'16'' que, juntamente com *Valsa Sideral*, será incluída no primeiro disco de música eletroacústica produzido no Brasil em 1975 (Editora Mangione, coleção "Joias Musicais"). A partir dessa época, Antunes começa a conjugar a realização eletrônica com a escritura instrumental, na edificação das primeiras obras eletroacústicas mistas brasileiras, das quais destaca-se a primeira, composta nesse mesmo ano: *Canção da Paz*, para voz, piano e fita magnética.

Os *Três Estudos Cromofônicos* de 1966 pontuam na prática eletroacústica a teoria de correspondência entre sons e cores que Antunes, recém-formado em física, acabava de formular. Segundo o próprio compositor, também esta realização acentuava o caráter precário das condições avessas à produção profissional da música em estúdio em contexto nacional. No primeiro dos estudos, *Para Círculos Verdes e Vermelhos*, Antunes chega a comentar o tropeço de sua jovem irmã que arremessara um microfone dentro de um balde d'água, fato porém não suficiente para perturbar os nervos do jovem experimentador, "pois que o velho microfone EL 3752/00 não teve sua qualidade afetada depois do banho: continuou tão ruim quanto antes".

O episódio, bastante engraçado, acaba por demonstrar a precariedade assumida – ou talvez apenas e tão somente consentida – pelo jovem compositor. No segundo estudo, *Para Espirais Azuis e Laranjas*, sons extraídos de um disco de sonoplastia (como aliás já ocorrera três anos antes em *Música para Varreduras de Frequência*) foram utilizados. Já no terceiro, a estética da precariedade é mais uma vez assumida e mesmo realçada pelo compositor, que salienta a inexistência no Brasil, na época, de fitas adesivas (*splicing tape*) próprias para a edição dos cortes de fita, fato que ocasionava inúmeros acidentes de percurso pelo uso rudimentar de fita adesiva comum (tipo durex), mas que, segundo Antunes, acabava por enriquecer o ataque dos sons, diferenciando-os uns dos outros.

O ano de 1967 marca uma primeira tentativa de institucionalização, por parte de Jorge Antunes, de um estúdio eletroacústico no Brasil. É quando então Antunes transfere seu laboratório particular para as dependências do Instituto Villa-Lobos, no Rio de Janeiro, que passa a denominar-se Estúdio Antunes de Pesquisas Cromo-Musicais. Foi lá que Antunes começou a ministrar o primeiro curso, no Brasil, voltado ao estudo desse novo gênero: o Curso de Música Concreta, Eletrônica e Magnetofônica, incentivado pelo diretor do Conservatório Nacional de Canto Orfeônico, Reginaldo Carvalho (o mesmo autor da primeira obra eletroacústica do repertório brasileiro). Foi lá também que Antunes realiza *Canto Selvagem*, naquele mesmo ano, primeira realização eletroacústica do Instituto Villa-Lobos.

Em *Movimento Browniano*, de 1968, temos uma reminiscência da rítmica periódica já presente em *Valsa Sideral*. Referências a batuques de escola de samba quase fizeram com que Antunes se deixasse levar por uma índole mais nacionalista que experimental, algo acirrado nos anos seguintes quando se encontrava em "exílio voluntário" na Argentina. Na realidade, porém, a peça caminha para uma relativa densificação do material rítmico que queria fazer referência ao caos proveniente do choque entre partículas e moléculas de água em superfície aquosa, tal como descrito por Robert Brown em 1827. A obra tivera reação negativa por parte de certos colegas, como no caso do compositor recifense Marlos Nobre, residente no Rio de Janeiro, que relutou em classificá-la como "música".

Por volta de novembro daquele ano, após a promulgação do AI-5, a experimentação, recém-ingressada na instituição, sofria já seu primeiro duro golpe: Antunes seria demitido do Instituto Villa-Lobos, onde ainda havia tido tempo, porém, para realizar um primeiro confronto entre texto e contexto eletroacústico, com *Canto do Pedreiro*, também de 1968, baseada em poema do próprio Antunes com claras conotações de esquerda, como bem explicita o final do poema: "Pedreiro que vive, espera ser livre" – traço ideológico, aliás, que não o abandonaria mais, e que se faz presente até mesmo em recentíssimas composições eletroacústicas, como no caso de *Meninos de Rua Também Cantam*, de 2001.

Antunes então parte para a Argentina, dando continuidade à sua intensa produção eletroacústica – primeiramente com *Cinta Cita*, de 1969 (com 4'55 de duração), certamente a mais interessante de suas obras eletroacústicas dos anos 1960, realizada no Laboratório de Música Eletrônica do Instituto Torcuato Di Tella de Buenos Aires. Deparando-se com bem mais recursos em solo portenho – que, aliás, sempre (ao menos até épocas recentes) mostrou-se como ambiente bem mais aberto às estéticas eletroacústicas, se comparado ao cenário brasileiro -, deparamos, de nossa parte, com uma evidente constatação: a de como o jovem e precursor Jorge Antunes poderia ter dado asas à sua imaginação de modo bem mais frutífero, já naquela época pioneira, se tivesse tido acesso a recursos tecnológicos mais variados e modernos.

Seguindo-se a *Cinta Cita*, duas outras realizações em solo argentino, de maior envergadura (14'50" e 15'50", respectivamente), encerram a primeira década da produção eletroacústica de Antunes: *Autorretrato sobre Paisaje Porteño*, de 1969-1970, e *Carta Abierta a Vassili Vassilikos y a todos los Pesimistas*, de 1970.

Muitas outras realizações seguiram-se a essa primeira década de experimentações, mas um balanço do papel de Antunes no âmbito da música eletroacústica realizada no Brasil já se faz aqui possível.

Muito comumente designa-se meu próprio papel no cenário brasileiro, a partir de meu regresso ao país em julho de 1992, como "divisor de águas" da produção eletroacústica local. Certamente tal opinião decorre não somente de meu próprio trabalho como compositor, mas também da fundação, em São Paulo, do *Studio PANaroma* em julho de 1994 e do empreendimento de todas as realizações, teóricas e práticas, que pude concretizar à frente desta instituição, as quais promoveram a música eletroacústica "nacional" a um lugar de honra no cenário internacional e pelas quais as mais significativas obras realizadas fora do Brasil, históricas e atuais, puderam tornar-se acessíveis ao público brasileiro.

Como quer que seja, ainda que não me furte desse papel a mim atribuído em decorrência de árduo trabalho, é preciso admitir e reconhecer que, para que tal "divisão de águas" pudesse ter tido lugar, as "águas" já estavam aí, correndo pelos rios. *Riocorrente* este que nem sempre fora acolhido da forma mais conveniente pelo meio musical brasileiro. Ao contrário, que encontrou bastante resistência por parte da academia, da opinião pública e dos próprios músicos, e que teve de desenvolver-se, às duras penas, sob difíceis condições econômicas e por bom tempo embaixo do crivo de uma nojenta ditadura militar, coadunada por uma das burguesias mais estúpidas do planeta, totalmente ignorante e avessa às experimentações.

Costumo usar a seguinte metáfora para descrever, a meus alunos, a essência do caráter de um compositor da música especulativa ou radical (para utilizar-me mais uma vez desse termo adorniano), em especial da música eletroacústica em solo brasileiro: via de regra, sua postura revela-se como uma mescla de militante e sacerdote. De um lado, aguerrido combatente, perseverante pensador, teimoso e convicto esteta; de outro, detentor do saber, acumulador de resistências e de experiências, conselheiro inato dos jovens que vislumbram trilha semelhante.

Não estou certo de que Jorge Antunes possua traços condizentes com o sacerdócio eletroacústico. Mas é apreciável, por todas as suas realizações, por seu caráter eminentemente militante, que lhe valeu o inegável papel, entre nós, de grande precursor da música eletroacústica realizada no Brasil.

São Paulo, novembro de 2001

2
O QUE VOCÊ PRECISA SABER SOBRE A MÚSICA ELETROACÚSTICA[1]

Como surgiu a música eletroacústica

A *música eletroacústica* surge primeiramente em 1948 na forma de *música concreta* a partir dos experimentos de Pierre Schaeffer junto à Rádio e Televisão Francesa de Paris. O intuito principal de Schaeffer e de seus seguidores ou partidários de seu grupo experimental, designado por *Club d'Essai* – dentre os quais destacaram-se Pierre Henry, Michel Philippot, Iannis Xenakis, Olivier Messiaen -, era trazer ao universo da composição musical o uso de sons das mais distintas proveniências sem que o ouvinte necessariamente pudesse ver a sua origem física. Ouvindo os sons pelos alto-falantes, a escuta não teria o tradicional apoio da visão na detecção da proveniência do gesto musical e, com isso, estaria mais atenta à percepção da própria constituição dos sons (*tipologia* sonora) e do comportamento do som no tempo (*morfologia* dos espectros sonoros). Uma situação que Schaeffer, referindo-se a Pitágoras, chamou *acusmática*: termo utilizado pelo filósofo grego para designar o estado de concentração de seus discípulos que, ouvindo o mestre através de uma cortina ou um pilar, não dispersavam sua atenção pela inter-

---

1 Publicado parcialmente pela primeira vez como: "Um Pouco sobre a Música Eletroacústica" (parcial), em: Programa da III BIMESP 2000, Sesc Vila Mariana, outubro de 2000, p.1-2; publicado integralmente pela primeira vez em: *Arte e Cultura III – Estudos Transdisciplinares*, organizado por Maria de Lourdes Sekeff e Edson Zampronha, São Paulo, Annablume, 2004, p.85-94.

venção do olhar. Buscando a essência da escuta e das texturas sonoras, Schaeffer faz igualmente menção a um estado de escuta essencialmente *fenomenológico* e denomina a postura acusmática como propícia a uma *escuta reduzida*, focada totalmente no *objeto sonoro*.

Em 1949, experimentos na Alemanha liderados por Herbert Eimert e pelo foneticista e teórico da comunicação Werner Meyer-Eppler deram início à *música eletrônica*. Em oposição à concreta, a música eletrônica centrava questão exclusivamente na geração de sons a partir dos próprios aparelhos eletrônicos, sem fazer uso de sons "concretos" captados via microfone. Em 1951, Eimert fundava junto à rádio NWDR de Colônia o primeiro Estúdio de Música Eletrônica, o qual contou, a partir de 1953, com a participação de Henri Pousseur, Karel Goeyvaerts, Gottfried Michael Koenig e sobretudo de Karlheinz Stockhausen, o maior ícone da vanguarda musical da segunda metade do século XX. Stockhausen trouxe consigo para dentro do estúdio eletrônico o conceito de *música serial*, realizando a primeira peça da música eletroacústica que faz uso exclusivo do átomo de todos os sons existentes, possível de ser gerado apenas em laboratório: o *som senoidal*. Sobrepondo sons senoidais, dava-se início ao que chamamos de *síntese sonora* (mais precisamente, na forma da *síntese aditiva*).

O radicalismo dos eletrônicos de Colônia balançou os alicerces dos concretos franceses. Schaeffer abandona o termo "concreto" e começa a empregar, genericamente, a designação *música experimental*, já utilizada anteriormente por John Cage. A partir de 1955, a própria música eletrônica começa a aceitar, paradoxalmente pelas mãos do próprio Stockhausen, sons de origem concreta, e um certo caráter híbrido toma conta das obras realizadas tanto lá quanto cá. Em 1958, Schaeffer elege como seu termo preferido o adjetivo *eletroacústico*, curiosamente já presente nos primeiros escritos de Meyer- -Eppler, mentor da vertente eletrônica.

Hoje tem-se que *música eletroacústica* é toda composição especulativa, no terreno da Música Nova, radical ou simplesmente contemporânea, realizada em estúdio eletrônico e difundida no teatro por alto-falantes. Em geral, tais obras são registradas em algum suporte tecnológico (fita analógica ou digital, *hard disks*, CDs etc.). A terminologia não é absolutamente consensual: alguns ainda preferem o termo *música eletrônica* (não, como podemos observar, em sua falsa acepção, tal como empregada recentemente para a música *tecno* dos *DJs*, ignorante com relação à aparição histórica do termo há mais de 50 anos). Este é o caso de alguns compositores da Alemanha, Estados Unidos e Itália. Como quer que seja, o termo mais empregado é indubitavelmente *música eletroacústica*, independentemente de tratar-se de uma obra mais alinhada às origens concretas ou eletrônicas do fazer musical em estúdio.

De toda forma, dois são os pilares de toda composição contemporânea realizada em estúdio, desde suas origens até hoje, ainda que ambos os procedimentos se entrecruzem com bastante frequência: ou se tem a predominância da *síntese sonora* (geração eletrônica dos sons) ou do *tratamento sonoro* (processamento espectral de sons já existentes – via de regra captados por microfone – através de recursos eletrônicos).

O som no espaço

Uma característica típica das poéticas eletroacústicas é o acento que se dá à *espacialidade* dos sons. Utilizando-se de alto-falantes dispostos em distintos lugares do espaço dos teatros tem-se, pela primeira vez na história da música, a possibilidade de *mobilização do som* no espaço. Se o som instrumental está sempre circunscrito à sua proveniência física, com o uso da amplificação via alto-falantes um mesmo som poderá percorrer o ar, dando vazão a concepções musicais distintas do uso do espaço, isto sem falarmos da possibilidade de aparição dos sons em localidades distintas do espaço de escuta, mediante disposição variada dos alto-falantes.

As origens concreta e eletrônica da música eletroacústica revelam até hoje, a bem da verdade, uma cisão no que se refere à concepção em torno da espacialidade. A vertente pós-concreta, dita *acusmática*, prefere não dar atenção especial à concepção dos movimentos espaciais dos sons durante a realização da obra em estúdio, deixando a elaboração dos movimentos aflorar no momento do concerto no qual a obra é difundida no espaço (processo interpretativo ao qual se dá o nome de *difusão eletroacústica*). O compositor assume o papel de "intérprete espacial" de sua obra e projeta ao vivo seus sons nas "orquestras de alto-falantes". Já a vertente pós-serial ou pós-eletrônica, de cunho estruturalista, procura assumir toda a responsabilidade diante da espacialidade já na concepção mesma da composição em estúdio, considerando o espaço como parâmetro fundamental da elaboração compositiva e predeterminando em detalhes os movimentos dos sons no espaço.

Como vemos, é possível um sincretismo entre ambas as correntes, como procuramos fazer à frente do Studio PANaroma: de um lado, elaborando a espacialidade dos sons em estúdio e promovendo o espaço a um dos parâmetros essenciais da composição eletroacústica (tal como na vertente mais estruturalista da composição eletroacústica); de outro lado, potencializando tais movimentos no teatro, conforme o arsenal tecnológico disponível para a difusão das obras ao vivo (tal como na vertente acusmática). Para tanto, será necessário um número de alto-falantes que seja, no mínimo, correspondente ao número de pontos idealizado para a mobilidade dos sons no espaço, dispostos conforme planificado originalmente pelo compositor. Quanto mais alto-falantes existirem (excedendo o número mínimo previsto pelo compositor), tanto maior será o papel do compositor-intérprete, reaproximando o compositor de índole estruturalista àquele mais identificado com a postura acusmática. Com isso, nova luz é projetada sobre as possibilidades da difusão eletroacústica. O que pode parecer uma mera "improvisação" do compositor à frente da mesa de som no ato de difusão de sua obra transparece como atitude de grande responsabilidade e de dificuldades consideráveis: a difusão eletroacústica deve enaltecer e potencializar, nunca anular a espacialidade pré-elaborada de modo engenhoso em estúdio. À tal "potencialização" da espacialidade estrutural da obra eletroacústica no ato de sua difusão eletroacústica damos o nome de *projeção espacial*.

O tempo interno dos sons

Até o advento da música eletroacústica, o som fazia parte do tempo musical numa relação, digamos, unilateral. O tempo era estruturado pelo compositor tendo em vista, sobretudo, o momento inicial ou *ataque* dos sons, privilegiando acima de tudo a distância entre os sons (parâmetro este que fora inclusive objeto de serialização na música instrumental do serialismo integral dos anos 1950). É óbvio que a duração dos sons era também de grande importância, porém ela servia principalmente a uma organização temporal de tipo métrico-rítmico, em que o ritmo (valores rítmicos) assumia papel predominante.

Com a música eletroacústica, deslocou-se pouco a pouco o foco de atenção do tempo, indo-se de seu âmbito *externo* ao *interno* dos sons, enquanto elemento constitutivo dos espectros. O som, que era do tempo, dá lugar ao tempo do próprio som. Começam-se a perceber as ínfimas variações e a fatura dos próprios espectros sonoros a partir de seu próprio tempo, de sua duração. A percepção, antes essencialmente rítmica, assume um caráter mais *durativo* do que meramente métrico. Por tal razão, a música eletroacústica é aliada fiel da música contemporânea, na medida em que não aceita, em princípio, padrões rítmicos ou métricos preestabelecidos, instituindo por si própria, em cada obra, um universo particular e peculiar de organização das durações. Antigamente, percebiam-se os ritmos pelos sons. Agora, percebem-se os sons pelas suas durações.

O *continuum* musical

Com a especulação sonora em estúdio, o compositor logo se apercebeu de um fato inusitado e de extrema significação na história da música: quando você ouve uma *nota musical*, na verdade você está ouvindo um ritmo extremamente acelerado, cuja rapidez de vibrações é tão acentuada que a percepção de cada pulso particular torna-se inviável e a sensação resultante traduz-se numa sensação de percepção de *frequência*, de "nota musical". Em sentido oposto, quando você ouve um *ritmo*, na verdade está ouvindo uma nota musical cuja frequência periódica é tão desacelerada que você acaba por perceber cada oscilação do som na forma de pulsação rítmica (como modulação dinâmica ou de amplitude). Ou seja: embora possamos falar de regiões distintas da escuta, cada qual com suas próprias características e peculiaridades, ritmo e sensação de altura sonora são, na verdade, duas faces de uma mesma coisa, de um *continuum* do "espaço sonoro" que, a rigor, nada mais é que maneiras distintas de organização de vibrações sonoras. Esta descoberta, preconizada por Arnold Schoenberg com seu conceito de "unidade do espaço musical" (*Einheit des musikalischen Raums*) e levada às últimas consequências mormente por Stockhausen ao final dos anos 1950, revolucionou a composição musical, tendo sido chamada pelo compositor alemão de *unidade do tempo musical* (*Einheit der musikalischen Zeit*).

Assim, enquanto na música instrumental o compositor opera com regiões sempre nitidamente distintas, na música eletroacústica ele pode transitar continuamente de uma região à outra, explorando as zonas limítrofes da percepção.

A relação com os instrumentos acústicos: interação

A música instrumental teria chegado ao fim? Ela teria sentido para um compositor de música eletroacústica?

Certamente a música instrumental terá mais chance de sobrevida se aliada às novas tecnologias. Os principais compositores instrumentais da segunda metade do século XX, tais como Pierre Boulez, Karlheinz Stockhausen, Luciano Berio e John Cage, já enxergaram isso há algum tempo. O instrumento musical, ainda que limitado a seus aspectos físicos, é inesgotável do ponto de vista sintático, sob o prisma da ideia musical e da própria composição, sem falarmos do notável "perfil psicológico" (ao qual se reporta com tanta ênfase Berio) que cada instrumento adquire ao longo da história pelas vias de seu repertório. Suas possibilidades sonoras, porém, potencializam-se radicalmente com a intervenção de instrumentos eletrônicos e computadores efetuando transformações espectrais ao vivo (*live-electronics* ou *eletrônica em tempo real*) ou por sua conjunção com sons eletroacústicos pré-elaborados em estúdio e difundidos por alto-falantes (em tempo diferido). É o que chamamos de *música eletroacústica mista*, em que a *interação* entre escritura instrumental e elaboração espectral eletrônica tem lugar. Em tal processo, o compositor depara tanto com a *fusão* (via de regra único aspecto considerado pelos críticos da música eletroacústica mista) quanto com o *contraste* (aspecto igualmente importante da interação) entre ambos os universos sonoros – o eletrônico e o instrumental–, sem deixar de ter à mão toda uma gama possível e imprescindível de estágios intermediários e transicionais entre ambos esses polos opostos da interação.

Por tal razão a música eletroacústica mista, utilizando-se dos dois universos (acústico e eletroacústico), desperta até mais interesse no público em geral do que a música eletroacústica *pura*, dita *acusmática*, realizada exclusivamente com sons eletroacústicos. Mas não se deve jamais deixar de atribuir legitimidade a tal ou tal opção estética somente tendo-se por base um pretenso julgamento público, via de regra sujeito a tantas manipulações de toda ordem (social, econômica, política, ideológica e mesmo musical). Isto sem contarmos com a dificuldade inerente à própria experiência acusmática para o ouvinte menos predisposto à escuta experimental, pelo quê ele mesmo, e não a postura acusmática, deveria, a rigor, ser responsabilizado: depara-se aí com a real presentificação do que poderíamos chamar um autêntico *teatro para os ouvidos* (ao qual mais uma vez Berio faz referência, reportando-se ao renascentista Orazio Vecchi), ou seja, com uma situação idealizada há muito pelos músicos, mas que somente a música acusmática pôde levar a cabo. Uma complexa e delicada discussão, que não raramente provoca grandes dissensões no meio musical contemporâneo... Como quer que seja, a música *instrumental* pura, sem recursos tecnológicos, fará logo, muito provavelmente, parte do passado musical.

A dupla elaboração do "material musical"

Como quer que seja, é preciso que se pontue que os elementos fundamentais de toda composição musical independem, em última instância (mas somente em última!), dos meios com os quais se compõe uma obra: *elaboração do material musical* enquanto elementos mínimos e relacionais, *consciência harmônica* (em seu mais amplo sentido), elementos de *conexão* entre as distintas ideias musicais, elaboração de *gestos musicais, direcionalidades* entre estados distintos da escuta, *condução* e *transformação* do material musical, *artesanato* e detalhamento dos espectros, *variações* etc. são aspectos que estão aquém e além dos meios composicionais *per se*, ainda que com estes estabeleçam forte relação dialética. Em suma: uma eficaz elaboração da *forma musical* independe do tipo de música que se faz.

Mas a música eletroacústica acrescenta um aspecto fundamental na história musical: enquanto na música instrumental o material musical (as ideias e estruturas elaboradas pelo compositor no ato da composição) é essencialmente abstrato, instituindo-se como elemento de *relação* (*mate-*

rial relacional), com a música eletroacústica ele adquire uma nova função (sem perder seu aspecto abstrato), tornando-se igualmente *constitutivo dos espectros (material constitutivo)*. Ou seja: se componho música instrumental, elaboro estruturas harmônicas e rítmicas a serem executadas pelos instrumentos, a partir de uma paleta mais ou menos ampla de possibilidades tímbricas; se faço uma obra eletroacústica, tenho que me preocupar, antes de mais nada, com a própria *constituição dos espectros sonoros*. O compositor torna-se, assim, duplamente responsável, tanto pelo discurso formal de sua obra quanto pela própria elaboração dos sons que a compõem.

A decomposição do som e a recomposição musical

Nesse sentido, uma curiosa constatação tem lugar: nunca houve, de fato, *composição musical*. Desde que existe a notação da música (*escrita musical*), os parâmetros sonoros representados por símbolos especiais tendiam a uma certa *decomposição do som*: em durações, em alturas (notas), mais tarde em intensidades. O *timbre*, erroneamente considerado por muitos como um dos atributos sonoros, mostrou-se até o presente sintomaticamente avesso às suas formas de representação gráfica, pelo fato de constituir, isto sim, um somatório dos demais aspectos ou parâmetros do som (frequências, amplitudes, durações, envelopes dinâmicos). O timbre é a rigor algo *composto* (resultante dos demais atributos), não *componente* dos sons. E justamente a partir da totalidade sonora que nos conduz à noção mesma de timbre é que o compositor se viu desde sempre forçado a, de alguma forma, "analisar" o som no ato da composição. Assim é que o trabalho do compositor foi sempre o de *recompor*, não simplesmente o de "compor". O que chamamos *composição* sempre foi, na verdade, uma espécie de *recomposição musical*. Como esta *decomposição* sonora já estava, de certa maneira, assegurada pela própria escrita (notação) musical, sempre falou-se instintivamente de *composição* musical, o que, historicamente, faz até certo sentido. Os processos composicionais ao longo da história da música (e que podemos chamar, em oposição à escrita musical, de *escritura musical*) sempre tiveram à mão o apoio da própria escrita (notação), essencialmente abstrata, pela qual a decomposição do som bruto (até então instrumental) tornava-se possível.

O compositor eletroacústico, ao contrário, tem trabalho dobrado: via de regra defronta com o som em estado bruto e precisa, em primeira instância, *decompô-lo por suas próprias mãos* para poder resgatar esse aspecto abstrato e necessário a todo processo de (re)composição musical, antes assegurado pela notação. Por isso, não pense que compor em estúdio é mais fácil do que compor para instrumentos, pelo simples fato de se ter à mão inúmeros aparelhos eletrônicos que, uma vez acionados, geram sons! A cilada para o compositor é cruel: tem-se, a bem da verdade, o dobro de trabalho!

Tipos de música eletroacústica

Desde o advento da música eletroacústica, ao final dos anos 1940, distintos subgêneros instauraram-se em sua produção histórica: música eletroacústica dita "pura" ou "acusmática"; música eletroacústica "mista"; *live-electronics* (em que os instrumentos são transformados ao vivo, em tempo real, pelos recursos eletrônicos) etc.

Um termo dificilmente aceitável, porém muito comum, é *música computacional (computer music)*. Trata-se de um fetichismo quanto aos meios tecnológicos: quando o computador surge como possibilidade inovadora na geração eletrônica, sintética, dos sons, principalmente a partir dos anos 1960, firmando-se como recurso promissor da composição, surgem várias composições realizadas exclusivamente por síntese computacional. Via de regra, tratava-se de obras de certo interesse histórico, porém de limitadíssimas concepções musicais. Como quer que seja, o computador pouco a pouco ampliou seus raios de ação, substituindo inúmeros aparelhos periféricos, de forma que, hoje, quase todo o trabalho de elaboração em estúdio fica a cargo dos programas computacionais de síntese ou de tratamento. Se historicamente existia certo sentido em falar de música "computacional", o termo, atualmente, não se sustenta mais. Uma vez que tudo ou quase tudo é viabilizado por computadores, para quê utilizar-se do termo? A rigor, não há mais diferença ou distinção entre música eletroacústica e música computacional.

A música eletroacústica no Brasil

A história da música eletroacústica já conta com mais de 50 anos. E, para surpresa de muitos, ela também não é assim tão jovem entre nós brasileiros, pois a primeira peça eletroacústica realizada por um de nossos compositores, Reginaldo Carvalho, data de 1956 e intitula-se *Sibemol*. No início dos anos 1960, o papel de Jorge Antunes não pode ser negligenciado: foi um pioneiro no uso de recursos eletrônicos e na propagação da música concreta e sobretudo genuinamente eletrônica. Um pouco mais tarde, o uruguaio radicado no Brasil, Conrado Silva, desempenha importante papel de difusão da música eletroacústica no nosso país.

Entretanto, apesar dos esforços individuais dessas pessoas, às quais devemos as primeiras obras de música eletroacústica de nosso repertório, nunca se conseguiu, de fato, um apoio institucional de nível profissional que possibilitasse a instalação de um estúdio de música eletroacústica de nível internacional, voltado à pesquisa na área e atuante, sobretudo, em âmbito universitário. Conviveu-se, por vontade, por força das circunstâncias ou por acaso, com o que Antunes definira outrora como a "estética da precariedade".

O Studio PANaroma

Essa história muda em julho de 1994, data em que fundo o Studio PANaroma de Música Eletroacústica, primeiramente por meio de um convênio entre a terceira maior universidade brasileira, a Universidade Estadual Paulista Júlio de Mesquita (Unesp) e a tradicional Faculdade Santa Marcelina (Fasm), fundada em São Paulo em 1929 e, a partir de 2001, como centro de pesquisa autônomo da Unesp. A partir de então, a música eletroacústica realizada no Brasil decola e diversos centros universitários, em parte espelhando-se em nossa iniciativa, procuram instituir seus próprios estúdios: assim o foi com a PUC-SP (que já possuía um centro de pesquisas sonoras, porém sem aplicação composicional), com a Unicamp, USP, UFRJ, Universidade Estadual de Londrina, UFMG etc. À frente do Studio PANaroma, pudemos dar início e prosseguimento à organização das edições do Cimesp (Concurso Internacional de Música Eletroacústica de São Paulo), da Bimesp (Bienal Internacional de Música Eletroacústica de São Paulo) – eventos que já fazem parte do calendário obrigatório de grande parte da comunidade eletroacústica internacional –, dos CDs Música Maximalista, além de muitas outras atividades (concertos, *master classes*, visitas de Pierre Boulez e outros, publicação de livros etc.). Por fim, em julho de 2002 foi então possível fundarmos, com expressivo apoio da Fapesp (Fundação de Amparo à Pesquisa do Estado de São Paulo), a primeira orquestra de alto-falantes do Brasil. Trata-se do PUTS: PANaroma/Unesp – Teatro Sonoro. Será a primeira vez que se dispõe, no Brasil, de um arsenal tecnológico concebido para e destinado exclusivamente à difusão eletroacústica, acusmática ou mista. É mais uma contribuição para que se abram definitivamente as vias, sem qualquer concessão técnica ou estética, para a experimentação de uma nova escuta. Esperemos que este caminho seja irreversível!

São Paulo, agosto de 2000
(revisado em agosto de 2002)

3
SER E NÃO SER
Da interação entre escritura instrumental manifesta e escritura eletroacústica subjacente como diagonalidade espacial da composição[1]

Introdução

Apesar de a música instrumental constituir, ao que parece, um gênero irreversível da composição, muitos compositores elegem, hoje, o trabalho com os meios eletrônicos como fonte poderosa e ponto crucial de suas obras. Este é também o meu caso. Desde minhas primeiras experiências eletroacústicas como compositor convidado do *Studio für elektronische Musik* da Escola Superior de Música de Colônia, Alemanha, onde trabalhei de 1986 a 1990, minhas composições centram questão, essencialmente, na interação entre a escritura musical e os meios eletrônicos. E foi justamente nesse sentido que fundei em 1994 o Studio PANaroma[2] de Música Eletroacústica, inicialmente em convênio da Unesp (Universidade Estadual Paulista) com a Fasm (Faculdade Santa Marcelina) em São Paulo, que constitui hoje o mais significativo centro brasileiro de pesquisa e composição no ramo da música

---

1 Publicado pela primeira vez em inglês: "To Be and Not To Be – Aspects of the Interaction Between Instrumental and Electronic Compositional Methods. In: *Leonardo Music Journal*, Vol. 7, Cambridge, Massachussets, The MIT-Press, dezembro de 1997, p.3-10.

2 O vocábulo *panaroma* foi inventado por James Joyce em *Finnegans Wake* (1975, p.143). Apesar de soar como uma palavra tipicamente brasileira de origem tupi, demonstra na realidade, através do símbolo joyceano de complexidade e multirreferencialidade, o caráter internacional de nosso estúdio. O Studio PANaroma ganhou notoriedade nacional e internacional através de suas significativas atividades, como por exemplo: o Cimesp (Concurso Internacional de Música Eletroacústica de São Paulo), a Bimesp (Bienal Internacional de Música Eletroacústica de São Paulo), a série de concertos "Panorama da Música de Vanguarda", a série de CDs "Música Maximalista". Recentemente, Pierre Boulez esteve em São Paulo visitando o estúdio.

eletroacústica: os estudantes que a ele têm acesso necessitam ter adquirido, anteriormente às suas primeiras experiências eletroacústicas, sólida experiência com a composição instrumental.

Consequentemente, não podemos descrever ou mesmo compreender integralmente minha linguagem musical sem discutirmos alguns tópicos acerca das mudanças que a música eletroacústica efetuou sobre o pensamento musical.

Exemplo 1 Página 4 da partitura para *Parcours de l'Entité* de Flo Menezes, primeira realização do Studio PANaroma e vencedora do Prix Ars Electronica, Áustria, em 1995

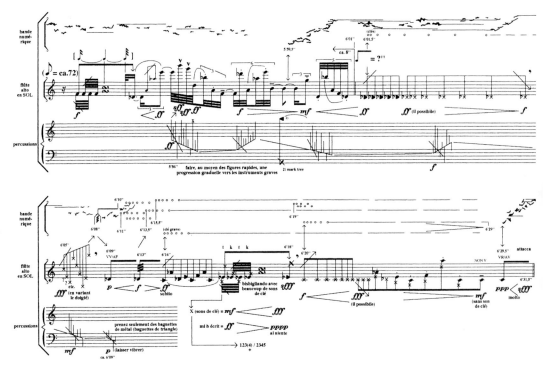

O estatuto do material na Música Eletroacústica

Em oposição à música instrumental, na música eletroacústica o compositor defronta de modo direto com o fenômeno sonoro, sem a mediação de uma representação figural tal como a escrita musical. Tal condição de imediatez face ao som acarreta substanciais mutações na abordagem criativa do compositor.

Tendo nascido enquanto representação gráfica da prosódia da linguagem verbal e dando ênfase sobretudo à edificação de uma notação voltada ao intervalo e às durações, a escrita musical permitiu ao compositor, historicamente, segmentar o evento sonoro através de seu simbolismo gráfico. O advento da escrita auxiliou em muito, portanto, na demarcação sígnica entre linguagem verbal e linguagem musical, posto que optou pela ênfase sobre aspectos que a escrita linguística, sua irmã mais velha, ignorara – como sabemos, a escrita verbal centrou questão numa representação sumária dos timbres vocálicos, calcada na primordial oposição binária entre vogais (sons de altura definida) e consoantes (ruídos). Tal fato foi responsável por um notável grau de abstração face ao som bruto que, como sabemos, é uma *totalidade* de aspectos. A articulação de tais parâmetros sonoros de forma mais ou menos independente possibilitou a edificação do que podemos chamar *composição* musical propriamente dita: com efeito, *compor* significa, a rigor, a *recomposição* num todo orgânico dos parâmetros sonoros (durações, alturas, intensidades, timbres), historicamente compartimentalizados pela escrita musical.

À tal elaborada articulação dos elementos no tempo musical dá-se o nome de *material musical*. O material é, por consequência, *posterior* e decorrente da própria escrita musical e reveste-se, na música instrumental, de caráter essencialmente *relacional*.

Na música eletroacústica, ao contrário, o material musical adquire dupla função: de um lado, preserva e evolui seu caráter relacional, na medida em que continua a elaborar o discurso temporal da forma musical enquanto correlação dos elementos com os quais ordena o tempo; de outro, insere-se na própria constituição dos espectros, pois em oposição à música instrumental, a composição eletroacústica deve, em primeira instância, *constituir* seus próprios sons. Assim, as funções do material musical na música eletroacústica são, de um lado, seu caráter *relacional* e, de outro, seu caráter *constitutivo*. Se na escritura instrumental o material decorre do próprio trabalho da escrita, na música eletroacústica ele em parte *antecede* à própria composição enquanto constituição espectral e em parte *decorre* do próprio trabalho relacional de composição em estúdio. Considerando-se que toda e qualquer elaboração eletroacústica passa inevitavelmente seja pelos processos de *síntese*, seja pelos de *tratamento*, ou ainda – como aliás no caso de gran-

362 FLO MENEZES

de parte das obras já realizadas em estúdio – por ambos os procedimentos, constatamos que o material é, em seu aspecto constitutivo, *posterior à síntese e anterior ao tratamento*. De toda forma, será sempre *apriorístico* diante da elaboração da composição em si. Tal *elaboração* composicional designo por *escritura latente* ou *subjacente*.

A *Escritura Latente* na Música Eletroacústica

Ante a inexistência em estúdio da notação e sua decorrente abstração, nem por isso o compositor divorcia-se da *elaboração* composicional. A bem da verdade, toda composição que se pretenda de qualidade, seja ela instrumental ou eletroacústica, calca-se na elaboração *escritural* de suas estruturas. Na música eletroacústica, a escritura encontra-se em estado de latência. Defrontamos com uma espécie de *escritura subjacente*, que permeia o pensamento elaborativo em estúdio.

A rigor, tal escritura latente tende a resgatar, no seio da atividade eletroacústica e de seu confronto com o som bruto e concreto, a abstração típica da escritura instrumental e sua história. Nesse contexto, um dos aspectos mais relevantes da composição eletroacústica, como bem nos aponta Stockhausen[3], é a *decomposição* sonora. Se a escrita instrumental implicava na compartimentalização dos parâmetros sonoros, tal segmentação será resgatada em estúdio acima de tudo pelos processos de tratamento, pelos quais o *objeto sonoro* – para empregarmos o termo tão caro a Schaeffer[4] – revela suas distintas faces.

Em meio a tal processo de *decomposição/composição* do som em estúdio, o compositor depara com uma percepção cada vez mais aguda da vida interna dos sons. A percepção relacional dos elementos estruturais é acompanhada por aquela destinada a uma efetiva introspecção constitutiva dos espectros. Nesse sentido, a percepção voltada sobretudo às relações formais

---

3   Karlheinz Stockhausen. *Texte zur Musik 1970-1977*, vol.4, Colônia, Verlag M. Dumont, Schauberg, 1978, p.369-376.
4   Pierre Schaeffer. *Traité des objets musicaux, Essai interdisciplines*. Paris, Éditions du Seuil, 1966, p.387-472.

é corroborada pela contínua apreensão *textural* dos objetos. É no bojo mesmo da constituição da *textura* sonora que as próprias relações formais infiltrar-se-ão enquanto dados de estrutura musical. Para tanto, efetua-se um verdadeiro mergulho no âmago mesmo dos espectros, operando-se aí uma substancial mudança qualitativa com relação à escritura instrumental no que concerne ao próprio tempo musical enquanto aspecto relacional e constitutivo do material.

Do Som do Tempo ao Tempo do Som

Penso que, no decorrer da curta história da composição eletroacústica, enveredou-se gradativamente por um sintomático deslocamento de interesse em face da percepção sonora. Após os experimentos efetuados com os cortes e montagens das fitas analógicas, por meio dos quais percebeu-se a importância do ataque na avaliação perceptiva dos espectros – experimentos estes que culminaram na exposição teórica de Schaeffer relativa às *anamorfoses temporais*, na qual expõe-se a proporcional relevância dos ataques em relação à duração dos sons[5]–, tendeu-se a uma consciência cada vez maior do que Stockhausen denominara unidade do tempo musical[6]. Em tal processo, o compositor percebeu que frequências e ritmos nada mais são que estágios diferenciados de um mesmo processo, concernente à organização das durações das vibrações no nível da microestrutura espectral. Da atenta percepção do ataque caminhou-se paulatinamente à percepção prioritária do regime de sustentação do som.

A experiência eletroacústica proporcionou, assim, uma verdadeira revolução no cerne mesmo das concepções musicais frente ao tempo, deflagrando uma bipolaridade à qual nenhum posicionamento estético da composição pode escapar: ou encara-se o som como parte constitutiva do tempo musical, priorizando a percepção dos ataques e a organização métrico-rítmica, ou considera-se o som, ao contrário, enquanto fenômeno de textura,

---

5   *Idem*, p.216-243.
6   Karlheinz Stockhausen, *Texte zur elektronischen und instrumentalen Musik*, vol. 1, Colônia, Verlag M. Dumont Schauberg, 1963, p.211-221.

dando-se ênfase à percepção do tempo enquanto dado constitutivo do próprio espectro sonoro. A primeira postura será inexoravelmente associada à escritura instrumental, que não permite uma radical intervenção composicional na constituição mesma dos sons. A segunda constituir-se-á como postura tipicamente eletroacústica, na qual opera-se uma estruturação das relações temporais internas ao próprio espectro.

Desta forma, a música eletroacústica liberta o compositor das imposições articulatórias de cunho métrico-rítmico, dando vazão a uma organização essencialmente textural do tempo musical. O som que era do tempo cede passo, assim, ao tempo de cada som.

Tal reflexão em torno do tempo é responsável, em meu trabalho, até mesmo pelas construções voltadas à interação entre instrumentos e meios eletroacústicos, e isto mesmo quando se trata de instrumentos de percussão, cuja conotação com a rítmica é quase inevitável. *A Dialética da Praia* (1993), para 70 instrumentos de percussão (dois músicos) e fita, revela tal preocupação[7]. Ainda que faça uso de toda a gama dos instrumentos percussivos, em nenhum momento fiz concessão às figurações rítmicas ou métricas. Fazendo alusão à rica situação de escuta de fenômenos sonoros estatísticos e altamente complexos da praia, a obra elabora um percurso no qual a percepção textural toma por completo o lugar das figuras rítmicas que eventualmente pudessem ser sugeridas pelo instrumental utilizado. Com efeito, nesta obra a noção de *grão* sonoro, tal como exposto por Schaeffer em seu estudo tipológico dos espectros[8], revela-se bem mais importante que a recorrência às estruturações métricas.

Formas-Pronúncia

Do ponto de vista de tal percepção textural do tempo enquanto elemento constituinte do próprio som, a *extensão dos espectros* revela-se enquanto um dos procedimentos mais típicos de minha poética.

---

7 Esta obra, em sua versão abreviada *A Viagem sobre os Grãos* (1996) – cuja estreia se deu no Carnegie Hall em Nova Iorque em abril de 1996 – foi agraciada com o Primeiro Prêmio do Concurso Internacional Luigi Russolo de Música Eletroacústica, em Varese, Itália, em setembro de 1996.

8 Cf. Pierre Schaeffer, *op. cit.*, p.548-555.

Dentro de tal perspectiva e aliando tal preocupação com a problemática em torno da expressividade fonológica do verbo, elaborei o que designei por *forma-pronúncia*, cujos resultados mais definitivos foram alcançados no Estúdio de Colônia a partir de 1986, com *Phantom-Wortquelle; Words in Transgress* (1986-1987), obra puramente eletrônica baseada integralmente em sons derivados da voz[9]. Assim é que, referindo-me a *PAN: Laceramento della Parola (Omaggio a Trotskij)* (1987-1988), obra para *tape* solo cuja primeira versão, com orquestra, data de 1985, escrevi (permitindo-me aqui uma autocitação):

> Foi a rigor a primeira vez em que derivei toda a forma musical da estrutura fonológica de uma determinada palavra-de-base, cujo processo denominei posteriormente, ainda em Colônia, de *Aussprache-Form* (port. *forma-pronúncia*). Nesse procedimento ao mesmo tempo formal, musical e verbal, uma determinada palavra, cujo significado demonstra ser importante para a concepção da obra, é radicalmente estendida no tempo, de modo concreto ou imaginário. Seus *momentos* fonológicos, tais como são definidos em fonologia estrutural, são consequentemente dilacerados, determinando com isso, essencialmente, a sucessão das texturas sonoras que constituem a forma musical. Nesse processo, tanto as proporções de durações quanto as características sonoras dos fonemas na pronúncia padrão da palavra em questão são levadas em consideração para a elaboração da forma musical, de modo que, a título de exemplo, um fonema oclusivo (como o /p/ da palavra PAN) não perca sua identidade, apesar de sua extensão no tempo (nesse caso, a extensão torna-se ressonância). No que se refere às vogais, caracterizadas acima de tudo pelas suas duas primeiras regiões formânticas, levar-se-ão em conta ambos esses formantes e, de acordo com sua localização frequencial no espectro da vogal, procurar-se-ão *projetar* tais regiões formânticas no tempo cronológico, enquanto estruturas contrastantes. É nesse sentido que Henri Pousseur, ao tomar consciência de meu procedimento, batizou-o, em analogia à melodia-de-timbres (*Klangfarbenmelodie*), de *Klangfarbendauernproportionen* (*proporções de durações de timbres*). Em minha música, com efeito, o tempo aparece antes de mais nada como durações tímbricas ou, em termos fenomenológicos (em Husserl), como *extensões do agora* (*Ausdehnungen des Jetzt*[10]), ao invés de ser investido de um cará-

---

9 Em 1995, realizei uma nova e reduzida versão desta obra no Studio PANaroma, intitulada *Words in Transgress*.

10 Cf. Edmund Husserl, "Phänomenologie des inneren Zeitbewusstseins", in: *Phänomenologie der Lebenswelt – Ausgewählte Texte II*, Stuttgart, Reclam Verlag, 1986, p.80-165.

ter métrico, o que certamente se configura como uma influência de Stockhausen. Entretanto, ao contrário da *forma-momento* de Stockhausen, a sucessão dramática dos "momentos" particulares reassume, na *forma-pronúncia*, um importante – se não essencial – papel[11].

Técnicas Harmônicas: *Módulos Cíclicos e Projeções Proporcionais*

Na medida em que, ao lado de seu aspecto constitutivo, o material musical de minhas obras eletroacústicas se vale igualmente de suas funções relacionais, e tendo em vista que o ponto central de meu trabalho, ainda que não de modo exclusivista, consiste na *interação* entre escritura instrumental e escritura subjacente no contexto eletroacústico, desenvolvo tanto no plano eminentemente eletroacústico quanto no instrumental determinadas técnicas harmônicas com as quais componho desde meados dos anos 1980. São elas os *módulos cíclicos* e as *projeções proporcionais*. Ainda que constituindo métodos especulativos autônomos da harmonia (entendida em seu mais amplo sentido), a conjunção de ambas as técnicas no terreno da música eletroacústica mista tem-me levado a convincentes resultados.

Por *módulo cíclico* entendo, resumidamente, um campo intervalar cíclico e expansivo derivado de uma estrutura frequencial de base, por mim designada como *entidade harmônica*[12]. Considerando-se toda e qualquer estrutura intervalar – sincrônica (acórdica) ou diacrônica (melódica, sequencial) – como um *campo harmônico* em resposta a uma certa propagação intervalar (de baixo para cima no caso das entidades acórdicas, enquanto fenômenos de ressonância natural; do primeiro ao último som no caso das entidades diacrônicas, enquanto fenômenos cronológicos), tem-se que toda entidade está originalmente circunscrita à relação entre suas notas/frequências extre-

---

11 Textos (em português e inglês) sobre as obras *Parcours de l'Entité, Contextures I (Hommage à Berio), Contesture III – Tempi Reali, Tempo Virtuale, PAN: Laceramento della Parola (Omaggio a Trotskji), Profils écartelés,* e *Words in Transgress,* Livreto do CD "Música Maximalista / Maximal Music", vol. 1, São Paulo (1996).

12 A primeira exposição teórica dos módulos cíclicos foi realizada em meu primeiro livro, *Apoteose de Schoenberg*, escrito em 1984-1985. (Cf. Flo Menezes, *Apoteose de Schoenberg - Ensaio sobre os Arquétipos da Harmonia Contemporânea,* São Paulo, Edusp/Nova Stella, 1987).

mas e internamente constituída pela discriminação intervalar operada pelas notas/frequências que compõem o espaço interno de tais extremidades.

Ocorreu-me, pois, levar às últimas consequências a estruturação mesma de tais entidades, projetando para além e a partir de seus limites extremos sua própria estrutura interna, resultando daí um número limitado de *transposições* da entidade sobre si mesma, tendo sempre como ponto de partida, a cada etapa, a nota da extremidade (frequencial aguda, no caso das entidades sincrônicas, e última frequencial temporal, no caso das diacrônicas).

Após um determinado número de transposições, recai-se necessariamente nas mesmas notas originárias da entidade. Tem lugar, então, um fenômeno *cíclico* e constitui-se assim um *módulo* (com notas recorrentes) cujo número de transposições é determinado pelo intervalo, comprimido na oitava, entre as notas extremas da entidade-de-base. Uma vez que cada nota limite da nova transposição servirá duplamente à constituição do módulo, tanto como última nota da transposição anterior quanto como primeira da seguinte, o número de notas do *módulo cíclico* será, portanto, decorrente da seguinte equação: o número de transposições possíveis vezes o número de notas presentes na própria entidade-de-base menos o número de transposições possíveis. Ainda que inúmeras entidades possam dispor das mesmas características, cada qual será responsável pela constituição de seu próprio módulo e de mais nenhum, já que este se constitui basicamente a partir da estrutura interna dos aglomerados, estrutura esta típica daquela e não de outra entidade. Todo e qualquer módulo constituirá, assim, o específico *campo harmônico* típico da entidade da qual partiu. Se por um lado a delimitação e a densidade dos módulos são diretamente dedutíveis, respectivamente, seja do intervalo constituinte de suas notas extremas, seja da densidade harmônica da entidade, as conexões intervalares internas, particularmente das regiões de passagem entre uma e outra transposição, a recorrência de determinadas notas no interior de cada módulo e as estruturas harmônicas provenientes de operações seletivas periódicas no decurso temporal do módulo apresentado ininterruptamente fazem com que os módulos constituam estruturas de forte interesse enquanto organizações especulativas e derivadas das alturas, demonstrando-se, por vezes, até mesmo "reveladoras" de curiosas correlações entre entidades ou arquétipos harmônicos, correlações estas que, antes da constituição de seus respectivos módulos cíclicos, jamais poderiam ser previstas pelo compositor. Os módulos potencializam, pois, as identidades e peculiaridades presentes em estado de latência nas próprias entidades harmônicas. É como se parafraseássemos o lema cartesiano: a essência da entidade nos é revelada por sua extensão.

Curiosamente, muitos módulos cíclicos completam o total cromático quando advém a última nota antes de se completar sua ciclicidade, enquanto outros o fazem justamente na nota-pivô da última transposição da entidade. Este é o caso do módulo cíclico que serve de base estrutural tanto para ... *Ora* ... (1991...), obra ainda em curso para orquestra, quanto para *A Dialética da Praia* e *Parcours de l'Entité* (1994), para flautas amplificadas, percussão metálica e fita digital[13].

Exemplo 2 Módulo cíclico que serve de base para ... *Ora* ..., *A Dialética da Praia* e *Parcours de l'Entité*

Se os módulos cíclicos se prestam muitíssimo bem à minuciosa e multiforme elaboração de estruturas harmônicas a partir do espaço frequencial constituído pelo sistema temperado, nem por isso estão confinados à música instrumental. Enquanto estruturas de proporções intervalares em expansão cíclica, utilizo tal técnica igualmente no contexto eletroacústico, como por exemplo em *A Dialética da Praia*, obra na qual o módulo serviu à estruturação dos perfis de sons *sampleados* e processados de instrumentos percussivos.

De qualquer forma, interessou-me, complementando as possibilidades oferecidas pelos módulos, a edificação de um método de manipulação intervalar que me permitisse transpor, no "espaço harmônico", as variações de dimensão perceptiva típicas das operações efetuadas sobre a escala temporal e desvinculadas das imposições rítmicas e métricas, quais sejam: *dilatações* e *compressões* de durações, a serem aqui convertidas, respectivamente, em *expansões* e *concreções de estruturas intervalares*. Elaborada em duas direções, a nova técnica contrapor-se-ia, sob este aspecto, aos módulos, já que

---

13 *Parcours de l'Entité* recebeu em 1995 o prestigioso Prix Ars Electronica em Linz, Áustria.

estes implicam única e necessariamente "ampliação", ou seja, expansão do campo harmônico da entidade originária.

Assim é que, do ponto de vista técnico, entende-se pois por *projeções proporcionais* a projeção dos intervalos de uma determinada entidade harmônica temperada, a qual ocupa um certo âmbito no espaço das alturas seguindo uma precisa lei de subdivisão logarítmica das frequências, em âmbitos diferenciados, mantendo-se, contudo, a mesma proporção intervalar de origem. Sabendo-se que o sistema temperado obedece à razão de 1,0594 para o intervalo de segunda menor, deduz-se daí que a expansão ou concreção do espaço harmônico ocasionará necessariamente a alteração não temperada das subdivisões internas do âmbito ocupado pela entidade projetada. Para o cálculo das projeções, utiliza-se, de toda forma, o cálculo logarítmico; apenas serão alterados o expoente da raiz e a razão intervalar entre a primeira e a última nota[14]. Independentemente da direção a ser assumida pela projeção (concreção ou expansão), considerar-se-ão sempre dois aspectos da entidade de base da qual se parte: de um lado, o número de subdivisões em semitons que preenche o espaço entre sua nota mais grave e sua mais aguda; de outro, a verificação discriminatória das subdivisões ou graus utilizados pela entidade.

Exemplo 3 Discriminação dos graus feitos pelo perfil principal do módulo cíclico em *Parcours de l'Entité*

Em *Parcours de l'Entité*, tem-se um bom exemplo da junção de ambas as técnicas. O módulo cíclico derivado da entidade-de-base, com seu perfil principal executado pela flauta (tal como exposto nos Exemplos 2 e 3), é submetido a quatro concreções por projeções proporcionais. O Exemplo 4

---

14 Para o cálculo das projeções, foi concebido em 1987 na Alemanha, pelo técnico do Studio fur elektronische Musik de Colônia, Marcel Schmidt, um programa especial na plataforma do computador Atari 1040 ST. Atualmente, realizo os cálculos das projeções em um *patch*, por mim elaborado em colaboração com o compositor alemão Hans Tutschku, do programa de Composição Assistida por Computador Patchwork, desenvolvido no Ircam parisiense para a plataforma Macintosh.

reproduz a tabela de frequências daí derivadas, pontuando em negrito as frequências utilizadas pelo perfil principal temperado (5ª coluna) e pelas demais concreções.

Exemplo 4 Tabela das Frequências para as Projeções Proporcionais dos Perfis da Flauta em *Parcours de l'Entité*

1ª Proj. Prop.	2ª Proj. Prop.	3ª Proj. Prop.	4ª Proj. Prop.	Perfil-de-base
entre	entre	entre	entre	entre
Ab 415 e	G 392 e	F 349 e	C# 277 e	C 262 e C 1046
Eb 622 Hz	F 698	G 784	A# 932	= temperado
415	392	349	277	262
422,36	401,54	361,19	291,55	277
429,53	411,32	373,57	306,66	294
436,83	421,34	386,37	322,56	311
444,25	431,6	399,61	339,28	330
451,8	442,12	413,31	356,87	349
459,48	452,89	427,47	375,37	370
467,28	463,92	442,12	394,83	392
475,22	475,22	457,27	415,3	415
483,3	486,8	472,94	436,83	440
491,51	498,66	489,15	459,48	466
499,86	510,8	505,91	483,3	494
508,35	523,25	523,25	508,35	523
516,99	535,99	541,18	534,7	554
525,77	549,05	559,72	562,42	587
534,7	562,42	578,9	591,58	622
543,79	576,12	598,74	622,25	659
553,03	590,16	619,26	654,51	698
562,42	604,53	640,48	688,44	740
571,98	619,26	662,43	724,13	784
581,7	634,35	685,13	761,67	831
591,58	649,8	708,61	801,15	880
601,63	665,63	732,89	842,69	932
611,85	681,84	758,01	886,37	988
622	698	784	932	1046

MÚSICA MAXIMALISTA 371

Exemplo 5 Expansão direcional do perfil principal em *Parcours de l'Entité*

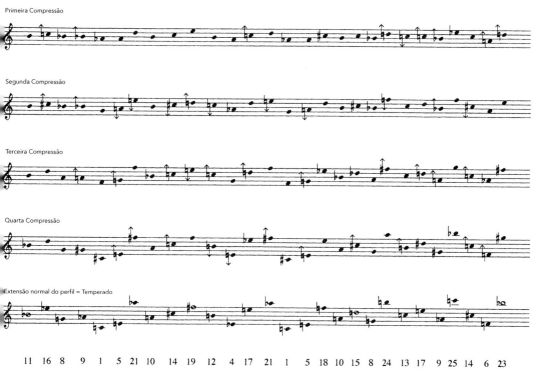

Após a conversão dos valores em notação tradicional, tem-se como resultado uma expansão direcional do perfil principal em cinco etapas (Exemplo 5). Utilizado em *Parcours de l'Entité* para a elaboração da escritura instrumental da flauta, concomitantemente ao uso de projeções proporcionais para a constituição de espectros sintetizados por computador com o programa Music V e presentes na fita[15], este processo serviu-me também para a expansão de perfis sequenciados de sons sintetizados por modulação de fre-

---

15 Os sons sintetizados por computador através do clássico programa de síntese Music V foram realizados quando atuei como compositor convidado junto ao CSC – Centro di Sonologia Computazionale – da Universidade de Pádua, Itália, em 1991, com o auxílio técnico de Andrea Provaglio.

quência na última parte da fita em *Profils Écartelés* (1988) para piano e fita quadrifônica, obra realizada no Estúdio de Colônia[16].

O Futuro de Uma Ilusão

Resumidamente, podemos constatar que se encontra, na atualidade, definitivamente superado o grande dilema hamletiano da exclusão antagônica da existência, frente à qual procura-se antepor polos presumivelmente excludentes visando a solução de problemáticas específicas. Ainda que tal antagonismo possa vir a ter lugar nos conflitos sociais, expostos às próprias condições da subsistência, no domínio estético as direções apontam para uma consciência cada vez maior da antinomia presente no ato mesmo da comunicação linguística independentemente de seu código sígnico.

Roman Jakobson já definira de modo exemplar tal antinomia presente no cerne mesmo de cada signo, no âmago das relações entre significante e significado, antinomia esta responsável pela condição de *dramaticidade* inerente a cada ato da comunicação:

> A relação do signo ao objeto significado, e em particular da representação ao representado, a sua identidade, que ao mesmo tempo é também sua diferença, constitui uma das antinomias mais dramáticas do signo. [...] Esta antinomia é inevitável, pois que sem contradição não se dá o jogo de conceitos nem o dos signos, a relação entre conceito e signo torna-se automática, o curso dos eventos se paralisa, a consciência da realidade se dissolve[17].

O moto da atualidade resume-se, assim, na coexistência não pacífica dos oponentes, na constante dúvida que permeia a dicotomia sígnica presente em cada ato da comunicação, na ilusão desfeita a cada momento de que se está diante da indubitável unidade da coisa percebida, na riqueza da diver-

---

16 *Profils Écartelés* representou a produção do Estúdio de Colônia em inúmeras ocasiões em importantes festivais de música contemporânea da Europa. Em novembro de 1993, a obra recebeu o Prêmio Internacional de Composição da Tribuna de Música para América Latina y el Caribe (Trimalca), em Mar del Plata, Argentina.

17 Roman Jakobson *apud* Umberto Eco "Il Contributo di Jakobson alla Semiotica". In: *Roman Jakobson*, Roma, Editori Riuniti, 1990, p.290.

sidade perceptiva presente na complexa, equívoca e propulsora dramaticidade sígnica, dramaticidade esta presente – no que se refere às estruturas musicais – no bojo de cada *gesto musical: ser **e** não ser*; eis, pois, a condição de nossa atualidade estética.

Particularmente no que diga respeito à relação entre meios tecnológicos e escritura instrumental, a música eletroacústica revela-se, pois, um campo fértil para o cultivo de tais dicotomias. Opondo o universo acústico àquele mediado pelos alto-falantes – quer seja pela intervenção direta sobre os instrumentos, quer pela concomitante propagação pelo espaço acústico de estruturas musicais pré-gravadas sobre suporte magnético/digital, ou ainda pela geração computacional de eventos contrapostos aos oriundos da execução instrumental –, a composição eletroacústica mista deflagra-se enquanto uma das mais profícuas modalidades da música contemporânea.

E isto por deflagrar uma dicotomia no cerne mesmo das escrituras manifesta e latente da composição musical. A situação do ouvinte defronte da obra puramente instrumental e da constituída pela difusão "solística" de uma fita desacompanhada aponta para direções, do ponto de vista espacial, totalmente opostas.

Na escuta do instrumento, o ouvinte imediatamente localiza os sons em sua direta e inequívoca proveniência física. A questão em torno do espaço e de suas potencialidades enquanto dado de estrutura musical mal se coloca àquele que degusta a obra. Ainda que a problemática da espacialidade tenha se tornado cada vez mais premente na concepção mesma de uma composição instrumental no decurso do século XX, reabilitando suas funções estruturais tais como estas se apresentaram em remotas épocas da história musical, o confronto do ouvinte com o instrumento ao vivo quase nunca sublevou a própria relação espacial entre aquele que escuta e aquele que executa: o primeiro como que se neutraliza pela presença do segundo; não se origina, de tal confronto, nenhum questionamento em relação à posição mesma que ocupa a escuta no próprio espaço.

Sucede algo bem diverso, em contrapartida, na escuta de sons difundidos por alto-falantes, via de regra dispostos em torno da audiência em teatro. Se na música instrumental a audição localiza o som e sua proveniência física de modo quase inconsciente, a potencialidade aberta pela música eletroacústica, permeando os ares por meio de fenômenos de deslocamentos,

374   FLO MENEZES

rotações, estereofonias cruzadas ou multifonias espaciais inverte a situação: os sons, de extrema mobilidade espacial, acabam por fazer com que o ouvinte se localize a si próprio em meio ao espaço no qual se dá sua escuta. Defrontando-se com a mobilidade fortemente presente na difusão eletroacústica e situando-se em meio ao *turbilhão* de sons, o ouvinte localiza sua presença meramente pontual e até mesmo impotente face ao dinamismo espaço-temporal dos sons difundidos eletricamente, dinamização esta recuperada pelo indivíduo pela sua própria audição.

Em suma: se o ouvinte localiza os sons de proveniência instrumental em gesto automático e quase inconsciente, é a própria dinâmica espacial dos sons eletroacústicos que acaba como que por localizar o indivíduo que escuta em meio ao espaço no qual se veicula a obra.

A interação instrumento/meios eletroacústicos permite, assim, a constituição de uma dimensão *diagonal* de tal problemática. Ainda que as formas de escuta pura, seja a puramente instrumental, seja a constituída pela mera difusão de sons eletroacústicos, conservem de modo inexorável sua dada pertinência[18], a relação dialética entre a escritura instrumental e as estruturas eletroacústicas faz com que se possibilite a edificação de toda uma trama *transicional* entre aquilo que se localiza pela escuta e aquilo que localiza pela escuta aquele que escuta, estabelecendo-se desta forma uma espécie de *continuum* espacial que corta diagonalmente, por assim dizer, o espaço vivenciado pela audição.

Calcada em elaborados artifícios de correspondência e oposição, de fusão e contraste entre a escritura instrumental e as estruturas eletroacústicas, artifícios estes que se estabelecem pelo detalhado trabalho sobre o material musical em sua dupla função – constitutiva e relacional –, para o que as téc-

---

18   O meu próprio trabalho aponta igualmente para as soluções menos híbridas. Destacam-se, nos últimos anos, as seguintes obras puramente eletroacústicas (sem instrumentos), além das já citadas acima: *Contextures I (Hommage à Berio)* (1988-1989); *Kontexturen II – Schachspiegel* (1989-1990); *La Ricerca Panica di Eco* (1991); *La (Dé)marche sur les Grains* (1993). Dentre as puramente instrumentais, mencionemos: *Vertikale Augenblicke in Wien* (1989); *TransFormantes II* (1995); *Concenti – Sul Canto e il Bel Parlare* (1995-1996); *On the other hand...* (1997). Quanto à interação, destaquemos ainda: *Contesture III – Tempi Reali, Tempo Virtuale* (1990); *Contesture IV – Monteverdi Altrimenti* (1992-1993); *ATLAS FOLISIPELIS* (1996-1997); *TransFormantes III* (1997).

nicas harmônicas aqui descritas demonstram-se de grande utilidade, tal *diagonalidade* faz eclodir o motivado interesse pela escuta do universo misto, no qual confronta-se a dúvida do ser ou não ser daquilo que se ouve com a condição que se faz mais premente à audição contemporânea: substitui-se, pois, a conjunção *ou* pela conjunção *e*.

Assim é que se falávamos de uma ilusão desfeita a cada momento de que se está diante da indubitável unidade da coisa percebida, a certeza da coexistência não pacífica entre a coisa e sua representação transmuta-se, na música eletroacústica mista, em outra: em uma profícua, constante e dúbia ilusão.

E é dessa "ilusão auditiva" que se nutre, em grande parte, a poética que está na base de minhas obras mistas, tais como *Profils Écartelés*, *A Dialética da Praia*, *Parcours de l'Entité* ou a mais recente dentre elas: *ATLAS FOLISIPELIS* (1996-1997), para oboés amplificados, percussões de pele, fita quadrifônica e *live-electronics*. Em face de tais composições, o ouvinte recai em constantes dúvidas acerca da natureza daquilo que ouve: se advém do instrumento ou da emissão eletroacústica, se se opera ao vivo uma dinamização espacial, harmônica, tímbrica e temporal da escritura instrumental ou se se está defronte de estruturas pré-elaboradas em estúdio, constituídas a partir dos próprios instrumentos ou a estes timbricamente correlatas.

A ilusão, desfeita constantemente em dúvida, leva à certeza de que aquilo que é pode ao mesmo tempo também não ser. E é o futuro desta ilusão que, acreditamos, ditará os caminhos de uma nova poética da música eletroacústica.

São Paulo, dezembro de 1996

4
POR UMA MORFOLOGIA DA INTERAÇÃO[1]

Da morfologia do objeto sonoro à morfologia da interação

Definitivamente uma nova fase da composição é inaugurada com a invenção da *musique concrète* por Pierre Schaeffer em 1948, na qual esboça-se, pouco a pouco, a elaboração de um novo *solfejo*, não mais atado às articulações que se fazem possíveis mediante a escrita musical, mas sim ao som e à sua percepção fenomenológica.

Em que pesem todos os tropeços e inadequações teóricas do pensamento schaefferiano – contradições quase inevitáveis para um pioneiro –, é inegável o mérito de Schaeffer com relação a uma primeira tentativa, já bem desenvolvida para uma etapa inaugural de reflexão, de um estudo *morfológico* e *tipológico* do som.

Dificilmente chegar-se-á a um termo definitivo ou mesmo consensual no que se refere à descrição dos eventos sonoros. Mas, como quer que seja, noções como *grão, massa, flutuação espectral* (minha proposição como tradução do termo schaefferiano *allure*), *perfis melódicos* e *de massa*, entre outras, contribuem de modo efetivo para uma nova compreensão do dado sonoro, tanto para o músico atuante quanto para o ouvinte atento.

---

1 Publicado pela primeira vez em inglês como: "For a Morphology of Interaction". In: *Organised Sound*, Vol. 7, Number 3, Cambridge, Cambridge University Press, dezembro de 2002, p.305-311; logo em seguida em alemão como: "Für eine Morphologie der Interaktion", in: *Komposition und Musikwissenschaft im Dialog III (1999-2001)*, Signale aus Köln – Musik der Zeit, Band 6, Munster, Lit Verlag, 2003, p.168-190.

Tal abordagem encontrou adesão em boa parte da comunidade eletro-acústica internacional, mas poucos foram os que procuraram levar adiante, de modo consequente, a discussão acerca da terminologia empregada por Schaeffer. A bem da verdade, deve-se, além dos imprescindíveis esclarecimentos conceituais de Michel Chion[2], principalmente a François Bayle[3] e, posteriormente, a Denis Smalley[4] as poucas tentativas notórias de desenvolvimento teórico dos conceitos schaefferianos.

Um domínio, entretanto, permanece praticamente intacto nessa discussão, em grande parte devido ao caráter sectário que impregna as diversas correntes estéticas do que hoje acha-se por bem designar, genericamente, como música eletroacústica: a problemática em torno da *interação* entre escritura instrumental e recursos eletroacústicos.

Sobre os gêneros da interação e sua legitimidade

Ainda que alguns compositores insistam quer seja na decretada morte da música instrumental, quer seja, em contrapartida, no questionamento do valor da música eletroacústica pura (sobre suporte tecnológico e sem a presença de instrumentistas), tais posturas exclusivistas acabam mais por perder do que por ganhar ao se tornarem hermeticamente fechadas às possibilidades de estruturação e expressão musicais advindas tanto da potencialmente rica escritura musical quanto do universo inesgotável da música eletroacústica pura, dita acusmática. Nesse contexto, parece-me extremamente frutífero considerarmos as infindáveis possibilidades estruturais e expressivas da chamada música eletroacústica mista ou interativa, em que ambas as formas de atuação são coadunadas em uma mesma composição.

Faz-se então premente a seguinte constatação preliminar: certamente a interação entre escritura instrumental e estruturas eletroacústicas poderá

---

2   Michel Chion, *Guide des Objets Sonores – Pierre Schaeffer et la Recherche Musicale*, Paris, Buchet Castel & Ina/GRM, 1983.
3   François Bayle, *Musique Acousmatique - Propositions... Positions*, Paris, Buchet/Castel & Ina/GRM, Paris, 1993.
4   Denis Smalley, "Spectro - Morphology and Structuring Processes". In: Junior Emmerson *et. al.*: *The Language of Electroacoustic Music*, Nova Iorque, Hardwood Academic Publishers, 1986, p.61-93.

ser edificada com mais eficácia, ao menos nas atuais condições técnicas em que tal fenômeno se dá, se o compositor considerar sobretudo a inter-relação entre instrumentos (ou vozes) e sons eletroacústicos *sobre suporte*, independentemente de lançar mão ou não, concomitantemente aos sons pré-elaborados em estúdio, também dos recursos de transformação *em tempo real* (dos chamados *live-electronics*).

É comum defrontarmos com uma visão preconceituosa por parte dos compositores que se alinham às tendências mistas em decorrência principalmente de seu apreço pela escritura instrumental e sua história, na qual admitem os recursos eletroacústicos apenas e tão somente se estes, sem exceção, interagirem em tempo real com a execução instrumental, enquanto recursos de transformação realizados *in loco* e, afirmam, com a mesma flexibilidade temporal da qual dispõe o intérprete humano. Ainda que tais possibilidades sejam instigadoras e que uma interação que dê conta da articulação *viva* do tempo musical seja altamente desejável e cativante, não há, entretanto, razão plausível, a rigor, para que se neguem as possibilidades da interação que têm no uso de sons eletroacústicos fixados sobre suporte seu recurso principal.

A bem da verdade, ainda hoje têm-se muito mais possibilidades de elaboração espectral e estrutural na laboriosa constituição sonora realizada em estúdio e fixada sobre suporte do que nos recursos, ainda consideravelmente limitados, de geração sonora em tempo real oriundas de uma interação com os sons provenientes dos instrumentos. Em geral, as estruturas musicais advindas das transformações em tempo real são excessivamente limitadas às estruturas instrumentais em si, enquanto, pelo uso de sons eletroacústicos realizados em estúdio e interagidos com a escritura musical, tem-se uma gama muito maior de possibilidades sonoras, próximas ou distantes do universo acústico com o qual procura interagir.

Em suma: as transformações em tempo real, ainda que constituindo interessante aspecto da correlação estreita entre gesto instrumental e sua metamorfose eletroacústica, agem inexorável e exclusivamente em sentido *convergente*, considerando-se as fontes de emissão sonora. Constataremos, contudo, que tanto proximidade quanto distanciamento devem ser almejados pela composição mista[5].

---

5   Cabe, nesse contexto, uma anedota. Após ter tido o privilégio, a convite do GRM, de realizar um

Os sectários e seus preconceitos

E, no âmbito de tal colocação, vemos surgir dois aspectos cruciais do problema.

Em primeira instância, é preciso reconhecer que a crítica de cunho bouleziano (a despeito do valor inestimável da obra interativa de Boulez), segundo a qual um *tempo fixo* sobre suporte jamais poderá converter-se em uma interação organicamente bem-sucedida, é, a meu ver, sem fundamento, pois a eficácia da interação não dependerá jamais do fato de os sons eletroacústicos estarem ou não fixados sobre algum suporte tecnológico e terem suas durações predeterminadas, mas antes da elaboração de tal interação na própria composição, de acordo com suas possibilidades *morfológicas*. Considerando-se as grandes realizações de fita da história da música eletroacústica, inúmeras são as provas cabais de que o "tempo fixo" jamais será percebido enquanto tempo "rígido". O ouvinte, a bem da verdade – e como bem afirmava Messiaen[6] –, perceberá tanto menos a existência do tempo quanto melhor for organizada a composição, quanto mais ela for elaborada e complexa. Não será o suporte físico o fator determinante da rigidez ou ausência de rigidez do tempo musical, mas sim a forma pela qual o compositor organiza seus elementos estruturais e expressivos. É a estruturação da obra que deverá ser flexível, não seu suporte material. É nesse sentido que François Bayle tem plena razão quando afirma que o verdadeiro suporte do som não é uma *matéria*, mas sim uma *energia*[7] (1999, p.145 e 151). Qual ouvinte se arriscaria a

---

concerto ao lado de Luciano Berio na Salle Olivier Messiaen de Paris em 25 de fevereiro de 1997, na qual difundimos no *Acousmonium*, de minha parte, *Parcours de l'Entité* para flautas, percussão metálica e fita, e, da parte de Berio, sua obra de fita intitulada *Chants Parallèles*, Berio envia-me inesperadamente uma carta a São Paulo, datada de 5 de março daquele mesmo ano, com os seguintes dizeres: "Sua obra era muito interessante e pergunto-me por que, em vez de usar uma fita magnética, você não desenvolve suas ideias com *live-electronics*". Ao que respondi, em carta de 2 de abril: "Não creio que as técnicas em *live-electronics* estejam já em grau de oferecer ao compositor todas as possibilidades que já são acessíveis com a gravação em fita. Em geral, penso que as estruturas sonoras do *live-electronics* sejam muito dependentes das estruturas instrumentais, de modo que o contraste entre instrumento e eletrônica não seja sempre realizado a contento. A sua identidade talvez sim, mas seu contraste – tão fundamental quanto – ainda não.

6   Olivier Messiaen, *Traité de Rythme, de Couleur, et d'Ornithologie*, Tome I, Paris, Alphonse Léduc, 1994, p.10.

7   François Bayle, "Schaeffer Phonogène", In: *Ouïr, Entendre, Écouter, Comprendre après Schaeffer*, Paris, Buchet/Chastel & Ina/GRM, 1999, p.139-151.

proclamar como temporalmente rígidas obras como *Le Voile d'Orphée* de Pierre Henry, *Gesang der Jünglinge* de Stockhausen, *Epitaph fur Aikichi Kuboyama* de Herbert Eimert ou *Visage* de Luciano Berio, para nomearmos apenas alguns exemplos históricos da melhor música de fita?

O segundo aspecto tem caráter arquetípico e independe, a rigor, dos meios com os quais se compõe uma obra. Em um de seus principais textos, *Problems of Harmony*, de 1927, Arnold Schoenberg, discorrendo sobre a essência do sistema tonal e sua dupla função, *unificadora* e *articulatória*, e na busca daquilo que se faz imprescindível à composição independentemente da própria tonalidade, enuncia o princípio que se faz necessário a toda e qualquer ideia musical (Schoenberg precisa: à toda exposição de uma ideia): *contraste coerente*[8]. Pelo viés da aglutinação polarizadora que o centro tonal exercia, enquanto *centro de gravidade*, sobre o contexto harmônico, a tonalidade pressupunha uma unidade do material; pelas vias da articulação diferenciada e mesmo ambígua dos elementos estruturais, ela trazia à tona o contraste, a distinção, a oposição, a dissociação. Retomando essa velha lição de Schoenberg, podemos perguntar-nos: por que toda forma de interação, na música eletroacústica mista, teria de ser vista necessariamente como *fusão* entre os universos acústico e eletroacústico?

Se o preconceito se faz presente nas colocações dos partidários da interação exclusivamente em tempo real, ele se transmuta e marca presença, igualmente, no cerne do pensamento que decreta o fim do instrumento acústico.

Em geral, a crítica dos partidários da música eletroacústica *pura* norteia-se pela irrevogável necessidade, no caso de se lançar mão do uso de instrumentos conjugados a sons pré-elaborados em estúdio, de absoluta fusão entre escritura instrumental e sons eletroacústicos, alicerçando-se na pretensa impossibilidade de tal "acasalamento" e declarando como inviável qualquer interação. A rigor, tal criticismo advém de músicos que, a despeito de seus dotes na elaboração eletroacústica em estúdio, pouca ou nenhuma experiência tiveram com a *escrita* musical e com os procedimentos composicionais mais abstratos e mesmo anteriores ao advento da música concreta, típicos do que se designa, comumente, por *escritura* musical. Este

---

8   Arnold Schoenberg, *"Problems of Harmony"* (1927), In: *Style and Idea*, Londres, Faber and Faber, 1975, p.278.

conceito, entretanto, faz-se, de toda forma, imprescindível a toda e qualquer poética musical consistente, da mais atada aos instrumentos e desvinculada da tecnologia à mais puramente acusmática[9]. É certo que, na elaboração mista, o compositor colherá melhores frutos se constituir um organismo em que as articulações instrumentais e eletroacústicas não estejam completamente desvencilhadas uma da outra, como se se tratasse – ao menos durante todo o tempo da composição – de dois planos totalmente independentes que, por contingência, estejam dispostos de modo concomitante. Interdependência estrutural e até mesmo relativa autonomia não implicarão, obviamente, ausência de correlação entre os distintos níveis de escritura (instrumental e eletroacústico). Mas da mesma forma como a crítica acerca de uma pretensa impossibilidade de interesse pelas estruturas musicais fixadas sobre suporte é muito mais decorrente de uma incapacidade dos que a colocam em elaborar, de modo eficaz, uma escritura eletroacústica em estúdio, a colocação acerca de uma impossibilidade de interação *real* e *efetiva* entre escritura instrumental e sons eletroacústicos decorre, constatemos, de uma clara limitação, por parte dos músicos que a decretam, em face da própria escritura instrumental.

E eis aí, por consequência, uma das mais correntes deformações do pensamento estrutural em música desde o advento da música eletroacústica. Tendo efetuado substancial mutação no próprio conceito de *material musical*, que passa, além de suas características *relacionais* (comuns na música instrumental), a adquirir também características *constitutivas* (constituição espectral, fontes sonoras), a música eletroacústica estende o âmbito de atuação das funções apontadas por Schoenberg. Se a *fusão* constitui elemento unificador indispensável à organização musical mista, o *contraste* entre ambos os universos é igualmente essencial ao discurso e no decurso da composição! É nesse sentido que, em um dos textos que compõem minha teo-

---

9 Remetendo-nos mais uma vez às pertinentes (e poéticas) colocações de François Bayle, relembremo-nos, nesse contexto, de sua bela definição de *escritura* (*écriture*) enquanto "maneira de escapar do tempo, de poder, *fora-do-tempo*, resumir, organizar, imaginar, fixar algo que, em seguida, será reinserido no tempo, em um tempo de execução (*jeu*)". É nesse sentido que, mesmo em meio à elaboração de suas polifonias acusmáticas, Bayle afirma ser necessário "acreditar na *escritura*" (François Bayle, *Cahiers Recherche/Musique 4 – La Musique du Futur: a-t-elle un Avenir?* Paris, Ina/GRM, 1977, p.89, grifos originais).

ria estética da composição eletroacústica, insisti em ambos os fatores como fundamentais na interação entre escritura instrumental e recursos eletroacústicos[10].

Função dominante

Assim, o imprescindível domínio de ambas as esferas de atuação da composição mista – escrituras instrumental e eletroacústica – não se restringirá jamais ao fenômeno que, de modo exclusivo, as funde e as identifica. Ao contrário, será estrategicamente preciso que, em determinados momentos, o *contraste* entre ambos os universos venha à tona para que a própria *fusão* possa ser devidamente apreciada[11]. Por mais que uma *dominância* de tal ou tal *função* (*unificadora* na fusão; *articulatória* no contraste, para falarmos com Schoenberg) se faça presente em uma determinada obra, a estratégia composicional nutre-se inelutavelmente de ambos os aspectos que subjazem ao próprio fenômeno da interação. Dessa forma, afirmara eu que "é através do velho princípio da oposição binária, segundo o qual um determinado elemento só é valorado se confrontado com seu oponente, que fusão e contraste podem ser percebidos como princípios dominantes em tal ou tal obra"[12].

Entretanto o conceito jakobsoniano de *dominância* das funções unificadora (fusão) e articulatória (contraste) pressupõe que dificilmente depararemos com um fenômeno sonoro, na música mista, em que haja pura fusão ou puro contraste, mutuamente excludentes. Mesmo diante da mais convincente fusão espectral do instrumental com o eletroacústico, o ouvido sempre revelará aspectos de distinção da qualidade espectral oriunda do

---

10 Flo Menezes. "Fusão e Contraste entre a Escritura Instrumental e as Estruturas Eletroacústicas". In: *Atualidade Estética da Música Eletroacústica*, São Paulo, Editora da Unesp, 1998, p.13-20.

11 E disso se aperceberam os grandes mestres históricos da música eletroacústica mista. Em meu texto supracitado, afirmava, ao ressaltar o papel do *contraste*, que "desde o surgimento da chamada música eletroacústica mista, como bem nos demonstra o título mesmo da obra de Maderna [ao qual me referia: *Musica su Due Dimensioni*, de 1952], tinha-se claro que se tratava de duas *dimensões* distintas do fazer musical" (Menezes, *op. cit.*, p.14; grifo original).

12 Flo Menezes. *op. cit.*, p.15.

384 FLO MENEZES

universo acústico daquela proveniente dos sons eletroacústicos, da mesma forma como buscará algum mínimo ponto de contato e identificação entre ambos os universos sonoros em meio ao contraste mais radical.

Aspectos estruturais da interação

É preciso dizer, no entanto, que os fenômenos de fusão e contraste ancoram-se antes nos aspectos *estruturais* da composição e não meramente na qualidade "corpórea" da emissão sonora. Claro está que, desse ponto de vista, haverá sempre uma irrevogável distinção entre a emissão instrumental e aquela que se faz pela vibração da membrana de um alto-falante: por mais "fiel" que possa ser uma caixa acústica, é inegável a qualidade sonora que toda e qualquer amplificação impinge ao espaço acústico, impregnando a audição com sua "cor" específica. Esse fato, aliás, faz com que, em geral, opte-se por uma discreta amplificação também dos próprios instrumentos acústicos no caso da música mista, para que a emissão instrumental possa aproximar-se da reprodução eletrônica e para que se minimizem as distinções de caráter meramente corpóreo e, consequentemente, espacial[13]. Tal equiparação da qualidade de emissão sonora jamais será, entretanto, fator suficiente para que se dê o fenômeno da fusão, da mesma forma como um eventual impedimento da amplificação dos sons instrumentais não constituirá necessariamente pre-condição para que ambos os universos inevitavelmente se contrastem (ainda que, tecnicamente, o desequilíbrio proveniente da ausência de amplificação possa, em determinadas circunstâncias, inquestionavelmente favorecer tal dissociação entre as emissões instrumental e eletrônica).

Repousando sobre o aspecto eminentemente *estrutural* da composição, as condições extremas de fusão e contraste pressupõem – ao contrário do que seria o caso se dependessem exclusivamente de sua qualidade de emissão – toda uma gama possível de situações intermediárias, *transicionais*, nas quais o que era fundido pouco a pouco se distingue ou, ao contrário, o que era

---

13 A não ser que se almeje um radical contraste que se dê, inclusive, mediante a dissociação da forma de emissão sonora em espaços nos quais uma amplificação dos instrumentos se fizesse necessária para contrabalançar os sons dos instrumentos com os sons dos alto-falantes.

MÚSICA MAXIMALISTA 385

contrastante paulatinamente se funde e se dissolve em uma terceira coisa, fruto da intersecção embrionária do instrumental com o eletroacústico. E, nesse contexto, arrisco-me a afirmar que uma composição mista de grande valor será aquela na qual não somente ambas as extremidades dessa cadeia são elementos constituintes de sua estruturação, como também se faz presente, de modo eficaz, a exploração sistemática dos estágios de *transição* entre a fusão e o contraste[14].

Para que todas essas etapas sejam exploradas, é preciso que o compositor adquira plena consciência do que caracteriza, em essência, tanto a fusão quanto o contraste, assim como tenha conhecimento acerca das possibilidades de transição de um a outro desses extremos. É nisto que reside, em síntese, o que podemos chamar de *morfologia da interação*.

Quais são, pois, as características da fusão e do contraste, e quais são as possibilidades de transição estrutural entre esses dois polos?

A essência da fusão e do contraste

Para haver fusão entre as escrituras instrumental e eletroacústica, será necessário que haja *transferências localizadas* de características espectrais de uma esfera de atuação à outra. Aquilo que se funde com outra coisa, assim o faz pela *similaridade absoluta*, com esta outra coisa, de ao menos um aspecto de sua constituição. Nesse sentido, tratando-se de sons eletroacústicos pré-elaborados em estúdio, a eleição do material constitutivo de partida

---

14 Desse ponto de vista, a *questão harmônica* ou simplesmente *harmonia* – vista em sua mais vasta acepção, da estruturação intervalar à constituição espectral dos timbres – traduz-se, a meu ver, como a principal ferramenta da composição para a elaboração tanto de tais estágios transicionais quanto das situações extremas dessa cadeia que vai da fusão ao contraste e vice-versa. É nesse sentido que tenho desenvolvido, já desde meados da década de 1980, duas técnicas especificamente harmônicas, com as quais elaboro a maioria das estruturas de minhas composições: *os módulos cíclicos* e as *projeções proporcionais*. (Sobre tais técnicas, ver principalmente: Flo Menezes, *Atualidade Estética da Música Eletroacústica*, São Paulo, Editora da Unesp, 1998, p.70-74; *Apoteose de Schoenberg – Tratado sobre as Entidades Harmônicas*, Cotia, Ateliê Editorial, 2001; "To be and not to be – Aspects of the Interaction Between Instrumental and Electronic Compositional Methods, In: *Leonardo Music Journal*, vol. 7, Cambridge, the MIT Press, dez. de 1997, p.3-10).

adquire grande relevância: será mais plausível trabalhar, sobre suporte, com sons oriundos dos próprios instrumentos do que com proveniências díspares, sem qualquer relação de origem com a materialidade corpórea dos instrumentos utilizados. Ainda que as transformações em curso possam ser bem drásticas, o uso de material constitutivo similar faz com que haja preponderância em conservar algum aspecto energético que confira identidade às texturas sonoras resultantes.

Mas tal estratégia está longe de ser excludente: as transferências estruturais podem apoiar-se em aspectos outros que não a coloração (timbre) dos espectros, tais como relações de identidade em frequência, em percurso espacial, em comportamento dos perfis melódicos e de massa, em constituição gestual dos sons (que podem identificar-se até mesmo pela forma de tratamento aos quais se submetem). Ou seja: ainda que seja mais condizente com a fusão partir dos próprios sons instrumentais para a elaboração dos sons eletroacústicos, o uso de outras fontes sonoras não implica necessariamente inviabilidade da fusão e pode, em contrapartida, viabilizar a transição que vai do fundido ao contrastado. Será, pois, pelo viés de tal *distinção relativa* – apenas possível, no caso de se utilizarem os mesmos sons instrumentais na elaboração dos sons eletroacústicos, após inúmeros procedimentos de transformação do material de partida – que a edificação de toda uma gama de distanciamento tornar-se-á possível, até que se atinja o contraste mais evidente, com ausência de qualquer transferência espectral.

Como quer que seja, na fusão instaura-se uma condição de *dúvida*. Em certa medida, fusão implica propositadamente, da parte do compositor, *confusão* para o ouvinte. Como afirmara eu ao término de minha teoria estética da música eletroacústica ao referir-me às minhas próprias realizações mistas, "o ouvinte recai em constantes dúvidas acerca da natureza daquilo que ouve: se advém do instrumento ou da emissão eletroacústica, se se opera ao vivo uma dinamização espacial, harmônica, tímbrica e temporal da escritura instrumental ou se se está defronte de estruturas pré-elaboradas em estúdio, constituídas a partir dos próprios instrumentos ou a estes timbricamente correlatas"[15]. Em relação à proveniência sonora, quanto

---

15 Flo Menezes, *Atualidade Estética da Música Eletroacústica, op. cit.*, p.100.

mais "confuso" estiver o ouvinte em face daquilo que ouve, tanto mais ele sentirá como efetivamente integradas as partes constitutivas da obra mista; os "dois planos" pressupostamente independentes e unidos apenas por contingência, aos quais os críticos da música mista faziam referência, passam a ser percebidos como *um único plano*, essencialmente *diagonal* às linhas estanques da emissão instrumental ou da difusão puramente eletroacústica; a emissão instrumental passa, então, a ser efetivamente potencializada no espaço acústico pelos recursos eletrônicos. Ainda que de forma alguma hegemônico, o *estado de dúvida* traduz-se como momento supremo da interação.

O contraste, por sua vez, ancora-se sobretudo na diferença e na *distinção absoluta*. Em seus momentos mais acentuados, faz com que a emissão instrumental ou a eletroacústica assumam o papel estrutural do silêncio ou, ao contrário, adquiram autonomia temporal e até mesmo excludente com relação à outra esfera sonora. Nesse sentido, abre-se a via para que as estruturas eletroacústicas – ao contrário do que ocorre com as obras calcadas exclusivamente no *live-electronics* – alcem voo e decolem para a viagem da autossuficiência estrutural. Tais momentos extremos constituem as partes solísticas quer seja da escritura instrumental – correntes em geral na música mista em suas diversas acepções –, quer seja das estruturas eletroacústicas – praticamente impensáveis nas poéticas calcadas exclusivamente nas técnicas de *live-electronics*, mas que podem (e devem!) constituir elementos estrategicamente fundamentais nas obras mistas que levem em consideração igualmente o uso do suporte tecnológico.

A morfologia da interação em seus distintos estágios transicionais

Da fusão ao contraste, têm-se então todos os *estágios transicionais*, nos quais impera um *dinamismo* das transferências espectrais. Em *ATLAS FO-LISIPELIS* (1996-1997) para um oboísta tocando oboé, *oboe d'amore* e corne inglês, percussão de peles (dois percussionistas), sons eletroacústicos quadrifônicos e *live-electronics* (*ad libitum*), procurei sistematizar as etapas intermediárias entre a fusão e o contraste. Algumas alusões a determinadas passa-

388 FLO MENEZES

gens dessa obra poderão servir de exemplo para nossa explanação teórica. Para tanto, restringir-me-ei às passagens elaboradas com os oboés.

Num primeiro momento (páginas 1-2 da partitura[16]), após a eclosão inicial de um golpe de bongôs simultaneamente ao início dos sons eletroacústicos, emerge uma nuvem de sons pontuais de oboés ligeiramente tratados, em meio à qual o oboísta solista inicia a execução de uma figura que *interfere* na textura eletroacústica para, em seguida, fundir-se nela ao estacionar na mesma nota na qual resulta a figuração dos sons eletroacústicos. Ao término desse trecho, a escuta adentra uma situação de dúvida acerca do que ouve, devido à fusão entre as emissões sonoras amparada pela identidade frequencial. Temos aí um caso em que, ao início da intervenção do instrumentista, não se tinha contraste absoluto mas, de toda forma, uma certa *interferência* do universo acústico no eletroacústico, interferência esta *convergente* à emissão eletroacústica. (Ver Exemplo 1).

Num momento seguinte, o oboísta executa uma longa passagem, em meio à qual os sons eletroacústicos causam interferência no contexto instrumental (novamente pela similaridade de elementos frequenciais) e potencializam no espaço quadrifônico os sons de origem instrumental. Trata-se, aqui, de uma *interferência potencializadora*. Sem que haja nem fusão nem contraste explícitos, os sons do oboé passam a ser ouvidos de forma distinta, potencializados no espaço, após a emergência dos sons eletroacústicos.

Num outro momento (p.8-10), os sons eletroacústicos emergem do contexto instrumental que já estava em curso, como que brotando da própria emissão do instrumento, adquirem vida autônoma e, em seguida, são excitados pelos gestos instrumentais até incorporá-los completamente. Tem-se uma *emersão* do universo eletroacústico a partir do instrumental, seguida de *excitação* do eletroacústico pelo instrumental e consequente *diluição* do instrumental no eletroacústico. Tem-se aí um fenômeno de *transferência reflexiva* de um esfera à outra: uma coisa nasce da outra, é interagida pela

---

16 As indicações de páginas que se seguem e que são associadas a tais passagens referem-se à partitura ainda inédita de *ATLAS FOLISIPELIS*. A obra foi gravada no CD "Música Maximalista/ Maximal Music", Vol. 5: "Flo Menezes – Interactions, do Studio PANaroma de São Paulo e pode ser adquirida via Internet através da Electronic Music Foundation de Nova Iorque: www. emf.org.

Exemplo 1 *ATLAS FOLISIPELIS*, partitura página 1

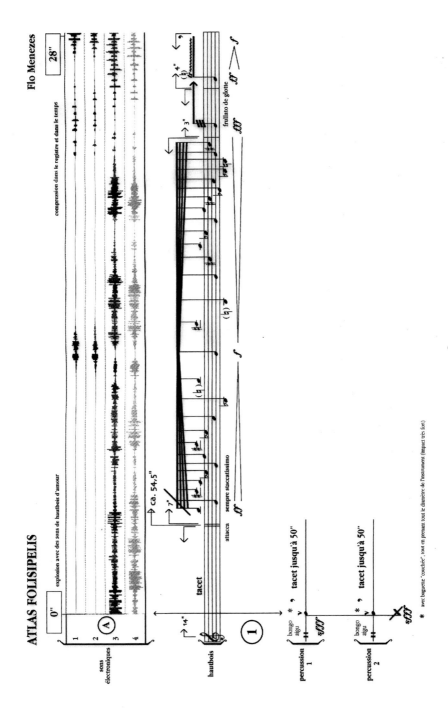

estrutura que já estava em curso e, pouco a pouco, a integra e anula em suas próprias inflexões. (Ver Exemplo 2).

Após uma passagem de fusão plena entre emissão instrumental e eletroacústica, em perfeito estado de *dúvida* acerca do que se ouve (p.15-20), o contexto eletroacústico se vê *apoiado* pela emissão instrumental: o corne inglês polariza uma frequência grave que serve de suporte ao contexto espectral eletroacústico (p.20-23). Sem que haja fusão absoluta, as figurações instrumentais realçam e acentuam aspectos do contexto eletroacústico, sem aí se diluírem. Tem-se então um típico caso de *interferência não convergente* (apoio ancorado por uma *distinção relativa*). (Ver Exemplo 3).

A seguir (p.34), um som instrumental inarmônico (multifônico) de oboé encontra respaldo no contexto eletroacústico, que brota paulatinamente do som instrumental, polariza a textura e desenvolve ao extremo a emissão do instrumentista no espaço. A emissão instrumental dissolve-se por completo no universo dos sons eletroacústicos, que projetam "para fora" o que fora enunciado a princípio pelo instrumentista. Não se trata, aqui, de interferência, uma vez que os sons eletroacústicos surgem como que "de dentro" do som instrumental. Podemos chamar tal fenômeno de *transferência não reflexiva*, em que a transmutação de uma esfera de emissão sonora à outra é quase imperceptível. Quando o ouvinte se dá conta, já não se trata mais de um som proveniente do instrumento, mas sim de sons eletroacústicos que o envolvem no espaço quadrifônico. (Ver Exemplo 4).

Em decorrência desse momento, os sons eletroacústicos ganham autonomia e desenvolvem toda uma textura na qual inexistem por completo sons instrumentais (p.34-35). Trata-se aqui do mais crasso contraste – já mencionado acima –, no qual uma das escrituras (neste caso, a instrumental, mas poderia tratar-se do contrário[17]) silencia e não interage com a outra. Tal fenômeno, que vai além do puro contraste pela *distinção textural* ou simplesmente *de textura* (que ocorre, aliás, em alguns momentos da obra), consiste no que podemos designar como *contraste por silêncio estrutural*. (Ver Exemplo 5).

---

17 Como é o caso da passagem das p.25-34, que antecedem o momento de *transferência não reflexiva* das p.34-35. Aí, o corne inglês e os dois percurssionistas atuam sem qualquer textura eletroacústica concomitante.

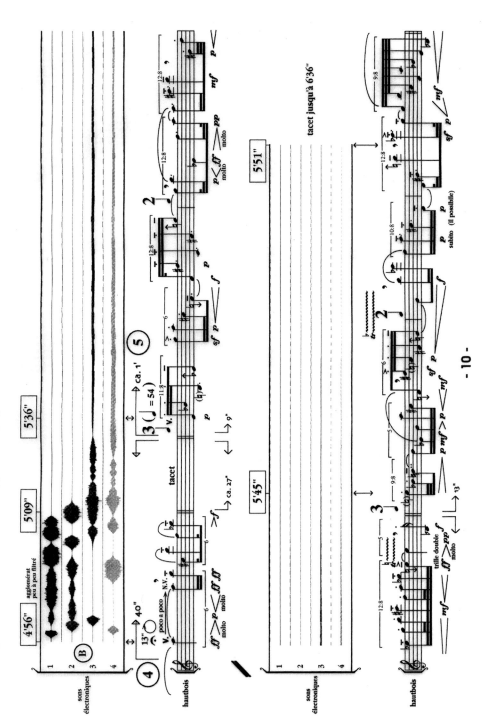

Exemplo 2 *ATLAS FOLISIPELIS*, partitura página 10

Exemplo 3 ATLAS FOLISIPELIS, partitura página 20

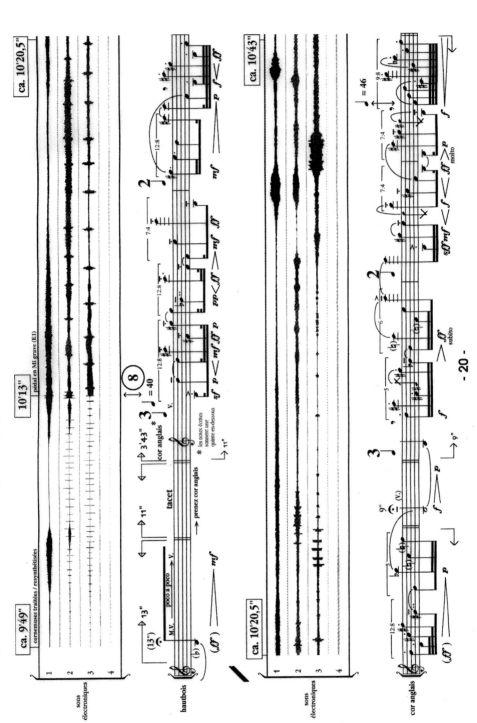

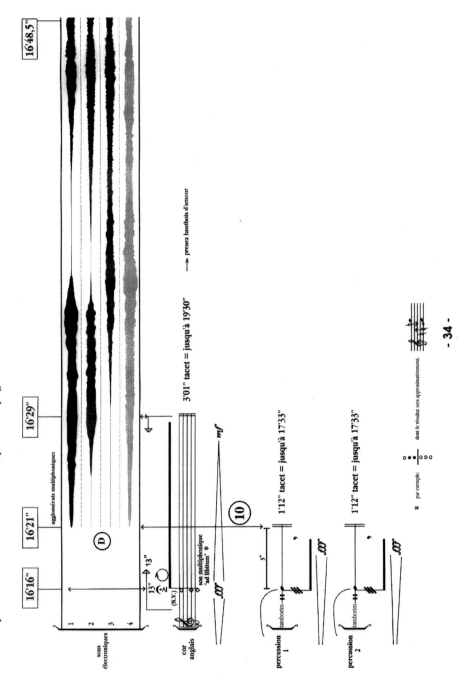

Exemplo 4 *ATLAS FOLISIPELIS*, partitura página 34

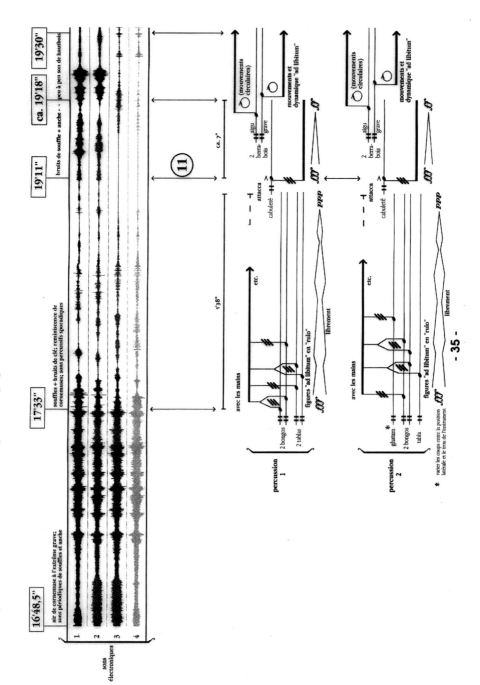

Exemplo 5 ATLAS FOLISIPELIS, partitura página 35

Em outro momento (p.37-38), o contexto instrumental, distinto do eletroacústico e a ele concomitante, reluta em dissolver-se no eletroacústico, acabando por interferir e determinar este último que gradualmente se transmuta em uma transformação dos sons e gesticulações instrumentais. Estamos defronte de um fenômeno de *contaminação direcional* da textura. A resultante não deixa de ser uma fusão, porém tal fusão advém de uma metamorfose de uma das esferas de atuação escritural que, a princípio, se destacava nitidamente de sua oponente pelo contraste. (Ver Exemplo 6).

Por fim, *ATLAS FOLISIPELIS* culmina em um trecho conclusivo (resultante de outra *transferência não reflexiva* – p.40-41), em que o oboísta silencia e os sons eletroacústicos, elaborados a partir de sons dos oboés utilizados quase intactos, projetam em texturas por vezes estilhaçadas, por vezes rotativas, o som instrumental no espaço quadrifônico em volta do público (p.41-43). Trata-se aí de uma *virtualização* do som instrumental[18]. Tal estágio, que remete a escuta igualmente a um estado de dúvida devido à total identidade espectral dos sons, ultrapassa o próprio limite da *fusão por similaridade textural* ou *de textura* (em que a reciprocidade de transferências espectrais anula uma categórica distinção do que é instrumental ou eletroacústico) para constituir, na verdade, a oposição ao contraste mais evidente que se dá pelo silêncio de uma das esferas concomitantemente à atuação diferenciada da outra. A diferença entre ambos os estágios de silêncio estrutural de uma das partes escriturais dá-se justamente pela aproximação radical da textura eletroacústica com relação à emissão instrumental. Se no caso do contraste por silêncio estrutural tanto a parte eletroacústica quanto a instrumental podem silenciar, no caso da *fusão por virtualização* é a escritura instrumental que cala, em implacável aproximação e *simulação* instrumental por parte do contexto eletroacústico. (Ver Exemplo 7).

O seguinte quadro explana a rede direcional que vai do contraste mais manifesto à fusão mais completa entre os contextos instrumental e eletroacústico.

---

18 Na própria partitura da obra, designo tal passagem por "oboé virtual".

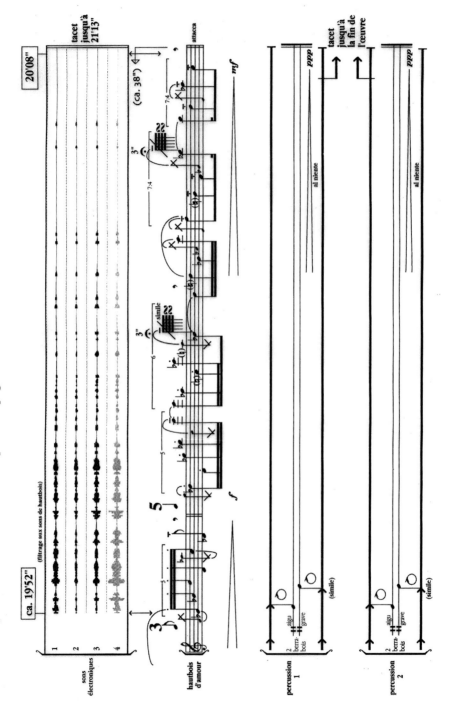

Exemplo 6 *ATLAS FOLISIPELIS*, partitura página 38

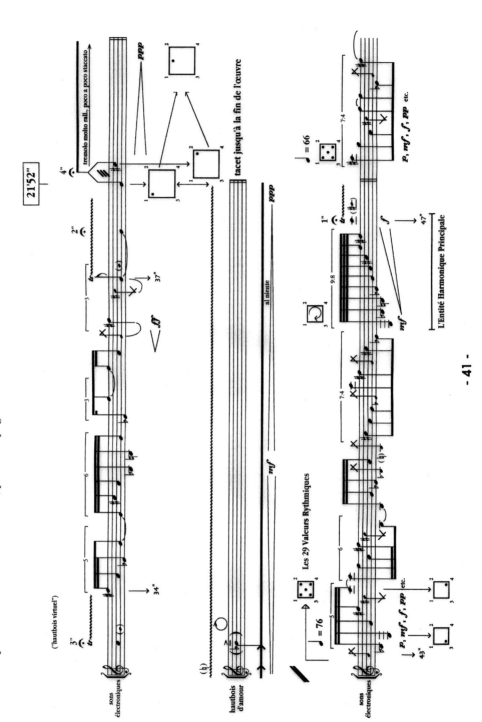

Exemplo 7 ATLAS FOLISIPELIS, partitura página 41

Quadro da Morfologia da Interação

Quadro da Morfologia da Interação

FUSÃO

fusão por virtualização
(simulação eletroacústica
do instrumental)

fusão por similaridade textural

similaridade absoluta = transferências espectrais localizadas = estado de dúvida (confusão)

ESTÁGIOS TRANSICIONAIS
entre a fusão e o contraste

transferência não reflexiva

interferência convergente

transferência reflexiva

contaminação direcional

interferência potencializadora

interferência não convergente

transferências espectrais dinâmicas = distinção e similaridade relativas

CONTRASTE

contraste por distinção textural

contraste por silêncio estrutural

distinção absoluta = ausência de transferência espectral

Conclusão interativa

Longe da pretensão em ser exaustiva, a presente abordagem talvez não seja definitiva e não constitua mais que um convite a uma reflexão "interativa" e conjunta, por parte da comunidade eletroacústica internacional, em torno da rica e inesgotável problemática da interação.

Possivelmente tal discussão não atinja maior consenso do que o desenvolvido em torno da espectromorfologia levada a cabo por Schaeffer e Smalley, e nem mesmo sua conscientização por parte do compositor eletroacústico implicará, necessariamente, uso de sua terminologia e determinação efetiva das estratégias composicionais postas em prática no ato da composição em estúdio. Da mesma forma como o compositor pode lançar mão ou prescindir por completo das noções de grão, flutuação (*allure*) etc. quando está compondo – ainda que possa estar defronte de grãos e flutuações –, nada garante que a consciência de tais estágios transicionais entre o contraste mais gritante e a mais pura fusão se torne determinante de sua atuação pragmática no momento da realização de sua obra.

Mas como o exercício do saber musical se faz pelo acúmulo contínuo de informações e de técnicas, assim como por uma tomada de consciência cada vez maior dos fenômenos com os quais lida a composição, acreditamos que tal discussão, mesmo que de forma indireta, contribuirá substancialmente para um aprimoramento das práticas que veem no fenômeno da interação entre a escritura instrumental e a eletroacústica um dos pontos de maior interesse da música contemporânea.

Fevereiro de 2001

5
MÚSICA ELETROACÚSTICA: EU NÃO ME CANSO DE FALAR[1]

Fui tomado de surpresa quando vi, em matéria na *Folha* de 11 de agosto de 2004, o título do novo *show* de Gilberto Gil: "Eletracústico". No exato dia anterior, havia proferido depoimento no Centro Cultural de São Paulo, onde lamentei, mais uma vez, a usurpação do termo "eletrônico" pela música praticada pelos DJs e manifestei, iludido, certo alento: ao menos o termo "eletroacústico" sempre nos pertencerá, a nós que atuamos na música radical com seus 800 anos de história e que, desde o surgimento do gênero em 1948, compomos com recursos tecnológicos.

Mas ao ler a matéria, não acreditei: apesar do desvio de linguagem – Gil preferiu o termo "eletracústico" –, era evidente sua intenção. "Acho legítimo que o setor popular possa se apropriar de nomenclaturas eruditas", afirmou. Dois dias depois, tem-se outra matéria na qual, ao que parece, refere-se a mim: "Gil diz que se apropriou do título 'Eletracústico' por inspiração de um músico erudito cujo nome não recorda". Gil completa: "Ele se queixava, num artigo contrariado, de essa música eletrônica de festa ser chamada de música eletrônica. Defendia a concepção eletracústica erudita contra usos populares abastardadores. Aí me ocorreu chamar o *show* de 'Eletracústico'".

De fato, em várias ocasiões, declarei meu descontentamento diante da usurpação do termo, e que tenha eu servido de fonte de inspiração a um artista

---

1   Publicado pela primeira vez em: *Folha de S. Paulo*, Ilustrada, p. E 15, 20 de agosto de 2004.

popular de sua envergadura é motivo de satisfação. Mas que agora isto ocorra com o próprio termo "eletroacústico", pelo qual ficou conhecida a elaborada música de estúdio na esfera dita "erudita" (termo sisudo que pouca relação guarda com nossa verve experimental), é algo no mínimo embaraçoso.

Na apresentação ao *Harmonia* de Arnold Schoenberg (2001), discuto a importância que certa designação confere a um fato artístico bem definido, mas cujo lugar na história só passa a ser reconhecido após ganhar um nome. Nomear uma coisa é reconhecer o lugar que esta ocupa em determinado processo cultural. A coisa não se resume a seu nome, mas a partir do fato de podermos nomeá-la, ela adquire valor, institui-se enquanto singularidade, soma-se ao arsenal mítico do fazer humano.

Nomear é, então, contribuir para que se desenhe mais uma curva na espiral da invenção, não em um simples "progresso" unilateral das linguagens, mas em um processo que podemos designar por *transgresso*: uma evolução de índole "quântica", num bosque inventivo em que ramos que florescem num lugar podem dar frutos simultaneamente em outras floradas, distantes de tal ou tal árvore genealógica.

Mas, em meio aos ramos que frutificam, há aqueles que resistem em florir e permanecem incrustados no solo. Quando o sentido de um nome é esvaziado, desloca-se o foco de sua experiência para fazeres não necessariamente relacionados ao processo que lhe deu origem, e o lugar dessa coisa se perde. Em vez de valer-se da invenção e desenhar mais uma das curvas possíveis de sua espiral, circunscreve-se um círculo vicioso. *Transgresso* verte-se em regresso. A espiral tende, então, a perder sua propensão evolutiva, essencialmente transgressiva, e instaura-se o que bem se pode classificar de diluição cultural.

A que serve tudo isso, senão a um desserviço cultural em um país já (e ainda) tão injustiçado? Se genialidade puder ser definida como a capacidade singular de criação dentro de certo âmbito de atuação, qualquer que seja este, será óbvio reconhecer que tanto um Gil quanto um Caetano são, bem acima da média, absolutos gênios da música popular. Em que pese toda a contribuição que o tropicalismo dera ao ideário de libertação das décadas de 1960 e 1970, duvido em essência, porém, que a genialidade em arte não passe igualmente pela opção quanto ao próprio âmbito de atuação linguística do artista. Pois a opção mercadológica nunca me convenceu quanto a um mergulho existencial, radicalmente profundo no universo dos sons e da linguagem musical histórica.

O trampolim para este salto, que de ornamental nada tem, reveste-se de outro caráter: *música especulativa*.

A música, matemática dos afetos, é a mais difícil das artes. Imbuída de aspectos técnicos, seduz o ser humano por possuir o dom de provocar emoções as mais indomáveis e universais, até mesmo arcaicas. E a cilada da música faz dela mesma a maior vítima: por aliar o cálculo às paixões, talvez constitua a atividade humana de maior abstração intelectual, mas é também, por sua dificuldade, aquela na qual o ser humano mais facilmente se fragiliza.

Em arte, os meios não justificam os fins, e não será suficiente o mero apelo a um recurso tecnológico para que se lance mão de uma terminologia que, de início, define certa poética. Não há, aí, qualquer legitimidade, mesmo que seja para apartar-se dos modismos "eletrônicos". É preciso dar nome aos bois: música eletroacústica é a composição especulativa realizada em estúdio eletrônico cujos traços principais são a espacialidade sonora (a forma como os sons são dispostos no espaço) e a investigação harmônica e espectral.

Recentemente fui entrevistado por Arrigo Barnabé em seu notável programa pela Cultura FM. Ao final da emissão, indagado sobre o animal que gostaria de ser, falei de supetão: macaco. Instintivamente, optei por este bicho alegre e saltitante, motivado pelo desejo antropofágico de pular de galho em galho no bosque da invenção musical transgressiva ao qual também me referi naquela ocasião. Mas agora, triste ao ver algo pelo qual lutamos emergir em forma diluída, ainda que pelas talentosas mãos de Gil, pergunto-me se ele não tinha razão quando se apropriava de outra expressão e dizia: "Cada macaco no seu galho".

Agosto de 2004

6
O ESPAÇO E SEUS OPOSTOS[1]

Escólio

A escuta é impregnada de *historicidade*. Quer seja no afrontamento com uma dada obra, quer seja na escuta "pura" de um determinado som, recorremos ao decurso do tempo para instituir significação ao que escutamos – no primeiro caso, de um tempo dilatado, extensivo – em regressão – aos atos que se acumulam no transcurso temporal dos jogos de linguagem; no segundo, de um tempo circunscrito ao próprio objeto sonoro, à sua duração.

"É o contexto que dá Significação às Coisas. A frase 'amanhã vai chover' adquire sentido bem diverso se falada por um pescador ou, ao contrário, por um

---

1 Texto inédito, escrito para o "I Encontro Nacional de Pesquisadores em Filosofia da Música" da Faculdade de Filosofia, Letras e Ciências Humanas da USP, onde foi apresentado em 10 de outubro de 2005.

milionári**o** em férias"[2]
(Berio)

Destarte, *escutar* distingue-se do mero *ouvir* por um ato *intencional*, residual a toda experiência: tende, então, a um constante deslocamento ao *intender* (ao *entendre* schaefferiano)[3]. Confunde-se, em geral, *intenção* por *atenção*, mas não fosse o resíduo intencional de cada ato de percepção não seria sequer possível imaginar a existência de energias psíquicas. A psicanálise *intende*, na sua escuta, o desvelamento da intenção nos domínios que fogem dos atos conscientes.

o inconsCiente é uMa consciência impregnada de alteridade, e de tal forma que tal deslOcamento tende continuamente a um vazio indicial a ser ocasionalmente preenchido, simbólica ou iconicamente, pelo desejo[4]

Em meio ao jogo das significâncias emergentes no fenômeno da percepção, já repertoriadas ou inovadoras, retidas e reatualizadas ou instituidoras de novos significados, a vida poderia ser resumida a uma constante dialética

---

2 Luciano Berio ao final do programa televisivo "C'è Musica e Musica 11 – Come Teatro", RAI, 1970-1972.

3 Pierre Schaeffer fala de *quatro tipos de escuta*, da mais fisiológica à mais complexa e significativa: *ouïr* (ouvir), *écouter* (escutar), *entendre* (intender) e *comprendre* (compreender) – cf. Pierre Schaeffer, *Traité des Objets Musicaux – Essai Interdisciplines*, Paris, Éditions du Seuil, 1966, p.112-128; e também Michel Chion, *Guide des Objets Sonores – Pierre Schaeffer et la Recherche Musicale*, Paris, Éditions Buchet/Chastel, 1983, p.25-28.

4 Anotação que fiz num trem de Modena a Asti (Itália) em 16 de setembro de 1991, lendo Edmund Husserl.

entre a individuação dos elementos constituintes de uma trama significativa e a percepção capsulante do ente significante e, consequentemente, de seu significado. A intuição – guia mais ou menos cego que atualiza em ato as constantes buscas de nossas intenções (o)cultas e que se instaura, como meio-caminho entre o saber e o não saber, no seio de toda investigação (especulação) – efetua recortes.

viver é recOrtar

A cada delineamento, registram-se *campos*. No âmbito das estratégias perceptivas – eminentemente estéticas –, tais campos delimitam posturas atuantes diante do vivido e do "por se viver", *parti pris* existencial que tem por base nossas intuições sensoriais.

"Ética e eStética são uma só"[5]
(Wittgenstein)

No domínio dos entes significantes, os campos organizam-se em *entidades* – no tocante, particularmente, ao universo sonoro, em *entidades sonoras* ou, para falar com Schaeffer ou Boulez, em *objetos sonoros* e, no domínio supremo das alturas sonoras, em *entidades harmônicas*. Instituindo-se enquanto singularidades, as entidades incluem-se no rol das significações constituído pelos jogos de linguagem e são repertoriadas, como recursos, no decurso histórico dos códigos linguísticos. *Intender* é transcender a mão única da experiência e reavaliar o significado do objeto apreendido.

Uma repertoriação tem aí lugar. Não há, assim, degradação possível, pois percebe-se o que se *quer* perceber, e o amálgama dos elementos traduz-se em interpretação ativa dada pela aparente passividade da percepção.

---

5 "Ethik und Ästhetik sind Eins" (Ludwig Wittgenstein, *Tractatus Logico-Philosophicus*, São Paulo, Edusp, 1993, p.276).

"É porque a inclusão é intencional

que é possível fundar o transcendente no

imanente sem o degradar"[6]

(Lyotard)

Intender é sinônimo, então, de instituição/restituição de significados, e a percepção que tende à individuação dos constituintes cede lugar à cápsula que retém o nexo entre os elementos simples[7]: rede complexa de inter--relações, sobre as quais se pode falar alguma coisa! Nomes/sons entrelaçados. O simples simplesmente não nos interessa.

"sobre aquilo de que não se pode falar, deve-se

calar"[8]

(Wittgenstein)

"os ELEMENTOS (simples) SÃO

INEXPLICÁVEIS E incogNOSCÍVEIS, mas SOMENTE

---

6   "C'est parce que l'inclusion est intentionnelle qu'il est possible de fonder le transcendant dans l'immanent sans le dégrader" (Jean-François Lyotard, *La Phénoménologie*, Que sais-je?, Paris, Presses Universitaires de France, 1954, p.30).

7   É fácil entrevermos o quão intimamente tal fenômeno se relaciona com a percepção do grão dos espectros na acepção schaefferiana, este vestígio rítmico dos sons, pelo qual cada partícula isolada se vê como que "diluída" numa noção de conjunto da fatura sonora.

8   "Wovon man nicht sprechen kann, daruber muss man schweigen" (Ludwig Wittgenstein, *op. cit.*, p.280).

SENSÍVEIS, E OS COMPLEXOS, AO CONTRÁRIO, COGNOSCÍVEIS, E EXPRIMÍVEIS E PENSÁVEIS COM VERDADEIRA OPINIÃO"[9]
(PLATÃO)

Nessa salutar apologia da complexidade, é ilusão pensar, porém, que se pode completamente *conhecer* algo. O conhecimento pode dar-se em profundidade, mas jamais plenamente, pois a verdade inatingível que ronda as coisas faz só transparecer a sua essência, sem que a percebamos ao todo. Aperceber-se distingue-se de perceber. Experiências, sempre implacavelmente unilaterais, revelam facetas de uma essência utópica, e seu acúmulo faz que nos aproximemos da Verdade sem jamais atingi-la por completo. Lembremo-nos de Demócrito: contato não é fusão, mas aparente continuidade[10]. A entidade permanece rio, mas a água é sempre outra.

"A consciência interna é um rio"[11]
(Husserl)

---

9   Platão em "Teeteto", *apud* Rodolfo Mondolfo, *O Pensamento Antigo I – História da Filosofia Greco-Romana*, São Paulo, Mestre Jou, 1971, p.195. Lê-se em Platão: "… Lo que llamamos primeros elementos, y de los cuales nosotros y todo lo que existe estamos compuestos, no puede ofrecerse razón alguna. … Es imposible que cualquiera de estos elementos tenga a su favor una razón, dado que solo hay un nombre que les alcanza. Si pasamos de ellos a sus compuestos, veremos claramente que del mismo modo que se enlazan reúnen también sus nombres para dar una razón, la cual no es otra que el propio abrazo de los nombres. Podría ocurrir que los elementos fuesen irracionales e incognoscibles, pero aprehensibles por los sentidos; de lo que sí no cabe duda es de que sus sílabas serían cognoscibles, expresables y aptas para el juicio de una opinión verdadera." (Platão, "Teeteto – o de la Ciencia". In: *Obras Completas*, Madri, Aguilar, 1972, p.934-935).

10   Cf. Rodolfo Mondolfo, *op. cit.*, p.118.

11   "Das innere Bewusstsein ist ein Fluss" (Edmund Husserl, "Phänomenologie des inneren Zeitbewusstseins". In: *Phänomenologie der Lebenswelt – Ausgewählte Texte II*, Stuttgart, Reclam Verlag, 1986, p.158).

> "Tudo é relativo neste mundo
>
> Onde nada mais que a mudança
>
> existe de permanente"[12]
>
> (Trotsky)

> "A natureza jamais
>
> repete duas vezes a mesma
>
> coisa"[13]
>
> (Schaeffer)

Trata-se, a rigor, da mesma dramaticidade de que falava Roman Jakobson ao reportar-se à relação equívoca entre significante e significado no seio do próprio signo: o primeiro quer ser o segundo e a ele se remete sem, no entanto, jamais sê-lo totalmente. Referência é reenvio, mas no meio do caminho há sempre pedras, selva escura de ramificações quânticas que se entrelaçam, como os nomes e os sons. Linearidades desaparecem ou tornam-se sem sentido. Progresso verte-se em *trans*-gresso, almeja-se a plena luz, e achados transluzem esclarecimentos. Para uns, o fluxo ininterrupto do mundo faz do conhecimento algo impossível, porque inapreensível; para outros, a irrepresentabilidade entre as coisas o torna incomunicável, e a intransponibilidade entre significante e significado, na esfera do signo, transfere-se para a própria relação entre o signo e a coisa referida.

---

12 Leon Trotsky, *A Revolução Traída*, São Paulo, Global, 1980, p.75.
13 Pierre Schaeffer, *À la Recherche d'une Musique Concrète*, Paris, Éditions du Seuil, 1952, p.34.

"As palavras são diversas da realidade subsistente"[14]

(Górgias)

"A relação do signo ao objeto significado, e em particular da representação ao representado, a sua identidade, que ao mesmo tempo é também sua diferença, constitui uma das antinomias mais dramáticas do signo... Esta antinomia é inevitável, pois que sem contradição não se dá o jogo de conceitos nem o dos signos, a relação entre conceito e signo torna-se automática, o curso dos eventos se paralisa, a consciência da realidade se dissolve"[15]

(Jakobson)

"To be or not to be: that is the question: whether 'tis nobler in the mind to suffer the slings and

---

14 Górgias *apud* Rodolfo Mondolfo, *op. cit.*, p.148.

15 Roman Jakobson *apud* Umberto Eco, "Il Contributo di Jakobson alla Semiotica". In: *Roman Jakobson*, Roma, Editori Riuniti, 1990, p.290. (Citado em Flo Menezes, *Atualidade Estética da Música Eletroacústica*, São Paulo, Editora Unesp, 1999, p.69).

arrows of outrageous fortune, or to take arms against a sea of troubles, and, by opposing, end them. To die, to sleep...".[16]
(Shakespeare)

Não há tradução. "Traduttore, traditore", como bem dizia Ezra Pound. Comunicar-se é trair-se, mas em meio aos inevitáveis desacertos, delineiam--se significações que atuam ora como símbolos, ora como realidades, ainda que susceptíveis de intuição, essencialmente inatingíveis. Num crescente de complexidade, motivos, perfis, figuras, formas, obras, Obra sedimentam-se, assim, com base nas entidades.

---

16 William Shakespeare, *Hamlet*. In: *The Complete Works*, Oxford, Clarendon Press, 1988, p.669.

"Work in progress" (James Joyce; Pierre Boulez)	motivos perfis figuras formas **obras** **Obra**	"Obra em obras" (Décio Pignatari)

"A virtude consiste em obras"[17]
(Diógenes Laércio)

"A VERDADE é um out RO NOME

DA SEDIMe NTAÇÃO"[18]
(MERLEAU-PONTY)

"Na ciência não pode haver verdades estabelecidas. O estudioso não é o homem que fornece as verdadeiras respostas; é aquele que faz as verdadeiras perguntas"[19]

(Lévi-Strauss)

---

17 Diógenes Laércio sobre o cínico Antístenes *apud* Rodolfo Mondolfo, *op. cit.*, p.195.

18 "La vérité est un autre nom de la sédimentation" (Maurice Merleau-Ponty *apud* Jean-François Lyotard, *op. cit.*, p.44). Cf. também Merleau-Ponty, "Sur la Phénoménologie du Langage". In *Os Pensadores XLI – Husserl, Merleau-Ponty*, São Paulo, Editora Abril, 1975, p.329.

19 Claude Lévi-Strauss, *O Cru e o Cozido*, São Paulo, Cosac & Naify, 2004, p.26.

"Nada é jamais terminado. Mesmo a obra acabada é o rito e o comentário de algo que se deu antes e de algo que acontecerá mais tarde. A questão não provoca uma resposta, mas um comentário e uma outra questão"[20]
(Berio)

"Todo mito é ao mesmo tempo primitivo em relação a si mesmo, derivado em relação a outros"[21]
(Lévi-Strauss)

---

20 Luciano Berio *apud* Ivanka Stoianova, "Luciano Berio – Chemins en Musique", *La Revue Musicale*, Triple Numéro 375-376-377, Paris, Éditions Richard-Masse, 1985, p.425.

21 Claude Lévi-Strauss (em *O Homem Nu*) *apud* Beatriz Perrone-Moisés, "Traduzir as Mitológicas", in: Claude Lévi-Strauss, *op. cit.*, p.8.

Há, assim, um contínuo desdobramento espaço-temporal. Natalie Depraz, em sua abordagem sobre Edmund Husserl, assevera que, para além de suas qualidades sensoriais intrínsecas, três componentes determinam fenomenologicamente o som em sua escuta: sua *duração interna*; seu *desdobramento espacial*; sua *coloração afetiva*[22]. Pela retenção, apreende-se o tempo do som, presentificado por si só e por sua ressonância (o *Nachklang* husserliano), fenômeno este que implica diretamente o segundo, uma vez que, como bem observa Depraz, "a temporalidade retencional é necessariamente solidária com uma *extensão*, com um volume específico de desdobramento"[23].

A música – como costumo defini-la, uma *matemática dos afetos*[24] – é o saber no qual os números são providos de cargas afetivas, tensões presentes e referências passadas, dádivas surpreendentes e ausências esperadas, decorrentes de um tempo corrido e de um espaço percorrido.

som e pós-som (ressonância) ⇔ retenção de sua duração

ressonâncias: "interna" ao som (nele)
e "externa" ao som (em nós)

extensão/desdobramento espaço-temporal do objeto sonoro

afeto ⇔ rede de tensões e de referências

---

22 Cf. Natalie Depraz, "Registres Phénoménologiques du Sonore". In: Jean-Marc Chouvel e Makis Solomos *et. al.*, *L'espace: Musique/Philosophie*, Paris, L'Harmattan, 1998, p.5.
23 "... La temporalité rétentionnelle est nécessairement solidaire d'une *extension*, d'un volume spécifique de déploiement" (Natalie Depraz, *op. cit.*, p.9).
24 Assim a defini pela primeira vez em "A Estonteante Velocidade da Música Maximalista – Música e Física: Elos e Paralelos", na Internet, no site: http://www.itaucultural.org.br/interatividades2003/menezes.cfm, a partir de novembro de 2003.

"A emoção musical **PROVÉM** precisamente do **FATO DE** que **A CADA** instante o compositor **RETIRA** ou **ACRESCENTA MAIS** ou menos **DO** que **PREVÊ** o **OUVINTE**"[25]

(LÉVI-STRAUSS)

Intender é então imaginar a espacialidade sonora, deixar-se envolver pelos desdobramentos dos sons, inserir a consciência em suas extensões, *escutar o espaço*. Se, como bem dizia o primeiro dos fenomenólogos, Anaxágoras, "aquilo que se vê é um aspecto do invisível"[26], o imagético funda-se não no olhar, mas no *ouvir*.

" *A natureza* **ama** *ocultar-se*"[27]

(Heráclito)

"A **música** não **está** no espaço visível, mas **ela** o mina, **ela** o investe, **ela o** desloca…"[28]

(Merleau-Ponty)

---

25 Claude Lévi-Strauss, *op. cit.*, p.36.

26 "Lo que se muestra es un aspecto de lo invisible" (Anaxágoras, "Fragmento XXIa". In: *Fragmentos*, Madri, Aguilar, 1966, p.60). Ou ainda: "O que aparece é uma visão do invisível", in: Rodolfo Mondolfo, *op. cit.*, p.106.

27 "La naturaleza aprecia el ocultar-se" (Heráclito, "Fragmento 123". In: *Fragmentos*, *op. cit.*, p.176). (Também em português in: Donaldo Schuler, *Heráclito e seu (Dis)curso*, Porto Alegre, L&PM Editores, 2004, p.49).

28 "La musique n'est pas dans l'espace visible, mais elle le mine, elle l'investit, elle le déplace…" (Merleau-Ponty, *Phénoménologie de la Perception*, Paris, Éditions Gallimard, 1945, p.260. (Em português: *Fenomenologia da Percepção*, São Paulo, Livraria Freitas Bastos, 1971, p.231; entretanto com a falsa tradução do francês investir por investigar). A passagem também é citada por Depraz (*op. cit.*, p.11).

MÚSICA MAXIMALISTA   417

Já na Antiguidade grega os pitagóricos apregoavam a *erudição pelo silêncio* (*echemuthia*) como a coisa mais difícil de se atingir[29], arremessando o ser pensante não contra a ausência de som, mas antes à percepção de todo fenômeno acústico, sedimento de toda escuta no fundo sonoro que então emerge em primeiro plano. Como exercício supremo do abstrato, o saber ouvir fundamentava a escola *acusmática*.

akhousma ⇔ escuta
mathemata ⇔ ciências
physis ⇔ natureza
⇩
Música ⇔ acusmáticos
Geometria ⇔ matemáticos
Gnomônica (Astrologia) ⇔ físicos

"*Silêncio: pessoas que confiam umas nas outras*"[30]
(Cage)

"Above the hell-rot...
the air without refuge of
silence..."[31]
(Pound)

---

29 Cf. Rodolfo Mondolfo, op. cit., p. 59.
30 "Silencio: personas que confían entre si" (John Cage, *Para los Pájaros – Conversaciones con Daniel Charles*, Caracas, Monte Avila Editores, 1981, p.24).
31 Ezra Pound, *The Cantos*, Canto XIV, Londres, Faber and Faber, 1975, p.62-63.

A rigor, toda escuta encerra em si um convite, implícito e velado, à atitude acusmática, da mesma forma como todo som, por seus desdobramentos, induz, na escuta atenta (mais que *in*-tenta), a uma percepção aguda do espaço.

Em meio a esse embate permanente do desejo de expressão com o possivelmente exprimível, recortando perfis à procura de símbolos e visando, em meio à mais imbricada das abstrações, a vivências as mais concretas, buscamos, insaciáveis, por potencializações. O próprio véu de Pitágoras potencializara o caráter velado da imagética presente na escuta de cada som. E a música eletroacústica encarnou o desvelamento da espacialidade sonora, escancarada no movimento dos sons e no desvencilhamento em relação às suas origens.

Não havendo objeto sonoro, e não havendo desse extensão ressonântica, não há como perceber o espaço. Na música, a espacialidade decorre da existência dos sons, e a noção de espaço absoluto, newtoniana, não subsiste à força *relacional* que o espaço, enquanto parâmetro compositivo, revela. Em uma de suas aporias, Zenão teria se perguntado: se cada coisa que existe ocupa um *lugar no espaço*, e se se pensa que o espaço em si existe, qual seria então o lugar no espaço ocupado pelo próprio espaço?[32]

Só pode existir como autônomo e absoluto o que prescinde de si mesmo para afirmar a própria existência. A autonomia, para ser verdadeira, tem de ser autônoma diante de si própria, e a Verdade jamais se revela por completo. Suportaríamos sua plenitude? Sobram relações e indícios. Para a música, é Leibniz quem tem razão.

"O espaço não é uma substância, mas um atributo"[33]
(Leibniz)

---

32 Cf. Rodolfo Mondolfo, *op. cit.*, p.89-90.
33 Gottfried Wilhelm Leibniz, "Correspondência com Clarke". In: *Os Pensadores XIX – Newton, Leibniz*, São Paulo, Abril, 1974, p.424.

> "Seria quase insuportável se soubéssemos a
> Verdade"[34]
> (Schoenberg)

Mas a própria noção de *interdependência* é também digna de extensão. Para além do vínculo com a morfologia dos sons, ela estende-se à noção mesma de *tempo*. Einstein revelaria então os vínculos entre gravidade, movimento acelerado e espaço curvo, os quais levá-lo-iam à compreensão de que a presença de uma massa ocasiona uma curvatura do tecido espacial. Longe de constituir uma "arena" passiva, palco para os eventos do Universo, o espaço atua, isto sim, como *agente* interativo e relacional, condicionando a percepção de tais acontecimentos. *Compor o espaço* passa a ser, então, estratégia irrevogável do criador, e a *espacialidade* adquire estatuto de parâmetro compositivo, responsável, em grande parte, pela apreensão do sentido musical.

Nesse contexto, novas noções musicais adentram o arsenal sintático da composição. O móvel distancia-se ou se aproxima, projetam-se profundidades distintas, distâncias incrementam atrações.

> "A verdade acha-se na profundidade"[35]
> (Demócrito)

> "Atrações: capacidade de representarem-se as ações a distância"[36]
> (Anaximandro)

---

34 "Es wäre kaum zu ertragen, wenn wir die Wahrheit wussten" (Arnold Schoenberg, *Harmonielehre*, op. cit., p.394).

35 Demócrito *apud* Rodolfo Mondolfo, *op. cit.*, p.127.

36 *Apud* Rodolfo Mondolfo, *op. cit.*, p.44.

420   FLO MENEZES

A espacialidade realça relevos, promove encontros e desencontros. A localização contrapõe-se à velocidade dos percursos, como numa equação quântica. O movimento revela-se então como somatório das imobilidades dos instantes, átomos do tempo[37]. Do mais progressivo possível, fruto da projeção circular que se não emana, ao menos rima com a harmonia das esferas, sedimento de todos os cursos e recursos, às peripécias mais audazes, elaborações quebradiças das quais transparecem saliências pontiagudas, o som, mesmo estanque, implica ocupação e presença e transmuta o compositor em prodigioso estrategista.

"As coisas evoluem, percorrem ciclos, recomeçam em seguida. Mas não são as coisas que se repetem então; são os ciclos"[38]
(Schaeffer)

"così FUI SANZA LACRIME E sOSPIRI ANzi 'L CANTAR DI QUEI CHE NOTAN SEMPre dIETRO ALLE NOTE DELLI ETTERNI GIRI"[39]
(DANTE)

---

37 Cf. Zenão *apud* Aristóteles *apud* Rodolfo Mondolfo, *op. cit.*, p.91.

38 "Les choses évoluent, parcourent des cycles, recommencent ensuite. Mais ce ne sont pas les choses qui se répètent alors, ce sont les cycles" (Pierre Schaeffer, *op. cit.*, p.135).

39 Dante Alighieri, *La Divina Commedia* – Purgatorio, Canto XXX (91-93), commento e parafrasi di Carlo Dragone, Roma, Edizione Pauline, 1979, p.833.

Estratégias

Desde meu primeiro envolvimento com o universo eletroacústico, há 20 anos, a espacialização dos sons tornou-se uma preocupação central de meu trabalho, e mais precisamente desde meados de 2001 – a partir da composição de *Pulsares* (1998-2000), de sua versão puramente acusmática, *Harmonia das Esferas* (2000), e de *L'Itinéraire des Résonances* (2001) –, procuro sistematizar minhas estratégias compositivas com relação à espacialidade dos sons.

Pontuemos algumas noções para o entendimento da espacialidade como parâmetro da composição eletroacústica.

Todo ato de *performance* musical eletroacústica em teatro implica *difusão eletroacústica*, assumida, em geral, pelo compositor ou, no caso de sua ausência, por um músico que dela se responsabilize.

No ato da difusão, dá-se o que Pierre Schaeffer designou por *projeção sonora*, noção emergente quando dos primeiros concertos de música concreta nos primórdios da música eletroacústica. Schaeffer assevera: "Tratava-se de assegurar o quanto possível a *projeção sonora*, utilizando nossos aparelhos em função da acústica e do volume da sala, instalando nossos alto-falantes nos locais mais favoráveis, e sobretudo realizando uma *projeção de relevo*"[40] (grifos nossos).

Através da projeção sonora, concretizada no ato da difusão eletroacústica, dá-se o fenômeno da *espacialização* sonora (em uma de suas acepções), interpretação da disposição espacial preconcebida durante a composição em estúdio e sua potencialização no espaço de escuta na sala de concerto, ela mesma promovida a palco das manifestações sonoras e das interações intersubjetivas por parte da plateia.

---

40 "Il s'agissait d'assurer au mieux la projection sonore, en utilisant nos appareils en fonction de l'acoustique et du volume de la salle, en installant nos haut-parleurs aux endroits les plus favorables, et surtout en réalisant une projection en relief" (Pierre Schaeffer, *op. cit.*, p.74).

Difusão eletroacústica

⇩

Projeção sonora (de relevo)

⇩

Espacialização

A atitude interpretativa na espacialização sonora é em si mesma mais ou menos potencializada de acordo com as possibilidades que são oferecidas ao compositor-intérprete no ato de sua projeção espacial. Impõe-se, aí, o que podemos designar por *primeira lei da espacialização: quanto maior o número de alto-falantes e, por conseguinte, quanto mais tal número exceder o número de canais da obra eletroacústica em questão, tanto maior será o papel de intérprete assumido pelo responsável pela difusão eletroacústica, e tanto mais flexível será a projeção sonora em concerto.* E o inverso é igualmente válido: quanto menor o número de alto-falantes, igualando--se, no mínimo, ao número de canais da obra difundida (e, nesse caso, dispostos exatamente da forma como previu o compositor), tanto menor será a função interpretativa no ato da difusão, anulando-se, em caso de igualdade de condições entre concepção e difusão, por completo. Em sua anulação, a difusão eletroacústica resume-se a um mero controle dinâmico dos alto-falantes.

Entretanto, por mais que se disponha de um número excedente de alto--falantes em relação ao número de canais estipulado originalmente pela composição, será preciso, irrevogavelmente, que se atente para a estrutu-ração espacial já composta na obra, transparecendo fidelidade à concepção original do compositor, e a esta primeira lei associa-se diretamente uma *segunda lei da espacialização: o papel do controle da difusão eletroacústica dos fenômenos espaciais é inversamente proporcional à sua pré-estruturação — quanto maior for a precisão espacial dos eventos em estúdio, tanto menor será a necessidade de potencialização da espacialidade dos sons em concerto, e vice-versa*[41].

A espacialização pode, assim, tanto potencializar e "dar relevo" – como bem pontuava Schaeffer – quanto, ao contrário, comprometer a escuta das estratégias compositivas, caso não se leve em consideração a concepção espacial original da composição. Traduz-se, pois, em ato de grande responsabilidade, e toda parcimônia é bem-vinda[42].

Dá-se aí um primeiro par de oposições, que Michel Chion definiu, com muita pertinência, como contraposição de um *espaço interno* a um *espaço externo*[43]. O primeiro diz respeito à fixação dos eventos sonoros no espaço ideal – o de composição – em estúdio, repartindo-os nos distintos canais, dispondo-os no espaço de escuta do estúdio, determinando seus movimentos, suas localizações, suas distâncias, seus graus de presença ou ausência; o segundo, às condições de escuta da obra em concerto, adaptando-se à acústica das salas e, em cada *performance*, ao *número* e à *qualidade* dos alto-falantes, bem como à sua *disposição* no espaço. Acrescentaríamos que ao primeiro espaço agrega-se um caráter *estrutural* e, ao segundo, um *interpretativo*.

Espaços da obra musical eletroacústica	
Interno (composição)	Externo (difusão eletroacústica)
Estrutural	Interpretativo

---

41 Enunciei pela primeira vez esta segunda lei da espacialização em um Congresso na Sorbonne de Paris, em junho de 1997 – cf. Flo Menezes, "La Spatialité dans la Musique Électroacoustique – Aspects Historiques et Proposition Actuelle", in: Jean-Marc Chouvel e Makis Solomos *et. al.*, *op. cit.*, p.351-364, particularmente p.360. O texto lá apresentado é uma re-elaboração de "A Espacialidade na Música Eletroacústica", in: *Revista ARTEunesp*, Volume 11, São Paulo, Editora da Unesp, 1995, p.53-61, o qual reaparece, mais uma vez elaborado, como capítulo de livro in: Flo Menezes, *Atualidade Estética da Música Eletroacústica*, *op. cit.*, p.21-65, no qual esta lei é formulada na p.28.

42 Não nos esqueçamos, aqui, do Pound já evocado: "Traduttore, traditore"!

43 Cf. Michel Chion, "Les Deux Espaces de la Musique Concrète". In: *L'Espace du Son* (réédition 1998), Ohain (Bélgica), Éditions Musiques et Recherches, 1998, p.31-33.

424 FLO MENEZES

Tratemos, primeiramente, do aspecto interpretativo, concernente ao espaço externo da obra.

Desde os primórdios do gênero eletroacústico, duas vertentes principais perfizeram caminhos distintos, de acordo com o fato de delegarem maior ou menor importância ao nível estrutural da espacialidade sonora. Por um lado, priorizando-se o momento da difusão eletroacústica e o papel da interpretação no ato da projeção sonora, e em detrimento da pré-estruturação da espacialidade, deu-se acento a uma projeção sonora preponderantemente *frontal, cinemática*. Tal postura, encabeçada mormente por François Bayle e outros à frente do GRM (*Groupe de Recherches Musicales*) de Paris, visava à substituição dos músicos sobre o palco pela presença dos alto-falantes. A projeção sonora virtualiza, assim, um telão sonoro (*écran sonore*), e tem lugar então a noção de um "cinema para os ouvidos". Para tanto, edificam-se, por meio de diferentes alto-falantes, cores distintas que evocam os distintos instrumentos, e a noção de *orquestra de alto-falantes* vem à tona, tal como sintomaticamente ocorre, em 1974, com a fundação por Bayle do *Acousmonium* parisiense. Mais que isso, o alto-falante marca *presença*. Localizá-lo e considerá-lo como instrumento faz parte desta poética tipicamente acusmática[44].

Por outro lado, é sobre a estruturação detalhada da espacialidade sonora em estúdio, no ato da composição, que centra questão a outra vertente de música eletroacústica, de índole pós-serial (e eletrônica, em seu sentido verdadeiro, histórico). A projeção deixa de ser preponderantemente frontal para tornar-se, então, *oniespacial, teatral* – entendido o termo, aqui, em sua vasta acepção: condizente com *todo* o espaço do teatro (e não somente com seu palco). Em vez de um "cinema para os ouvidos", tem-se então um "teatro para os ouvidos", numa radicalização do conceito italiano renascentista de *teatro per gli orecchi*. A "orquestra de alto-falantes" transforma-se, aqui, em *teatro sonoro*, e o espaço, totalizante, passa a ser "equalizado" a ponto de perceber-se cada um de seus pontos possíveis,

---

44 Saliente-se, entretanto, que a designação *acusmática*, de uns anos para cá, passa a ser válida para toda realização eletroacústica pura, sem presença de instrumentistas, a despeito de sua filiação mais ou menos próxima com a vertente de música concreta, tal como promovida pelo GRM parisiense.

sem detrimento de qualquer outro, para o quê concorrem alto-falantes iguais, não mais distintos, e sempre da melhor qualidade possível. Suprime--se, por conseguinte, a necessidade de "ouvir o alto-falante", pois se quer "ouvir o espaço", não o instrumento.

Espaço externo (interpretativo)

Escuta preponderantemente frontal	Escuta oniespacial
⇩	⇩
Escuta cinemática	Escuta teatral
⇩	⇩
"Cinema para os ouvidos"	"Teatro para os ouvidos"
⇩	⇩
Orquestra de alto-falantes	Teatro sonoro
⇩	⇩
Tipos distintos de alto-falantes	Alto-falantes iguais
⇩	⇩
Percepção de presença dos alto-falantes	Supressão da percepção de presença dos alto-falantes

De toda forma, em ambos os casos imperam as acima referidas leis da espacialização. Respeitar a concepção espacial original da composição significa pressupor que, por princípio, o compositor tenha tido ciência do papel do espaço como crucial parâmetro compositivo na elaboração/difusão de sua obra, o que, efetivamente, nem sempre é o caso. Mas a postura na difusão norteia-se pelas boas, não pelas más obras, as quais acabam, aliás, por beneficiar-se disso.

Pressupor a consciência compositiva do fator espacial significa pressupor a *estruturação* da espacialidade sonora, e por mais que se procure delegar uma maior importância à projeção sonora em concerto que à elaboração minuciosa da espacialidade sonora em estúdio, tende-se, cada vez mais, a reconhecer a inelutável relevância em *compor o espaço*. Ao tratarmos então do aspecto estrutural, concernente ao espaço interno da obra, a discussão abandona o plano genérico da composição como um todo e adentra o âmbito da elaboração dos espectros, ou seja, do *material musical* em seu aspecto eminentemente *constitutivo*[45], e vale aqui o preceito intuído por Schaeffer nos primórdios do novo gênero: "Procurar para os objetos sonoros da música [concreta] um desenvolvimento espacial coextensivo a suas formas"[46]. A morfologia do próprio objeto sonoro, ou seja, do material musical constitutivo, sugere seus desdobramentos espaciais e é mesmo deles indissociável.

Tem-se, pois, dois níveis de *espacialização*: um, como vimos, associado ao momento de difusão da obra em concerto; outro, no entanto, ainda *anterior* à *performance* musical, pertencente à fase de elaboração da própria obra em estúdio. Na elaboração da composição, "espacializar" os eventos sonoros é diagramar no espaço suas propriedades tanto internas quanto remissivas ou referenciais, que tendem a extrapolá-los, e a ambas já se quis dar o nome de, respectivamente, *identidades intrínsecas e extrínsecas*[47]. Numa clara transferência ao âmago da própria constituição espectral dos conceitos de Chion relativos aos espaços interno e externo da composição eletroacústica, procura-se, por um lado, estabelecer a identidade que o objeto sonoro revela por suas próprias características sônicas, por sua própria *morfologia sonora*; por outro, detectar sua referencialidade externa, de cunho *tipológico*,

---

45 Reportamo-nos, aqui, ao aspecto *constitutivo* do material musical na música eletroacústica, ou seja, à constituição dos espectros que constituem o arsenal sonoro de uma obra. Ainda que não seja objeto de nossa discussão aqui, sabemos que, do ponto de vista da morfologia da composição, o material musical preserva na obra eletroacústica, tanto como na escritura puramente instrumental, igualmente um aspecto *relacional*, amparado pela memória, pelas recorrências, similaridades, variações, conexões, direcionalidades. Assim é que Pierre Boulez afirma, ainda que se reportando a um contexto eletroacústico misto (não propriamente acusmático), mas claramente voltado a este aspecto *relacional* do material, que "a espacialização permite a *clarificação* da escritura" ("la spatialisation permet la *clarification* de l'écriture" (Pierre Boulez, "Musique/Espace – Un Entretien avec Jean-Jacques Nattiez", in: *L'Espace du Son II*, Ohain (Bélgica), Éditions Musiques et Recherches, 1991, p.115)). Sobre a cisão do material musical, no seio da música eletroacústica, em *material relacional* e *material constitutivo*, ver Flo Menezes, *Atualidade Estética da Música Eletroacústica*, op. cit., p.43-65.

46 "... Procurer aux objets sonores de la musique concrète un développement spatial coextensif à leurs formes" (Pierre Schaeffer, op. cit., p.109).

47 Cf. Natasha Barrett, "Spatio-musical Composition Strategies", in: *Organised Sound*, Volume 7, Number 3, Cambridge University Press, Cambridge, dezembro de 2002, p.13-323.

pela qual estabelecem-se parentescos com outros espectros. Destarte, designamos tal par de oposição preferentemente por *espaço intrínseco (morfológico-espectral)* e *espaço extrínseco (referencial)*, ou ainda por *espaço morfológico* e *espaço tipológico*. Em tal análise, desvelam-se, de um lado, o caráter semiótico *introversivo* do espectro e, de outro, aquele *extroversivo*[48]. Enquanto, como observa Natasha Barrett, o espaço intrínseco implica "organização estrutural concernente à evolução espectral", o espaço extrínseco traduz-se na capacidade de associação, que aí se apresenta, "com alguma outra coisa que não o que se faz presente empiricamente no espectro"[49].

Níveis do espaço quanto ao material musical

Espaço intrínseco (espectral)	Espaço extrínseco (referencial)
Espaço morfológico	Espaço tipológico
Espaço introversivo	Espaço extroversivo

O erro reside, contudo, na ingenuidade em pensar que tais espaços estejam circunscritos aos objetos sonoros da composição eletroacústica e que estejam excluídos da música instrumental, como, aliás, o quer Barrett: é preciso reconhecer que mesmo no som instrumental, ambos os espaços estão constituídos, pois se o instrumento musical não necessariamente estabelece relações com vivências exteriores, é inevitável reconhecer que exista, como bem observava Luciano Berio, uma "história psicológica do próprio instrumento"[50], pela qual sua função referencial, imbuída de historicidade e estabelecendo correlações com seu repertório histórico, se explicita. Ouvir um

---

48 Apoiamo-nos, aqui, na concepção jakobsoniana relativa à *semiosis introversiva* da música (cf. Roman Jakobson, "Le Langage en Relation avec les autres Systèmes de Communication". In: Jakobson, *Essais de Linguistique Générale II – Rapports Internes et Externes du Langage*, Paris, Les Éditions de Minuit, 1973, p.91-103, particularmente p.99-100). Transferimos, no entanto, seu conceito de *semiosis extroversiva*, que Jakobson afirma, com razão, estar ausente ou no mínimo fortemente reduzido na música (*op. cit.*, p.100), para o domínio do objeto sonoro, no qual pensamos que exista um *espaço extroversivo*.

49 Natasha Barrett, *op. cit.*, p.314.

50 Berio afirma: "Um instrumento musical é por si só uma peça da linguagem musical" ("Uno strumento musicale è di per sé un pezzo di linguaggio musicale" – Luciano Berio, "Le Sequenze", in: Enzo Restagno *et. al.*, Autori Vari – Berio, Turim, E.D.T. (Edizioni di Torino), 1995, p.187).

som de piano é, consciente ou inconscientemente, evocar toda a sua história, da mesma forma como ouvir um fonema evoca *in absentia*, para além de suas distinções *in praesentia* no âmago da palavra, todos os eixos de suas oposições binárias em uma dada língua, como bem o provara Jakobson.

Mas é sobretudo no espaço intrínseco dos objetos sonoros, de caráter eminentemente introversivo, que se vislumbram as mais profícuas explorações de suas constituições. Nele os objetos sonoros manifestam o que queremos designar por seu *comportamento espacial*, que não deve ser confundido com o fato físico do som se propagar no espaço: por *comportamento espacial* entende-se a maneira como o objeto sonoro se apresenta e se articula no espaço em uma obra musical.

A gnose acerca de tais possibilidades é premente para a composição eletroacústica, posto que a espacialidade sonora revela-se como um de seus traços distintivos mais fundamentais. Preocupo-me, há tempos, em diagnosticar tais pares de oposição, elaborando estratégias compositivas distintas em cada nova obra musical a partir da dialética de tais correlações.

O comportamento espacial dos objetos sonoros organiza-se em âmbitos de atuação no espaço concernentes a aspectos distintos, que procuramos, aqui, mapear exaustivamente:

Mobilidade espacial: se o objeto é móvel ou estático;
Velocidade: se sua mobilidade é lenta ou rápida;
Resolução espacial: se o movimento se dá de forma contínua e progressiva ou se, ao contrário, efetua saltos no espaço;
Ocupação espacial: se a presença do objeto é delimitada ou expandida;
Reconhecibilidade do movimento: se a trajetória espacial é ilustrativa, figural, ou se, ao contrário, dá-se por incursões inusitadas no espaço;
Direção do movimento: no caso de figuras reconhecíveis, se o movimento se dá em sentido horário ou anti-horário;
Difusão/propagação sonora: se o objeto é reverberante, evocando amplidão ambiental, ou seco, restringindo o espaço imaginado;
Relevo: se o objeto sonoro no espaço revela saliências, protuberâncias em planos distintos, apoiado por alternâncias dinâmicas e por suas qualidades ressonânticas ou se, ao contrário, revela-se plano e chapado;
Localização do objeto sonoro: se a escuta o detecta em um dado ponto do es-

paço e, quando há movimento, se a localização se dá de forma direcional, ou se a escuta do objeto é difusa e, no caso de movimento, adirecional; *Profundidade:* se o objeto sonoro encontra-se próximo ou distante de nós, evocando, respectivamente, presença ou ausência sonora.

O seguinte quadro, bastante útil para o compositor e para o ouvinte atento, visa à ilustração e à consciência de tais oposições binárias da dimensão espacial dos objetos sonoros.

Parâmetros relacionados ao **comportamento espacial** dos espectros na composição quanto à/ao:

Mobilidade sonora

Móvel	Imóvel
Dinâmico	Estático

Velocidade

Rápido	Lento
Acelerado	Desacelerado

Resolução espacial

Contínuo	Descontínuo
Gradual	Anguloso
Linear (progressivo)	Pontiagudo (por saltos)
Liso	Estriado

Ocupação espacial (angulação, volume e superfície)

Expandido	Delimitado
Pleno	Circunscrito
Cheio	Rarefeito

Reconhecibilidade do movimento

Geométrico		Randômico
Regular (figuras reconhecíveis)		Irregular (novas figuras)
Figural		Afigural
Direção: sentido horário	**Direção:** sentido anti--horário	

Difusão/propagação sonora

Reverberante	Seco

Relevo (do objeto sonoro no espaço)

Protuberante	Plano
Poroso	Chapado
Com relevo	Sem relevo

Localização do objeto sonoro

Pontual	Difuso
Direcional	Adirecional

Profundidade

Próximo	Distante
Presente	Ausente

Uma derradeira observação faz-se particularmente necessária em relação a este último aspecto, concernente à *profundidade* sonora. Já tive oportunidade de referir-me às críticas de Philippe Manoury acerca do que induz como "limitações dinâmicas" da música eletroacústica, se comparadas às interferências qualitativas que as alterações em amplitude acarretam nos espectros instrumentais[51]. Na ocasião em que a elas me reportei, salientei a

---

51 Cf. Flo Menezes, *op. cit.*, p.28-29.

necessidade de uma consciência, por parte do compositor, de tal aspecto *aparentemente* "limitador" da escritura eletroacústica.

Manoury observa, em um texto de 1990, que a alteração dinâmica instrumental implica "sobretudo a aparição de novos parciais no interior do espectro". Alterando-se as intensidade nas *performances* instrumentais, tem-se uma alteração da *qualidade* espectral: quanto mais forte for tocado um instrumento, tanto maior será o número de seus componentes (parciais). Aumento de dinâmica condiciona, pois, maior riqueza espectral. Na música instrumental, portanto, "a morfologia sonora é diferente de acordo com as intensidades com as quais um som se produz; em outros termos, a variação das dinâmicas resulta num fator qualitativo tanto quanto quantitativo"[52], o que não ocorreria, a seu ver, na música eletroacústica.

É incontestável o fato de que um som gravado tem como fixada sua qualidade espectral. Variar seu volume não acarreta alteração de seu espectro. Supor que por isso se trate de uma desvantagem da música eletroacústica diante da instrumental é um ledo engano, pois justamente aí reside uma de suas maiores vantagens! Pois que se gravam quantos sons se desejarem. É fácil imaginar o que se passa quando, por exemplo, um som instrumental de forte intensidade, e portanto com espectro alargado, é reproduzido com dinâmica suave através do potenciômetro de uma mesa de som: tem-se a impressão – diríamos mesmo a *ilusão sonora* – de que este som situa-se a longa distância de nós. E o inverso é imaginável.

Tais sensações de *profundidade* sonora, apenas atingíveis (mediante artifícios de escritura) em situações marginais na música instrumental, constituem um dos recursos mais ricos da composição eletroacústica, pelos quais a imagética da escuta acusmática (re)constrói espaços de amplas e distintas dimensões, em que todo jogo de presenças e ausências, de distâncias e aproximações sonoras se faz presente.

Assim é que talvez na profundidade, como queria Demócrito, resida uma de suas mais eloquentes verdades.

São Paulo, setembro de 2005

---

52 Philippe Manoury, *La Note et le Son – Écrits et Entretiens 1981-1998*, Paris, L'Harmattan/L'Itinéraire, 1998, p.53.

Post-Scriptum

O presente texto estrutura-se, em parte, na Série de Fibonnaci
(1 1 2 3 5 8 13 21 34, etc.): seu título contém um sílaba de duas letras
– ES. Ela significa em alemão tanto uma nota musical
(Mi bemol) quanto a terceira pessoa neutra do singular (e que já serviu de
título a uma das peças de *Aus den sieben Tagen* de Stockhausen). A sílaba encontra seu retrógrado no próprio título, ao início do vocábulo *SEus*,
desdobrando-se, ainda, no início dos subtítulos dos dois tópicos principais,
opostos e complementares entre si: EScólio e EStratégias.

Ademais, todas as letras do título obedecem à referida série:

/o/ aparece 5 vezes;

/e/, 3;

/s/, 5;

/p/, 2;

/a/, 1;

/ç/, 1;

/u/, 1;

/t/, 1;

num total de 8 letras.

Por fim, têm-se, na primeira parte – Escólio – e em meio ao texto corrido,
34 intervenções (diagramadas *à la* Cage) e, na segunda – Estratégias –, 13
pares de oposições binárias.

Na diagramação por tipos distintos, ondas sonoras projetam-se nas letras das
citações (dente de serra ascendente, senoidal, dente de serra descendente,
triangular, quadrada por palavras inteiras, quadrada por blocos de letras e,
fechando um ciclo, novamente dente de serra ascendente, porém não mais
por letras isoladas, mas antes por blocos de letras). Essas ondas perpassam
as citações assim como tais enunciações perpassam meus comentários.

PARTE IV

TEMAS E VARIAÇÕES

1
As Vanguardas e os Públicos[1]

Lamenta-se comumente o fato de que a música contemporânea, desde a ruptura advinda do processo de saturação histórica do tonalismo, levada a cabo mormente por Schoenberg e seus seguidores no início deste século, perdeu o elo com o público por não mais se situar num terreno amplamente (ainda que quase nunca *profundamente*) conhecido pelo ouvinte "comum". Em meio às críticas proferidas desde então pelos amantes da "boa" música, pretensiosamente calcada em um sistema de referência comum (como o fora em parte o sistema tonal), delega-se a culpa aos compositores "experimentais".

É preciso, de uma vez por todas, superar este mito acadêmico, conservador e reacionário.

Ao longo dos tempos, as civilizações puderam observar uma clara e implacável lei histórica: nem tudo o que é bom permanece necessariamente, mas tudo o que permaneceu é necessariamente bom. Ou seja: pode ser que tenhamos deixado de conhecer algum Mozart perdido em alguma aldeia do passado longínquo, mas o Mozart que a história nos lega é da mais alta qualidade artística.

Para que tenha permanecido, no entanto, este mesmo Mozart foi objeto da "experimentação receptiva" de seus contemporâneos. Quero dizer, com isso, que não é à música de um determinado tempo que se deve delegar um eventual caráter *experimental*, mas, antes, deve-se ter em mente que o experimentalismo reside, por força, na própria escuta da contemporaneidade. A

---

1   Publicado pela primeira vez em: *Revista Concerto*, São Paulo, abril de 1997, p.17.

rigor, por mais "experimental" que seja a música contemporânea, *experimental* é e deve ser, sobretudo, aquele que a escuta: o ouvinte!

Que o muro das lamentações fique restrito, pois, àqueles que escutam inflexivelmente a música de seu tempo.

E, nesse sentido, é preciso que outro mito se desfaça: a de que existe *um* público para a música. Ora, assim como existem diversas estéticas musicais, a noção de *público*, tal como esta se coloca em críticas dessa natureza, é uma noção típica da ideologia capitalista, preocupada, antes de mais nada, como um grande e lucrativo mercado.

O compositor contemporâneo, quer se alinhe às tendências mais neo-expressionistas e retrógradas, quer se identifique com as correntes mais progressistas e complexas, ou ainda com as instigadoras poéticas eletroacústicas, deve ter e via de regra tem plena consciência de *seu* público específico. Adorno já nos ensinara que se trata de mera ilusão acharmos que o fato de Mozart ou Beethoven fazerem parte do domínio comum da cultura ocidental constitui em si um fator inegavelmente positivo. Mesmo dentre aqueles que os digerem, poucos são os que os *compreendem* verdadeiramente.

Existem, pois, inúmeros *públicos*. O que não quer dizer, no entanto, que não haja a necessidade de cativar as pessoas para uma determinada postura estético-musical. O fato de que uma obra complexa não possa atingir um grande e único público na sociedade de massas, e de que não deseje mesmo fazê-lo – já que isto implicaria infalivelmente em concessões ao gosto dirigido das massas, como aliás o fazem frequentemente as músicas ditas populares e as tendências nacionalistas e caducas –, não quer dizer que não se deva procurar difundir a Música Nova, por mais exigente que ela seja no nível de sua recepção.

Assim é que a já conhecida fórmula de Pierre Boulez ainda nos resta como símbolo de consciência revolucionária da música contemporânea: fazendo-a com impecável qualidade, certamente sempre haverá espaço para uma calorosa e expressiva recepção de um certo público. Não *do* público, mas de *um* público dentre os muitos possíveis e – por que não dizê-lo? – desejáveis numa sociedade futura, pluralista e radicalmente democrática.

Abril de 1997

2
A RELATIVA ATUALIDADE DO ROMANTISMO MUSICAL

Recentemente deparei com uma publicação, literalmente, de peso: as quase mil páginas de Charles Rosen sobre *A Geração Romântica*[1], acompanhadas de CD com interpretações pianísticas do autor e traduzidas de modo competente pelo músico Eduardo Seincman[2].

Por vezes um livro não se revela bom somente por suas qualidades intrínsecas, mas também por aquilo que suscita na cabeça do leitor, em níveis distintos de associações. Para nós, compositores enfileirados na trincheira da vanguarda e ávidos de novas descobertas, talvez represente o Romantismo musical aquele movimento que mais se distancia de nossa prática composicional. Num certo sentido, a "ruptura" com o universo tonal, levada a cabo mormente por Schoenberg e seus seguidores no início do século XX, ainda se respalda na postura assertiva e arrojada de verdadeiros mestres e inventores do calibre de Boulez, Cage, ou Stockhausen. É mais natural e instigante buscarmos informações sobre a música de Perotinus Magnus, de Ockeghem ou de Monteverdi, estabelecendo curiosos paralelos entre a produção mais longínqua com a modernidade, do que vislumbrarmos qualquer ponto de contato das criações mais significativas da atualidade com a produção romântica, alicerçada nos dias de hoje tão somente por posturas anacrôni-

---

1   Charles Rosen, *A Geração Romântica*, tradução de Eduardo Seincman, São Paulo, Edusp, 2000.
2   Também tradutor de imprescindíveis livros de Arnold Schoenberg: *Fundamentos da composição musical*, São Paulo, Edusp, 1991; *Exercícios preliminares em contraponto*, São Paulo, Via Lettera, 2001 e *Funções estruturais da harmonia*, São Paulo, Via Lettera, 2004.

cas desprovidas de interesse e imbuídas de um ar "caduco" e de uma coloração desbotada e piegas.

Mas a grandeza do Romantismo ultrapassa de longe qualquer visão maniqueísta ou mesmo usurpação fortuita de seus ideais. Assim é que a poética da *fragmentação*, típica do período romântico e relevada com tanta propriedade por Rosen, é levada às últimas consequências justamente pelo maior ícone da geração serial. Poderíamos dizer que o atomismo de Anton Webern, em sua inquieta busca pela essência última da linguagem, esfacelando o som num sutil pano de fundo constituído pelo silêncio, é uma radicalização do miniaturismo de Chopin ou, talvez em ainda maior medida, de Schumann que, sob o prisma do tempo musical, poderia ser considerado como o verdadeiro "Webern do século XIX", precursor do estilo aforístico que caracterizou o atonalismo livre expressionista.

Outro ponto de contato é a relação da música com a palavra, essa sua irmã indissociável e fiel companheira em momentos de crise e re(v/s)olução. Luciano Berio, o maior criador de música vocal do século XX e, ao lado de Karlheinz Stockhausen, talvez o principal compositor vivo[3], classificara a relação texto/música como tendo consistido, historicamente, de três grandes fases. A primeira, que se reporta às origens da própria escrita musical, seria aquela em que o texto, de origem comum (como o ordinário da missa), comportava-se como um *shareware*, compartilhado por todos. Ao musicá-lo, o compositor dava asas à imaginação sonora sem prender-se à necessidade de explicitação semântica de seu conteúdo, já devidamente conhecido de antemão pelo ouvinte. Os melismas e os grandes motetos politextuais da Alta Renascença, respectivamente em níveis micro e macroscópico, traduzem-se como consequências mais evidentes do vôo livre do som em face do sentido do verbo, então inacessível pela mera escuta.

O período romântico seria, então, o reverso da moeda, constituindo uma segunda grande fase histórica da relação música/palavra: permeada pelo *isomorfismo* entre música e linguagem, a produção romântica queria fazer-se absolutamente leal a uma profunda compreensão do texto, escolhido com o maior dos zelos e com motivação inaudita. Levando ao apogeu um pro-

---

3   Berio faleceu após a redação deste texto, em maio de 2003.

cesso que teve origem já na chamada *seconda prattica* do Barroco, com seu lema *"prima la parola, dopo la musica"*, o compositor romântico acreditava-se o mais autêntico "tradutor" em sons do texto musicado, e sua obra parecia-lhe a única solução possível de relação motivada entre som e sentido. O paradoxo romântico revela-se, entretanto, quando um mesmo texto é musicado por compositores distintos, cada qual dono de sua verdade.

Será, finalmente, na música contemporânea, mais particularmente na obra do próprio Berio, que desponta uma terceira fase dessa relação e a fenda da ambiguidade aberta pela ilusão romântica toma corpo, explicitando--se como ponto estratégico da própria articulação do discurso musical. O texto submete-se, aí, a dezenas de tratamentos diversos, por ora até mesmo contrastantes no interior de uma única obra, cujo ápice talvez seja constituído pelo enredo da ópera *La Vera Storia* (1977-1981), com texto de Italo Calvino: o conteúdo literário do primeiro ato é exatamente o mesmo do segundo, ainda que seu tratamento musical seja aí diametralmente oposto. Qual seria, de fato, "a verdadeira estória"? Uma atitude dialética frente ao texto que, curiosamente, tem suas raízes num dos últimos românticos: o expressionista Alban Berg que, elegendo o texto de Theodor Storm intitulado *"Schließe mir die Augen beide"*, compôs tanto uma canção tonal em 1900 quanto outra, rigorosamente dodecafônica (e que contém a mesma série simétrica de sua *Suite Lírica* de 1926), em 1925, ambas de incontestável beleza.

Ledo engano pensar, no entanto, que a vertente beriana pela "pluralidade de leituras", de cunho nitidamente joyceano e possivelmente a mais sintonizada com a contemporaneidade, teria superado de vez a busca isomórfica que caracterizou o Romantismo. A estrita correlação entre as obras vocais de Willy Corrêa de Oliveira e de Gilberto Mendes com a produção de poesia concreta e visual brasileira (mais particularmente com poemas de Augusto e Haroldo de Campos, de Décio Pignatari e de meu pai, Florivaldo Menezes) não deixa de fazer eco, num certo sentido, ao anseio romântico de mútua motivação entre música e poesia. Por fim, no contexto europeu (mas sobretudo internacionalista), a concepção esboçada em 1958 por Pierre Boulez de apoio da música sobre um texto – tendo como ponto de partida principalmente a obra de Mallarmé –, ele mesmo centro e ausência em relação à estruturação musical, nada mais fez que levar às últimas consequências o ideário romântico que, de tão imbricado com o texto, transcendia a presença do próprio verbo e idealizava até mesmo canções sem palavras, como bem destaca Rosen ao referir-se às inconclusas intenções de Schumann em edificar *Lieder* sem voz (baseados em poemas de Heine *in absentia*), projeto esse levado a cabo por seu amigo Mendelssohn em seus *Lieder ohne Worte (Canções sem Palavras)*. Paradoxalmente, teria sido antes pelas mãos do próprio Berio, no entanto, que tal projeto romântico se vê realizado em pleno século XX: sua obra orquestral *Nones* (1954), originalmente planificada como um oratório, baseia-se em poema homônimo de W. H. Auden sem que haja qualquer alusão a um único vocábulo. Mais uma prova de que a história está longe de ser linear.

Vale ressaltar, ainda, o elo do Romantismo com a música do século XX pelo viés da citação musical, recurso metalinguístico já existente anteriormente ao período romântico, mas que encontra aí sua força maior. A rigor, a citação nada mais é que uma introjeção, no âmago mesmo da escritura musical, do caráter fragmentário do próprio estilo romântico. Só que, nesse caso, a fragmentação se vê exportada a uma origem musical que o compositor, ancorado pelo memória, importa referencialmente no novo contexto da composição. É a fonte citada que se vê, então, fragmentada, como que apenas aludida na nova obra na qual, de modo efêmero, emerge. Tal procedimento, essencialmente semântico, é outra prova cabal da indissociação do Romantismo com a verbalidade, demonstrando ser este, talvez, o mais literal dos recursos de linguagem que se encontram à disposição do compositor. Talvez por isso tenha a citação se tornado carro-chefe de algumas obras cruciais da década de 1960 em que, em plena fase de superação do serialismo integral, atitudes conceptuais ganham adeptos, sobretudo em criações de Henri Pousseur, Bernd Alois Zimmermann, ou mesmo de Berio e, entre nós, mais uma vez de Willy Corrêa e Gilberto Mendes. Contudo, se na constante isomórfica possíveis interrelações entre música e texto ainda podem ser empreendidas com certo interesse, é pouco provável que o recurso à citação ainda tenha algo a dizer. Como bem atesta a aguda crítica de Boulez, a citação musical implica *descontextualização* da fonte citada, cuja decifração só pode fazer-se possível, no ato da audição, por um engenhoso exercício intelectual desvinculado, contudo, de uma efetiva *fenomenologia da escuta*. Um exercício, a rigor, de outra ordem temporal, mais condizente com o tempo da leitura – susceptível a interrupções – do que com o inexorável fluxo temporal no qual toda música se vê, forçosamente, fundamentada[4].

Assim, a leitura do livro de Rosen, ainda que este seja curiosamente circunscrito às obras da primeira geração romântica (outras mil páginas seriam necessárias para discutir a música de Wagner, Brahms, Mahler), possibilita a reflexão sobre aspectos essenciais da música de hoje. Da mesma forma como o músico mais voltado ao passado musical certamente se beneficiará, e muito, caso passe a encarar com maior responsabilidade a produção de música contemporânea, atitude esta que reverteria em saldo extremamente positivo em suas atuações à frente do repertório mais tradicional (inclusive o romântico), um profundo conhecimento da história faz-se indispensável para o aprimoramento de concepções substanciais concernentes ao presente e ao futuro da música.

No percurso do saber, é prejudicial edificarmos fronteiras estanques. Um simples passeio pode nos ensinar coisas significativas. Mas se caminhar pelas calçadas em São Paulo desvela o individualismo funesto de cada mísero proprietário, que molda o chão à frente de sua casa a seu próprio gosto, atendo o olhar do transeunte ao solo para que não seja vítima de um desconcertante tombo, certo estou, pois, de que quanto menos fronteiras existirem, mais poderemos olhar livremente para o céu, transcendendo, em plena caminhada, os limites impostos por cada acidente de percurso.

Quanto menos sentirmo-nos divorciados do passado, vencendo as barreiras que se impõem entre nós e, por exemplo, o período romântico, mais estaremos aptos à sua profícua elaboração psíquica e, consequentemente,

---

4   Em algumas circunstâncias específicas o uso da citação pode ainda, a meu ver, dar luz a fenômenos/obras musicais de grande relevância, a despeito de seu caráter eminentemente conceptual. Tal é o caso de obras nas quais a dimensão temporal abarca todo um concerto, em que citações emergem como alusões repertoriais dentro da vivência histórica da escuta de um concerto em teatro (como em *Recital I* for Cathy (1972) de Berio); ou ainda quando a citação deixa de ser fragmentada e se vê integralmente reincorporada em um novo contexto que a amplia, distorce e relativiza (como no famoso terceiro movimento da *Sinfonia* (1968-1969), também de Berio). Eu mesmo procurei desenvolver tais possibilidades em obras recentes, tais como *Mahler in Transgress* (2002--2003) para dois pianos e eletrônica em tempo real, ou ainda *labORAtorio* (1991; 1995; 2003) para orquestra, soprano, coro a cinco vozes e eletrônica em tempo real.

superação, edificando novas trilhas nessa espiral infinita da invenção. No fundo, quem mais (neo)romântico é, menos entendeu o que de fato foi o Romantismo.

São Paulo, 17 de outubro de 2000

3
SOBRE PHILADELPHO MENEZES[1]
(21/06/1960 – 23/07/2000)

Em julho de 2000, a poesia e a teoria literária brasileira perdiam um de seus maiores talentos. Em um estúpido acidente automobilístico no município de Vassouras, Rio de Janeiro, falecia o poeta paulista Philadelpho Menezes, aos 40 anos de idade.

Já na adolescência, Phila – como era carinhosamente chamado por amigos e pessoas mais próximas – havia lido, sob orientação de seu pai, o poeta visual Florivaldo Menezes, todos os clássicos da literatura e do teatro, demonstrando clara tendência às letras e à poesia. Seguindo a tradição dos poetas brasileiros desde Castro Alves, cursou Direito na USP. Sua vocação para a literatura e teoria literária foi, contudo, irreversível.

Especializando-se em semiótica e teoria da comunicação, Phila adentra desde logo o palco dos debates que envolvem a rica poesia brasileira desde o surgimento da poesia concreta em 1953. Desenvolvendo seu mestrado junto à PUC-SP com dissertação sobre a *Poética e Visualidade – uma trajetória da poesia brasileira contemporânea*[2], provoca acirrada polêmica no meio poético do país ao introduzir, defender e difundir o que chamaria de *poesia intersígnica*, na qual cada elemento sintático do poema, em seus distintos aspectos verbais, visuais, sonoros e plásticos, deveria desempenhar papel tão relevante quanto os demais na configuração e elaboração final da obra poé-

---

1 Publicado pela primeira vez em: CD-ROM e Catálogo do Prêmio Sergio Motta 2000, São Paulo.
2 Philadelpho Menezes, *Poética e Visualidade – uma trajetória da poesia brasileira contemporânea*, Campinas, Editora da Unicamp, 1991.

tica, ao contrário da grande maioria da produção poética brasileira de cunho concretista, em que a verbalidade se impõe como hegemônica, malgrado a importância dos aspectos visuais e sonoros do poema.

Tal passo adiante em relação à poesia concreta impôs a Phila uma postura condizente com as da militância cultural. Não hesitou, no entanto, em defender com unhas e dentes cada ponto de sua teoria e prática poéticas. E o fez com absoluto êxito, sem para tanto deixar de reconhecer o valor histórico e mesmo atual de posições e posturas que se queriam, com ou sem razão, antagônicas às suas. Tal foi tipicamente o caso das obras do triunvirato concreto – Augusto e Haroldo de Campos e Décio Pignatari –, que Phila soube, com muita propriedade, ajudar a difundir inclusive junto a um público mais amplo, através, por exemplo, da publicação *Roteiro de leitura: poesia concreta e visual*[3].

A esta produção teórica deve-se acrescer sua significativa tese de doutorado sobre *A crise do passado – modernidade, vanguarda, metamodernidade*[4], um verdadeiro tratado sobre as vanguardas históricas, o conceito de *moderno* e suas implicações na contemporaneidade.

Seu embate contra o muro das lamentações, ovacionado por reconhecidos mestres e inventores mas sobretudo por diluidores, epígonos e bajuladores, não o impediu de atuar, com grande sucesso e reconhecimento, tanto nacional quanto internacionalmente, e Phila passou a ser considerado, desde o início dos anos 1990, como o mais atuante, influente e importante autor da poesia brasileira contemporânea.

Nessa época, foi convidado a ingressar no Programa de Pós-Graduação em Semiótica da PUC-SP, do qual viria a tornar-se Vice-Coordenador juntamente com sua função de Coordenador do Curso de Graduação em Comunicação Social da Universidade São Marcos, em São Paulo.

No decorrer de sua atuação profissional junto à PUC, tornou-se responsável pela introdução, no Brasil, das práticas da chamada poesia sonora, edi-

---

3   Philadelpho Menezes, *Roteiro de leitura: poesia concreta e visual*, São Paulo, Ática, 1998.

4   _____, *A crise do passado – modernidade, vanguarda, metamodernidade*, São Paulo, Experimento, 1994.

tando de forma pioneira dois CDs de suma importância: *Poesia Sonora – Do Fonetismo às Poéticas Contemporâneas da Voz* (1996) e *Poesia Sonora Hoje – Uma Antologia Internacional* (1998), ambos realizados junto ao LLS (Laboratório de Linguagens Sonoras da PUC-SP, por ele dirigido) com apoio da Fapesp. A tais publicações deve-se acrescer o livro *Poesia sonora – poéticas experimentais da voz no século XX*[5], marco da introdução teórica deste movimento no país.

Pouco antes de morrer, Phila superou a própria proposição em prol da poesia sonora e, apropriando-se das técnicas de hipermídia, publicou, em correalização com Wilton Azevedo, o CD-ROM *Interpoesia – Poesia Hipermídia Interativa* (2000), trabalho iniciado em 1998 e que congrega sua teoria *intersígnica* com as novas mídias, em especial com o computador, em instigante interação do leitor com o próprio poema, transcendendo o espaço circunscrito ao papel do livro. Uma breve navegação neste trabalho será suficiente para que se vislumbre o quanto a obra de Phila estava e está distante de qualquer fetichismo em relação às novas tecnologias, uma vez que faz uso das mesmas sem qualquer concessão à qualidade poética. O destino, no entanto, furtou-lhe o tempo para a conclusão do passo seguinte, ainda mais ousado: a realização de uma *prosa hipermídia*, usando os recursos computacionais e a interatividade com o leitor. Philadelpho tornou-se, assim, o Mallarmé brasileiro, com seu projeto inacabado (pensemos em *Le Livre*); talvez seja preciso tempo semelhante ao que sucedeu o desaparecimento do poeta francês para que seu projeto visionário seja, por outras mãos, realizado a contento...

Além de intensa produção teórica e de poesia, Phila fez-se conhecido como um verdadeiro mestre, grande professor, admirado orientador, promotor e divulgador de todas as formas de poesia contemporânea, além de eminente tradutor. Seu desaparecimento suscitou grande impacto e desolação no meio poético internacional, que não tardou em erigir digna homena-

---

5   Philadelpho Menezes, *Poesia Sonora –poéticas experimentais da voz no século XX,* São Paulo, Educ, 1992.

gem a nosso poeta, na constituição de um relevante *site* na Internet contendo, inclusive, alguns de seus significativos escritos sobre a *poesia intersígnica*:
http://epc.buffalo.edu/authors/menezes/tribute/

Que sua obra e memória permaneçam vivas também entre nós!

São Paulo, novembro de 2000
(Revisão de outubro de 2002)

4
A Estonteante Velocidade da Música Maximalista – Música e Física: Elos e Paralelos[1]

Matemática dos afetos

Falar de música nos tempos atuais, em que a indústria cultural impera de modo tão nefasto, implica o risco em falar de coisas tão distintas que dificilmente um ser extraterrestre, dotado minimamente de certa inteligência e mesmo em visita prosaica, classificaria as coisas que ouvisse por aqui como fazendo parte de um mesmo ramo do saber humano. Em sua empreitada, certamente perderia muito tempo, deparando com uma quantidade colossal de fazeres medíocres e despretensiosos – dois adjetivos deveras problemáticos para a boa arte: o primeiro, involuntário; o segundo, de responsabilidade do próprio artista.

Como quer que seja, se entendermos por *música* aquela atividade especulativa, prazerosa, sim, mas ao mesmo tempo essencialmente investigativa, de cunho experimental, cuja radicalidade ancora-se sobretudo na relação dialética entre o novo e a revisita do velho no novo contexto, então há de se reconhecer que, desde que tal ramo do saber existe de forma mais ou menos autônoma, ele sempre esteve ligado, como um primo próximo (irmandade talvez fosse um exagero), à matemática e à física. Desde os tempos mais remotos, em que Pitágoras pronunciava-se acerca de uma *harmonia das es-*

---

1   Texto de minha conferência em outubro de 2003 no ciclo "Interatividades", organizado por Daniela Kutschat e Rejane Cantoni junto ao Instituto Cultural Itaú de São Paulo, e publicado pela primeira vez como: "A Música e a Física – Elos e Paralelos", na Internet, no site: http://www.itaucultural.org.br/interatividades2003/menezes.cfm, a partir de novembro de 2003.

feras, até a contemporaneidade, em que os próprios físicos fazem apelo às constituições musicais para elucidar problemas da física e do universo, o parentesco entre a música e as ciências é notório e evidente. Foi justamente um físico, Brian Greene, quem recentemente afirmou: "Historicamente a música tem propiciado as melhores metáforas para quem quer entender as coisas cósmicas"[2].

Devemos mesmo admitir, contudo, que a aproximação da música às ciências respalda-se na metáfora apenas como seu elo mais superficial. Os liames que interligam ambas as esferas do saber humano – música e ciências – ancoram-se em bases bem mais profundas que as simples analogias. Trata-se muito mais de elos do que de meros paralelos. Com a substancial diferença, contudo, de que em meio às elaborações numéricas e conceituais que sedimentam as estruturas musicais tem-se uma não menos fundamental – e para alguns até mesmo mais importante – parcela de cargas afetivas que se introjetam em um complexo e semiconsciente emaranhado que oscila constantemente entre a invenção e o cálculo, entre a intuição e o raciocínio.

Assim, costumo definir a música – entenda-se bem aqui: a música *especulativa* (para usarmos um termo de Zarlino[3], já em 1558), *radical* (como queria Theodor W. Adorno), *maximalista* (como quero eu) – como uma *matemática dos afetos*.

Tal definição não pretende alijar as ciências da emoção que preside a investigação científica. Longe disso. É preciso reconhecer, contudo, que entre a emoção difusa que se irradia na comunidade científica internacional quando se descobre uma saída para uma equação para a qual não se tinha há séculos uma solução, como ocorre de tempos em tempos na matemática, e um arrebatamento concreto e direto advindo da audição de uma obra de gênio que adentra a psique do ouvinte receptor com tanto mais profundidade quanto mais será perdurável, enquanto vivência passada e experiência única, no arsenal de sua memória, há uma diferença de potencial: emocionar-se em ciência significa ter certeza parcial de mais uma etapa conquistada em direção à asserção de sua intuição primeira, enquanto emocionar-se na mú-

---

2   Brian Greene, *O Universo elegante*, São Paulo, Companhia das Letras, 2001, p.155.

3   Gioseffo Zarlino, *Le Institutioni Harmonische* (1558), Nova Iorque, Broude Brothers, 1965.

sica significa deparar com a perplexidade do que será compreendido apenas com o passar dos tempos. Neste último caso, é a intuição, agora atuante como fator de percepção receptiva (não tanto mais ativa, como quando do próprio conceber da música), que dá o pontapé inicial no jogo da experiência.

A noção de *transgresso*: um sim às muitas verdades, e um não à mentira

Mas onde se situa o fator genético que une a música às ciências e, em particular, à física?

Será preciso reconhecer, nesse contexto, uma certa "gradação de eficácia das ações" que vai da esfera política àquela do fazer artístico, passando, a meio caminho, pelas ciências. O grande musicólogo alemão Carl Dahlhaus disse certa vez que, ao contrário da política, na qual o ineficaz resume-se a nada, na história da música uma obra da qual nada se desenvolveu pode ser significativa[4]. Portanto, se na política o erro traduz-se como algo inadmissível, na medida em que toda ação política necessita ter eficácia imediata para que surta qualquer efeito, na música, ao contrário, uma obra poderia ter sido concebida sem causar qualquer consequência imediata, germinando apenas em fase futura dos estilos que se delineiam no decurso dos anos. A meio caminho, podemos situar as ciências, que na procura insaciável pelo acerto acaba deparando com o erro que, como produto irreverente de um "acaso", pode apontar para novos caminhos e, consequentemente, novas soluções.

Nesse sentido, as ciências estão para a política assim como a música está para as ciências. Se a noção de *progresso*, tão fundamental em política, se vê ameaçada em áreas de atuação em que o erro passa a ser admitido como componente potencial de algum acerto, ela se transmuta, em ciências e sobretudo nas artes, naquilo que costumo chamar de *transgresso*[5]. Desta fei-

---

4   Carl Dahlhaus, *Schönberg and andere*, Mainz, Schott, 1978, p.340.

5   O termo tem origem no título de minha primeira realização eletroacústica no Studio fur elektronische Musik de Colônia, Alemanha: a composição verbal *Phantom-Wortquelle; Words in Transgress*, composta em 1986-1987 – cuja versão reduzida, *Words in Transgress*, data de 1995. A parte em inglês do título poderia ser traduzida como "palavras em transgresso".

ta, o progresso não deve de forma alguma ser visto como algo datado ou superado – postura fácil, condizente com o marasmo ideológico reinante e, devo dizer, bastante reacionária que assola a mentalidade pequeno--burguesa atual –, mas antes como potencializado numa noção de índole quântica, em que saídas distintas são vislumbradas para problemáticas comuns sem que se opte por uma regressão da linguagem em suas proposições essencialmente evolutivas.

A linguagem musical continua, assim, a delinear evoluções, tão claras quanto necessárias. Potencializando ao máximo a importância não tanto dos erros, mas – precisemos – sobretudo dos desacertos que se dão igualmente nas ciências, a música aponta desde os tempos mais remotos para uma evolução não linear dos fatos de linguagem que fundamentam a composição através da evolução dos estilos.

A situação pode ser comparada às arborescências: ramos de árvores multidimensionais se multiplicam em infindáveis floradas distintas, cada qual evolutiva a seu modo, em que ramos distintos e aparentemente longínquos dão frutos em árvores situadas em outros lugares, numa combinação atípica que decorre de uma opção estética particular, fruto ela mesma da complexa ramificação em que consiste a trajetória do artista, condicionada em boa parte pela qualidade do terreno (não do território!) no qual busca seus nutrientes. Um ramo Stockhausen, somado a outro Berio, pode frutificar em mim, enquanto que o mesmo ramo Stockhausen associa-se ao ramo Boulez para dar frutos, por exemplo, em Philippe Manoury. Descartes definira a filosofia como uma árvore: as raízes seriam a metafísica; o tronco, a própria física; e os ramos, todas as outras ciências. Se este grande bosque servir de metáfora ao criador, o compositor terá de intercalar suas funções entre o jardineiro, mais atado à terra e ao que tiver ao alcance de suas mãos, e o pássaro que, no voo livre de suas intuições, pode pousar de galho em galho e, de cada lugar, vislumbrar os terrenos de ângulos diversos.

Se Werner Heisenberg apontava para o fato de que toda palavra e todo conceito possuem apenas uma limitada gama de aplicabilidade (*apud* Capra[6]), se Merleau-Ponty definia verdade como sendo outro nome da sedi-

---

6   Fritjof Capra, *O ponto de mutação*, São Paulo, Cultrix, 1982, p.45.

mentação[7] (Merleau-Ponty) e se Roman Jakobson relevava o caráter dramático da antinomia presente no bojo mesmo de todo signo linguístico, no qual o significante reporta-se ao significado sem jamais sê-lo integralmente[8], tais visões da física, da filosofia e da linguística revelam profunda identidade com uma provável e única verdade: a de que existem inúmeras verdades, mas que a mentira, em ciência como em linguística e em música, é singular.

Disso decorre a tarefa consideravelmente mais fácil em detectar o ruim em arte, ao mesmo tempo em que o bom se traduz sobretudo como algo quase indecifrável. Daí decorrem tanto a perplexidade diante da obra genial quanto o tédio diante da efemeridade do feito implacável e indubitavelmente medíocre. E nisso reside um certo parentesco da arte com a política, por mais paradoxal que isso possa parecer: a inviabilidade de uma convivência pacífica com os anacronismos, com as árvores mortas ou com os ramos involutivos, regressivos, que rejeitam a luz e incrustam-se por debaixo da terra.

Se a verdade – como brilhantemente nos apontava Greimas[9] em seu quadrado semiótico (Greimas/Courtés) –, como conjunção do *ser* e do *parecer*, alia-se ao segredo que *é* mas *não parece*, a mentira, conjunção do *parecer* com um *não ser*, alia-se à falsidade que *nem é* e *nem parece*.

O progresso não está sepultado; ele apenas transmutou-se e se potencializou. Mas não falo aqui de mera transgressão desafortunada. Não "transgrido" simplesmente: trans-gresso. É preciso, pois, *trans-gredir*.

Simultaneidades

Tanto o processo de evolução dos sons da linguagem por parte da criança – batizado por Jakobson e Morris Halle de *estratificação* – quanto a asser-

---

7 Maurice Merleau-Ponty, "Sobre a fenomenologia da linguagem", In: *Husserl Merleau-Ponty – Os Pensadores, XLI*, São Paulo, Abril, 1975, p.329.
8 Roman Jakobson, *Poetica e Poesia*, Turim, Einaudi, 1985, p.53.
9 A. J. Greimas & J. Courtés, *Sémiotique – Dictionnaire Raisonné de la Théorie du Langage*, Paris, Hachette, 1979, p.32.

ção da biologia desde Darwin de que o universo poderia ser descrito como um sistema em (r)evolução permanente de estruturas cada vez mais complexas que se desenvolvem a partir de formas mais simples (asserção esta corroborada pelas leis da termodinâmica em física, concernentes à conservação e à dissipação de energia em um dado processo) apontam para uma apologia da *complexidade* ou, em termos musicais, a um crescente e, por sorte, inatingível apogeu das *simultaneidades*.

E isto é de fato o que distingue a música especulativa das músicas "ligeiras", chamadas "populares", e que se resumem, a rigor, à música de entretenimento. Ao longo da história da música ocidental, o pensamento compositivo trilhou um caminho de uma simultaneidade cada vez maior de eventos. Mesmo na aparente simplicidade de elaboradas melodias, tem-se uma busca incessante por processos evolutivos que se dão em níveis distintos, interdependentes e concomitantes de escuta. Nisso residiu a poética, por exemplo, de Luciano Berio na busca de uma *polifonia latente* da linha melódica em suas *Sequenze*. Para fazermos uso de um termo do poeta Edoardo Sanguineti tão caro a Berio, almeja-se aqui a um "laborinto" de múltiplas entradas e saídas, cuidadosamente entrelaçadas pelo compositor sem que se exerça sobre o resultado perceptivo controle absoluto e unilateral, ecoando a intuição da física das supercordas, para a qual o tecido microscópico do universo constitui um labirinto multidimensional ricamente urdido de cordas retorcidas e continuamente vibrantes. Nisso residia também o potencial de abertura tal como formulado por Umberto Eco em *Opera Aperta*[10]: não nas operações casuísticas de um pretenso "acaso", mas na potencialidade multilateral da experiência mesmo diante do objeto aparentemente mais "fechado" possível. E nisso consiste a definição de uma poética *maximalista* em composição (tal como eu mesmo definira em 1983).

Talvez a maior aproximação do maximalismo da composição com a física que proclama a complexidade como seu lema seja o elo entre a relatividade einsteiniana e aquela que preside os processos temporais em certas obras da música especulativa. Ao contrário do entretenimento, para o qual a música exerce função utilitária de pano de fundo amortecedor, assentada numa gra-

---

10 Umberto Eco, *Opera Aperta*, Milão, Tascabili, 1962.

de temporal uniforme e catatônica, na música radical ausenta-se, por princípio, o molde do tempo e a fácil parametrização da métrica. A percepção rítmica dá lugar a outra, essencialmente *durativa*, que prioriza a extensão (por mais ínfima que seja) do som enquanto dado de sua essência estética. Mais uma vez reportamo-nos a Descartes, para quem a essência da matéria é a extensão. No bojo de tal atitude perante os sons, aquilo que vulgarmente aparece como entretenimento dá lugar, de modo consequente, a uma *intertensão*. Quando não se quer *interter*, que se ouçam os silêncios!

A problemática das decomposições

A questão das simultaneidades reflete-se tanto no nível macroscópico quanto no microuniverso da matéria e, no caso da música, dos sons. Os padrões ondulatórios de probabilidades proclamados pela física mais recente, em especial através da teoria das supercordas, revelam que as partículas subatômicas devem ser entendidas não como entidades mínimas, mas antes como interconexões entre aspectos cada vez mais subcutâneos da materialidade das coisas, cuja trama constitui o tecido de eventos do universo: contexturas de aspectos interdependentes.

Não poderia haver nada mais afinado com as vibrações que emanam da música do que esta visão sistêmica da física. Já o próprio Berio havia falado que um som não tem importância se considerado fora de um contexto. Pode ser que haja interesse – e sempre há – em sua trama particular, desprovida de qualquer contextura sintática, mas o som só ganha significado quando contextualizado em um tecido musical no qual interage com outros objetos sonoros. Contudo, não somente no nível de sua externação é que o som adquire significado e sentido. Já em sua constituição interna mesma percebemos o quanto seus aspectos constituintes – frequência, amplitude e duração, tudo isto condicionado à própria evolução energética do som no tempo e resultando em sua percepção global, a que damos o nome de *timbre* – que se articulam em regiões perceptivas mais ou menos autônomas estão fortemente relacionados entre si.

Aí reside uma das contradições mais salutares do fazer musical: a dialética entre percepção global do som e percepção particularizada de seus aspectos subsidiários. Desde o nascimento (ou consolidação) da notação musical – processo de transcrição *notacional* que não deve ser confundido com o processo de elaboração compositiva propriamente dita, a que podemos dar o nome de *escritura*, por oposição à mera escrita –, a composição musical enveredou-se por uma representação do som, em princípio atado à verbalidade, que desse conta dos aspectos prosódicos da linguagem. Alturas, durações e, bem posteriormente, intensidades passam a ser grafadas de modo autônomo, como constituintes elementares do som. Em um exercício de alta abstração, tal articulação permitiu, ainda que calcada na interdependência desses atributos, a elaboração concomitante de planos perceptivos que dessem conta de aspectos distintos da experiência bruta e concreta da escuta do som enquanto uma totalidade de parâmetros sonoros. Essa compartimentalização do som, se permitiu por um lado a evolução das técnicas de escritura musical, alimentou a ilusão, por outro lado, de que tais aspectos pudessem ser pensados de modo absolutamente independente uns com relação aos outros.

O apogeu de tal desvinculação dos atributos sonoros, que se deu na fase do serialismo integral do início dos anos 1950, propiciou tanto a consciência cada vez mais responsável e totalizante dos parâmetros do som e da composição, quanto resultou, paradoxalmente, em obras nas quais se perdia o controle sobre o próprio fenômeno sonoro, tal o peso da pretensa independência dos constituintes sonoros. A ultra-articulação resultara, a rigor, em desarticulação sintática da composição. Porém, por mais que o cálculo (ao menos aparentemente) tenha imperado sobre a intuição, as aquisições quanto à organização do material musical eram inquestionáveis e até mesmo – no prisma de uma música radicalmente especulativa – irreversíveis: a *decomposição* sonora, ainda que problemática, demonstrava-se absolutamente necessária para a (re)composição musical.

É nesse sentido que Karlheinz Stockhausen irá definir a *Dekomposition des Klanges* (decomposição do som) como sendo um dos critérios essenciais das poéticas eletroacústicas[11]. Valendo-se dos recursos em estúdio, a composição eletroacústica almeja, de fato, essa mesma decomposição do

---

11 Karlheinz Stockhausen, *Texte zur Musik* 1970-1977, Band 4, Colônia, DuMont, 1978, p.360-401.

som a que a própria escrita musical, com meios representacionais bem mais limitados, fez e faz recurso, para depois reorganizá-lo e recompô-lo tendo em vista a interatividade entre seus constituintes mínimos. Em meio a tal processo de investigação, tem-se que, em um dado momento, toda decomposição cessa para dar lugar a dimensões distintas de um mesmo elemento constituinte, extravasando sua potencialidade para o âmbito de ação/ percepção de outro atributo, perante o qual se revela como essencialmente *interdependente*. A extensão cartesiana que transluzia a essencialidade da matéria revela-se, aqui, como fenômeno de transferência. E é nesse sentido que a noção mesma de *entidade* ganha relevo no contexto musical especulativo, particularmente quando se refere às possibilidades infindáveis da *harmonia*: enquanto *campos de interconexões*, estruturados em aglomerados ora preponderantemente sincrônicos (acordes), ora preponderantemente diacrônicos (módulos, perfis).

Continuum

No âmago das interconexões aflora uma dúvida penetrante: em quê de fato consiste essa interdependência entre atributos pretensamente autônomos do som?

A física einsteiniana já proclamara, quando da inserção do tempo nas três coordenadas espaciais da tridimensionalidade, que tempo e espaço estão tão intimamente interligados que acabam por constituir um *continuum* quadridimensional denominado "espaço-tempo".

Tanto no universo tal como interpretado pela física quanto no mundo dos sons tal como os percebemos, a "regionalização" dos atributos constituintes dos macro-objetos não exclui mas, ao contrário, pressupõe uma transição contínua dos âmbitos de atuação ou percepção de tais aspectos microestruturais. Em música tal fato tornou-se acessível à consciência compositiva quando da formulação, por Stockhausen, da chamada teoria da *Unidade do Tempo Musical*[12]. A partir da realização de *Kontakte* (1958-1960),

---

12 Cf. Flo Menezes, *Música Eletroacústica – História e Estéticas*, São Paulo, Edusp, 1996, p.141-149.

Stockhausen percebeu que impulsos rítmicos acelerados, quando ultrapassando a região limítrofe de cerca de 16 impulsos por segundo, adentravam-se no terreno perceptivo das alturas, da mesma forma que frequências, percebidas como "notas musicais", tornavam-se ritmos quando se desaceleravam ao extremo.

A descoberta, que até hoje deixa perplexa grande parte da comunidade musical, representou um enorme avanço não apenas nas formas de elaboração do material musical, mas igualmente na maneira de *ouvir* o som em seus mais distintos estados perceptivos (*Gestalten*).

A radicalização desse processo levou Stockhausen a expandir o campo de observação, e para além da dimensão frequencial inclui-se a percepção das "cores" espectrais (timbre) no mergulho interiorizado no som, assim como para aquém da dimensão rítmica a extensão do tempo organiza-se em blocos formais, dando lugar à percepção das formas musicais. A consequência que se tira é tanto óbvia quanto surpreendente: o *continuum* que interliga espaço e tempo dá vazão, na percepção das constituições sonoras, àquele que *glissa* da forma ao timbre.

Perpetuum mobile

Seria ilusão conceitual circunscrever o caráter contínuo da percepção às regiões perceptivas que adquirem, justamente por constituírem "regiões", certa autonomia. A física enuncia que quanto menor for a região de confinamento de uma partícula subatômica, tanto mais rapidamente tal partícula será impelida a movimentar-se. A agitação proporcionalmente mais frenética da partícula em relação à diminuição do espaço de sua atuação implica uma espécie de exuberante "claustrofobia quântica" e, consequentemente, uma contínua mobilização dos elementos mínimos da matéria.

Tal fenômeno revela que inexistem estruturas estáticas na natureza, e que o universo organiza-se, tanto microscópica quanto macroscopicamente, como uma contínua e ininterrupta dança cósmica, que a teoria das supercordas interpreta como um *perpetuum mobile* de cordas vibrantes.

Ainda que seja arriscada a proclamação em alto e bom tom de uma postura estética precisa num momento em que não se trata de juízos de valor, é evidente que, se desejarmos afinar as cordas desse amplo estado vibratório que une naturalmente a física do universo ao universo dos sons, deve-se almejar uma organização *direcional* das estruturas musicais. Toda poética circunscrita a uma escuta de tipo estático, em que se decreta a morte da direção, distancia--se do que há de mais atual em física e, de modo geral, em visão de mundo ou, precisando ainda mais nossa colocação, em compreensão fenomenológica das "folhas de mundo" que compõem o tecido do universo.

Quando Einstein revela que a massa nada mais é que uma forma de energia, conclusão corroborada pelas experiências em física de processos de colisão de alta energia, nas quais observou-se que as partículas materiais eram destruídas e criadas, mas que suas massas transformavam-se em energia de movimento e vice-versa, nada mais fez que elaborar um modelo, em física, totalmente afinado com as concepções mais relevantes em música eletroacústica concernentes às massas enquanto propriedades dos sons ao serem situados, pela escuta, em algum lugar no espaço das alturas sonoras. Em música, as massas – tal como queria Pierre Schaeffer – potencializam-se em *perfis*, da mesma forma que os movimentos subatômicos de energias entrelaçam-se com as transformações das massas das partículas.

Dessa feita, quando há vinte anos eu formulava uma possível definição acerca de uma poética atual na composição, enunciando a fórmula segundo a qual "escutar é ouvir, e viver, percorrer *direções*", pontuava a relevância e atualidade estética dos fenômenos direcionais. À morte da *direcionalidade* em música, decretada de modo insipiente pelas posturas minimalistas, opomos uma atitude radicalmente *maximalista*, atenta ao *perpetuum mobile* e ao caráter transformacional das energias sonoras.

O espaço: ativo e relacional

O conceito de movimento é relativo; assim o quer a física das supercordas; assim o quis o relativismo einsteiniano. Mas a relatividade não se limita, como bem sabemos, à noção de movimento: o próprio espaço é relativo; e mais, ele é igualmente *ativo*.

Tal asserção remonta à dualidade teórica que envolveu pensadores do calibre de um Newton ou de um Leibniz. Ao contrário do físico inglês,

Leibniz afirmava, ressignificando (poderíamos dizer) o pré-socrático Zenão, que o espaço não existia por si só[13]. A existência do espaço era viabilizada pela existência das coisas no mundo. Sem as coisas, não haveria espaço. Assim, o espaço mediava as coisas do mundo na mesma medida em que delas dependia para que se desprendesse enquanto noção mais ou menos autônoma. Mais que relativo, o espaço, na concepção leibniziana, é essencialmente *relacional*.

Além disso, como bem pontua Greene, os vínculos entre a gravidade, o movimento acelerado e o espaço curvo incitaram Einstein à compreensão de que a presença de uma massa faz com que o tecido do espaço se curve. O espaço não seria uma simples "arena" passiva, palco para os eventos do universo, mas antes um *agente* relacional que condiciona a percepção mesma desses eventos.

Tanto o aspecto relacional do espaço quanto sua capacidade ativa de condicionamento perceptivo traduzem-se como fatores cruciais de uma pertinente poética eletroacústica: *compor o espaço* significa dar-se conta de suas potencialidades sintáticas, em interdependência com os próprios materiais. Se sem a existência de qualquer massa, o espaço é, em física, plano, sem som, o espaço em música sequer existe e – para além desta aparente obviedade – sem movimento, ele, mesmo que existente, sequer passa a ser reconhecido.

Polarizações

A comprovada tese einsteiniana segundo a qual os objetos se movem através do espaço-tempo pelo caminho mais perto possível ou, ainda mais precisamente, pelo caminho de menor resistência, encontra paralelo e tece forte elo com a força gravitacional exercida por certas frequências em determinados contextos daquilo que Edmond Costère, em harmonia, batiza-

---

13 Em uma de suas aporias, Zenão pergunta-se: se cada coisa que existe ocupa um lugar no espaço, e se se pensa que o espaço em si existe, qual o lugar no espaço ocupado pelo próprio espaço? Daí conclui pela sua inexistência. (Rodolfo Mondolfo, *O Pensamento antigo – História e Filosofia Greco-Romana I*, São Paulo, Mestre Jou, 1971, p.89-90).

ra de "sociologia das alturas". Costère fala mesmo de uma "lei do menor caminho"[14], apontando para o potencial atrativo de intervalos atômicos de um dado sistema de afinação das alturas (no caso do sistema temperado, do semitom), os quais resultam numa clara sensação de *polarização*, reforçando a *cardinalidade* de polos aglutinadores da escuta.

A noção de polarização foi por diversas ocasiões confundida com a unilateralidade da tonalidade clássica, mas na verdade preside tanto os procedimentos de gravitação em torno do tom principal do tonalismo quanto a natural tendência da escuta em detectar tais potencialidades atrativas em contextos harmônicos mais complexos, porém essencialmente não estatísticos.

É a partir de uma consciência do fenômeno da polarização que uma especulação responsável e potencialmente profícua pode e deve ter lugar no que tange à organização estrutural, sempre atual, daquele que se desvela como atributo supremo do som, do mais puro (senoidal) quase ao mais complexo (excetuando-se, nesse contexto, apenas o ruído branco, dada a sua estrutura probabilística e totalizante do espaço frequencial): a percepção de sua localização, por mais que se trate de um som avesso a qualquer *tonicidade*, no amplo registro das alturas.

O maximalismo e a supressão do tempo

Uma das contribuições mais extraordinárias ao entendimento das complexidades, enquanto lema de uma atitude radical na escuta dos sons, foi a formulação de Olivier Messiaen que diz respeito às "leis que resumem perfeitamente a duração vivida"[15]:

a) *Sentimento da duração presente.* Lei: no presente, quanto mais o tempo for pleno de eventos, mais ele nos parecerá curto; quanto mais for vazio de eventos, mais longo ele nos parecerá.

b) *Apreciação retrospectiva do tempo passado.* Lei inversa da precedente:

---

14 Edmond Costère, *Lois et Styles des Harmonies Musicales,* Paris, Presses Universitaires de France, 1954, p.15.

15 Olivier Messiaen, *Traité de Rythme, de Couleur, et d'Ornithologie,* Paris, Alphonse Léduc, 1994, p.10.

no passado, quanto mais o tempo tiver sido pleno de eventos, mais ele nos parecerá longo agora; quanto mais tiver sido vazio de eventos, tanto mais ele agora nos parecerá curto.

Sob muitos aspectos, tal formulação em prol da complexidade já foi esmiuçada por alguns de meus escritos anteriores. Ouvir a complexidade é tender, a rigor, à supressão no ato da própria escuta da ideia do próprio tempo, na medida em que a percepção mal se dá conta do tempo vivido pela experiência múltipla dos sentidos, perdida, ou melhor, achada em meio ao "laborinto" sonoro da percepção. No caminho inverso, deparar com uma obra medíocre é estar envolto ao tédio, estado no qual cada ínfimo segundo parece, no ato da escuta e à nossa revelia, estender sua duração sofrida. Daí a equiparação da música ao mito, tão genialmente formulada por Lévi--Strauss, quando fala do caráter comum entre o mito e a obra musical e da relação de ambos com o tempo:

> Tudo se passa como se a música e a mitologia só precisassem do tempo para infligir-lhe um desmentido. Ambas são, na verdade, máquinas de suprimir o tempo. Abaixo dos sons e dos ritmos, a música opera sobre um terreno bruto, que é o tempo fisiológico do ouvinte; tempo irremediavelmente diacrônico porque irreversível, do qual ela transmuta, no entanto, o segmento que foi consagrado a escutá-la numa totalidade sincrônica e fechada sobre si mesma. A audição da obra musical, em razão de sua organização interna, imobiliza, portanto, o tempo que passa; como uma toalha fustigada pelo vento, atinge-o e dobra-o. De modo que ao ouvirmos música, e enquanto a escutamos, atingimos uma espécie de imortalidade[16].

É curioso, nesse contexto, entender tal problemática à luz de suas relações com a física mais atual. Por todas as deduções às quais chegamos a partir dos diagnósticos que nos fazem entender a magnitude da estupenda e, por ora, inatingível velocidade da luz, chega-se à conclusão de que quanto mais uma partícula se aproximar da velocidade da luz, tanto mais ela, do ponto de vista de quem dela se distancia, *lentifica-se*. Com as formulações de Einstein e da relatividade especial à propósito da divisão do movimento entre as distintas dimensões, em que, na maioria das circunstâncias, deduz-se que a maior parte do movimento de um objeto dá-se no tempo e não no espaço, tem-se

---

16 Claude Lévi-Strauss, *Mitológicas 1 – O Cru e o Cozido*, São Paulo, Cosac & Naify, 2004, p.35.

que quanto mais dimensões possuírem as folhas de mundo – e a teoria das supercordas defende a possibilidade de que existam cerca de nove dessas dimensões, sendo as quatro que conhecemos apenas as mais tangíveis por nossa compreensão/percepção do mundo –, tanto mais lento dar-se-ão os eventos do universo.

A luz branca sendo, como bem sabemos, uma *mistura* de todas as cores, tem-se que uma simultaneidade múltipla de eventos sonoros, que se percebe como mais curta do que de fato é e que se aproxima da luz pelas vias da percepção "colorística" ao mesmo tempo que se distancia das poéticas sombrias e diluidoras que pouco reflexo irradiam, tenderá a ser, na memória de sua experimentação passada, paradoxalmente cada vez mais longa. Extensão memorial (con)funde-se, aqui, com *rallentando* temporal. E em ato distingue-se substancial e energeticamente da extensão *actual*, decorrente da escuta da música medíocre. Ainda que se trate de duas formas de extensão, a qualidade perceptiva desloca o ato de extensão para o passado ancorado na saudosa memória, deixando para o plano presente a extensão que se faz parte integrante do tédio. Se a louvável supressão da própria ideia de tempo decorre, no ato da escuta, do interesse pelos meandros colorísticos que uma tal complexidade suscita na escuta especulativa, e se a sensação de tempo efetivo vivido se reduz em ato de modo substancial, a pronunciada dilatação do evento significativo no arsenal da memória faz com que bem se compreenda o real significado de tal formulação: a boa música se aproxima da plena luz.

Perfeição almejada, porém inatingível

Einstein proclamara que todos os objetos do universo estão sempre viajando através do espaço-tempo a uma velocidade fixa – qual seja: a da luz –, mas a multidimensionalidade necessariamente os *lentifica*. É como se todo e qualquer objeto se igualasse, em hipótese, à qualidade da mistura suprema de todas as cores, mas como se insere no mundo em mais dimensões, sua velocidade se dividisse e ele jamais alcançasse, de fato, a própria luz.

A conclusão, tanto esteticamente quanto do ponto de vista da física, é implacável: se um objeto que viaja à velocidade da luz através do espaço não deixa nenhuma velocidade disponível para o próprio movimento através do tempo, ausentando-se e distanciando-se (há) a anos-luz de nossos aspectos mais mundanos, tem-se não somente que a própria luz não envelhece e que à velocidade da luz o tempo não passa, como também que, no bojo das complexidades, a supressão absoluta do tempo e a aproximação à *lux aeterna*, ainda que sejam e que precisem ser, a cada obra, almejadas, são, humana ou mundanamente, inviáveis. A luz plena é, pois, inatingível.

Por fortuna ou por destino, porém, uma obra iluminada não se resume à própria luz, e em arte, os meios processuais são sempre mais significantes que os próprios fins. Aí, são os primeiros que justificam os últimos[17]. A *intenção de obra* revela-se, no cerne da própria obra em ato, mais importante que sua aparência desnudada, e daí decorre a importância dos *gestos musicais* que, iluminadores, apontam para a perfeição inatingível pelo viés das *direcionalidades*.

E é nesse contexto que o lema fragmentário de Anaxágoras[18], que tão sabiamente, com uma simples frase, preconizara a fenomenologia cerca de 2500 anos antes de suas notáveis formulações por Edmund Husserl e Merleau-Ponty – e que nos remete à escuta reduzida defendida por Pierre Schaeffer e pela música eletroacústica –, revela toda a sua atualidade. No mundo da vida, não há luz que possa ser plena:

"Aquilo que se mostra é apenas um aspecto do invisível".

São Paulo, setembro de 2003
(Revisão de agosto de 2004)

---

17 Exatamente no mês de agosto de 2004, em que revisei este ensaio, publiquei polêmica sobre a terminologia "eletroacústica" na *Folha de S. Paulo*, na qual inverti esta minha colocação, aparentemente contradizendo-me: "Em arte, os meios não justificam os fins", dizia eu – cf. meu artigo "Música eletroacústica: eu não me canso de falar". A inversão foi, porém, absolutamente consciente, pois que se aqui refiro-me aos meios *processuais* da arte (ou seja, à sua elaboração escritural), lá referia-me aos meios *tecnológicos*.

18 Anaxágoras, *Fragmentos,* Buenos Aires, Aguilar, 1966, p.66.

PARTE V

DIÁLOGOS E INTERLOCUÇÕES

1
EM TORNO DE ADORNO
Um Diálogo entre Rodrigo Duarte e
Flo Menezes sobre a Filosofia e a Música[1]

RODRIGO DUARTE: Uma coisa bastante desconcertante é a comparação do atual fim de século, que é também fim de milênio, com finais do século XIX. Naquela época imperava, ao lado de uma relativa incerteza sobre o curso da história, a crença de que, superadas algumas crises mais ou menos graves ou prolongadas, poderia advir um período de plenitude e paz, suficiente para que o ser humano viesse a resgatar o milenar déficit existente na realização de seu conceito (ou seja, de um ser propriamente racional). Um exemplo contundente disso é a obra de Karl Marx, a qual faz uma aposta com grau de concretude sem precedentes na possibilidade da emancipação humana. Sobre o que aconteceu de lá para cá, teremos possibilidade de conversar posteriormente. No momento, gostaria apenas de registrar essa posição marxiana como um eloquente exemplo de crença na humanidade e no futuro.

Esse otimismo pode ser registrado também no âmbito das ciências, com uma série de descobertas e invenções humanas dando a impressão (de fato errônea) de que muito pouco restava ainda a ser conhecido e explorado. Mesmo experimentos intrigantes, como aquele que demonstrou a não existência do éter (construto "metafísico" que ajudava a física a explicar alguns fatos imediatamente não explicáveis), não amedrontavam o espírito científico e crítico – herdeiro do iluminismo –, o qual parecia mais que consolidado. Uma revolução nas ciências humanas, a psicanálise, que dava seus

---

1   Publicado pela primeira vez como: "A Arte e a Sobrevivência da Condição Utópica", em: Geraes – Estudos em Comunicação e Sociabilidade, Nº 52, Departamento de Comunicação Social, Fafich, UFMG, Belo Horizonte, junho de 2001, p.14-29.

primeiros passos, apontava para uma grande desmistificação na auto-compreensão do homem como ser racional, sem que isso implicasse em qualquer desestruturação na crença do potencial humano para realizar sua felicidade.

Nas artes, como se sabe, já imperava um espírito de busca e escuta, embora as rupturas definitivas estivessem esperando o advento do século XX para acontecer. Mas como explicar Picasso sem Cézanne, Schoenberg sem Wagner, Proust sem Flaubert? E assim por diante. Mais do que o espírito revolucionário nas linguagens artísticas existia uma disposição de pesquisa que pressupunha, a exemplo do que se disse sobre a política e sobre o conhecimento, uma fé na perfectibilidade do ser humano e nas possibilidades de uma convivência pacífica e feliz.

Mas se atentarmos para o fim do século XX (e do milênio), constatamos uma descrença total e generalizada nas possibilidades do gênero humano se realizar, isto é, poder vivenciar tudo que ele é apenas potencialmente, por enquanto. Na política, o império do capitalismo neoliberal, com seu cinismo pseudorrealista; na cultura, o predomínio de um baixíssimo nível de elaboração e reflexão que embrutece as massas de um modo exponencial. Apenas na tecnociência encontramos ainda uma postura altiva, mas que não é menos falsa da que ocorre na política e na cultura: é o conhecimento tornando-se a mais deslavada ideologia e cristalizando-se num império de tecnocracia.

Será que há alguma saída para isso?

Flo Menezes: A própria ecologia faz eco às tuas preocupações. O calor é mais intenso, assim como o frio. Ao mesmo tempo em que as inúmeras contradições sociais relutam em tornar-se antagonismos (implacável transformação cuja consciência tenha talvez constituído o principal legado teórico de Mao Tse-Tung: o de como o antagonismo revela-se como crise irreversível da contradição), nosso ecossistema dá sinais de uma crescente agudização antagônica de estações e tempos, cuja resolução poderá ser não menos catastrófica do que o foi, na área social, o retrocesso que o stalinismo operou no seio do socialismo em direção à economia de mercado (fato, aliás, já previsto em 1936 por Leon Trotsky, em sua *Revolução Traída*).

Mas se a desesperança social faz de nossa contemporaneidade o muro (aparentemente indestrutível) das lamentações insolúveis, talvez na arte ainda tenhamos o espaço ideal para a sobrevivência da condição utópica. Refiro-me, aqui, à "utopia concreta" de um Ernst Bloch, padrinho de T. W. Adorno. Procurando aliar um pós-marxismo às correntes utópicas francesas do século passado, Bloch via na Utopia *conditio sine qua non* da Esperança, do ato-gerúndio do esperar.

Pergunto-me, nesse sentido, se uma possível saída à atual crise da humanidade não residiria na edificação numericamente crescente de "modelos reduzidos" de sociedade, tais como o prega em sua música, por exemplo, um Henri Pousseur (um dos pioneiros da música eletrônica e serial), grandemente influenciado por Bloch.

E aí adentramos num outro aspecto crucial de nossa discussão. Quando você fala do "predomínio de um baixíssimo nível de elaboração e reflexão que embrutece as massas", demonstra bem captar o problema central da problemática em torno da recepção artística no momento em que subentende, no uso do plural, um conceito eminentemente singular para o capitalismo em sua forma perdurante e atual: o de público. A arte que se antepõe à tal antielaboração põe em xeque, no entanto, a noção mesma de público no singular. Se socialmente os modelos reduzidos se vêem ameaçados, em seu teor progressista enquanto sistemas de organização social, pelo crescente sentimento nacional e pela eclosão de inúmeros nacionalismos pelo planeta – fato este de cunho francamente reacionário e anacrônico e que tende a confundir o teor progressista das micro-organizações sociais com as reivindicações arcaicas baseadas em conceitos reacionários de raça e nação –, nas artes, em especial na música contemporânea, eles já estão em voga: cada compositor defronta-se, consciente ou inconscientemente, com a existência de inúmeros públicos possíveis. A complexa elaboração serve, pois, ao exercício labiríntico (e "laboríntico") da percepção.

R.D.: Certamente todas as agruras que sofremos na pele oriundas dos abusos cometidos contra o meio ambiente estão de modo óbvio inseridas naquele processo mais amplo ao qual me referi anteriormente, no qual a cultura – ou, mais especificamente, sua caricatura – toma parte ativa.

Sob esse aspecto, existe uma razão muito clara pela qual as contradições, em vez de se tornarem antagonismos, são como que neutralizadas: elas não deixam de existir, mas as massas, como lembrava o bom e velho Marcuse, são condicionadas a não percebê-las como tal, a se anestesiarem no que tange ao seu aspecto dilacerante, a aprenderem a conviver com elas como uma espécie de mal menor diante da "ameaça" de terem que dividir o pouco que têm com os dois terços de esfaimados que compõem a "outra parte" da humanidade. Sob esse aspecto, o stalinismo seria o lado "oriental" desse processo. Seu lado "ocidental", que aliás se mostrou muito mais poderoso, são as mentiras que servem de único alimento espiritual para uma imensa legião de expropriados do espírito e que fizeram dos Estados Unidos o ditador universal de todas as regras de conduta individuais, coletivas e até mesmo no plano do "direito" internacional.

É nesse contexto que estou novamente de acordo quanto ao papel que a arte no seu sentido superlativo pode exercer nesse processo de espoliação da "humanidade do homem". É bem interessante a concepção blochiana da realização ideal da emancipação no exercício de linguagem da conformação artística enquanto concretização micrológica da utopia – enquanto utopia concreta em miniatura. Sua menção a Adorno nesse contexto é mais do que exata, pois em sua obra – especialmente na *Teoria Estética* – a arte aparece como um modelo material de demonstração da possibilidade de que tudo seja diferente do que é a partir da elaboração formal que o artista, por definição, leva a cabo. A referência a Pousseur pareceu-me muito oportuna, inclusive levando em consideração sua afinidade concreta com Ernst Bloch.

Parece-me correto também relacionar esse nível micrológico de elaboração formal típico da arte com a possibilidade de concretização social desses modelos reduzidos, que se vê no momento de fato muito desgastada pela praga mundial dos micronacionalismos que são – como você bem disse – movimentos de cunho francamente reacionário e anacrônico. Confesso não ter entendido muito bem a relação disso com a existência de inúmeros públicos possíveis, pois se os há de fato, então a pulverização da humanidade nas diversas tribos tem mesmo algo de substancial, o que não me parece verdadeiro.

F.M.: A afirmação adorniana segundo a qual a elaboração formal do artista pode contribuir no sentido de que as coisas possam ser diferenciadas de como as percebemos no exercício da percepção cotidiana é, a meu ver, das mais pertinentes. Contundente é, também, o que brota inconscientemente na arte em meio a tal exercício elaborativo. E isto por mais que o artista almeje um total controle sobre a linguagem artística. Daí a postura progressista – ainda se o cito por mais uma vez – de Trotsky na sua aproximação ao surrealismo nos anos 1930, saindo em defesa da arte de vanguarda em oposição ao realismo socialista jdanovista: a arte passa a ser vista, então, como verdadeiro reservatório do inconsciente (coletivo e individual), e para que tal característica seja resguardada, é necessário que saiamos em defesa de sua plena liberdade.

Mas é justamente nesse sentido que me situo sempre com muito ceticismo com relação às correntes artísticas que procuram, forçosamente, aproximar-se do inconsciente, vislumbrando-o como fonte autêntica da criação. Paradoxalmente, assim o foi com o próprio surrealismo (quer seja pela sua manifestação plástica, na qual um figurativismo ingênuo e propositadamente desconexo tem lugar, quer seja na "escrita automática" na literatura de um Breton, amigo íntimo de Trotsky), na medida em que elege o inconsciente como fonte primeira da elaboração artística. Se Trotsky mais uma vez demonstrou possuir a mente mais revolucionária da primeira metade de nosso século, curiosamente o fez aproximando-se do que em arte de vanguarda existia de mais frágil.

Um perigo semelhante faz-se perceber em obras nas quais a preocupação do artista com seu estilo se faz sentir de modo proeminente. O grande Stravinsky, por exemplo, deu contundentes demonstrações de que o compositor não deve se preocupar com o estilo, pois este surgirá necessariamente do exercício múltiplo de sua arte. Assim, após seu período russo, enveredou pelo Neoclassicismo, aproximando-se de um Bach ou de um Pergolesi, e quando inúmeros de seus epígonos americanos contentavam-se em proclamar o pastiche neoclássico como solução artística, efetuou radical guinada à esquerda, aproximando-se da poética serial weberniana. Em todas essas diversas fases foi, contudo, eminentemente stravinskyano. Seu estilo brotou lá atrás, como traço inevitável e peculiar de sua personalidade.

A diversidade de um Luciano Berio ou de um Karlheinz Stockhausen aponta para a mesma direção, enquanto que a uniformidade irritante de um György Ligeti mostra-nos a postura contrária. Apesar do grande interesse de sua micropolifonia, toda sua obra madura – a que lhe concedeu um lugar dentre os principais nomes da música de nosso tempo – peca, em grande parte, pela sua excessiva preocupação em cunhar cada uma de suas obras com seu próprio estilo. É o próprio Adorno quem diz que a vontade de estilo substitui o estilo e assim torna-o objeto de sabotagem.

Mas a diversidade em arte não deve ser operante apenas no que diga respeito à trajetória de um artista determinado. Ela é também determinante no próprio arsenal artístico das vanguardas. Creio, nesse sentido, que a sociedade capitalista, para a qual o conceito de cultura de massas adquire proporções consideráveis, tende a confundir vanguarda com uniformidade linguística. Se o intuito pasteurizador do capital tende a uniformizar as culturas ditas populares, o capitalismo procura assim proceder, igualmente, com a própria noção de vanguarda.

Uma das mais nefastas consequências desse posicionamento mais mercadológico que autêntico é a mistificação da noção de progresso. Progresso pode implicar, sim, diversidade de caminhos, bifurcações da percepção estética. E é nesse sentido que o artista deve estar atento para a possibilidade real e atuante de inúmeros públicos. Assim é que Brian Ferneyhough – o papa da Nova Complexidade, autor de uma das mais densas obras musicais de nossa época – afirma que não existe nada que possamos designar como *o* público da Música Nova, mas sim como uma rede caótica de interesses particulares – o que é também verdadeiro para a vida em geral. Tal pensamento faz eco ao do jovem compositor Philippe Manoury, segundo o qual a modernidade tem a forma de um arquipélago, não de um continente. Por que tal pensamento deveria implicar uma espécie de pulverização tribal? E se assim for, por que tal pulverização deve ser confundida com a tendência reacionária dos micronacionalismos?

R.D.: Talvez o mais interessante na proposta estética de Adorno seja exatamente o fato de que, para ele, a elaboração formal não exclui de modo algum o caráter originária e potencialmente inconsciente das produções artísticas mais avançadas – para ele, as únicas que contam. No que tange à originalidade, parece muito verdadeiro que nossas motivações inconscientes sejam o impulso primevo da criação, o qual pode ser apoiado ou não por um padrão técnico com estágio de desenvolvimento maior ou menor.

Sob esse aspecto, Adorno parece fazer jus a uma sólida tradição da filosofia clássica alemã que remonta a Kant, para quem o "gênio" – o verdadeiro produtor da bela arte – é aquele por meio do qual a natureza (algo inconsciente, portanto) dá a regra à arte.

Por outro lado – abordando-se o aspecto do que é inconsciente no que concerne à potencialidade –, considera-se também a influência do jovem Schelling, para o qual o processo de criação artística parte de uma instância consciente, da qual faz parte a técnica, o *métier* de cada âmbito artístico, para atingir – no momento de consolidação da obra propriamente dita – um estágio de não consciência (*Bewußtlosigkeit*, que não deve ser imediatamente identificada com *das Unbewußte* – o inconsciente) que se cristaliza na coisa que é a obra de arte.

Sua observação, entretanto, sobre uma certa indigência expressiva do surrealismo é inteiramente verdadeira: assim como a relação arte-sociedade não precisa ser hipostasiada num engajamento político (quase sempre "para inglês ver"), a dimensão de inconsciência que reside na obra de arte existe sem que precise ou deva ser erigida em princípio programático. Sob esse aspecto, pode-se ter reservas quanto ao acerto "no varejo" por parte de Trotsky, mas talvez não "no atacado".

Considero interessante também a abordagem sobre a obsessão de certos artistas com o estilo: ele é algo que só tem sentido quando, como no caso de Stravinsky, brota de um *principium individuationis* por parte do criador, nunca enquanto "maneira" que pode arbitrariamente ser adotada por esse ou aquele artista. Lembro-me também de ouvir falar no desprezo sentido por Schoenberg para com seus epígonos norte-americanos que, de modo análogo ao que você relatou, limitavam-se a aplicar os princípios dodecafônicos de um modo que hoje qualquer computador pessoal poderia fazer – e melhor.

O que você chamou "diversidade" em Berio ou em Stockhausen significa apenas que eles – espíritos inquietos e genuinamente criadores que são – sempre buscaram uma autêntica expressão musical por caminhos que metodologicamente diferiram muito entre si. Para mim, no entanto, a intenção experimentalista de base é muito mais importante do que a obtenção de um estilo característico. Apesar de tudo, sou um admirador da micropolifonia de Ligeti, não posso negar. Quisera que todos os supostos compositores contemporâneos tivessem sua radicalidade composicional e o seu domínio absoluto do *"métier"*.

472 FLO MENEZES

De fato existe o perigo da rubrica "vanguarda" ser tão desavergonhadamente apropriada pela indústria cultural quanto o é normalmente a expressão popular em sua simplicidade e visceralidade. Nesse sentido, os artistas de vanguarda – que tem o direito de ser tudo, menos ingênuos – não devem relaxar sua guarda um segundo sequer. Nesse particular, a ideia do progresso, com toda ambiguidade que ela comporta, tem que ser encarada de frente, sob pena de a própria noção de vanguarda perder todo o seu significado (se não há um à frente, não há também quem está lá ou pretende estar lá).

É igualmente oportuna a referência a Brian Ferneyhough, quem, em sua menção à "rede caótica de interesses particulares", é essencialmente adorniano. Pois, para Adorno, um traço fundamental da produção musical (e por extensão, artística) contemporânea é a inexistência de um público "orgânico", tal como chegou a existir para a melhor produção europeia até meados do século retrasado. Dessa situação advém tanto a força quanto a fraqueza da música contemporânea.

A grande diferença entre o "arquipélago da modernidade" e o reacionarismo dos micronacionalismos é que a esses últimos falta qualquer racionalidade, a qual não falta – nem deve faltar – tanto à produção estética avançada quanto àquela parcela do público que está qualificada para compreendê-la e decodificá-la.

F.M.: Claro está que, em meio aos tantos arquipélagos constituintes de nossa modernidade, o criador não deixa de entrever seus possíveis interlocutores. É nesse sentido que Adorno, como muita pertinência, lembra-nos, na *Filosofia da Nova Música*, que "até o discurso mais solitário do artista vive do paradoxo de falar aos homens".

Se insisto na relevância de conceitos como os de vanguarda ou progresso, o faço, porém, com a convicção de que mesmo a pretensão em atingir a escuta de outro é necessariamente determinada por condições socioeconômicas e históricas bem precisas. É nesse contexto que gostaria ainda – em plena sintonia com suas colocações – de evocar Adorno, que em seu texto *Por que é Difícil a Nova Música*, elucida-nos que o ideal de que a música deveria ser ou teria de ser entendida por todos, ideal muitas vezes suposto como nada problemático, tem, ele mesmo, o seu caráter histórico-social. É um ideal democrático. E sendo democrático, relevamos sua dúbia eficácia, pois é da "democracia" que se nutre a miséria gritante em nossas esquinas. Constatamos que tal modelo *democrático*, ao menos em sua vertente burguesa, não representa nenhum substancial aporte às civilizações, as quais vivem ainda, sob este aspecto, em sua pré-história social.

Nesta pré-história, constitui traço indubitável de atraso o apego às noções de nacionalidade e de raça, aparentemente desconexas entre si porém de fortes elos uma com a outra. Cabe aqui uma anedota: há alguns anos, indagado por uma revista belga sobre questões gerais de estética, declarei que a nacionalidade, se de toda forma fosse realmente necessária, deveria ser conferida a uma pessoa somente após sua morte, não quando de seu nascimento. Seríamos seres sem passaporte, sem o cunho que nos ata, por decreto, aos interesses de tal ou tal comunidade. Com tal medida, certamente mais da metade dos problemas do mundo se resolveriam. Ninguém opta por nascer em um determinado lugar, mas muitos (ainda que ditados por circunstâncias que lhes são exteriores) elegem o lugar de sua morte (ou, ainda que em casos mais raros, de seu sepultamento). Reconheço, por certo, que minha "fórmula", além de provocativa, não deixaria de causar certo embaraço: como classificar, por exemplo, Stravinsky? Seu exílio da Rússia foi voluntário, e quando foi deflagrada a Revolução Bolchevique, manifestou esperanças, em sua bela mansão suíça, de que Kerensky permanecesse no poder. Como quer que seja, seria, em princípio, americano (pois optou espontaneamente – ao contrário de Schoenberg ou Bartók, que detestavam a América do Norte – pelos Estados Unidos, permanecendo ali até sua morte). No entanto, escolheu ter sua sepultura em Veneza... É claro que minhas ponderações sobre tal questão mantiveram-se inéditas. Que eu saiba, meus comentários jamais foram publicados na Bélgica, país cuja falta de identidade nacional ocasiona sérios problemas psíquicos a seus criadores...

Preocupa-me, também, a menção ao "experimentalismo". Trata-se, a rigor, de um conceito com o qual cunham-se as poéticas da música contemporânea sem que haja esforço verdadeiro em compreendê-las. Não que o ato experimental seja negligenciável. Ao contrário, todo exercício sobre o fazer artístico é, em essência, experimental. No entanto, tal traço não constitui característica exclusiva da modernidade. Ainda que o termo, em música, tenha surgido em Cage já nos anos 1930 e se consolidado por volta de 1958 – a partir de Pierre Schaeffer em sua instável busca terminológica (o termo *musique expérimentale* constituiu ponte entre os de *musique concrète* e *musique électroacoustique*) –, a rigor experimental deve ser antes e sobretudo o ouvinte da nova música.

Nisso reside o preço que se paga ao vivenciar a produção de sua própria época. A História encarregar-se-á – os homens encarregar-se-ão – de acionar seu rigoroso crivo, peneirando, em seu controle de qualidade, o que há de superficial em arte. No entanto, o exercício de tal função não é de todo recompensador. Por vezes, energias imensas são despendidas com pseudo-elaborações artísticas e realizações de baixo teor composicional. A fim de se efetuar tal julgamento, é necessário, contudo, que se experimente de tudo. Experimental é, a rigor, *ouvir* a música, não tanto *fazê-la*.

R.D.: Sou obrigado a concordar que a melhor audição possível é sempre experimental. E isso tem para mim um significado especial, pois desde Hegel, passando por Walter Benjamin e Horkheimer até chegar a Marcuse e Adorno, o conceito de "experiência" – ainda em termos gerais, não especificamente musicais – é algo absolutamente essencial. Adorno e Horkheimer acusam no ideólogo nazista, no antissemita, exatamente a incapacidade principial de ter experiência, de abrir-se para conhecer algo que ele ainda não conhece. Em termos mais especificamente musicais, Adorno chega a definir, num texto dos anos 1960, a audição musical como essencialmente concentrada e experiencial, senão propriamente experimental.

Porém, acho difícil desvincular totalmente essa forma "experimental" de ouvir música de uma atitude de base por parte de quem produz a própria obra musical. Foi essa atitude que chamei de "experimental", talvez sem atentar imediatamente para algum caráter de escola ou de "ismo" que ela possa ter ou ter tido. Nesse sentido amplo, ao qual estou me referindo, Bach, Mozart, Beethoven, Wagner, Schoenberg e tantos outros foram, a seu modo, experimentalistas. Todo o "desperdício" de meios que possa ocorrer na criação estética em geral deve ser entendido como *"faux frais"* da produção cultural, sem maiores consequências – positivas ou negativas – para a posteridade.

Quanto à questão da nacionalidade escolhida *post-mortem*, eu me sentiria totalmente preparado para encarar algo semelhante, mas compreendo que isso mexa visceralmente com os brios de certo tipo de gente, para quem a nacionalidade funciona como sucedâneo de uma falta total de conteúdos psíquicos próprios. Mas devo confessar uma coisa: depois de residir alguns anos na Europa e alguns meses nos Estados Unidos, não tenho escrúpulos em declarar que minha identidade com o Brasil é enorme, apesar de todas as imensas distorções que ambos sabemos haver neste país. Acho que minha escolha por morrer e ser sepultado no Brasil já está irreversivelmente feita... Eu gostaria, no entanto, de discordar do que você sugeriu a respeito da democracia. Acho que tenho uma posição talvez mais "convencional" que a sua no tocante ao conceito de democracia. Que sua forma "burguesa" esteja intimamente ligada à miséria das esquinas, estamos em absoluto acordo; mas isso não pode levar, a meu ver, a uma rejeição da democracia *tout court*. Nós que vivemos essa nojeira que é uma ditadura militar não podemos deixar de reconhecer a liberdade de expressão e de pensamento como um valor em si. E é nesse contexto que normalmente surgem as criações artísticas mais interessantes e abrangentes. Existem vários exemplos de grandes criadores comunistas alemães que, após optarem por viver na Alemanha Oriental no pós-guerra, tiveram grandes problemas com a repressão política stalinista. Os casos de Brecht e de Ernst Bloch são gritantes; este último foi obrigado a emigrar para a Alemanha Ocidental histericamente anticomunista na época do milagre econômico e ainda achar bom. O problema da democracia "burguesa" é exatamente seu caráter apenas representacional, ou seja, não haver uma extensão de seu aspecto político-formal ao plano econômico e existencial propriamente ditos. Mas, enfim, é uma longa discussão e sei que não poderemos esgotá-la assim, de estalo.

F.M.: Mas é exatamente à roupagem "burguesa" da democracia que estava me referindo! E nesse sentido, é acertada a colocação relativa ao caráter "representacional" da democracia burguesa e sua consequente incapacidade em transpor aos valores existenciais e humanos propriamente ditos aquilo que procura instaurar, com relativo sucesso, na instância política. Mas como tal eficácia seria possível em todos os níveis? Devemos convencer-nos que será necessário urgir das trevas um novo Marx para que um novo impulso se dê em termos sociais, pois os modelos vigentes e recém-superados mostraram e mostram sua total inviabilidade prática, ao menos do ponto de vista da emancipação do homem face às suas necessidades mais prementes.

E mesmo se no início de nossa conversação demonstrei-me essencialmente otimista, fazendo alusão à utopia concreta de Bloch, devo reconhecer, aqui, que o próprio Marx talvez tenha "pecado" em ter constituído toda sua doutrina baseando-se numa crença quase inabalável na índole humana. Se digo "quase", é porque ele mesmo se deu conta, ao final de sua vida, do risco que corremos ao depormos todas as nossas "fés" no espírito humano, quando, perguntado por sua filha sobre o lema de sua vida, lhe responde, citando Terêncio: *"Nichts Menschliches ist mir fremd"* (*"Homo sum, nil humani a me alienum puto"*; ou seja: "Enquanto homem, nada que é humano me é estranho").

É possível, no entanto, que o problema crucial com o qual deparamos seja, a rigor, aquele que concerne à própria *representação* em seus diversos níveis de manifestação. Nesse contexto, gostaria de resgatar teus comentários sobre a filosofia de Schelling, visando a constituir uma ponte para o fenômeno da comunicação humana em geral. Uma "revisitação" de alguns aspectos de sua teoria estética lança luz sobre o próprio caráter da representação, incluindo aí uma retomada das questões em torno do inconsciente ou, melhor dizendo, do não consciente na arte e na própria linguagem. É em si mesma belíssima a definição de Schelling quando diz que "o infinito apresentado finitamente é a beleza", referindo-se à obra de arte. O produto artístico é aqui visto como algo essencialmente *objetivo*, ainda que proveniente do exercício eminentemente *consciente* e, consequentemente, *subjetivo* do artista. Enquanto objeto, a obra adquire caráter não consciente, traduzindo-se como unificação de uma contradição infinita que jamais torna-se antagonismo: a dualidade ou oposição binária entre a consciência subjetiva do Eu e a não consciência objetiva do mundo. Se para Schelling o desenvolvimento cada vez mais complexo da consciência corresponde a uma potencialização da própria natureza, na medida em que se reproduzem, no próprio processo de "complexização", relações de polaridade entre forças (binariamente) opostas enquanto imagem da infinita contradição entre o consciente personificado e o objeto-mundo que expele para fora de si o ato da consciência, tal modelo de pensamento – em si mesmo finito e bem delineado como toda grande obra artística, o que faz com que a filosofia se aproxime da própria arte! – remete-nos a outro, mais próximo de nossa era: a teoria linguística de Roman Jakobson.

De fato, o paralelo, a princípio aparentemente forçado, é na realidade pertinente, pois Jakobson vê não somente no que denomina fenômeno de *estratificação* linguística a base da constituição fonológica das línguas (pela qual o indivíduo aprende, num processo de contínua "complexização", a discriminar em traços de pertinência ou variância os fonemas e as variantes fonêmicas), mas também na oposição binária a força motriz dos sistemas linguísticos.

E mais ainda: aquilo que para Schelling exteriorizava-se enquanto contradição infinita *introjeta-se*, em Jakobson, na percepção do próprio signo. Para Jakobson, o signo – constituído de um *significado* e de um *significante*, em eco às formulações de Saussure – encerra em si mesmo um caráter dúbio, uma dupla face constitutiva: o significante que remete ao significado quer ser este significado, mas ao mesmo tempo é sempre outra coisa que dele se distingue. Dessa contradição infinita (de índole tipicamente schellinguiana, eu diria) nutre-se o caráter *dramático* e a força propulsora de todo ato da comunicação humana. A representação é sempre uma farsa que se quer crer verdadeira.

Portanto, quando você afirma que o problema da democracia é seu caráter "apenas" representacional, coloco-me a questão se o "apenas" pode, aqui, ter efetivamente lugar. A dramaticidade inerente a toda representação é o cerne da contradição de cada *representante* face a seu *representado*, e sua conscientização constitui o segredo da eficácia. Uma conscientização, contudo, situada a anos-luz da consciência burguesa. Nesse sentido, a democracia é, ela também, inviável, ainda que constitua valor inquestionável a liberdade em todas as suas instâncias.

R.D.: Sua atualização schellinguiana do problema da representação, remetendo à concepção de linguagem tal como aparece em Jakobson, leva a uma problemática que é – no melhor sentido – platônica. Para Platão, a única forma válida de representação era aquela que levava ao relacionamento do objeto representado, empírico ou não, com sua respectiva forma existente apenas no mundo separado das ideias. Dessa forma, a condenação platônica da arte, com o consequente banimento do poeta da cidade ideal, dá-se em função do caráter representacional que toda e qualquer arte definitoriamente possui: a obra reproduz um objeto que, por sua vez, possui seu fundamento apenas fora de si, no mundo das ideias – não em si mesmo. Ela acumula portanto, segundo Platão, uma dupla inautenticidade: em relação a seu modelo material e em relação à forma ideal que esse modelo possui no mundo separado das ideias (a inautenticidade do objeto material é tolerada pelo fato de, pelo menos, possuir alguma utilidade).

O pensamento de Platão a esse respeito possui uma inegável coerência lógica, mas peca, a meu ver, por condenar o aspecto representacional *tout court*, sem levar em conta que a representação pode conter um tipo de verdade que não se esgota no seu caráter de relação imaterial entre um representante e um representado. Se é verdade que a ciência, com todo o seu poderio de intervenção na natureza, tem sua base nesse tipo de relação, não o é menos que a arte também se baseia num caráter específico de representação. Ele se traduz numa espécie de transmutação da "mentira" que se encontra embutida no ato de representar, de modo que sua realização completa – a cristalização numa obra – parece quebrar o encanto e apontar para algo essencialmente verdadeiro. É por isso que Nietzsche se refere à arte, na *Genealogia da Moral*, como uma mentira que se santifica (*Lüge, die sich selbst heiligt*), podendo-se observar que o verbo *heiligen* em alemão possui um parentesco etimológico com o termo cura. Isso remete a uma posição político-existencial muito frutífera e necessária no momento em que vivemos, que seus detratores denominam romantismo de esquerda, segundo a qual a arte possui qualidades essencialmente humanizadoras que, portanto, fariam aquela diferença entre uma democracia apenas formal e uma outra, que realmente chegasse a impregnar os corações e mentes dos seres humanos.

Não é à toa que Marcuse, por exemplo, projeta uma utopia "estética", em que o modelo, o "universal concreto" da cultura, deixaria de ser Prometeu para tornar-se Orfeu e Narciso, anti-heróis poetas com o dom de evocar um estado anterior ao imperativo do trabalho extenuante e de estimular experiências sensoriais libertadoras. É por isso que podemos compartilhar, sem susto, um certo otimismo de base, ainda que o momento não seja de modo algum propício a essa atitude. Otimismo esse ligado ao fato de que, para falar mais uma vez com Adorno, não é a realidade, mas a possibilidade, que bloqueia a utopia...

F.M.: ... que bloqueia e que ao mesmo tempo alimenta. O possível, enquanto iminência concreta, pode de fato instaurar um processo de supressão temporária da condição utópica (assumindo, nesse caso, sua inversão direta: o possível torna-se impossível), mas, enquanto "protensão" (para utilizar o termo husserliano), é a condição mesma da Utopia. É, nesse sentido, a janela no Agora (no *Jetzt* de Husserl) da Esperança (da *Hoffnung* blochiana) diante da incerteza – o que nos remete igualmente ao pensamento filosófico-poético de Bergson, para quem o possível é sempre melhor que o real.

E, nesse aspecto, compartilho com você o otimismo possível em nossa constante busca de verdade – conceito este, aliás, que você menciona *en passant* diversas vezes. O interessante, aqui, é darmo-nos conta das possíveis acepções desse termo, dentre as quais interessa-me sobremaneira a da fenomenologia. Para Merleau-Ponty, a verdade nada mais é que outro nome da sedimentação. Tal concepção, que se traduz principalmente como uma postura ética, em eco à procura da essência que caracteriza a filosofia eidética de Husserl, revela nossa incapacidade de decretarmos de modo implacável como sendo verdadeiro ou falso tal ou tal juízo. É o processo (ou o fenômeno!) que deve, antes de tudo, nos ater! (Por isso causam-me certa ojeriza posturas pretensiosas frente à verdade, quanto mais se nela impingirmos caracteres nacionalistas – para ser mais claro, tropicais...).

A concepção platônica acerca do caráter representacional e inautêntico da arte peca, a meu ver, justamente por não vislumbrar o caráter "ficcional" presente em toda e qualquer representação, independentemente de ela se situar ou não no campo artístico. Desse ponto de vista, a arte nada mais é que um exercício supremo da impossibilidade verídica da própria representação. Se digo supremo, é porque creio que ao instaurar o processo labiríntico da elaboração linguística, a arte acaba por deslocar o foco de atenção da própria dúvida presente no cerne da representação, constituindo objetos perceptivos que instituem, a rigor, porções de verdade autêntica. É nesse sentido que a autenticidade artística reside em sua própria "tecnicidade". Toda e qualquer discussão sobre uma determinada obra de arte que não se dê conta de suas especificidades técnicas resume-se numa discussão vazia. É nesse contexto que Berio afirma que por mais que se possa discordar das ponderações de Adorno sobre a música de Stravinsky, dificilmente podemos contestá-las. A discussão adorniana sempre se baseou, admitamos, num profundo conhecimento (certamente oriundo do fato de ter sido aluno de um dos maiores mestres da história musical: Alban Berg) das específicas leis que regem a gramática da composição. E tudo isso encontra suas origens nos ensinamentos do velho Schoenberg, que bem pontuou, em um texto de 1927 sobre harmonia, que "o desenvolvimento da música é, mais do que qualquer outra arte, dependente do desenvolvimento de sua técnica".

Mas a postura platônica desperta vivo interesse no que tange à busca de "autenticidade" da representação. Ainda que uma paridade absoluta entre representante e representado seja impossível, a esperança de que seja possível pode, de fato, nutrir a própria busca presente no processo de criação artística. Nesse contexto, o artista defronta, a rigor, com duas possibilidades concretas: ou seu exercício centra questão na própria dúvida, ou perfaz o caminho mentiroso segundo o qual se está diante da mais autêntica representação. A meu ver, se a arte tece ponderações sobre a própria ilusão e a dúvida, ela acaba por edificar belas porções de verdade autônoma. Mas se, ao contrário, ilude-se de antemão sobre seu caráter genuíno e único enquanto "arte da representação", como que excluindo o lado dúbio (e dramático, segundo a ótica jakobsoniana) igualmente presente em toda e qualquer articulação sígnica, acaba por erigir pretensiosos (e inautênticos) modelos de verdade. Nesse último caso, não estamos longe daquela discussão acerca do próprio estilo, na qual constatamos que o artista que tautologicamente se preocupa com o seu estilo pessoal acaba por enfraquecer a própria obra. Daí meu problema, devo assumir – ao mesmo tempo em que reservo-me o direito de poder estar profundamente enganado –, com a ficção e com o teatro de um modo geral e, em sentido ainda mais radical, com a própria metalinguagem... Entre a função poética e a metalinguística, que a dominância presida na primeira em detrimento da segunda.

R.D.: De fato, a esperança utópica que deveria estar na base de toda e qualquer concepção de verdade é algo necessário. Do contrário, ou estaremos falando de algo totalmente esvaziado ou – o que é muitíssimo pior – já abrindo mão, inclusive teoricamente, da única coisa que pode dar sentido à nossa vida numa situação tão adversa quanto essa em que nos encontramos atualmente, isto é, de uma certeza íntima de que o triste espetáculo a que assistimos pode não ser tudo, de que um dia as pessoas possam agir de modo cabalmente refletido, responsável e livre.

Estou falando de uma postura que está totalmente em baixa nas esferas culturais, no presente. Nas redações, nas escolas de ciências humanas, nas instituições que deveriam defender a permanência de um mínimo de humanidade no plano das ações das pessoas, simplesmente não se acredita mais que exista essa "coisa" a que se pode dar o nome de "verdade". Que, no fundo, não é nada mais do que uma perspectiva mínima de transcendência (imanente, é claro) com relação à miserável situação que experienciamos em nosso triste cotidiano. Hoje é "chique" declarar que o mundo é isso mesmo que vemos – ou que somos induzidos a ver – imediatamente diante de nossos olhos e que não há qualquer saída em vista da situação de engolirmos nossos congêneres ou sermos engolidos por eles.

No entanto, concordo que sugerir a existência de uma "verdade tropical" não vai além de um recurso retórico, certamente com forte intenção mercadológica. Se nos reportarmos às condições que primeiramente determinaram a colocação da questão da verdade, na Grécia Antiga, teremos que concordar que a própria noção de verdade surgiu no sentido de ir além de toda e qualquer particularidade, inclusive "geográfica": não haveria, portanto, verdade nem tropical, nem equatorial, nem sulista, nem nortista, mas simplesmente "verdade". Isso é, se for o caso de achar que existe alguma (o que eu acho que certamente é...).

No que tange à "problemática platônica", concordo inteiramente que a instauração do "processo labiríntico da elaboração linguística" acaba por instituir "porções de verdade autêntica". É pena que isso tenha passado despercebido ao grande filósofo grego que, ao mesmo tempo em que inaugurava a reflexão filosófica sobre a arte, achava mais cômodo considerá-la, no final, como uma espécie de embuste indigno de uma avaliação mais positiva.

Pergunto-me, entretanto, se não estamos diante de um pseudoproblema quando distinguimos tão cirurgicamente um construto criticamente trabalhado de uma representação que se pretende autêntica (e que pode sê-lo ou não). Tanto num caso como no outro, aquilo que Adorno chama de "conteúdo de verdade" pode ser resgatado por uma apropriação adequadamente crítica. Isso explica porque propostas artísticas congenitamente inautênticas podem ser capazes de momentos verdadeiros, o que me faz recordar o "caso Wagner"...

F.M.: Você toca, agora, numa das mais delicadas questões de estética musical. A música de Wagner, de indubitável beleza e grandiosidade (em todos os sentidos do termo), é a prova mais cabal de sua genialidade, incontestável para qualquer ouvido provido de um mínimo de talento auditivo e para qualquer cérebro dotado de um mínimo de inteligência musical. Sua obra traduz-se, ao mesmo tempo, como o mais patente exemplo de autoritarismo na história da música. E se isto afirmo, não o faço tanto por suas pretensiosas aspirações grandiosas em torno de Bayreuth, esforçando-se pela edificação de um verdadeiro "feudo" calcado em seu reinado dramático. Refiro-me, aqui, ao enorme "desrespeito" wagneriano pelo "tempo musical" em suas mais diversas acepções.

Creio que, diante do fenômeno Wagner, defrontamos com a problemática do tempo de modo flagrante. Sua música caracteriza-se por um exacerbado e perdurável desejo de "estar presente o tempo todo". Ouvir Wagner significa abrir mão de nossa temporalidade. Óbvio está que nisto reside, a rigor, o papel da música "especulativa" (termo, penso eu, bem mais apropriado do que "erudito", "clássico", "música séria" etc., e que bem demarca a postura radical, perante à composição musical, dos demais empreendimentos mais condizentes com as leis de mercado e com o chamado "gosto popular"): ouvir a composição significa, antes de mais nada, destinar nosso tempo à percepção existencial e momentânea daquele objeto artístico destinado a ocupar uma porção de nossa própria temporalidade. Mas tal processo é e deve ser sempre dialético: em meio à escuta, o ouvinte tece uma complexa rede de relações entre o tempo "proposto" por aquilo que ouve e as diversas dimensões possíveis daquele "seu" Agora que destina, em total consciência, à sua percepção estético-musical.

Nesse sentido, a relatividade einsteiniana como que se infiltra no terreno da estética musical. Grande será a obra em que tempos não necessariamente correlatos – dimensões temporais essencialmente distintas – estejam confrontados ou dialetizados no âmago da própria composição. Nesse sentido, a extensão exagerada de suas obras faz da postura wagneriana algo de extremamente autoritário. Em nenhum momento Wagner nos convida a duvidar da extensão temporal de suas composições, e isto mesmo depois da genialidade de Schumann, com suas miniaturas pré-webernianas. Webern, aliás, representará, dentro da linhagem estética decorrente da linha de força wagneriana, o antídoto ao autoritarismo de Wagner. Com seu estilo aforístico, ensina-nos de maneira preciosa o quanto devemos estar conscientes de nossa profunda responsabilidade diante do tempo musical.

A deflagração da música eletroacústica terá como uma de suas mais relevantes consequências a internalização do tempo na própria constituição dos espectros. Costumo dizer que o som que era do tempo cede passo ao tempo de cada som. Mesmo Stockhausen, que por vezes é comparado (e não totalmente sem razão) a Wagner em seu audacioso projeto *LICHT* (uma ópera para cada dia da semana) e com sua obra em geral, na qual percebe-se *"peu à peu"* uma clara tendência a uma extensão durativa cada vez maior, jamais deixou de lado a coexistência de tempos des-relatos e a importância do temporalmente efêmero diante daquilo que se estende no tempo. Aliás, Stockhausen foi e ainda é, talvez, um dos que mais tenham contribuído para esta concepção atualíssima da composição.

Outro exemplo da concordância entre uma postura temporal contemporânea na música e a consciência da concomitância de dimensões de tempo distintas de que fala, por exemplo, Ilya Prigogine (nesse sentido, fazendo eco à relatividade einsteiniana) é a música de Luciano Berio, na qual a logicidade clássica do discurso temporal da música dá lugar a um discurso polivalente e multifacetado, por meio do qual defrontamos com estados emotivos extremamente conflitantes num espaço relativamente curto de tempo. Tal postura induz nossa escuta ao fenômeno de uma simultaneidade de estados psíquicos próximos à desarticulação da psicose, contudo com alto nível de elaboração, de uma elaboração – para usar o termo de Berio e do poeta Sanguinetti – "laboríntica" da composição.

R.D.: Parece-me também impossível não reconhecer na música de Wagner as grandes qualidades que ela apresenta. Parece-me muito verdadeiro o que você disse sobre a neutralização completa do tempo musical em suas composições, mediante sua vontade de onipresença distribuída através do decurso temporal. Aliás, recordemos, a controvertida objeção que Adorno levanta contra a música stravinskyana diz respeito a uma possível destruição da temporalidade por meio de uma "espacialização" completa da escrita musical. Seria enfadonho lembrar agora, em todos os seus detalhes, a "desconstrução" que Adorno faz, não apenas do Stravinsky neoclássico, mas do revolucionário do *Sacre du Printemps*, mas existe um aspecto que serve igualmente de base também a toda a crítica adorniana ao *jazz*, que é a associação do desgaste da temporalidade na expressão estética (especialmente, aqui, na musical) à perda da própria noção de sujeito no sentido mais amplo que existe.

Para isso, Adorno relembra que Kant considera, já na *Crítica da Razão Pura*, o tempo não como uma grandeza existente fora do sujeito cognoscente, mas como a forma pela qual o sujeito percebe a si mesmo, servindo isso de pressuposto para a percepção de qualquer objeto externo a ele (isto é, a nós – sujeitos, ou aspirantes a). Exatamente por isso, o tempo pode ser associado à subjetividade em seu desenvolvimento pleno ou, pelo menos, existindo numa situação histórica que não conspira contra esse desenvolvimento. Uma forma quase banal de constatar isso é que, sem essa noção internalizada de tempo, não existe também qualquer possibilidade de existência da história e da noção que possamos fazer dela. É por isso que primeiramente Ernst Bloch e posteriormente Adorno associam o tipo de música que procura a todo custo escapar do problema da temporalidade a uma forma avançada de alienação, de regressão cultural. Ela se manifesta muito concretamente na infindável repetição da música de massa e também naquele outro tipo pseudoerudito, que tem seu exemplo acabado no malfadado minimalismo.

Talvez não seja errado dizer que a proposta einsteiniana para explicar fenômenos não explicados pela mecânica newtoniana, de que uma temporalidade específica do observador é como que "carregada junto com ele", no momento em que ele faz suas medições, é um desdobramento particular – aplicado ao conhecimento do mundo exterior – da ideia kantiana da temporalidade como fazendo parte do aparato cognoscente *a priori* do sujeito, embora, como se sabe, Kant tenha se atido fortemente às leis da física newtoniana.

Em relação a isso, parece-me fecunda a ideia de que a temporalidade no procedimento compositivo musical aparece como oriunda de uma inspiração einsteiniana da "criação" de um tempo concomitantemente a uma "proposta" de temporalidade.

MÚSICA MAXIMALISTA **485**

Sob esse aspecto, é inarredável a necessidade da radicalização da temporalidade musical já nas formas físicas de aparecimento do som na música eletroacústica, embora tal radicalização não esteja totalmente vacinada contra a banalidade dos procedimentos da indústria cultural. Hoje ela se apropria até mesmo da rubrica "música eletrônica" para designar algo que não tem nada a ver sequer com música...

Por isso, tendo a crer que essa potencialidade de tempo musical, radicalizado pelo advento dos meios eletroacústicos, só se realiza plenamente quando apropriada por um tratamento compositivo hiperavançado e consciente, como o do mencionado Luciano Berio, por exemplo.

F.M.: A questão da temporalidade é uma das mais importantes, instigantes e problemáticas para o compositor. A bem da verdade, o imagético tempo da concepção – aquele no qual o compositor se sente envolvido no ato da criação –, mesmo tratando-se das elaborações eletroacústicas em estúdio (em que o ouvido se vê defronte ao som em estado bruto), é essencialmente diverso do tempo da própria obra em ato. Stockhausen, com bastante propriedade e em eco a tal dicotomia da imaginação compositiva e de sua concreta transposição no plano da própria composição, ressalta a diferença essencial entre aquilo que chama de velocidade da intuição com relação à velocidade da escritura musical: A intuição possui um tipo muito peculiar de velocidade, de forma alguma congruente com a velocidade da escritura.

Quando você evoca a crítica adorniana à "espacialização" da escritura em Stravinsky, certamente refere-se à bipartição de Adorno com relação aos dois tipos básicos de escuta, os quais, de certa forma, refletem-se numa dicotomia inerente ao próprio tempo musical. Assim é que, na *Filosofia da Nova Música*, Adorno distingue tipo de audição "expressivo-dinâmica", tendente a um completo domínio do tempo, integrando-o na composição enquanto processo estrutural fundamental, de outro tipo, de índole "rítmico--espacial", o qual se baseia "na articulação do tempo mediante subdivisões em quantidades iguais, que virtualmente invalidam o tempo e o espacializam". O substrato de tal oposição dá-se na diferença entre a desigualdade, manifesta num fenômeno essencialmente aperiódico, e a articulação hipnótica calcada na igualdade ou periodicidade estrita. E, nesse sentido, é indubitável o elo da poética stravinskyana com "o toque de tambor" (para usarmos ainda uma expressão de Adorno), aproximando-o da música popular em seu amplo sentido e, particularmente, do *jazz*.

No entanto, se tal enfoque teve plena legitimidade em uma época em que o pensamento musical mais progressista tendia a uma supressão radical das "amarras" possíveis que atavam a escritura a determinados moldes – movimento este que teve no serialismo integral sua manifestação mais cabal –, é inquestionável que, após toda a fase de radicalização da escritura serial dos anos 1950, se chegasse a um questionamento da própria afiguralidade decorrente dessa total aperiodização do tempo musical (condizente, claro, com a evolução igualmente afigural de outros parâmetros da composição, tal como o esfacelamento do registro das alturas, a atomização dos timbres, o caráter eminentemente cintilante e pontilhista da textura musical, a variação dinâmica igualmente pontual etc.). Buscou-se, então, um resgate da figura e dos perfis reconhecíveis, e o papel da periodicidade volta a ser considerado, ainda que, nas soluções mais eficazes, envolto a uma congênita aperiodicidade.

É curioso que, a partir de então, vemos nascer uma tendência híbrida no cerne da produção dos próprios protagonistas da estética serial: Stockhausen deixar-se-á influenciar pelas filosofias orientais, resultando daí uma curiosa síntese entre pensamento serial e periodicidade hipnótica (tal como em *Mantra* de 1970); Henri Pousseur procurará "rimar Webern com Monteverdi", trilhando salutar caminho em direção à constituição de técnicas harmônicas que lhe permitissem transitar do mais periódico ao mais aperiódico; e assim por diante.

Como quer que seja, indiferentemente de tratar-se de estrita periodicidade ou do tempo mais radicalmente aperiódico, uma composição será bem-sucedida apenas e tão somente se o tempo passar despercebido no ato de sua recepção. Se para Kant, como você bem define, o tempo interessa como "forma pela qual o sujeito se percebe a si mesmo", na percepção musical ele interessará tão somente se a *música* passa a ser percebida em si mesma, e não a articulação de seu tempo constituinte. É nesse sentido que a célebre fórmula de Olivier Messiaen é das mais sábias, quando discorre sobre o sentimento das durações: "a) *Sentimento da duração presente*. Lei: no presente, quanto mais o tempo for pleno de eventos, mais ele nos parecerá curto; quanto mais for vazio de eventos, mais longo ele nos parecerá; b) *Apreciação retrospectiva do tempo passado*. Lei inversa da precedente: no passado, quanto mais o tempo tiver sido pleno de eventos, mais ele nos parecerá longo agora; quanto mais tiver sido vazio de eventos, tanto mais ele agora nos parecerá curto. Ou seja: quanto mais complexa e interessante for a composição, menos o ouvinte se aperceberá do tempo, mais a obra lhe parecerá curta e mais sua memória se dilatará com o passar dos tempos; porém quanto mais esvaziada de sentido for sua estruturação, tanto mais a obra deslocará o foco de atenção auditivo para o próprio tempo, causando a sensação de tédio, mais parecerá longa no ato de sua recepção e, felizmente, menor espaço ocupará em nossa memória, até extinguir-se por completo como algo insignificante e indigno de lembrança.

R.D.: Apesar de eu próprio ter recordado a crítica adorniana à erosão da temporalidade na escrita de Stravinsky e em outras manifestações contemporâneas, é importante observar que as colocações de Adorno sobre o tempo musical referem-se, de fato, a um momento histórico específico e não podem nunca ser tomadas "ontologicamente", isto é, como tendo validade trans-histórica, em qualquer período da criação musical. A meu ver, mais importante do que a atinência *ipsis litteris* a uma escritura musical que tematize explicitamente a temporalidade, é atentar para o fato de que toda composição possui de modo latente uma forma de disposição para com o contexto geográfico e histórico que lhe dá origem. Adorno procedeu de modo brilhante ao mostrar que a escritura musical "objetiva" stravinskyana é uma forma de dizer "sim" e que a composição "subjetiva" de Schoenberg equivale a dizer "não" ao *status quo*, valendo-se ambos apenas de sons musicais, ou seja, de um modo que – a exemplo do que ocorre com o inconsciente na psicanálise – está além de uma atitude superficial, apenas para fins externos. O meio pelo qual isso se deu na Europa, no início do século XX, expressou-se exatamente pelo problema da temporalidade, pois ele era – e, de certa forma, continua sendo – crucial para determinar em que medida as pessoas podem ainda ser consideradas eventuais sujeitos de suas ações, num tipo de sociedade que parece cada vez mais retirar delas essa capacidade.

Isso não significa, entretanto, que qualquer composição que, no seu resultado, tematize menos a temporalidade, possa ser *a priori* descartada, considerada conformista etc. O próprio Adorno dá um exemplo disso ao elogiar, por exemplo, Edgar Varèse. Em princípio, o compositor teria tudo para não agradar Adorno: seu material musical básico não são notas que advêm lógica e temporalmente umas das outras, mas blocos sonoros que se relacionam entre si com uma certa estaticidade, com ênfase em texturas inusitadas do som musical em detrimento da concepção consagrada pela Segunda Escola de Viena, de acordo com a qual notas musicais se estruturam horizontal e verticalmente a partir de um princípio unificador (especialmente a série de doze sons previamente estabelecida). Isso ocorre num texto em que Adorno investiga exatamente o possível "envelhecimento da nova música" (*Das Altern der neuen Musik*, texto publicado em *Dissonanzen*), no qual ele se expressa sobre Varèse do seguinte modo: "Em que medida se poderia dominar a experiência de um mundo tecnificado, sem artesanato e sem crenças ingênuas na cientificação da arte, dá testemunho a obra de Edgar Varèse. Ele, que é engenheiro e que sabe seriamente algo da técnica, trouxe ao ato de compor aspectos tecnológicos, não no sentido de torná-lo infantilmente científico, mas a fim de proporcionar espaço para a expressão de tensões exatamente desse tipo que têm faltado à envelhecida nova música. Ele dirige a técnica para efeitos de pânico que ultrapassam a medida humana dos meios musicais".

Acho que essa colocação de Adorno não deve ser tomada como verdade *tout court*, sendo ela própria passível de questionamentos e críticas. Mas ela me parece um exemplo privilegiado da preocupação que Adorno teve de não permitir que o seu pensamento se esclerosasse, que se tornasse uma espécie de escolástica combatente a favor da Segunda Escola de Viena.

F.M.: A questão acerca da disposição geográfica e histórica da composição é ambivalente, e talvez sirva de modo apropriado ao desfecho "em aberto" desta – esperemos – primeira etapa de nossa conversação. Ambivalente no que ela possui de geográfico em si e no que ela implica temporalmente pelo viés de sua condição histórica.

Geograficamente, o artista autêntico acaba sendo o produto de sua própria proveniência social, e é nesse sentido que ele não deve, como pontuei acima, realçar tal elo pelas vias da afirmação tautológica de um "seu" estilo. A "disposição" natural que a obra de arte transparece em sua constituição não deve, pois, favorecer a uma tomada de posição que realce, por parte do artista, a própria proveniência geográfica de suas elaborações. Ao contrário: quanto mais ele alçar voo para fora de suas fronteiras, mais a dialética entre sua situação geográfica de origem e suas inter-relações com aquilo que, "de longe", absorve, impregna sua criação, conferindo justa medida à sua própria condição geográfica e histórica através de sua interlocução integrada com o mundo.

A condição histórica, por sua vez, é a que mais desnuda a contradição que reside no cerne da temporalidade da obra musical. Se na escuta da composição aperceber-se de seu tempo intrínseco é ater-se não às suas estruturas e à sua dinâmica propriamente temporal, mas antes à sua ocupação *objetual* no tempo, abrindo as vias ao tédio e à dessignificação do tempo musical, é inegável que toda e qualquer obra musical – e aqui pode-se estender o fenômeno a qualquer objeto do saber – está incondicionalmente atada à sua inserção na História, com H maiúsculo. Escutar é ouvir historicamente. Por mais que se tente abstrair por completo uma avaliação histórica acerca da pertinência ou não de determinada articulação sígnica, e por mais que uma postura eminentemente experiencial possa valer-se de uma tal desvinculação, uma escuta absolutamente desnudada terá validade tão somente localizada, enquanto experiência momentânea, alienada e quase fisiológica. O caráter objetivo e, num certo aspecto, schellinguiano da obra de arte interage, irrevogavelmente, com o dado subjetivo e, sobretudo, com o transubjetivo, aquele que paira acima das condições humanas isoladas e que Marx e Engels bem designaram como constituintes de uma superestrutura, diríamos, gestaltiana, que se faz mais pela força do conjunto do que pelo somatório das individualidades. É por isso que nossa convivência com os anacronismos jamais poderá ser pacífica, o que não pode ser confundido, todavia, como uma unilateralidade da experiência. Pois que distintas e múltiplas são as possibilidades de *atualização* do saber em suas variáveis instâncias. Basta, para se aperceber dessa profícua ramificação da contemporaneidade, além de uma irrecusável responsabilidade quanto ao passado histórico, lançar mão da invenção!

Janeiro de 1998 / março de 2001

2
ENTREVISTA A NELSON RUBENS KUNZE[1]

Introdução de Nelson Kunze

Formado dentro dos mais rigorosos preceitos da composição acadêmica, aluno no Brasil de Willy Corrêa de Oliveira e no exterior de Hans Humpert, Pierre Boulez, Luciano Berio, Henri Pousseur e Karlheinz Stockhausen, o compositor paulistano Flo Menezes está lançando o sétimo CD de sua série "Música Maximalista". Criador do Studio PANaroma de Música Eletroacústica e também professor livre-docente de composição na Unesp, Flo Menezes estreia, neste mês, uma nova obra, *Colores (Phila: In Praesentia)*, para clarinete, clarone, percussão, sons eletroacústicos e eletrônica em tempo real (dia 24). Além disso, durante o ano estará dirigindo a quarta edição do Cimesp (Concurso Internacional de Música Eletroacústica de São Paulo), concurso que criou e que já está estabelecido no calendário da música contemporânea internacional. Em junho, Flo Menezes realiza concertos na Inglaterra e na Alemanha, onde também ministrará cursos oficiais nos *Stockhausen-Kürse* de Kürten, a convite do compositor alemão. Leia a seguir a entrevista que o compositor concedeu à revista *Concerto*, na qual fala com entusiasmo dos desafios de ser um criador da música de nossos dias.

---

1   Publicado pela primeira vez parcialmente em: *Revista Concerto*, São Paulo, maio de 2001, p.14-15.

Entrevista

Nelson Kunze: Para começar, "música eletroacústica": o que é isso?

Flo Menezes: A rigor, a música não é "eletroacústica", nem eu sou um compositor "eletroacústico". Sou um compositor que simplesmente vive em 2001, numa situação em que a tecnologia é algo inegável. Desde a década de 1930, mais ou menos, com o compositor Edgar Varèse, viu-se o pensamento musical decolando de um lado e os meios instrumentais não acompanhando, no mesmo passo, essa evolução do pensamento. Os meios tecnológicos viabilizaram, então, esses novos meios instrumentais. Pode-se definir como *música eletroacústica* toda composição que, dentro de uma linha de *especulação* do material musical, faz uso dos meios tecnológicos. Existe, portanto, a especulação e o compromisso com uma evolução da linguagem e com o progresso da linguagem, o qual não deve, porém, ser visto de uma maneira linear. Ou seja, existe a noção de progresso e de evolução da linguagem, porém isto pode dar-se em uma *ramificação* da linha evolutiva. Ao mesmo tempo, há outras correntes dentro da mesma música contemporânea – refiro-me à linha puramente instrumental, por exemplo – que não são eletroacústicas justamente porque não fazem apelo às novas tecnologias.

N.K.: Você acha esse apelo às novas tecnologias absolutamente fundamental para o compositor de hoje? Por que ele não pode fazer uso de outros recursos? Existem tendências que exploram sons, por exemplo, do próprio corpo humano ou de objetos percussivos.

F.M.: Eu vejo três linhas de força fundamentais na atualidade, em termos de recursos instrumentais: primeiramente, a linha *instrumental* pura; depois, a linha *eletroacústica* pura ou *acusmática*, na qual você realiza obras para serem difundidas por alto-falantes, sem instrumentos; e por fim, a *música eletroacústica mista*, que procura conjugar os instrumentos com a música eletroacústica. A eletroacústica nada mais é que uma extensão da composição. Assim como o piano tem como ancestral o cravo, que depois tornou-se pianoforte e hoje é o piano Steinway, num dado momento você pode vislumbrar um piano MIDI ou um piano que interage com recursos eletroacústicos. Ou seja, um instrumento também evolui. Vejo, resumindo, três categorias. Dessas três categorias, duas delas, creio, têm futuro garantido: a música eletroacústica pura e a mista, da interação entre instrumentos e recursos tecnológicos, conjugando a escritura instrumental e potencializando essa escritura com os recursos eletroacústicos. Mas aquela outra categoria, que diz respeito à música *instrumental pura*, essa eu acho que está com o futuro comprometido. Tenho convicção de que a música instrumental pura, dentro da linha especulativa – ou seja, dentro da evolução da linguagem musical, por mais ramificada que esta seja –, não tem futuro muito promissor, mesmo que não acabe de vez.

N.K.: Você consegue identificar claramente as fronteiras dessa linha especulativa?

F.M.: No que se refere à música popular, vejo uma clara linha divisória, ao contrário do que muitos dizem, propensos à diluição cultural. E tenho uma convicção, doa a quem doer: quanto mais o país tiver alfabetização musical e cultura, tanto menor será o papel da música popular em geral. A música popular brasileira é rica? Claro que é! Porém, ela é redimensionada em uma situação de miséria econômica, pela qual a educação musical se vê fortemente prejudicada. Se o país tivesse uma alfabetização musical e uma prática de estudo musical muito mais desenvolvida, que é o que todo músico que se preza deseja, a música popular teria um papel muito menor do que o que tem no presente.

Quanto à música chamada "erudita", por sua vez, identifico uma diferença muito clara entre as correntes que se alinham às técnicas modernas de composição e aquelas mais retrógradas, dentro das quais se inserem aquelas que se alinham, de alguma forma, às "cores nacionalistas". No Brasil, o nacionalismo foi extremamente maléfico para a música. O nacionalismo brasileiro atrasou a música brasileira em pelo menos 50 anos. Pensa-se que precisamos endeusar Villa-Lobos para afirmar-se nacionalmente, buscar nossa identidade e firmar nossa imagem fora do Brasil. Ora, Villa-Lobos foi um bom músico, não pretendo denegrir sua obra, que chego a admirar em parte, mas existe um endeusamento desproporcional de sua personalidade entre nós. O nacionalismo impregnou a música brasileira e a tornou caduca.

N.K.: Você não acha que isso já foi superado?

F.M.: Acho que em grande parte essa é já, sim, uma questão datada. Porém, vejo ecos dessa visão na conduta dos próprios músicos. Se você observar a mentalidade geral do músicos, verá que eles preferem tocar uma coisa nacionalista do que escolher, abrir e tocar uma partitura de vanguarda. Antes de mais nada, o músico tem que ter consciência de que uma obra atual implica uma linguagem nova, exigindo mais tempo para sua assimilação. Mas existe, infelizmente, uma falta de comprometimento do músico, eco dessa postura nacionalista, acadêmica. Acho isso bastante problemático no Brasil.

O som em si pode consistir numa verdadeira lição de vida para nós diante de nossas pretensões limitadores quanto às nacionalidades e questões afins. Vejo o desenvolvimento dinâmico do som como muito próximo do desenvolvimento dinâmico da própria vida humana. Se você observar as quatro fases fundamentais de um som (o *ataque*, o *decaimento* – que é uma primeira redução energética logo depois do ataque –, a *sustentação* e por fim a *extinção* – quando o som vai morrendo e se extingue até tornar-se silêncio), verá que é possível fazer um paralelo desse desenvolvimento dinâmico dos espectros sonoros com a vida. Inicialmente, com o ataque, tem-se o nascimento. Depois, numa segunda fase, tem-se a combinação de toda a liberação de energia inicial, típica dos primeiros desenvolvimentos de um ser – que é demonstrada, por exemplo, no aprendizado da fala, em que você tem inicialmente uma grande quantidade de fonemas que são pouco a pouco filtrados pela língua materna –, com uma queda de energia que corresponde justamente ao confronto do ser em formação com sua imagem enquanto ser social. Em seguida, tem-se a fase de sustentação do som, que corresponde ao pleno desenvolvimento humano, ao desenvolvimento do saber, à evolução das faculdades intelectuais, da percepção, do estudo etc. E finalmente tem-se a extinção, correspondente à morte, à degeneração biológica e à reintegração da vida no silêncio existencial. Mas nesse paralelo, que é, creio, extremamente pertinente, existe uma inversão da importância de papéis das extremidades desses momentos cronológicos: enquanto para o som o *ataque* é o elemento mais fundamental de sua identidade – de modo que mesmo em pleno regime de sustentação, tem-se continuamente uma memória do ataque –, na vida você tem o polo oposto. O nascimento pode até ter – e tem – uma importância pessoal, inclusive psicologicamente, mas é uma importância *individualizada* e não social. Sob o ponto de vista do ser social, a fase relativa à extinção, ou seja, à morte, é o que dá o "fecho biográfico" de um ser. Isso justifica, constatemos, toda a teoria do impulso de morte de Freud, segundo a qual vive-se continuamente preocupado com a morte, com o fim da própria existência, como que a visando permanentemente. Isso também fica claro na forma como as biografias são elaboradas, com o enfoque da morte constituindo um elemento muito mais importante do que o nascimento do ser biografado. Existe, pois, um peso muito maior nesse fecho biográfico que é constituído pela morte. E aí vem a minha ideia, meio provocativa, e quase irônica, que não deixa de ter um papel quase que de subversão: a de você pregar uma nacionalidade *post-mortem*. Ou seja, se o conceito de *nacionalidade* é importante, ele é muito mais importante, é necessário que se constate, como desfecho biográfico de uma pessoa do que como nascimento. A rigor, seria muito mais relevante dar um passaporte a um cadáver do que a um bebê recém-nascido.

N.K.: Será que o músico instrumentista não se vê também de certa maneira "ameaçado" pelos recursos tecnológicos?

F.M.: Particularmente, admito o valor e pratico consideravelmente a chamada *música eletroacústica pura*, dita *acusmática*. Acho um caminho super válido. Mas o meu grande interesse reside sobretudo na *interação*. E na interação, a escritura instrumental tem um papel fundamental. E aí ela não pode deixar de aliar-se às novas tecnologias, e a potencialização à qual ela se submete com a interação eletroacústica é incomensurável. Existe, no entanto, uma visão fetichista com relação ao compositor eletroacústico, como se ele tivesse se desligando, ao fazer música eletroacústica, de qualquer responsabilidade histórica, quando na verdade o seu envolvimento com a história revela uma responsabilidade ainda mais potencializada. E essa especulação atua em duplo sentido: no sentido do futuro e do passado, ao mesmo tempo. Penso que na música contemporânea, quanto mais você trabalha a questão da linguagem na contemporaneidade, tanto mais você acaba se responsabilizando por uma consciência histórica do próprio passado musical. E isto é válido tanto para o compositor quanto para o intérprete.

N.K.: A sua música caminha no sentido de uma grande abstração, como em outras áreas do conhecimento: desbravamos, ao ouvi-la, um mundo virtual. Você não acha que sua música acaba descolando-se uma pouco de nossa realidade física imediata e que, com isso, ela perde aspectos que seria interessante preservar? Penso um pouco em um paralelo com a música de John Cage, por exemplo, na questão do silêncio ou em como começar a fazer música com recursos supersimplificados para buscar um novo significado, uma nova comunicação.

F.M.: A música, enquanto história da *composição*, nasce quase como uma irmã gêmea da linguagem verbal. Nesse processo houve, de um lado, uma compartimentalização das áreas de atuação da linguagem verbal e dos sons abstratos, com a elaboração, na música, de alturas, intervalos, ritmos, métricas, permutação de valores, bem depois intensidades etc. Mas ao mesmo tempo em que isto ocorreu, a música foi trilhando, por outro lado, seja pelo exercício dessa compartimentalização proporcionada pela notação musical, seja pela essência da própria comunicabilidade musical, o caminho da *simultaneidade*. Esse caminho em direção ao simultâneo, a linguagem verbal evitou desde o começo. Não se entende quase nada quando duas pessoas falam ao mesmo tempo. Já na música, foi-se avançando em direção a uma simultaneidade cada vez maior, que se potencializou no século XX, cujo processo teve como pontapé inicial, principalmente, a música de Gustav Mahler. Tal é o caminho que define a distinção da música contemporânea das demais músicas, inclusa aí a música popular de mercado. Pela simultaneidade, tem-se um patamar enorme de informações, em que não se é obrigado a trilhar um caminho único no ato de escuta. Não é dado ao espectador (ouvinte) um único caminho a seguir. Ao contrário, toda uma gama de inter-relações é oferecida à escuta, em que, de acordo com a experiência individual ou com seu momento de vida, será possível uma determinada leitura da obra em questão. E nisso reside o que chamo de *música maximalista*: uma consciência da elaboração extremamente intricada e complexa que o material musical deve, necessariamente, ter hoje. Mas isso não implica obrigatoriamente um poder de abstração pura, pois a questão *fenomenológica*, ou seja, a atenção que se deve ter – e isso é uma grande lição da obra de Luciano Berio – com o *impacto* daquilo que se escreve com relação à percepção do ouvinte, e mesmo do ouvinte mais inexperiente, tem de estar na mente do compositor. O compositor tem que visar a uma complexidade sonora, mas ao mesmo tempo a um impacto, ou seja, a algo que, do ponto de vista do fenômeno sonoro, seja realmente determinante e arrebatador e diante do qual o ouvinte diga: "Estou diante de um arsenal estético impressionante!"

N.K.: Quer dizer, um impacto emocional?

F.M.: Sobretudo emocional, mas elaborado com um tal nível de complexidade da linguagem que o envolvimento seja ao mesmo tempo fenomenológico e – por que não? – reflexivo. Com isso, desperta-se um amor pelo material sonoro, incitando uma abertura que instiga a procura por coisas significativas. E, assim, acham-se continuamente coisas! Penso que o caminho da composição seja essa complexidade, carregada de afeto, que é o que distingue essencialmente a música da matemática. Algo, portanto, difícil de ser realizado plenamente, porém o grande caminho da composição é justamente essa complexidade: uma *matemática dos afetos*! Não se pode nivelar por baixo…

N.K.: Isso não torna a sua música inacessível para um número maior de pessoas?

F.M.: Claro que uma obra altamente elaborada corre o risco de não ser apreendida por um grande número de pessoas. Porém, entre fazer algo simplificado que se esvazia logo em um primeiro discurso, e fazer algo impactante, com uma complexidade assumida, mas que permita uma releitura e um reencontro com essa mesma obra em circunstâncias distintas no decorrer de uma vida, prefiro indubitavelmente a segunda opção. Nem que para isso tenha eu que pagar o preço de uma inacessibilidade à grande maioria das pessoas. Até porque podemos perguntar: afinal, o que é *acessível*? Acessível, hoje, é a música sertaneja feita nas grandes cidades, é o caipirismo urbanizado. Esse é o conceito de massa, tipicamente capitalista. Ou seja, ou você afronta a questão da linguagem e assume essa complexidade, ou você entra dentro de um jogo de concessões maiores ou menores que acabam resultando em produtos não muito verdadeiros, nem ética, nem musicalmente.

N.K.: E em relação ao repertório do passado?

F.M.: Minha postura radical não é incompatível com a curtição do repertório do passado, quando tais potencialidades de simultaneidade ainda não estavam muito evoluídas, pois lá você encontra outros níveis de significação que, de alguma maneira, resultaram nas visões mais atuais. A escuta é eminentemente histórica, sempre! Escrever uma Sonata *Waldstein* nos dias de hoje, entretanto, não tem valor qualquer. O anacronismo é algo que não me interessa, absolutamente! Não adianta fazer um exercício bem feito de algo que já foi "esgotado" no passado, pois por mais que nada se "esgote" totalmente, em sentido estrito, os caminhos potenciais dos materiais passados já foram devidamente explorados pelos grandes mestres que nos antecederam. É necessário assumir um compromisso irrevogável com a invenção, que é a mola propulsora e fundamental de toda a história das artes. Monteverdi que o diga!

N.K.: E a *função* da arte musical? Como a linguagem, a sua compreensão também vem sofrendo alterações ao longo da história. Antigamente, na época de Bach, a música funcionava nas igrejas, depois nas cortes. Com o advento da burguesia, a música passou aos salões e às salas de concerto. Como isso funciona hoje? Parece-me que já há alguns anos a criação musical tornou-se quase um tratado sintático-filosófico...

F.M.: Mas sabe por quê? Vivemos um fenômeno social muito grave. Historicamente, houve uma evolução dos sistemas econômicos que a arte acompanhou. Na virada do século XIX ao século XX, havia uma perspectiva, que se traduzia na perspectiva natural dessa evolução econômica e social, devidamente apontada por Karl Marx, de superação desse modelo e instauração de uma nova sociedade, na qual as classes e o próprio Estado fossem suprimidos. Isso, infelizmente, não aconteceu. Houve uma frustração com relação a essa evolução. O capitalismo demonstrou-se, para a desgraça de muitas gerações, muito mais forte do que presumivelmente seria, ou o ser humano, muito mais frágil. Há, nesse processo, a persistência de um modelo econômico nefasto, em que se acirra uma dessintonia entre a prática musical e o modelo social. Na época de Mozart, por mais que ele fosse avesso às atitudes dos reis, ele de alguma forma pôde exercitar e fazer evoluir sua linguagem musical a partir das exigências que lhe eram impostas. Na época de Beethoven, aquela grave cisão começou a se agravar: ele já encarnava a figura de um músico que não era compreendido por sua própria época. Isso se potencializou com a chamada "indústria cultural", tão bem fundamentada e discutida por Theodor W. Adorno. E essa indústria cultural existe, claro, até hoje, cada vez mais agressiva. Nesse processo de massificação da cultura, típica da indústria cultural, aliado à falta de perspectiva de mobilização social, de mudança social e econômica e à morte das utopias, tem-se uma dessintonia absurda entre o que pode ser a intenção do artista e aquilo que a sociedade de massas do capitalismo tardio exige que ele realize. A incompatibilidade entre arte especulativa e sociedade, que teve início já na época de Mozart e Beethoven, hoje se potencializa ao máximo. Consequentemente, viver hoje como artista radical, apesar de todos os sofrimentos pelos quais Mozart ou Haydn passaram em sua época, e apesar das submissões humilhantes a que os músicos do passado foram submetidos – lembremo-nos de Monteverdi, lutando para fugir da ameaça de inquisição ou de prisão por ter usado uma nona menor logo no início do seu madrigal *Cruda Amarilli* do seu *Quinto Libro di Madrigali* –, é algo ainda mais ultrajante, pois hoje as incompatibilidades não são nada tácitas. Claro que hoje nenhum compositor está correndo risco de vida devido à sua postura estética. No entanto, há um isolamento do artista que é muito mais comprometedor, do ponto de vista moral e de sua própria integridade, do que em épocas passadas. Não se corre risco de vida, mas de sobrevida! Portanto, o momento atual é muito crítico. Mas é também, paradoxalmente, extremamente rico, pois há, ao mesmo tempo, liberdade para exercer a linguagem.

N.K.: Você exerce a sua linguagem, mas com quem você se comunica?
F.M.: Minha atitude é, em um certo sentido, *subversiva*: trata-se de uma estruturação em pequenos públicos que estão contra essa corrente global relativa ao público no singular, que na verdade traduz um conceito típico da indústria cultural capitalista. Hoje existe a emergência de públicos diversos, distintos, públicos no plural, que de alguma maneira constroem seu espaço em meio a essa tentativa de padronização relativa a um público único, típica da indústria cultural. É preciso ter consciência de que, com o capitalismo perdurando, vivemos na contramão das tendências sociais atuais. Enquanto o capitalismo privilegia uma globalização econômica com uma expansão do poder econômico imperialista no globo, ele tenta "setorizar" o sentimento cultural das pessoas pelo prisma das nacionalidades. Acredito que a contramão desse processo faça justamente muito mais sentido para uma evolução social mais digna: ou seja, uma "setorização" das práticas eco-

nômicas, edificando-se modelos reduzidos de sociedade, muito mais viáveis na prática – como os *kibutz*, por exemplo –, e uma globalização dos pensamentos, ou seja, uma cosmologia da reflexão humana, que não possui limites e que não pode se contentar com barreiras nacionais, projetando-se para além dessas fronteiras. Essa minha posição tem um elo muito forte com a obra de Henri Pousseur que, reivindicando para si a teoria dos socialistas utópicos do século XIX, fala constantemente em *modèles réduits*. Há inclusive uma obra sua intitulada *Modèle Réduit*, para clarone e piano. Tal visão dá vazão às práticas das músicas coletivas que Pousseur fez durante uma época de sua vida. É o caso, por exemplo, daquele magnífico trabalho surgido quando da morte de Stravinsky em 1971, *Stravinsky au Futur*: um trabalho musical coletivo maravilhoso, que tem a mão líder de Pousseur, resultando nas práticas de composição e improvisação coletivas.

N.K.: Essa dessintonia social a que você se referiu não interfere no seu trabalho?

F.M.: Ela não interfere diretamente no meu trabalho! Vivo uma existência totalmente integrada com meu trabalho, com minha reflexão sobre a linguagem musical, sobre história da música. Acho que isso seria o ideal em sociedades futuras, como o previu o marxismo: que as pessoas se integrassem totalmente em uma atividade artística e não vissem a música como uma simples atividade de lazer, como um objeto para os finais de semana, mas sim como uma atividade cotidiana, como um exercício indispensável à sua integridade espiritual.

N.K.: Você faz essa mesma avaliação, desse percurso que a música fez comparativamente à história econômica, em relação às outras artes?

F.M.: Certamente! Mas acho apenas que a música, nesse sentido, é muito mais difícil. A música tem uma vantagem e um risco maior do que as outras artes, e Arnold Schoenberg a definira muito bem em 1927: mais do que qualquer outra arte, toda a evolução da música implica na evolução de suas técnicas. Existe uma *tecnicidade* no pensamento musical, por mais absolutamente expressivo que este seja. Para compreender a música de fato, seria necessário que se tenha noção de suas técnicas. A alfabetização musical deveria ser tão importante quanto a alfabetização da linguagem verbal. Esse nível de tecnicidade não existe na literatura, nas artes plásticas e nem no cinema. Há evidentemente elementos de grandes elaborações em todas as áreas do saber artístico, mas há um comprometimento e uma especificidade do código musical – e, nesse sentido, um nível de abstração – que é inerente e próprio da música. Ela mexe com o poder de abstração e ao mesmo tempo com o de racionalização, potencializando ao máximo essas duas esferas por meio do controle da intuição, e nenhuma outra arte possui isto em tão alto grau. E ao mesmo tempo a música está imbuída de afeto: algo que por mais que você controle as estruturas musicais, você não controla.

N.K.: A questão tecnológica intriga-me. Descartar a importância do artista intérprete, do artista que tem a destreza do domínio de um instrumento musical, significa para mim um empobrecimento para a música. A destreza musical e o intérprete no palco fazem parte da leitura musical e constituem também um diferencial em relação às outras artes. E retomo aquela questão quando me referia a Cage: você poder mexer diretamente com materiais, mexer com coisas que estão próximas de nosso mundo material. Nas artes plásticas isso se torna mais evidente: o artista tem o pincel nas mãos e pinta com cores. Ou como no caso das instalações de Joseph Beuys, por exemplo, nas quais se revela a própria essência da arte de modo muito direto, por sua materialidade. Com essa questão do desenvolvimento da linguagem pelos meios eletrônicos, perdemos, creio, essa dimensão direta do fazer musical. Tudo parte para uma abstração quase virtual, e isso me intriga, você entende?

F.M.: Entendo, mas não concordo, absolutamente. Sabe por quê? Porque eu acredito que o elemento interpretativo na música é de fato muito interessante, porém é também apenas *um* aspecto do fazer musical. Primeiramente, sempre existiu uma tendência na cabeça do compositor, desde épocas passadas, de que a música chegasse a um momento em que ela pudesse independer da situação da interpretação. Sempre existiram sinais que apontavam para uma direção eminentemente *acusmática*, no sentido de a música poder existir por ela mesma, pelos próprios sons, independentemente do intérprete. Não que ela vá abolir definitiva e completamente o intérprete; acho, como já disse, a interação igualmente muito válida. Mas que não se exclua um exercício musical absolutamente autônomo, em que o *ouvido* seja

502   FLO MENEZES

o próprio intérprete! Isso é um aspecto da questão.

O outro aspecto é a interpretação como ritual, é a questão ritualística do próprio concerto. O fato de não se ter um intérprete tocando ao vivo, tendo à sua frente um concerto acusmático, não quer dizer que se esteja excluindo uma prática intersubjetiva, mesmo porque há o fato de ouvir-se aquela obra determinada juntamente com outras pessoas em um mesmo espaço. Existe um espaço de concerto onde diversos fatores – a interação entre as pessoas, a integração e a energia do público – atuam mesmo na música acusmática.

E a terceira questão é que uma desconfiança como essa traduz, na realidade, uma idealização de uma situação que, na nossa prática musical, não acontece 95% das vezes que escutamos música. Existe um consumo hoje que se dá muito mais pela gravação do que pelo intérprete ao vivo. Ou seja, a escuta é, na verdade, "acusmática" em 95% das vezes. Se você fosse realmente levar às últimas consequências essa desconfiança com a tecnologia, tinha que não ouvir mais CDs em casa, não ouvir rádio etc., e optar pela escuta da música somente executada ao vivo. Essa crítica no seio da música moderna, quando exercida por Pierre Boulez, por exemplo, não é, via de regra, exercida no sentido da "visualização" do gesto, mas sobretudo da flexibilidade de tempo que a interpretação ao vivo possui. Esse viés, no entanto, eu também não acho que seja absolutamente correto, porque a flexibilização do tempo depende muito mais do manejo das estruturas musicais do que do fato de você trabalhar com um suporte fixo ou com um suporte maleável. Se você ouvir *Gesang der Jünglinge* de Stockhausen, jamais dirá que se trata de uma "música fixa". Há nela uma incrível flexibilidade de tempo. Resumindo a questão, não me intrigo com as potencialidades dos meios, porque acho que esse é um elemento a mais da música. E os novos meios não precisam ser excludentes. Consistem em uma forma a mais de escutar a música. Não acho intrigante nem a tecnologia, nem a interação. O que mais me intriga, de fato, é a música instrumental pura. Não quando ouço um Stravinsky, por exemplo, pois aí entra em jogo a escuta histórica de que já falei. Ou com relação a obras instrumentais de Berio... São absolutamente geniais! Mas são resquícios derradeiros de uma articulação estética que tende a desaparecer em sua integridade pura. O caminho do futuro é, a meu ver, uma interação e potencialização instrumental pelos meios eletroacústicos. Não vem ao caso se se trata de eletricidade ou se o som passa por uma membrana de um alto-falante. Isto é apenas um detalhe. Estou preocupado, isto sim, se, do ponto de vista sintático, isso pode resultar em algo válido musicalmente, desdobrando-se em termos de material musical e em relação à própria escuta. Não me preocupo com essa questão de que estou usando computador, de que estou abandonando o gesto, a materialidade natural. O que é natural? Um instrumento musical é algo extremamente artificial, e a música toda é um grande exercício em cima da artificialidade. Temos que assumir essa artificialidade como algo extremamente positivo.

N.K.: Alguns artistas optaram por trabalhar a música de maneira funcional, aliada ao teatro, ao cinema. Como é que você vê a funcionalidade da música com as outras manifestações artísticas?

F.M.: Eu acho que a música, quando se alia ao teatro, tem que estar no mesmo patamar de igualdade, com uma elaboração que esteja no mínimo no mesmo nível. Dou um exemplo: o teatro musical de Berio. Em Berio, o teatro está realmente no mesmo nível ou até aquém da elaboração da linguagem musical. E por que isso? Porque Berio reivindica historicamente a herança de um Orazio Vecchi, que lançou, em pleno século XVI, o conceito de *teatro per gli orecchi*. E, nesse sentido, retomo a questão da música acusmática pura. É plenamente possível visualizar gestos e até mesmo potencializá-los através da pura imagem sonora. Não é o gesto instrumental o fator mais interessante, é a sua inter-relação com a escritura musical propriamente dita e com o que resulta dos meios eletroacústicos. Não é necessariamente, pois, pela presença em si do intérprete. Resumindo a questão, nutro uma desconfiança com todo uso do teatro que faça com que sua responsabilidade em relação à elaboração musical propriamente dita não seja assumida plenamente.

N.K.: E em relação ao cinema?

F.M.: Sem dúvida há algumas músicas que funcionam muito bem no cinema. E são músicas, às vezes, de uma simplicidade gritante. Por exemplo, em *Era uma vez na América*, que é um filme maravilhoso, a música, além de muito bonita, funciona muito bem. Mas, a rigor, ela não é quase nada, ainda que tenha a propriedade de levar à comoção e à lembrança daquelas imagens. Há um caráter funcional da música no cinema que é de difícil contestação. Mas não seria possível fazer isso com recursos em que se estivesse *pari passu* com a linguagem cinematográfica? Sem que houvesse uma linearidade inequívoca entre ambas as linguagens artísticas, como naqueles filmes do MacLaren. Não é a isso que me refiro. Em termos cênicos, John Cage, que você citou, também é muito interessante. Numa das últimas *Europeras* – suas óperas experimentais –, por exemplo, Cage dispõe um grupo de atores e cantores contracenando totalmente no escuro e, do outro lado do palco, duas arandelas de luz balançando no vazio. Ou seja, a iluminação é totalmente desvinculada de sua funcionalidade cênica, da própria encenação. Cage, aí, radicalizou ao extremo. Não deixam de ser instigantes, esses modelos de radicalidade...

São Paulo, 9 de abril de 2001

3
Entrevista a João Marcos Coelho[1]

João Marcos Coelho: Já na introdução ao seu livro *Apoteose de Schoenberg*, Rodrigo Duarte fala do "modo fácil de se falar da música do século XX, o qual não raro a apresenta como um grande mercado de iguarias em que cada compositor 'vende seu peixe', de forma desconexa e a-histórica". E diz que você saudavelmente se contrapõe a esta postura. Mas no final do livro você saúda o fim da "fase na qual todos devessem falar de uma só maneira". Trocando em miúdos, você acha que não se justifica a pluralidade de concepções hoje vigente? Que só uma postura rigorosa e logicamente deduzida de Schoenberg tem sentido hoje? Isso não é repetir Adorno? Claro, também não gosto das músicas tonais praticadas hoje em dia em nome da pós-modernidade e da comunicabilidade. Mas precisamos reduzir o século XX à oposição dialética Stravinsky/Schoenberg?

Flo Menezes: A contradição apontada entre a colocação de Rodrigo e a minha é, na realidade, apenas aparente. São dois contextos distintos a que nos referimos. Rodrigo refere-se ao excesso de individualismo e, por consequência, de desconexão entre as poéticas que surgiram após a "ruptura" com a tonalidade e após o fim do exercício composicional baseado em um sistema de referência harmônico comum, tal como foi o sistema tonal. Se tal desenvolvimento foi, digamos, "natural", numa linha mais "evolucionária" do que revolucionária (como realçava o próprio Schoenberg), ele ocasiona ao mes-

---

1 Publicado parcialmente pela primeira vez em: Suplemento Cultural "Caderno 2" do jornal *O Estado de S. Paulo*, 16 de fevereiro de 2003, p.D7.

mo tempo um fracionamento no meio musical, em que as poéticas se estabelecem de modo individual e o percurso da obra de um compositor se faz ainda mais significativo para a compreensão de sua poética do que antes.

De minha parte, contudo, referia-me claramente a dois aspectos reacionários no contexto da música chamada "erudita": ao nacionalismo e ao jdanovismo. Ambas as posturas constituíram amarras ou camisas de força que pretendiam uniformizar os acentos e eliminar as diversidades. A tais posicionamentos poderíamos acrescer ainda o dodecafonismo e o serialismo integral, que procuraram também instituir uma referencialidade comum no terreno harmônico que substituísse a velha tonalidade. Mas colocar em pé de igualdade o serialismo, no qual a linguagem buscava a si mesma, com aquelas tendências mais caducas, condicionadas sobretudo por uma ideologia exterior à própria linguagem técnica da música (exaltação dos valores nacionais, louvor às cores patrióticas, de um lado; exaltação do herói representativo da revolução como sustentáculo da casta burocrática que se apoderou dos poderes, de outro), seria desconsiderar a diferença enorme existente entre o grau de aprofundamento propriamente musical dessas tendências.

Assim, quando saúdo o fim de uma "fase na qual todos devessem falar de uma só maneira", pontuo exatamente que a pluralidade estética e a ausência de um sistema de referência comum na música sejam características extremamente positivas. É nesse contexto que cito Berio em nota de rodapé, quando ele se pronuncia pelo caráter interessante da atualidade justamente na existência de coisas tão distintas.

Mas a defesa da pluralidade não deve ser confundida com uma aceitação pura e simples de toda e qualquer atividade musical. Defender uma diversidade profunda dentro das possíveis poéticas da música radical, verdadeiramente especulativa, não significa conviver pacificamente com as podridões estéticas a nós empurradas goela abaixo pela indústria cultural – para falarmos nos termos de Adorno –, e nem com os antagonismos da música malfeita, pouco ou nada inventiva, com acentos neotonais e sobretudo nacionalistas.

Também não acho, por fim, que a dialética Stravinsky/Schoenberg possa reduzir todas as nuances que perfazem o decurso da música pós-tonal, mas acho também que o pensamento de Adorno não pode ser, de modo algum, resumido numa tal dicotomia. Existem lá críticas bastante perspicazes em relação ao próprio Schoenberg e, ainda que em número menor, considerações bem positivas em relação a Stravinsky.

J.M.C.: Há pouco fiz uma entrevista longa com Gilberto Mendes a propósito de seus 80 anos. E uma das coisas que ele afirma ser evidente é a permanência da série como núcleo e motor estrutural da criação contemporânea. Claro, sem a rigidez que lhe atribuiu Schoenberg. Pelo visto, você concorda com essa afirmação. Estou certo?

F.M.: Quando falo de uma "apoteose de Schoenberg", o faço mais no sentido de atualizar a "Apoteose de Rameau" proposta por Henri Pousseur e de realçar aspectos visionários de Schoenberg, ainda válidos, tais como a busca de uma nova funcionalidade, a invenção ancorada na verbalidade, e tantos outros aspectos. O conceito de série, nesse contexto, é tão importante para a música pós-schoenberguiana quanto o foi, num certo sentido, para a música que o antecedeu. É por tal razão que Schoenberg se colocava como "evolucionário". Se por "série" entendemos elaboração de base de elementos estruturantes, então o conceito tem enorme importância em qualquer música que pretenda instituir técnicas de composição em estado de desenvolvimento (ao contrário de posturas inventivas e geniais, porém de consequencias bem mais limitadas para a linguagem, como por exemplo em John Cage). Por tal viés, Pousseur fala de uma "periodicidade generalizada", evocando o anseio serial da "série generalizada" (Boulez, Stockhausen, Pousseur, Nono etc.).

Creio, contudo, que é uma colocação que se deve fazer com muito cuidado, a de que a série seria o "motor da criação". (No contexto de Gilberto Mendes, entendo-a mais como vindo de um dos mais consequêntes criadores nossos que fizeram parte da Escola de Darmstadt, da mesma forma como entendo que, ao insistir nisso, ele tente afirmar uma aproximação de sua música com as heranças de Darmstadt, apesar de sua última e extensa fase ser tão distinta, mais próxima da música popular urbana).

J.M.C.: A grande virada do teu livro é modificar o eixo da história da música do século XX, enfocando-a a partir da harmonia. Isso está muito colado à perspectiva de Pousseur, que foi teu professor. Você diria que já descolou definitivamente de Pousseur em termos criativos hoje?

F.M.: A Harmonia é a ciência-mãe da música e sua supremacia é indiscutível, do meu ponto de vista. E isto engloba até mesmo a música eletroacústica. Procurei dar ênfase à acepção de harmonia que resgata sua dimensão como relação intervalar e desvincula o conceito da tradicional visão que relaciona o dado harmônico apenas com a simultaneidade sonora. Na medida em que se baseia na relação intervalar, a simultaneidade faz-se elemento indissociável da harmonia, mas ela pode existir no fluxo da memória (de forma semelhante ao que Roman Jakobson, reportando-se aos linguistas da Índia da Idade Média, designava por "síntese simultânea" na compreensão da linguagem: aquela propriedade que temos de ouvir sequencialidades, podendo relacionar os elementos e estabelecer os nexos necessários das unidades cronológicas de linguagem).

Quanto a Pousseur, acho que seu pensamento é um dos mais geniais do século passado. Se descolei ou não, acho que minha própria especulação harmônica deverá dar a resposta, caso ela seja consistente. De toda forma, faz parte de minha personalidade reconhecer publicamente – como aconselhava Ezra Pound – as heranças que contribuem para o desenvolvimento da minha poética.

J.M.C.: Você opõe ao minimalismo, de tanto sucesso de mídia nos anos 1980/1990, o que chama de "maximalismo"? Poderia defini-lo em poucas palavras?

F.M.: Por *maximalismo*, entendo uma música que não se esgota em sua primeira audição, estabelecendo níveis de escuta consideravelmente complexos que convidam o ouvinte a uma reescuta, a um reencontro com a obra em questão. Nem toda poética musical caracteriza-se por tal feito, e por vezes um reencontro musical é motivado pelas sensações emotivas causadas pela obra, mais do que por uma busca para destrinchar os meandros e as relações entre seus distintos elementos.

O termo é relativamente novo, de 1983, e deve-se a mim. Mas o maximalismo, em si, pode ser exemplificado antes de mim. Berio, por exemplo, talvez seja o exemplo mais cabal do que seja maximalismo. Não se deve confundir maximalismo com a "Nova Complexidade" de Brian Ferneyhough, por quem tenho enorme respeito, mas cuja poética é, a meu ver, menos fenomenológica do que a de Berio, por exemplo. (Em literatura, para fazermos uma comparação livre, talvez Joyce seja um "novo complexo", e Guimarães Rosa, um maximalista...).

J.M.C.: É difícil, para um compositor hoje, conscientizar-se de que a música de invenção/contemporânea/viva hoje produzida não ocupa mais o centro da vida musical nem tem papel relevante, do ponto de vista sociológico, para a maioria das pessoas (ao contrário do que aconteceu, por exemplo, com a música ao longo de sua história: primeiro como música funcional, com Bach, Haydn e outros empregados das cortes, depois, a partir de Beethoven, com a conquista do mercado, processo culminado em Liszt)? Ou seja, quando se falava de música no século XIX, falava-se de Chopin, Schumann, Schubert ou Liszt. Hoje, quando fala-se de música, os nomes podem ser Madonna etc.? Veja bem, não se trata simplesmente de dizer que Madonna, Sting e outros bichos são o lixo da indústria cultural – o fato é que eles atingem milhões de pessoas, enquanto os compositores de invenção alcançam dezenas, centenas de pessoas, se tanto. A própria música de concerto convencional – de Bach a Brahms – vende poucos discos e atrai pouco público. Como você vê essa situação?

F.M.: Não creio que a música na história tenha ocupado esse lugar tão central na vida das pessoas, como você afirma. Não que ela tenha deixado de ser fundamental, mas de alguma forma o compositor foi sempre um renegado, um "empregado" das cortes, como você mesmo diz, enfim, um malcompreendido. A abstração e riqueza do pensamento musical sempre estiveram bem aquém da capacidade de sua efetiva compreensão por parte da maioria das pessoas. A música é e sempre foi, creio, a mais difícil das artes: atividade suprema do saber humano, de alto grau de abstração. A situação da música contemporânea, a rigor, não a diferencia das práticas musicais do passado, como comumente se diz.

A diferença substancial é que, com o advento dos meios de comunicação de massa e de reprodutibilidade técnica, toda uma massa de produtos vem à tona e ocupa o espaço do consumo imediato, constituindo uma camada de amortecimento ainda mais empobrecedora do que as convenções surdas do passado burguês. Mas existem aí muitos paradoxos e não linearidades, e ao mesmo tempo em que o contato entre o que fazemos e um número expressivo de pessoas torna-se mais exíguo, temos a oportunidade de atingir pessoas situadas bem mais longe de nós e de forma bem mais fiel às nossas produções, devido à era digital.

Todo o saber humano está envolto em dificuldades impostas pelas sociedades tardo-capitalistas, e isto inclui também a música. É uma questão que deve nos preocupar, mas não nos ocupar, roubando o tempo das nossas elaborações.

J.M.C.: Sacerdócio, resistência, militância em favor da música radical – criar "música que reflete bem as contradições de sua época". São palavras suas. Isso não é Adorno puro, sem retoques? Qual a diferença entre o discurso hegeliano (assumidíssimo) e marxista (tímido) de Adorno e o teu?

F.M.: É você mesmo quem diz, aliás de modo brilhante, ao final do teu excelente ensaio sobre Adorno, que li ontem: somos mais adornianos do que parecemos ser, e menos do que deveríamos ser[2].

J.M.C.: Ser compositor contemporâneo é ser um Sísifo teimoso levando a pedra montanha (mercado) acima, então? É o que se pode concluir de teu formidável livro?

F.M.: Ser compositor da música radical é ser 99% feliz, embriagado pela música dos séculos e pelo inesgotável mundo dos espectros mediados pelas técnicas e pelo exercício da escritura musical (escritura entendida em sua mais vasta acepção, enquanto formas de elaboração dos materiais musicais). Nenhum sacerdócio e nenhuma militância podem suster-se, se não estiverem ancorados no prazer extremo de arremessar nossa existência na própria existência dos sons e de seus itinerários.

Aquele que se proclama mais como resistente do que como criador e amante de seus fazeres não é, de fato, músico (como foram Monteverdi, Mozart, Mahler). Ainda que estejamos como Ulisses, de mãos atadas ao mastro, sem muito podermos fazer pela surdez dos navegantes, é preciso assumir o prazer intenso de poder ouvir o canto das sereias e, quem sabe um dia, poder atuar no sentido da propagação infinita deste canto por todos os cantos[3]!

Fevereiro de 2003

---

2   Refiro-me ao artigo "O Teórico Crítico", de João Marcos Coelho, in: Revista *BRAVO!*, Ano 6, São Paulo, fevereiro de 2003, p.15-18.

3   O final desta entrevista estimulou-me a dar como título a uma de minhas recentes obras acusmáticas exatamente esta última expressão: *Todos os Cantos* (2004-2005).

4
A Vanguarda da Música no Brasil
(Entrevista concedida a Guilherme José Purvin de Figueiredo)[1]

Introdução de Guilherme Purvin

Considerado hoje um dos mais importantes compositores da música de vanguarda mundial, o professor da Unesp Flo Menezes (São Paulo, 1962) é o diretor artístico do Studio PANaroma e organizador da Bienal Internacional de Música Eletroacústica de São Paulo (Bimesp), reconhecida pelo meio internacional como o principal evento do gênero nas Américas. A estreia brasileira de sua composição orquestral e eletroacústica *Pulsares*, composta entre 1998 e 2000, deu-se no dia 11 de junho no Teatro do Sesc Vila Mariana. Na ocasião, Flo Menezes lançou também seu sétimo livro, *A Acústica Musical em Palavras e Sons* (Ateliê Editorial & Fapesp). Diversas de suas obras, como *ATLAS FOLISIPELIS, A Dialética da Praia, Contesture IV – Monteverdi Altrimenti, Sinfonias* e *Harmonia das Esferas*, estão editadas em CDs do PANaroma.

Guilherme Purvin: Qual foi a sua formação musical na infância e adolescência, até chegar à ECA-USP e dali para a Alemanha?

Flo Menezes: Comecei meus estudos de piano aos cinco anos de idade, como era de costume em boa parte da classe média paulistana nos anos 1960. Não

---

1   Publicado pela primeira vez em: *Revista de Direito e Política*, Volume III, Ano I, Ibap – Instituto Brasileiro de Advocacia Pública, Rio de Janeiro, Esplanada, setembro a dezembro de 2004, p.129-145.

tive, na época, bons professores, e o que valeu foi sobretudo o incentivo de minha mãe, Dona Elza Raphaelli Menezes, que fazia questão que todos nós, eu e meus dois irmãos (Philadelpho Menezes, poeta e advogado, e Maria Christina Menezes, cineasta e também advogada), estudássemos música desde a infância.

Apesar de eu não ter tido contato com bons mestres naquela época, o envolvimento com a música desde cedo foi determinante para minha sensibilidade, naturalmente desperta para o sonoro.

Após uma crise que me fez afastar do piano, retomei os estudos por conta própria por volta dos 12 anos, e já com interesse claramente voltado às especulações no terreno da composição. Apaixonei-me "achadamente" por Schumann, e comecei a devorar tudo o que me aparecia pela frente, no que fui estimulado por meu pai, o poeta e advogado Florivaldo Menezes, com jogos interessantes de "disputa": se eu adivinhasse qual era o compositor de tal ou tal obra, ele me daria uma partitura a mais naquele mês. Minha sensibilidade se aperfeiçoou bastante, de modo que muito dificilmente errava o compositor e a época, e minha estante de partituras foi aumentando, aumentando...

Por meio do grande compositor Willy Corrêa de Oliveira, amigo de meu pai, tive acesso às primeiras leituras de partituras orquestrais, e um belo dia, ao final de 1977, aos meus 15 anos, Willy me indagou se eu não teria interesse em fazer o Curso de Composição da Bienal Internacional de Música da USP, a realizar-se no verão de 1978. Prestei o exame, fui selecionado na classe mais adiantada em Composição e tive meu primeiro contato para valer com a análise da música contemporânea, calcada na obra monumental de Anton Webern, aluno de Arnold Schoenberg e grande ícone da vanguarda europeia do Pós-Guerra.

Foi aí que fortifiquei meus elos com o pensamento musical europeu, com a geração dita pós-weberniana (Karlheinz Stockhausen, Pierre Boulez, Luciano Berio, Henri Pousseur, John Cage etc.) e, consequentemente, com os primeiros experimentos das chamadas música concreta francesa e música eletrônica alemã. Não, claro, com o que hoje se designa, de forma errônea e demonstrando enorme ignorância, por "música eletrônica", mas com a verdadeira *elektronische Musik*, de índole serial, inaugurada em 1949 na Alemanha.

A partir de então, acirraram-se meus vínculos com a Alemanha, pois aos 13 anos já iniciara meus estudos da língua alemã visando ao estudo de música eletroacústica no berço da música eletrônica, Colônia. Na verdade a Bienal de 78 na USP apenas fortaleceu minhas convicções, e meu caminho em direção à vanguarda musical estava selado. Decidi então fazer o Curso na USP com o Willy, que era juntamente com Gilberto Mendes o porta-voz da música de vanguarda que me fascinava, e em 1985, logo após a conclusão do curso, ganhei bolsa da Alemanha para fazer música eletrônica em Colônia.

G.P.: A poesia concreta de seu pai, o procurador autárquico Florivaldo Menezes, e de seus amigos – os irmãos Campos, Décio Pignatari, Villari Hermann – exerceu alguma influência em sua forma de sentir a música e as artes em geral?

F.M.: Não poderia dizer que a poesia concreta ou, de forma mais geral, a poesia visual exerceu alguma influência direta em minha atuação musical. Sofri influência, isto sim, do meio cultural que frequentava minha casa e, mais especificamente, da sede cultural de meu pai, ávido de saber e apreciador musical bem mais eclético que eu mesmo. Em minha casa ouvíamos de tudo, de Berio a Caetano Veloso, de Schoenberg ou Mozart a Jararaca e Ratinho. Confesso que não herdei esse entusiasmo todo, por exemplo, pela música popular, muito ao contrário. Assimilei, com consciência crítica suficiente, creio, uma postura mais cética em relação ao papel da música de mercado, aproximando-me cada vez mais de um Adorno, crítico rigoroso do que chamou, com grande pertinência, de indústria cultural. E nesse sentido o ambiente dos poetas chegava até mesmo a contrastar com minhas intuições, pois é sabido que os concretos se aliaram ao tropicalismo, e ainda que, dentro do panorama da música popular, o tropicalismo representasse de fato um inegável avanço, tal movimento nunca representou para mim uma postura verdadeiramente consequente diante do universo dos sons. Sentia-me cada vez mais distante das vertentes mais "populares", acessíveis à consciência média das pessoas, pois tinha convicção de que, numa sociedade na qual a própria educação estava sendo visivelmente usurpada e corroída, nada que pudesse ser imediatamente assimilado poderia corresponder às posturas mais atentas diante da própria maneira de ouvir o mundo.

Existia, portanto, uma contradição naquele ambiente poético: alta elaboração da linguagem poética, mas um interesse, talvez estratégico, de alguma forma conivente com a indústria cultural, pela música não especulativa, mais voltada ao mercado. Invertendo a proposição para que se tenha uma ideia mais clara daquela situação, é como se eu, como músico, apreciasse a nova poesia visual e até mesmo admitisse trabalhar com ela mas, na prática, desse a mão à poesia em verso, a rigor ultrapassada pelas pesquisas mais radicais da visualidade no poema.

Mas de qualquer modo um ambiente como esse, para uma criança, não pode deixar de ser revelador, caso exista nela, claro, o talento para a música. Entretanto, é preciso salientar que nem só de talento vive o criador. Aliado à sua sensibilidade aguçada, deve haver no criador grande obstinação, persistência e muita, muita disciplina. Este afinco pela composição fazia parte de mim.

G.P.: A partir de uma análise da música de José Maurício Nunes Garcia, Antonio Carlos Gomes, Heitor Villa-Lobos, Camargo Guarnieri, Hans J. Koellreutter, Gilberto Mendes, Willy Corrêa de Oliveira e Flo Menezes, é possível traçar um perfil evolutivo lógico da música erudita brasileira?
F.M.: Não estou convencido que uma linhagem que dê conta desses nomes aponte para uma evolução inequívoca da música chamada "erudita" no Brasil, adjetivo, aliás, bastante problemático. Acredito de modo implacável na noção de evolução da linguagem musical, porém tal evolução implica em dois aspectos fundamentais.

Em primeiro lugar, ela pode ocorrer e via de regra ocorre pelo viés de soluções bastante diversas para problemas semelhantes. E a tendência é que esse potencial ramificador seja cada vez mais evidente. Ou seja, existe progresso em linguagem artística, mas esse progresso está sempre condicionado a uma concomitância de proposições dentro de uma postura em si mesma especulativa e radical da linguagem. É como se se tratasse de um progresso "quântico", através do qual não se pode muito bem determinar em que lugar está a partícula mais veloz. Por tal razão, introduzi em um texto recente, em que traço paralelos e discuto os elos entre a música e a física, a noção de *transgresso*: um progresso que se dá em várias dimensões do pensamento musical através de ramificações distintas de uma mesma florada. Um mesmo ramo Stockhausen pode influenciar fortemente tanto a mim quanto a um compositor cuja obra é bastante distinta da minha, ao mesmo tempo que assumo a influência de outros ramos que sequer exercem influência na atitude de escuta ou nas técnicas de escritura musical desse outro compositor. Desta feita, têm-se entrecruzamentos bastante múltiplos, e um mesmo ramo acaba frutificando em lugares bem distantes, por vezes até mesmo impensáveis e imprevisíveis a partir de uma lógica linear. Mas de toda forma o progresso existe. Ele apenas transmuta-se em *trans-gresso*.

O segundo aspecto é que toda escuta está irrevogavelmente atada à sua condição histórica. Escutamos cada obra sempre acompanhada pela imagem de sua história, de sua época e de seu contexto. Toda escuta está imbuída de historicidade. E nesse sentido nenhum ato *transgressivo*, no sentido do *trans-gresso* que descrevi acima, pode deixar de considerar o potencial transgressivo de cada obra especulativa do passado, qualquer que seja a distância temporal que nos separa daquela criação com a qual depara nossa escuta.

Assim, todo ato de genialidade é potencialmente eterno e conserva em cada sua revivescência todo seu potencial renovador. Pensemos por exemplo em Machaut, em Monteverdi, em Mozart, em Mahler, em Messiaen...!

Mas assim como existem os ramos que densificam nossa floresta especulativa, existem também aqueles que não brotam minimamente, que resistem em florescer ou que permanecem enterrados bem debaixo do nível mais básico e elementar do solo. Com certeza alguns desses nomes, ligados ao nacionalismo musical, fazem parte desses ramos duvidosos... E dessa forma não acredito que se possa estabelecer uma linha evolutiva assim tão inequívoca a partir da conexão desses nomes.

G.P.: Você quer com isso dizer que nacionalistas como Carlos Gomes, Villa-Lobos, Guerra Peixe e Camargo Guarnieri não têm uma obra instigante, capaz de oferecer novos caminhos para a música brasileira?

F.M.: Seria no mínimo presunçoso de minha parte afirmar que a obra de algum compositor não poderia abrir nenhum novo caminho para a música de qualquer época posterior à sua, quanto mais se considerarmos autores do calibre de Carlos Gomes ou de Villa-Lobos, em que pese, quanto a este último, a enorme quantidade de obras medíocres que escreveu. Como bem afirmou certa vez o grande musicólogo alemão Carl Dahlhaus, a música distingue-se de modo considerável da política justamente pelo potencial de influência da criação musical. Ao contrário da política, na qual cada ação necessita desencadear efeitos imediatos, sem os quais torna-se ineficaz, nas artes uma obra pode deixar de exercer qualquer influência imediata, mas ser redescoberta, relida e revisitada em épocas bem posteriores à época de sua criação. Em política Karl Marx falava da pertinência dos "programas transitórios" (*Übergangsprogramme*); o gênio de Leon Trotsky elaborava, com grande sabedoria e lucidez, as estratégias dos "programas mínimos" de reivindicações imediatas, visando, na verdade, a transformações sociais bem mais amplas. Mas em artes a lógica das influências é bem mais complexa e revela-se essencialmente não linear, ainda que a noção de *transgresso* não deva ser negligenciada.

Isto em nada diminui, entretanto, as influências maléficas que os anacronismos exercem no terreno estético. Ao contrário da obra reveladora que, por alguma circunstância, permaneceu em estado de hibernação por certo tempo (pensemos na descoberta de Bach por Mendelssohn!), a obra anacrônica e regressiva pode exercer influências bastante avassaladoras para a criação, e nesse sentido é preciso admitir que o nacionalismo musical foi e continua sendo o grande responsável pelo atraso musical que vivemos no Brasil e que transparece na crescente imbecilização musical das mídias e no ínfimo espaço que temos para exercer a música "de pesquisa", verdadeiramente especulativa.

Toda escuta é necessariamente histórica, mas justamente por isso é preciso desconfiar da Histórica a cada momento: ampliar o nível de atenção para que não nos tornemos objetos de influência fácil e de manipulação, e estarmos propensos não simplesmente a um fazer, mas sobretudo a uma escuta de índole experimental.

G.P.: Seria, então, caso de afirmar que, na música, como em qualquer outra manifestação humana, vale a tese de Marx, segundo a qual "os homens fazem sua própria história, mas não a fazem como querem; não a fazem sob circunstâncias de sua escolha e sim sob aquelas com que defrontam diretamente, legadas e transmitidas pelo passado"?

F.M.: Creio que existe no homem um potencial de transformação que depende, em grande parte, das circunstâncias históricas nas quais se vê inserido, mas o poder de condicionamento social de seus atos não pode dar conta de todos os fatores que determinam a invenção humana. Intervém, aí, o indivíduo. Não há processo que possa predizer com absoluta certeza o que se passará com a vontade humana. Foi nesse sentido que o próprio Marx, ao final de sua vida, cita uma frase de Terêncio como sua máxima: *"Homo sum; humani nihil a me alienum puto"* (ou seja: "Como homem, nada que é humano me é estranho"). Que tal axioma não deva servir como álibi para a conivência, tal fato é tão clarividente quanto o potencial dialético e ainda atual do próprio marxismo, ainda que, nessa frase lapidar, o próprio Marx tenha revelado, de certa forma, a fraqueza do próprio marxismo: acreditar mas ao mesmo tempo desconfiar do próprio homem...

G.P.: Até que ponto é correto afirmar que as últimas composições de Beethoven (especialmente os *Quartetos de Cordas*, a grande *Missa Solene*) continham praticamente todos os dados que iriam alicerçar a música de Schoenberg, Berg e Webern?

F.M.: Toda grande criação resulta de um pouco de tudo que se viveu até ela, mesmo que nela não transpareçam certos vínculos diretos com experiências passadas. Da mesma forma como em uma composição existem planos diferenciados de elaboração musical, do nível fenomenológico mais evidente para a escuta ao nível mais intelectual de estruturação do material musical, as referencialidades que se fazem presentes na obra adquirem distintos níveis de "presentificação" e podem ser mais ou menos evidentes.

Sob este ponto de vista, é arriscado dizer que tudo o que se desenvolveu em um Schoenberg já estava presente em algum grau em Beethoven, pois Schoenberg foi o resultado não apenas do que vivenciou em Beethoven, mas também em Brahms, Mozart ou em tantos outros. Mas é certo dizer que parte de Beethoven está em Schoenberg, da mesma forma que é correto afirmar que esta parte de Beethoven que está em Schoenberg não é a mesma que está no próprio Beethoven: o compositor "referenciador" age ao mesmo tempo como amplificador e filtro de suas influências passadas, e todo filtro implica certa "distorção". Uma distorção, por sua vez, que se revela bastante distinta daquela que experimenta o próprio criador em seu percurso criativo, pois até mesmo aí ela se faz presente: a obra seguinte amplifica, desenvolve, soluciona e distorce a obra anterior, ao mesmo tempo em que permanece muda diante de aspectos que somente a obra anterior encerrará.

G.P.: Ainda com relação à suposta existência de uma linha evolutiva na música, se existe uma correspondência lógica entre a evolução da música e a própria evolução dos parciais harmônicos de um som de altura definida (C C2 G2 C3 E3 G3 Bbemol3 C4 etc.), e se esta evolução tende para o espaço liso, pode-se dizer que a música eletrônica é a derradeira fase de uma tradição iniciada com o cantochão? Haveria um esgotamento do material musical? Afinal, restaria alguma trilha a ser percorrida?

F.M.: Não acredito no esgotamento do material musical. Seria o mesmo que dizer que a ideia musical se esgota, pois o *material musical* nada mais é que a ideia musical contextualizada na obra. Ele adquire, no contexto da música eletroacústica, uma dupla face: ao lado de seu aspecto eminentemente *relacional*, tal como existia na escritura instrumental de antes e de hoje (pensemos, por exemplo, em Beethoven, apenas para dar um exemplo), ele alarga seu potencial e adquire um aspecto também *constitutivo*, que diz respeito à construção dos próprios sons. Compúnhamos com os sons, e continuamos a compor. Mas agora compomos também *os* próprios sons. Na música instrumental, o compositor elabora as relações entre os elementos musicais, mas a constituição interna dos espectros já lhe é dada de antemão pelas características dos instrumentos. Já na música eletroacústica (concreta, acusmática ou eletrônica, em seu sentido correto e histórico), o compositor necessita constituir a própria gama de sons sobre a qual sua obra será baseada.

Nesse sentido, a música elaborada em estúdio eletrônico certamente implica uma ampliação da noção mesma de *material*, e talvez seja o ápice desta evolução que, de fato, observamos ao longo da história da música, através da qual o ouvido coletivo das civilizações, de certo modo, galgou os passos de uma percepção cada vez maior das nuances internas dos próprios espectros. Mas justamente por isso talvez represente também não uma fase derradeira, mas o início de uma emancipação sonora e compositiva. E desse ponto de vista, existem muitíssimos caminhos a serem trilhados, infinitos mesmo, desde que haja invenção! Sob este ângulo, talvez os sons estejam antecipando a emancipação social e humana tão caramente reivindicada pelo marxismo histórico, mas em direção à qual a humanidade se recusa a progredir...

G.P.: Sua admiração pela música europeia é evidente. Todavia, não é verdade que, enquanto ela trilhava um percurso que, matematicamente, conformava-se com os 12 semitons, deles se libertando somente com o advento da música eletrônica, na Índia os ouvidos estavam plenamente capacitados para perceber intervalos muito menores? Por que, então, não foram introduzidos elementos da música indiana na música ocidental?

F.M.: É errado pensar que haja qualquer tipo de "conformação" da música ocidental com os 12 semitons do sistema temperado. Na prática, têm-se contínuos desvios com relação ao próprio temperamento. O que existe é, na verdade, contínua trans-formação estrutural a partir dessa gama de sons, e nesse sentido a sintaxe musical é praticamente inesgotável e demonstra-se muito mais importante que o fato de fazer música com ou sem o temperamento. Daí o sentido das especulações harmônicas. Aliás, a Harmonia, entendida em vasto sentido, continua sendo a ciência-mãe da música. E talvez por aí possamos entender porque a música ocidental constitui um universo tão distinto da música oriental. As referências e as referencialidades, que constituem os fatores mais essenciais na construção ou parametrização da linguagem, são de outra ordem, pois os jogos de sintaxe reportam-se a um repertório distinto. Toda aproximação acaba sendo, de algum modo, superficial ou adquire, no mínimo, um aspecto caricaturesco.

Para além das relações analógicas, passíveis de serem traduzidas em números, a sintaxe musical lida com as significações da própria música, fato que levou Arnold Schoenberg a dizer, com muita pertinência, que a história da música é a própria história da técnica musical. Por técnica musical é necessário que se entenda, entretanto, todo o arsenal de recursos expressivos de que dispõe a composição, e que são mais complexos que as puras relações matemáticas. A rigor, não há processo matemático que dê conta de todos os significados musicais. Os liames da música com os números é evidente, mas ela lida igualmente com os afetos. Por tal razão, costumo definir a própria música como uma *matemática dos afetos*.

G.P.: Existe "interpretação" na música programada em computadores? O registro da música eletroacústica em CD ou em fitas não congela ou imobiliza sua execução?

F.M.: Quando ouvimos uma gravação, ou seja, sons fixados sobre algum suporte tecnológico, e mais precisamente quando ouvimos estes sons sem que estejamos diante de sua proveniência física e do amparo do olhar, tão importante para a prática musical, estamos diante de uma situação dita *acusmática*, termo relevado pelo escritor francês Jérôme Peignot para definir a música concreta dos anos 1950, propagado por Pierre Schaeffer e salientado por seu sucessor, François Bayle, a partir da prática iniciada por Pitágoras, na qual o filósofo grego ensinava a seus discípulos escondido por detrás de uma coluna ou de um véu. Ouvindo os sons desprovidos de "explicação" física do olhar, pode-se concentrar-se mais profundamente sobre os detalhes das faturas sonoras.

A visão sempre foi, como disse acima, bastante fundamental nessa compreensão sinestésica dos sentidos, e mais especificamente do sentido sonoro. Apoiamo-nos constantemente na visão de uma partitura ou no gesto do instrumentista para compreender melhor o universo sonoro, e essa prática de apoio mútuo do olho (*œil* em francês) e da escuta (*oreille*) levou muitos compositores a criticar a música eletroacústica, recriminando-a pela ausência do intérprete e do aspecto visual em concerto. Pierre Boulez, em um de seus magníficos livros, abre todo um capítulo discorrendo sobre *L'œil et l'oreille*, ou seja, "O Olhar e a Escuta", mas para o qual proporia uma tradução em português de índole mais "concretista": "Olho e orolho".

Mas se o recurso à visão é algo bastante valioso e sobretudo legítimo, ele não é precondição do ato musical, e nem o é a presença do intérprete. E é preciso que se reconheça que, ao lado da escuta que se ampara no gesto visual da interpretação, existe também aquela que se beneficia enormemente, em uma situação ritualística como a de uma sala de concerto, da inexistência do intérprete ou de qualquer aspecto visual, convidando o ouvinte a adentrar profundamente no puro universo da abstração dos espectros sonoros e da espacialidade dos sons que o envolvem no espaço público de escuta. Tem-se aí a distinção entre uma mera *situação* acusmática e uma *postura* acusmática, conscientemente desperta para a apreensão estética dos sons pelas suas faturas, e que dá vazão à imagética da escuta, pois como bem definira Descartes, a *imagem* nada mais é que "a representação mental de uma percepção ou impressão de algo na ausência do objeto que lhe deu origem".

Isto não exclui a justa necessidade de realizar por vezes até mesmo partituras de escuta de obras acusmáticas, concebidas em princípio para serem ouvidas sem qualquer apoio do olhar. Mas o fato de recorrer aos códigos visuais em momentos de análise e para quaisquer outros fins não diminui em nada o enorme potencial em vislumbrar os detalhes ínfimos dos sons por meio de uma escuta "cega", mas que ao mesmo tempo muito "ouvê", e na qual o ouvinte se vê inclusive motivado a projetar suas próprias imagens (não as que lhe são pro/im-postas pelo intérprete) em seu embate com o mundo dos sons que o envolve.

A partir daí, tem-se que a *interpretação*, tal como se entende normalmente, não é, a rigor, a única forma de interpretação, e nem é aquela que se faz *conditio sine qua non* do próprio ato musical. Na verdade, a interpretação que se mostra indispensável para a música é, sobretudo, a interpretação *da própria escuta*, a forma como interpretamos nossa percepção musical, que os alemães, com tanta propriedade, designam por *recepção musical*.

Será desse ponto de vista que compreendemos que as ideias musicais são mais importantes que sua *atualização*, ou seja, que elas resistem ao mero fato de terem de ser produzidas *in loco* e no ato de nossa escuta. E será igualmente a partir daí que percebemos que a flexibilidade de uma ideia musical reside na própria ideia musical, não no fato de estar ou não fixamente registrada sobre algum suporte.

Uma ideia de gênio, por mais que seja "fixada" sobre suporte tecnológico e que tenha sua duração preestabelecida e inalterada a cada execução, jamais imobilizará o tempo da escuta; muito ao contrário, é aí que a própria noção de tempo se abstrai e, com ela, toda noção relacionada à fixidez.

G.P.: O que é "música maximalista"? E por que a música minimalista é tão criticada pelos compositores de música eletroacústica?

F.M.: Criei o termo *maximalista*, em oposição ao minimalismo, de modo despretensioso, em um programa de concerto com uma de minhas obras no Masp, em 1983. Na verdade, o maximalismo é sinônimo de complexidade em música, conceito este que adquiriu peso considerável nos últimos anos, principalmente a partir das obras de Brian Ferneyhough. Mas a complexidade em música está presente como um dos traços que distinguem as práticas especulativas daquelas mais "populares" desde tempos bastante remotos. Historicamente a música dita "erudita" trilhou um caminho em direção a uma *simultaneidade* cada vez maior de eventos sonoros, quer seja factualmente, como elementos que de fato acontecem ao mesmo tempo em um contexto musical, quer seja no nível da consciência da escuta diante da própria música, e em ambos os sentidos o serialismo do século passado contribuiu notavelmente. Mesmo no nível de elaboração aparentemente mais elementar, como no caso da música monódica, os grandes mestres sempre demonstraram a nítida tendência em elaborar uma escritura múltipla que se dê em vários níveis de escuta, como é o caso, tipicamente, das *Sequenze* para instrumentos solistas de Luciano Berio, talvez o maior dentre os músicos "maximalistas". Em oposição a tal tendência, temos a homogeneização do tempo pelo minimalismo norte-americano, um *fast food* da composição, de uma superficialidade irritante.

Recentemente andei refletindo bastante sobre a complexidade na música, e estou convencido de que, em uma obra impactante do ponto de vista da fenomenologia da escuta, temos a tendência a suprimir a ideia de tempo e esquecer que ele sequer existe. Como a física nos ensina que, em princípio, todos os objetos de nosso mundo viajariam na insuperável velocidade da luz, mas dividindo-se no mundo em mais dimensões (a teoria das super-cordas chega a falar em, no mínimo, nove dimensões distintas) sofrem um processo de *lentificação*, minha dedução chegou a surpreender alguns físicos que, intrigados, convidaram-me a falar sobre isso em uma das unidades de física da Unesp: compartilhando a escuta em dimensões simultâneas, a música complexa aproxima-se da velocidade da luz. Por meio da supressão da percepção do próprio tempo, talvez constitua a música, desde que seja suficientemente complexa, o veículo de maior potencial de abstração e aquele que mais se aproxima do estado inatingível que viveríamos caso pudéssemos atingir a velocidade estonteante dos fótons no vácuo. Na escuta de uma obra complexa, maximalista, de um Berio ou de um Stockhausen, esquecemos do próprio tempo e vivemos parcelas da eternidade!

G.P.: A música eletroacústica influenciou a música popular eletrônica (Pink Floyd, EL&P, Gentle Giant) ou recebeu alguma influência desta, ainda que apenas no que diz respeito à evolução tecnológica dos instrumentos musicais? Qual a sua opinião acerca da música de Walter Franco, Tom Zé, Arrigo Barnabé e do Premê?

F.M.: Toda música especulativa, radical, acaba influenciando as estéticas mais diluidoras e voltadas ao mercado. A vanguarda é sempre referência, em geral mais implícita que explícita, para as práticas tanto mais vulgares quanto menos complexas do saber.

Já o caminho inverso é, a meu ver, bem mais raro. Com exceção das músicas autenticamente populares – mas que hoje praticamente inexistem –, em que alguma comunidade desenvolve ao máximo suas potencialidades musicais dentro de circunstâncias sociais bem definidas, na maioria das vezes dentro de condições bastante primitivas de sobrevivência, e cuja prática nos presenteia com posturas e elaborações sonoras por vezes surpreendentes e no mínimo de inquestionável autenticidade, não há muito no que se influenciar pela música popular urbana, pois não há muito que ela faça que a música especulativa radical não tenha feito já antes, e de modo bem mais consequente.

Os casos em que a música mercadológica influencia o fazer especulativo são marginais e circunstanciais. Mesmo no caso da utilização de recursos tecnológicos produzidos, em primeira instância, com objetivos mais merca-dológicos, não há como estabelecer elos de influência efetiva, mesmo porque a linguagem opera, antes de mais nada, com ideias, não com meios.

Nesse sentido, generalizando minha resposta, nutro profunda desconfiança de posturas pseudopopulares e ao mesmo tempo pseudoeruditas, que atuam num hibridismo tipicamente diluidor. Não constituem objetos de real valor estético nem contribuem para uma evolução *transgressiva* da linguagem, tal como procurei descrever quando abordei a noção de *transgresso*.

G.P.: Conte-nos um pouco de sua experiência com Karlheinz Stockhausen e Luciano Berio.

F.M.: Dos grandes mestres da geração musical dita pós-weberniana – Stock-hausen, Boulez, Berio, Pousseur, Cage –, tive contato com todos eles, em graus distintos de profundidade. As relações com Henri Pousseur, Luciano Berio e Karlheinz Stockhausen foram-me ou são ainda particularmente caras, pois foram os criadores que mais influenciaram minha estética com-positiva.

Pousseur foi meu orientador de Doutorado, realizado sobre a obra de Berio, de quem me aproximei e quem acabou me incentivando bastante. Um dos concertos mais importantes que realizei até hoje foi em 1997 ao lado de Berio na Salle Olivier Messiaen de Paris, a convite do GRM fundado por Schaeffer, difundindo com a orquestra de alto-falantes *Acousmonium* concebida por

François Bayle minha obra *Parcours de l'Entité* (1994), que havia recebido, em 1995, o prestigioso Prêmio Ars Electronica de Linz, na Áustria.

Em 1991, Berio chegou a ligar pessoalmente para o regente Paul Sacher da Basileia, patrono da principal fundação de musicologia na área da música contemporânea (Paul Sacher Stiftung), para pedir que me desse uma bolsa de estudos na Suíça. Como resultado de sua iniciativa, trabalhei em 1992 por quatro meses com seus manuscritos, inclusive organizando sua missiva dos anos 1950 com Stockhausen.

Por esta ocasião comecei a ter contatos com o próprio Stockhausen – apesar de ter morado antes, por vários anos, em sua cidade, Colônia. O curso que fiz em homenagem a seus 70 anos em São Paulo, em 1998, despertou o interesse de Stockhausen por meu trabalho. Em 1998, fui seu aluno. Em 1999 e 2001, ministrei a seu convite os cursos de análise sobre suas obras nos Cursos Stockhausen de verão em Kurten, Alemanha, onde reside. Até o presente mantenho contato bastante amigável com o mestre alemão. De tempos em tempos, Stockhausen me envia alguma carta com algum presente, CD ou partitura, na maioria das vezes com ambas as coisas.

Já com Boulez tive o privilégio de ter sido aceito como aluno dos Cursos Boulez em Villeneuve lez Avignon, sul da França, em julho de 1988. Mantive depois disso contato esporádico com ele, e quando passou por São Paulo em outubro de 1996, Boulez aceitou de imediato meu convite para fazer uma visita e encontro público com compositores no Studio PANaroma que fundei em 1994 e dirijo à frente da Unesp. O encontro foi um sucesso, contou com a presença de um crítico francês e foi noticiado na França como um dos pontos altos de sua turnê pela América do Sul.

Recentemente, minha obra orquestral e eletroacústica *Pulsares* (1998-2000), que teve sua estreia brasileira dia 11 de junho deste ano em São Paulo, foi selecionada pelo regente David Rosenboom para ter sua estreia mundial no mês inaugural do fantástico Walt Disney Hall Complex de Los Angeles, em novembro de 2003. Boulez ensaiava lá, naquela mesma semana, Wagner, mas justamente por isso não pôde estar presente em nosso concerto...

G.P.: Como é ser músico de vanguarda num país tão desigual e violento como Brasil?

F.M.: É ser o primeiro adjetivo e não ser o segundo.

Costumo dizer a meus alunos, não sem um tom de ironia: é preferível até mesmo fazer música "popular" de mercado do que sair por aí matando pessoas, praticando atos de violência. Também costumo usar uma imagem que, creio, define bastante bem o que significa ser compositor e atuar nas fileiras da Música Nova. Vivo em mim a fusão de uma dupla função social: sacerdócio e militância. Por um lado, propago o saber como um de seus defensores, passando aos discípulos minha experiência, aconselhando os passos de uma experimentação consequente e responsável, transmitindo a eles um profundo amor pela história da música e um grande respeito e reconhecimento em relação aos grandes mestres do passado e do presente. Por outro lado, o faço com a obstinação, afinco e radicalidade dos líderes políticos revolucionários, com a paixão e o partidarismo sem os quais nenhum criador *transgressivo* terá força para resistir, ele mesmo, à resistência que lhe é imposta pelas sociedades de consumo.

No mundo de hoje, não há igualdade entre os homens, e isso é válido para qualquer mísero canto do planeta. Não se pode dizer que haja igualdade na Suécia ou no interior dos Estados Unidos, se de alguma forma tais economias fazem parte da grande rede mundial da espoliação internacional. Nossa pobreza é a pobreza deles, assim como as mais magníficas obras do saber humano também nos pertencem, por mais que não tenham qualquer vínculo com as fronteiras que definem nossa nacionalidade.

Vivemos uma total inversão do que deveríamos, como seres inteligentes que pretensamente somos, viver: globalizamos a economia, servindo aos interesses multinacionais dos colonizadores avantajados e espoliadores, enquanto tendemos à eclosão cultural e política de movimentos nacionalistas, tribais e raivosos, na defesa de etnias e na busca insana de identidades raciais. Tudo isto quando deveríamos estar vivendo justamente o contrário: estabelecendo modelos reduzidos de sociedade, mais eficazes no gerenciamento econômico dos meios de subsistência e no respeito à natureza e suas forças, e internacionalizando, diria mesmo *cosmopolitizando* a cultura em todas as suas facetas, em que cada ato de criação refletiria proposições válidas a todo ser humano, constituindo valores universais. Daí minha aversão a todo tipo de nacionalismo.

G.P.: Qual é o público da música eletroacústica no Brasil e no mundo? Qual é o perfil dos estudantes de música numa faculdade como a da Unesp, onde você leciona Composição Eletroacústica?

F.M.: Após intenso e árduo trabalho ao longo desses anos, desde que retornei ao Brasil em julho de 1992, realizando dezenas de concertos de música eletroacústica, implementando na Universidade brasileira a Composição Eletroacústica como disciplina regular, criando o Cimesp e a Bimesp (respectivamente Concurso e Bienal Internacionais de Música Eletroacústica de São Paulo), noto que há hoje uma compreensão bem maior acerca do fazer eletroacústico. Mesmo que por osmose, uma prática intensa acaba por fazer-se presente na cabeça das pessoas que se envolvem com a cultura musical. É necessário que haja mais iniciativas desse tipo, incluindo concertos didáticos como fiz na estreia brasileira recente de *Pulsares*, trazendo ao público e aos próprios músicos informações concretas sobre as obras de referência do gênero.

É evidente que as esferas mais elaboradas do saber e da cultura em geral serão sempre assimiladas com maior dificuldade pela grande população, quer seja aqui, quer seja fora do Brasil, e é igualmente óbvio que quanto maior respeito à cultura tiver um país, tanto maior será a penetração de obras ditas "eruditas" nas diversas camadas da população. Penso, por exemplo, em países exemplares desse ponto de vista, como a Alemanha e a França, que nutrem um respeito colossal pela música e pela educação musical. Na França, um Boulez é visto com tanto ou maior respeito do que um estadista. Aqui, os próprios reitores dão risada dos compositores, por julgarem a música como entretenimento, não como atividade suprema do saber humano, com raras exceções. Tal visão tacanha e profundamente ignorante advém da época da ditadura militar, que minou o campo da cultura e fez com que a música deixasse de ser considerada atividade cultural para ser vista como entretenimento. Será difícil reverter esse quadro e recuperar o tempo perdido... Mas não há outro caminho senão esse: fazer, resistir, insistir e, sobretudo, amar profundamente o que se faz. Na base da sinceridade todo trabalho de valor ganha espaço.

De qualquer forma, é preciso que se supere a ideia de um "público" no singular. Existem, em todo lugar, inúmeros públicos possíveis. As ideias se propagam numa rede complexa de interações multilaterais, pois a interlocução se dá de modo "quântico", jamais de forma unilateral e mecânica como se quer crer por influência da indústria cultural capitalista, para a qual existe Um público, o "grande" público, o qual se deve atingir de qualquer jeito. Nesse processo de massificação, que via de regra se confunde, erroneamente, com os anseios mais genuinamente marxistas, disfarça-se o *modus operandi* do próprio capitalismo em sua fase atual, perversa como todas as outras.

G.P.: Existe a possibilidade de sobrevivência da música de vanguarda sem subsídio do Estado?

F.M.: Sua pergunta implica o fato de que a música de vanguarda viveria com subsídio do Estado, e isto é apenas parcialmente correto, pois a música de vanguarda nem recebe regularmente subsídio do Estado, nem *vive*; em um certo sentido, ela já se encontra, aqui, em estado de *sobrevivência*. Arrisco-me a dizer – e chego a apostar nisso – que dificilmente padecerá, apesar de todas as adversidades que experimenta. Mas não se pode dizer que ela receba subsídios do Estado. Não existem programas de incentivo às práticas musicais mais especulativas (como por exemplo encomendas regulares a novas composições), nem mesmo por parte dos próprios músicos, em geral limitados às suas práticas e avessos à abertura de suas próprias cabeças. Quando há algum tipo de apoio (não de todo inexistente), tal fato constitui exceção. Não existe, na atualidade, sequer um grupo regular de música contemporânea com apoio institucionalizado, e tudo o que se consegue se deve a ocasiões circunstanciais.

Uma das raríssimas exceções nos últimos tempos é a fundação do Puts – PA-Naroma/Unesp: Teatro Sonoro, projeto individual de pesquisa para o qual consegui expressivo apoio financeiro da Fapesp, e que institui a primeira orquestra de alto-falantes do Brasil. Mas trata-se de um projeto localizado no tempo e no espaço, cujo apoio se encerra agora em julho de 2004. Vivemos à rebarba dos investimentos, já bastante escassos, na área da cultura.

Nesse contexto, a defesa do saber como um todo e da Universidade pública, sem interesses mercadológicos, é fundamental para as atividades de pesquisa em todas as áreas, inclusive no domínio das artes.

G.P.: Um governo de tendência mais à esquerda, como o do nosso presidente Lula, teria apreendido a importância da arte de vanguarda? Não era de se esperar que essa defesa do saber sem interesses mercadológicos fosse ao menos uma tendência no atual governo do PT? A Radiobrás, por exemplo, não poderia ser mais amplamente mobilizada para a difusão da música de vanguarda ou mesmo das "músicas autenticamente populares" a que você se referiu há pouco?

F.M.: É preciso ter cautela para se proclamar sobre o governo atual, porque quer queira, quer não, representa boa parte dos anseios da esquerda brasileira e, de certo modo, um inegável avanço social, por menor que seja. Olhemos para nossa história recente e logo entenderemos do que estou falando! Ao contrário da geração de meus dois filhos, cresci sob as botas da ditadura militar, e quando saíamos nas ruas, em plena repressão da polícia de um Maluf, reivindicando a instauração de um regime democrático, desejávamos assistir a mudanças sociais bem mais profundas.

Por isso, é no mínimo decepcionante vermos acontecer tantos pactos sociais com forças que, como bem sabemos, valem-se de tal estratégia para não abrir mão de seus privilégios. Sabemos e sabíamos já na época da eleição de Lula, no entanto, que a escolha do PT que chegou ao poder foi o caminho da reforma, não o da revolução. Com isso, paga-se o tempo necessário para chegar a resultados que, por meio de estratégias menos condescendentes com a podridão do capitalismo, seriam atingidos de forma mais rápida, ainda que com maiores riscos. No campo da cultura, as consequências podem ser funestas, e resta apenas a esperança de que ao menos tenha lugar uma consciência cada vez maior do papel da educação básica em nosso país, fundamento para as efetivas transformações sociais e culturais de que tanto necessitamos.

É um engano pensar, contudo, que o investimento pesado na educação básica de nossa população exclui aquele, igualmente necessário, na pesquisa de ponta das ciências, da tecnologia e das artes. Por mais irreal que possa parecer, a educação de base de um país vale-se, e muito, da vanguarda atuante em todas as esferas do saber. Somente a partir dessa compreensão é que serão dados os passos certeiros para uma mudança efetiva do nível de consciência de nosso povo. Pensemos em Cuba: lá o analfabetismo está erradicado, mas nunca deixou de existir a música eletroacústica de um Juan Blanco, por exemplo.

G.P.: Sua música é politicamente comprometida com uma visão de ruptura do capitalismo? Existe música engajada politicamente? Existe alguma diferença entre o músico de vanguarda alienado e o marxista, em termos estritamente artísticos?

F.M.: A questão é das mais delicadas e altamente complexa. Poderíamos tentar resumir parte das respostas possíveis.

Do ponto de vista estritamente artístico – se é que se pode falar nesses termos –, toda forma de aferição automática da criação a um conteúdo ideológico inequívoco traduz uma postura mecanicista e maniqueísta, em si mesma dogmática e no mínimo perigosa. A obra artística é sempre bem mais complexa do que seu mero julgamento a partir de uma visão doutrinária, qualquer que seja essa visão. Artistas em princípio comprometidos com uma postura reacionária, em um sentido antimarxista, podem dar luz a obras que possuam valores universais, dignas de serem desfrutadas pelos mais injustiçados dos seres, e por isso podem valer-se em grande parte dos anseios mais legítimos das utopias socais que vislumbrem um futuro no qual as artes de boa qualidade seriam (ou serão) acessíveis a todos os seres humanos.

Nesse sentido, pergunto-me se pode haver arte engajada politicamente, pois toda criação é em parte comprometida, e de modo irrevogável, com, no mínimo, uma visão de mundo, mas ao mesmo tempo guarda em si mesma um potencial que é sempre maior que seu engajamento mais ou menos evidente. As *intenções* políticas de uma obra, pretensamente alinhadas com tal ou tal tendência, nem sempre coincidem com suas *atitudes* políticas efetivas. Ainda que o "conteúdo" de uma obra possa estar até mesmo escancaradamente comprometido com uma ideologia de direita, sua atitude estética pode implicar uma atitude ética em si mesmo revolucionária. E o contrário é igualmente válido: obras aparentemente "engajadas", como as que obedeceram aos ditames stalinistas no século passado, representaram o que houve de maior retrocesso em matéria artística dos últimos cem anos. A revolução mais despretensiosa não ganharia em nada promovendo-as a obras de referência nas artes...

G.P.: De qualquer modo, temos a obra de Maiakovsky na poesia e de Eisenstein no cinema, dentre tantos outros artistas cuja forma e conteúdo em suas obras foram revolucionários. Não se pode dar o mesmo na música?

F.M.: Claro que sim! Evoquemos mais uma vez Berio, que em sua *Sinfonia*

(1968-1969) pagou tributo, entre outras coisas, à memória de Martin Luther King. Mas nem por isso abriu mão de suas intenções estéticas e da forma como ouvia o mundo, fora e dentro da própria música. O que quero realçar é que não há relação inequívoca e inabalável entre forma e conteúdo, pois não existem verdades eternas além da própria luz. Mesmo se observarmos o maior dos revolucionários após Marx, temos que nos certificar disso: em que pese o valor de seu posicionamento, em crassa oposição ao caráter falsificador e reacionário do Realismo Socialista, Trotsky aliou-se àquele movimento que, dentre as vanguardas históricas, demonstrou menor consistência, a saber: o surrealismo.

A tendência é ou que se esqueça, ou que sequer se tenha consciência disso, mas a postura diante de uma linguagem revela por si só o nível de envolvimento e responsabilidade do artista diante de seus pares. Talvez pudéssemos concluir com uma citação. Wittgenstein bem tinha razão quando afirmou que estética e ética são uma só e mesma coisa (*Ethik und Ästhetik sind Eins*). A mais revolucionária das obras é aquela que maior comprometimento desvela com a pesquisa sobre a própria linguagem, transparecendo uma profunda sinceridade e integridade do artista com relação aos recursos expressivos de sua arte.

Junho/julho de 2004

ÍNDICE REMISSIVO

Acorde de Liszt (denominação proposta por Flo Menezes para o acorde de Tristão) 75, 77, 80

Acorde de Tristão 21, 26, 31, 33, 45-63, 65-74, 77-87, 90-94, 96-100, 102, 103, 105-113, 115-121, 123-128, 133

Acorde (ou harmonia) vagante (ou errante) 17, 21, 26, 29, 41, 45, 61, 62, 77, 89, 96, 98, 99, 110, 112

Acusmática (música, escuta, etc.) 95, 208, 214, 215, 347-350, 353, 355, 357, 378, 417, 418, 421, 424, 431, 492, 495, 501--503, 518, 520, 531, 534

Adirecionalidade 144, 155, 166, 167, 185

Agora (correspondente ao *Jetzt*, noção em Edmund Husserl) 365, 479, 482

Alteração estrutural ou constitutiva (da entidade harmônica) 37, 40, 42-46, 50, 124

Ambiguidade (harmônica) 40, 41, 48, 54, 62, 86, 89, 90, 96, 105

Anamorfoses temporais (noção em Pierre Schaeffer) 363

Aperiodicidade 140-142, 144, 145, 147, 160, 167, 486

Arquetipação 34, 36, 46, 53, 73, 124, 128

Arquétipo-diminuto 49, 50, 59, 77, 90-92, 98

Arquétipo de quartas 76, 97, 107-110

Arquétipo de quinta aumentada 38, 116--118

Arquétipo de tons-inteiros 38, 92

Arquétipo-*Farben* 41, 46

Arquétipo-*Lulu* 91, 92, 125, 126

Assimetria 140, 246, 247

Atonalismo livre 16, 18, 37, 138, 140, 176, 438

Autoritarismo musical (em Richard Wagner) 482, 483

Bimesp (Bienal Internacional de Música Eletroacústica de São Paulo) 347, 357, 359, 511, 526

Bloco (serial; ver também *grupo*) 238, 242--244, 246, 249-252, 290, 488

Bunraku 216

Cadência dórica 52

Cadência frígia 49, 50, 52

Campo (harmônico; ou *campo de interconexão*) 32, 44, 45, 119, 130, 253, 366, 367, 369, 407, 455

Canto-falado (ver *Sprechgesang*)

Cardinalidade (intervalar; ou *potencial cardinal*) 131, 459

Centro de gravidade (harmônico; ver também *polarização*) 38, 65, 130, 131, 294, 381

Cimesp (Concurso Internacional de Música Eletroacústica de São Paulo) 356, 359, 491, 526

Cinema para os ouvidos 424, 425

Citação (musical) 123, 128, 208, 276, 285-288, 295, 296, 298, 440, 441

Complexidade 7, 8, 10, 32, 57, 95, 208,

216-218, 220, 222, 227, 239, 241, 280, 306, 311, 315, 322, 329, 330, 359, 409, 412, 452, 459-462, 470, 496, 497, 508, 521, 522

Comportamento espacial (dos sons) 428, 429

Composição assistida por computador 210, 211, 213, 369

Computer music (ver *música computacional*)

Concreção (intervalar etc.) 61, 122, 123, 129, 132, 369

Continuum musical 258, 264, 266, 270, 351, 374, 455, 456

Contraste (entre sons instrumentais e eletroacústicos, por oposição a *fusão*) 352, 374, 380, 388, 390, 395, 398, 399

Decomposição (do som) 354, 362, 454, 455

Descontextualização 133, 287, 440

Difusão eletroacústica 215, 349, 350, 357, 374, 421-424

Direcionalidade 7, 39, 41, 70, 135-137, 141, 143, 144, 147, 149, 150, 152, 153, 155-157, 161, 165-167, 170, 172-174, 180, 182-186, 188, 194, 205, 254, 353, 426, 457, 462

Disfonia 236, 237

Ditadura militar (no Brasil) 342, 345, 475, 526, 528

Dodecafonismo 18, 25, 30, 120, 138, 140, 506

Durchkomposition 75

Dúvida (estado de; no contexto da interação) 372, 375, 386-390, 395, 398, 479, 480

Écran sonore (telão sonoro; noção em François Bayle) 424

Elektronische Musik (ver *música eletrônica*)

Emancipação da dissonância 21

Entidade harmônica 23, 31-34, 36-50, 52-54, 56, 57, 59-62, 65-67, 69, 70, 72-75, 77-81, 83-90, 92, 94-96, 98-101, 103, 105, 106, 110, 111-113, 115, 116, 118, 120-133, 248-254, 366-369, 407, 409, 412, 455

Envelope (curva de) 43, 354

Enxerto (noção em Pierre Boulez) 239, 240

Escola de Darmstadt (ver *geração de Darmstadt*)

Escrita (por oposição à *escritura*; ver também *notação musical*) 62, 63, 153, 282, 320, 354, 360, 361, 377, 381, 438, 454, 455, 469, 484, 487

Escritura 8, 15, 17, 23, 26, 32, 57, 62, 93, 101, 217, 220, 222, 223, 235, 239, 241, 260, 263, 281-283, 315, 329, 343, 352, 354, 359, 361-364, 366, 371, 373-375, 378, 379, 381-383, 385-387, 390, 395, 399, 426, 431, 440, 454, 485-487, 493, 495, 503, 510, 515, 518, 522

Escritura latente ou subjacente 359, 362, 366, 373

Escuta reduzida 348, 462

Espacialidade 349, 350, 373, 403, 416, 418-421, 423, 425, 428, 520

Espacialização (da escritura musical; noção em Theodor W. Adorno) 484, 485

Espacialização (do intervalo em Anton Webern) 176

Espacialização (sonora) 421-423, 425, 426

Espaço interno (dos sons) 423, 426

Espaço intrínseco (morfológico-espectral; ou espaço morfológico, introversivo) 427, 428

Espaço externo (dos sons) 424, 425

Espaço extrínseco (referencial; ou espaço tipológico, extroversivo) 427

Espectromorfologia (ver *morfologia sonora*)

Estabilidade (harmônica) 40, 41, 54, 99, 118, 169

Estética da precariedade 341-343, 356

Estilo musical (discussão acerca do) 25, 438, 440, 469-471, 488

Estilo aforístico 137, 438, 483

Estilo pontual (ou pontilhista; ou pontilhismo) 162, 169, 176, 177, 185, 186, 241, 242, 282, 486

Estratificação (na linguagem verbal) 451, 477

Expressionismo musical 17, 26, 97, 246

Extensão constitutiva (da entidade harmônica) 43, 44, 129, 130, 368

Extensão das estruturas (noção em Pierre Boulez) 211

Extensão dos espectros 364, 415, 453, 456,

461, 483

Fenomenologia da escuta 7, 32, 253, 281, 440, 522

Figura 43, 60, 108, 112, 140, 141, 216, 217, 238, 245, 247, 279, 291, 292, 294, 295, 323, 364, 388, 412, 413, 428, 486

Flutuação espectral (*allure*; noção em Pierre Schaeffer) 377, 399

Forma-momento (noção em Karlheinz Stockhausen) 270, 366

Formante (ou região formântica) 35, 329, 365, 374

Forma-pronúncia (noção em Flo Menezes) 325, 364-366

Fórmula (*Formel*; noção em Karlheinz Stockhausen) 270, 271

Função metalinguística (em música; ver também *metalinguagem*) 97, 110, 128, 480

Função referencial (em música; ver também *referencialidade*) 97, 114, 128, 427

Funcionalidade (harmônica) 20, 39, 41, 42, 48, 53, 88, 205, 507

Funcionalidade da música 503, 504

Fusão (entre sons instrumentais e eletroacústicos, por oposição a *contraste*) 352, 374, 381-388, 390, 395, 399, 409

Geração de Darmstadt (ou compositores de Darmstadt, Escola de Darmstadt) 280, 281, 283, 306, 317, 507

Geração pós-weberniana 234, 247, 283, 304, 310, 512, 523

Gesto musical 17, 26, 43, 212-214, 222- 227, 273, 307, 332, 334, 347, 353, 373, 379, 388, 462, 502, 503, 520

Globalização (da cultura e saber humanos, por oposição à globalização econômica; proposta de Flo Menezes) 339, 499, 500, 525

Grão (noção em Pierre Schaeffer) 364, 377, 392, 400

Grupo (serial; ver também *bloco*) 241-245, 281

Harmonia (enquanto conceito supremo da composição musical) 301, 302, 507, 519

Harmonia das esferas 420, 421, 447, 448, 511

Harmonia de simultaneidade 122, 131, 280

Harmonia funcional 20

Harmonia tradicional 20

Heterofonia 233-238

Historicidade 405, 427, 515

Ilusão sonora 239, 372, 375, 431, 480

Imagem (noção em René Descartes) 520

Imagética da escuta 215, 417, 418, 431, 485, 520

Indeterminação 212, 283, 293, 294

Indústria cultural (noção em Theoder W. Adorno) 447, 472, 485, 498, 499, 506, 509, 513, 514, 527

Instabilidade (harmônica) 40, 41, 50, 99, 118

Inteligibilidade do verbo 28-30, 317, 319, 323, 324

Intender (tradução proposta por Flo Menezes para a noção de *entendre* em Pierre Schaeffer) 406-408, 416

Interação 352, 359, 364, 366, 374, 377-385, 387, 398, 399, 445, 493, 495, 501, 502

Interpolação (de intervalos) 132

Intertensão (noção em Flo Menezes) 453

Intervalo (noção de) 33, 42, 43

Intuição (na música) 407, 412, 448-449, 454, 485, 501

Invenção (na música) 9, 15-17, 28, 29, 35, 36, 38, 73, 77,123, 125, 132-134, 246, 274, 377, 402, 403, 442, 448, 489, 498, 507, 509, 517, 518

Isomorfismo 305, 307, 316, 317, 320, 325, 328, 438

Jazz 94, 95, 296, 484, 486

Klangfarbendauernproportionen (proporções de durações de timbres; termo proposto por Henri Pousseur para as formas-pronúncia; ver também *forma-pronúncia*) 365

Klangfarbenmelodie(n) (ver melodias-de-timbres)

Labirinto 42, 238, 295, 328, 452

Laborinto (ou laboríntico) 42, 62, 284, 311, 313, 329, 452, 460, 467, 483

Laceramento della parola (noção em Flo Menezes; ver também *forma-pronúncia*) 325

Laceramento della poesia 315

Lei do menor caminho (noção em Edmond Costère) 458, 459

Leis da duração vivida (noção em Olivier Messiaen) 459, 460, 486, 487

Leis da espacialização sonora (por Flo Menezes) 422, 423, 425

Lei das simetrias (nas multiplicações de Pierre Boulez, descoberta por Flo Menezes) 233, 246, 247, 252, 253

Leitmotiv (motivo condutor) 26, 47

Live-electronics (ver *tempo real*)

Macrodirecionalidade 135, 138, 189

Massa (noção em Pierre Schaeffer) 377, 386, 457

Marxismo (ou marxista) 37, 467, 500, 510, 517, 518, 527, 529

Matemática dos afetos (definição de música por Flo Menezes) 246, 321, 403, 415, 447, 448, 497, 501, 519

Material musical 28, 30, 135, 211, 234, 254, 261, 287, 341, 343, 344, 353, 354, 360--363, 366, 374, 381, 382, 385, 386, 426, 427, 454, 456, 487, 492, 496, 497, 503, 517, 518

Maximalismo (ver *música maximalista*)

Melodias de timbres (*Klangfarbenmelodien*) 21, 23, 365

Metalinguagem (ver também *função metalinguística*) 110, 138, 287, 289, 295, 297, 480

Microdirecionalidade 135, 161, 175, 176, 181, 183, 187, 188

Micropolifonia (noção em György Ligeti) 469, 471

Microtematismo (ver *microtematização*)

Microtematização (weberniana) 146, 153, 179, 188

Minimalismo 7, 196, 306, 484, 508, 521, 522

Modelos reduzidos (*modèles réduits*; noção em Henri Pousseur) 296, 339, 467, 468, 500, 525

Modernidade 9, 45, 194, 276, 437, 444, 470, 473

Modo-de-Liszt 75, 76, 77, 112

Modo frígio 52, 76

Modulação (princípio da) 37, 38, 40, 125

Modulação em anel (*Ringmodulation*) 241

Modulação métrica (ou rítmica – técnica de Elliott Carter) 219

Módulos cíclicos (técnica de Flo Menezes) 42, 44, 366-369, 385, 455

Morfologia da interação 377, 385, 387, 398

Morfologia sonora (ou espectromorfologia) 234, 236, 237, 347, 377, 399, 419, 426, 431

Morfologia sonora em sua comparação com as etapas da existência humana 494, 495

Motivo-Bach 119, 120, 294

Motivo condutor (ver *Leitmotiv*)

Multiplicações (técnica de Pierre Boulez) 233, 240-242, 244-253

Multipolaridade (ou omnipolaridade) 290, 294, 298

Música acusmática (ver *acusmática*)

Música coletiva 284, 285, 500

Música computacional (*computer music*) 355

Música concreta (também *musique concrète*) 22, 40, 260, 282, 340, 344, 347, 356, 377, 381, 410, 421, 423, 424, 426, 473, 512, 518, 520

Música contemporânea 8, 14, 23, 32, 75, 135, 166, 224, 236, 265, 276, 279, 292, 298, 304-306, 348, 349, 351, 372, 373, 399, 435, 436, 439, 441, 467, 472, 473, 491, 492, 495, 496, 507, 509, 512, 524, 527

Música eletroacústica (ou obra, peça, realização, produção, estética, poética eletroacústica) 22, 42, 207, 208, 213, 214, 227, 230, 241, 259, 260, 263-270, 274, 282, 284, 299, 304, 305, 314, 326, 335, 337, 338, 340-357, 359-364, 366, 373--375, 378, 380-383, 385, 386, 401, 403, 411, 418, 421-424, 426, 430, 431, 449, 455, 457, 458, 462, 483, 485, 491, 492, 495, 508, 511, 513, 518-522, 525, 526, 528

Música eletrônica (também *elektronische Musik*) 214, 259-261, 263, 269, 274, 282, 292, 298, 325, 340, 341, 344, 348,

359, 369, 401, 449, 467, 485, 512, 513, 518, 519

Música e luz (aproximação da música maximalista com a velocidade da luz; teoria de Flo Menezes) 459-462, 522

Música engajada 529, 530

Música especulativa (ou composição especulativa) 7, 31, 32, 41, 133, 134, 279, 281, 290, 346, 348, 403, 447, 448, 452, 454, 482, 493, 499, 506, 514-516, 522, 523, 527

Música e técnica musical 22, 479, 480, 500, 519

Música experimental (ou *musique expérimentale*) 43, 261, 299, 305, 306, 348, 436, 447, 473, 474

Música intuitiva 270, 285

Música maximalista (maximalista; maximalismo) 7-10, 239, 246, 303, 306, 308, 321, 357, 359, 366, 388, 415, 447, 448, 452, 457, 459, 491, 496, 508, 521, 522

Música Nova (ou Nova Música) 8, 208, 247, 269, 274, 276, 280, 283, 284, 305, 307, 309, 337, 348, 436, 470, 472, 474, 485, 488, 525

Música oriental (e sua relação com a música ocidental) 519

Música popular 28, 29, 95, 135, 227, 228, 269, 306, 393, 402, 436, 452, 470, 482, 485, 493, 496, 507, 513, 521-523, 525, 528

Música radical (compositor radical; radicalidade) 95, 133, 134, 247, 279, 305, 313, 338, 346, 348, 401, 447, 448, 453, 459, 471, 482, 497, 499, 504, 506, 510, 514, 522, 523

Música serial 18, 261, 282, 348

Musique concrète (ver *música concreta*)

Nachklang (noção ressonântica em Edmund Husserl) 415

Nacionalidade *post-mortem* (proposta utópica de Flo Menezes) 473, 474, 495

Nacionalismo 7, 270, 339, 467, 468, 470, 472, 493, 506, 515, 516, 525

Níveis de leitura (da obra musical, literária; ou pluralidade de leituras, níveis de escuta) 238, 284, 306, 307, 317, 328, 329, 439, 508, 522

Notação (musical; ver também *escrita*) 219, 220, 222, 320, 354, 355, 361, 362, 371, 454, 496

Notação proporcional 299

Nova Complexidade 8, 280, 470, 508

Objetos musicais (*objets musicaux*; noção em Pierre Schaeffer) 22, 362, 406

Objeto sonoro (*objet sonore*; noção em Pierre Schaeffer) 22, 211, 239, 240, 257, 262, 348, 362, 363, 377, 378, 405-407, 415, 418, 426-430, 453

Obra aberta (*opera aperta*; noção em Umberto Eco) 284, 298, 306, 452

Omnipolaridade (ou onipolaridade; ver *multipolaridade*)

Organicidade 44, 181, 188, 205, 268, 322

Orquestra de alto-falantes 424, 425, 523, 527

Pantonal (ou pantonalidade, pantonalismo) 21, 29, 120, 136, 247

Perfil 43, 60, 77, 81, 84, 88, 112, 179, 180, 181, 287, 291-295, 368-371, 377, 386, 412, 413, 418, 455, 457, 486, 514, 526

Perfil de massa (noção em Pierre Schaeffer) 377, 386

Perfil melódico (noção em Pierre Schaeffer) 377, 386

Periodicidade 140-148, 154, 159, 160, 211, 212, 247, 289, 290, 485, 486, 507

Periodicidade de frequência(s) 140, 144, 146

Periodicidade generalizada (*périodicité generalisée*; noção em Henri Pousseur) 247, 289, 290, 292, 507

Período (enquanto categoria temática oposta a *sentença*) 117

Permutação 42, 44, 119-121, 124, 133, 146, 153, 277, 288, 298, 496

Permutação serial cíclica (técnica de Henri Pousseur) 288, 298

Permutações seriais cíclicas (técnica de Henri Pousseur) 288, 298

Peso (das alturas sonoras) 38

Pitch class theory (teoria dos conjuntos) 293

Poesia concreta 325, 439, 443, 444, 513

536 FLO MENEZES

Poesia intersígnica (noção em Philadelpho Menezes) 443, 445, 446

Poesia sonora 444, 445

Polarização (harmônica, de timbre, de registro etc.) 37, 39, 129, 130, 131, 170-175, 183, 185, 187, 188, 240, 253, 294, 458, 459

Polifonia latente (da melodia; noção em Luciano Berio) 234, 452

Politonal 21

Pontilhismo (ver *estilo pontual*)

Pós-modernidade 505

Potencial de resolução (ver *resolutividade*)

Primeira Escola de Viena 14

Processamento sonoro (ver *tratamento*)

Profundidade sonora 30, 409, 419, 429-431

Progresso (na música; ver também *transgresso*) 134, 203, 217, 402, 410, 449-451, 470, 472, 492, 514, 515

Projeção espacial (ou sonora, ou de relevo) 350, 421, 422, 424, 425

Projeções proporcionais 42, 44, 366, 369- -371, 385

Projeção sonora ou de relevo (ver *projeção espacial*)

Proliferação 233, 237, 239, 306

Propensão harmônica 39-42, 44, 45, 48-50, 61, 62, 70, 71, 112, 115, 117, 119, 124, 125, 128-131, 133

Propensão harmônica resolutiva 117, 129, 130

Propensão harmônica não resolutiva 129, 130, 133

Público (noção de) 435, 436, 467, 468, 470, 472, 499, 526, 527

Qualidade (capacidade) transpositora ou potencial transpositor (da entidade harmônica) 37-39, 112

Ready-made 239

Recomposição musical (ou (re)composição musical) 34, 354, 355, 361, 454

Redes harmônicas (técnica de Henri Pousseur) 204, 287, 288, 290, 292-294, 296, 298

Referencialidade (ver também *função referencial*) 32, 33, 37, 42, 96, 98, 111, 114, 117, 123, 128, 133, 195, 205, 277, 289,

295, 319, 328, 334, 359, 426, 427, 506, 517, 519

Refuncionalização 83, 194, 196

Região (musical) 241, 242

Registro (das alturas sonoras) 37, 38, 42, 44, 81, 93, 106, 124, 176-178, 180, 182, 183, 186, 187, 242, 244, 245, 254, 263, 281, 293, 459, 486

Relevo (ver também *projeção espacial*) 421- -423, 428, 430

Resolutividade (harmônica; ou potencial de resolução; direcionalidade resolutiva) 39- -41, 45, 46, 48, 70, 129-131

Resolutividade diacrônica 129-131

Resolutividade sincrônica 129-131

Responsabilidade (noção em Pierre Boulez) 235-237, 240, 286

Revolução permanente (noção em Leon Trotsky) 135, 200, 410, 452

Ringmodulation (ver *modulação em anel*)

Seconda Prattica 19, 304, 315, 318, 320, 325, 439

Segunda Escola de Viena 14, 137, 322, 488

Semiosis introversiva (noção sobre a música em Roman Jakobson) 133, 322, 427

Sentença (enquanto categoria temática oposta a *período*) 117

Serialismo (dodecafônico, integral) 18, 119, 140, 144, 166, 241, 242, 269, 281, 290, 292, 296, 298, 350, 440, 454, 486, 506, 522

Série (de alturas etc.) 18, 116, 119, 120, 124, 128, 139, 142, 145-147, 151-153, 155, 156, 158, 179, 240, 241, 242, 247, 259, 263, 265, 268, 281-283, 286-289, 294, 439, 488, 507

Série generalizada (ver também *serialismo*) 281-283, 286-289, 507

Simbolismo fônico (*sound symbolism*) 332

Simetria 72, 141, 145, 146, 230, 233, 246- -248, 252, 253

Simultaneidade(s) 8, 95, 110, 122, 131, 236, 280, 306, 451-453, 461, 483, 496, 497, 508, 521

Simultaneidade da música por oposição à não simultaneidade da linguagem verbal 496

MÚSICA MAXIMALISTA **537**

Síntese (aditiva, subtrativa, multiplicativa etc.) 211, 241, 262, 338, 348, 349, 355, 361, 362, 371

Síntese simultânea (na linguagem verbal) 508

Sistema de referência comum (da harmonia) 19, 32, 35, 42, 435, 505, 506

Sobredeterminação (por oposição à *indeterminação*) 283, 284, 286, 293

Sociologia das alturas (noção em Edmond Costère) 459

Som senoidal 241, 261-265, 269, 274, 343, 348, 459

Sprechgesang 17, 28, 29, 122

Sprechstimme (voz cantofalada) 29

Studio PANaroma 207-209, 233, 345, 350, 356, 357, 359, 360, 365, 388, 491, 511, 524, 527

Suporte (tecnológico dos sons eletroacústicos) 215, 348, 373, 378, 379, 380, 382, 386, 387, 502, 519, 521

Teatro dell'udito (ou *teatro per gli orecchi – teatro do ouvido, ou teatro para os ouvidos; noção em Orazzio Vecchi e em Luciano Berio)* 300, 353, 424, 425, 503

Teatro sonoro 357, 424, 425, 527

Técnica de grupos 241, 281

Tecnicidade (ver também *música e técnica musical*) 479, 500, 501

Temática cinética 139, 147

Tempo de estabilização (da entidade harmônica) 34, 36, 46, 124

Tempo diferido 352

Tempo real (música/transformações em) 246, 248, 254, 352, 355, 375, 379-381, 387, 441, 491

Textura 7, 30, 81, 83, 96, 99, 110, 234, 237-240, 254, 261, 270, 277, 281, 287, 292, 325, 348, 363, 365, 386, 388, 390, 395, 486, 488

Tipologia sonora 347

Tipos de escuta (noção em Pierre Schaeffer) 406

Tonalidade (*tonalité*; aparição histórica do termo) 19, 20

Tonicidade 459

Transferência espectral (na fusão entre os universos instrumental e eletroacústico) 386, 387, 395, 455

Transgresso (ou *trans-gresso, transgressista, transgressiva*; noção em Flo Menezes) 8, 32, 134, 246, 248, 254, 297, 365, 366, 402, 403, 410, 441, 449, 451, 514-516, 523, 525

Tratamento (sonoro; ou processamento) 262, 338, 349, 355, 361, 362

Trias harmonica 33

Tropicalismo 402, 513

Unidade do Tempo Musical (teoria de Karlheinz Stockhausen) 257, 259, 266-268, 270, 351, 352, 363, 455

Utopia 275, 277, 295-297, 308, 467, 468, 476, 478, 479, 499, 529

Utopia concreta (noção em Ernst Bloch; ver *utopia*)

Vanguarda (musical; música de) 11, 16, 166, 191, 269, 271, 280, 286, 292, 297, 305, 306, 325, 340, 348, 359, 435, 437, 444, 469, 470, 472, 494, 511-513, 522, 524, 527-530

Variação contextual (da entidade harmônica) 42, 44, 46, 120, 132

Work in progress (noção em James Joyce, Pierre Boulez etc.) 210, 233, 238, 255, 413

ÍNDICE ONOMÁSTICO

Abdounur, Oscar João 258

Acousmonium (orquestra de alto-falantes do GRM de Paris) 380, 424, 523

Adorno, Theodor W. 9, 228, 308, 436, 448, 465, 467, 468, 470, 472, 474, 478, 479, 481, 483-488, 498, 505, 506, 510, 513

Afaa (*Association Française d'Action Artistique*) 207

Albèra, Philippe 235, 291

Alighieri, Dante 295, 420

Altenberg, Peter 137

Álvares, Eduardo 208, 209, 225

Alves, Castro 443

Anaxágoras 416, 462

Anaximandro 419

Ansermet, Ernest 40

Antístenes 413

Antunes, Jorge 337, 340-346, 356

   Autorretrato sobre Paisaje Porteño 345

   Canção da Paz 343

   Canto do Pedreiro 344

   Canto Selvagem 344

   Carta Abierta a Vassili Vassilikos y a todos los Pesimistas 345

   Cinta Cita 344, 345

   Contrapunctus contra Contrapunctus 343

   Fluxo Luminoso para Sons Brancos I 342

   Meninos de Rua Também Cantam 344

   Movimento Browniano 344

   Música para Varreduras de Frequência 341, 343

   Pequena Peça para Mi Bequadro e Har-

mônicos 341

   Três Estudos Cromofônicos 343

   Valsa Sideral 341, 343, 344

Aristóteles 420

Aristoxeno de Tarento 21

Arquitas de Tarento 257

Artusi, Giovanni Maria 35

Auden, W. H. 326, 331, 440

Azevedo, Wilton 445

Bach, Johann Sebastian 53-56, 61, 85, 228, 294, 301, 309, 469, 474, 498, 509, 516

   Cravo Bem Temperado 54-56, 61

   Invenções 61

   Missa em Si menor 85

Barnabé, Arrigo 403, 522

Barreiro, Daniel 208

Barrett, Natasha 426, 427

Bartholomée, Pierre 277, 284

Bartók, Béla 19, 21, 61, 90, 473

   Bagatelas Op. 6 90

   For Children 90

   Mikrokosmos 61

Baudelaire, Charles 45

Bayle, François 378, 380, 382, 424, 520, 524

Beckett, Samuel 305

Beethoven, Ludwig van 14, 53-55, 85, 210, 228, 269, 271, 273, 333, 436, 474, 498, 499, 509, 517, 518

   32 Variationen 54

   33 Veränderungen Op. 120 (Variações Diabelli) 54

Missa Solene 517
Quartetos de Cordas 517
Sonata Op. 31, no 3 53
Sonata Op.53, Waldstein 498
Benjamin, Walter 474
Berberian, Cathy 299, 304, 305, 326, 327
Berg, Alban 11, 14, 16, 19, 21, 67, 70, 77, 85, 91, 101, 113, 122-125, 131, 133, 136--138, 188, 189, 233, 238, 247, 316, 439, 480, 517
   Fünf Orchesterlieder nach Peter Altenberg Op. 4 137
   Kammerkonzert 77, 91, 138
   Lulu 77, 91, 92, 123, 125, 126, 138
   Sonata Op. 1 85
   Suite Lírica (Lyrische Suite) 91, 124, 138, 247, 439
   Schließe mir die Augen beide 124, 316, 439
   Vier Stucke Op. 5 137
   Violinkonzert 138
   Wozzeck 137, 138
Bergson, Henri 479
Berlioz, Héctor 15, 80
Berio, Luciano 8, 16, 19, 42, 95, 128, 189, 195, 203, 208, 213, 216, 221, 234, 238, 246, 253, 263, 264, 269, 275, 276, 279, 280, 281, 284, 288, 291, 293, 294, 297--301, 303-311, 313-321, 323, 324, 326--334, 340, 352, 353, 366, 374, 380, 381, 406, 414, 427, 438-441, 450, 452, 453, 469, 471, 479, 483, 485, 491, 496, 502, 503, 506, 508, 512, 513, 522, 523, 524, 529
   Allelujah I 314
   Allelujah II 298
   A-Ronne 275, 307, 315, 330
   Chants Parallèles 380
   Cinque Variazioni 300
   Circles 299, 300, 305, 310, 330, 331
   Coro 330
   Différences 298
   Epifanie 305, 310
   Formazioni 307
   Laborintus II 275, 305, 310, 329
   La Vera Storia 307, 330, 439
   Nones 326, 331, 440

O King 297
Passaggio 275, 305
Quattro Canzoni Popolari 95
Recital I (for Cathy) 299, 441
Ritratto di città 299
Sequenza I 299
Sequenza III 299, 300, 305, 330
Sequenza V 299
Sequenza XII 307
Sequenze (Sequências) 234, 307, 427, 452, 522
Sinfonia 246, 275, 288, 297, 299, 300, 305, 310, 327, 330, 441, 529
Stanze 310
Tempi concertati 299
Thema (Omaggio a Joyce) 300, 305, 310, 314, 326, 331
Visage 298, 300, 305, 306, 310, 329, 330, 332, 381
Beuys, Joseph 501
Beyer, Robert 260
Birtwistle, Harrison 219, 226
   Silbury Air 219
Blake, William 275, 277
Blanco, Juan 528
Bloch, Ernst 296, 308, 467, 468, 475, 476, 484
Blumröder, Christoph von 301
Borio, Gianmario 283
Boulez, Pierre 8, 15, 18, 19, 31, 32, 35, 37, 42, 43, 187, 188, 207-210, 215, 218, 228, 230, 231, 233-242, 244-249, 252, 253, 255, 259, 269, 276, 279, 280, 283, 286, 291, 298, 300, 304-306, 310, 323-327, 331, 332, 340, 352, 357, 359, 380, 407, 413, 426, 436, 437, 439, 440, 450, 491, 502, 507, 512, 520, 523, 524, 526
   Dialogue de l'ombre double 208, 222
   Don 324
   Éclats 224
   Éclats multiples 223
   ...explosante-fixe... 239
   Improvisation sur Mallarmé II 291
   Le Marteau sans Maître 236, 240, 245, 305, 331
   Pli selon Pli 235, 291, 324, 326
   Poésie pour pouvoir 283

Répons 43, 211, 212, 220, 222, 226, 230, 236, 239

Rituel in Memoriam Bruno Maderna 223

Structures 212, 240

Sur Incises 225

Tombeau 324

Brahms, Johannes 67-71, 96, 122, 441, 509, 517

   Drei Intermezzi Op. 117 69

   Klavierstucke Op. 118 69

   Klavierstücke Op. 119 69

   Liebestreu Op. 3, no 1 69, 71

   Quarta Sinfonia Op. 98 69

   Segunda Sonata para Violino e Piano Op. 100 69

Brecht, Bertold 146, 305, 475

Breton, André 469

Brown, Robert 344

Bruckner, Anton 69, 72, 73

   Terceira Sinfonia (Wagner-Symphonie) 72

   Sétima Sinfonia 72

Butor, Michel 275-277, 285, 286, 289, 291, 298, 299, 301, 333

Cage, John 15, 16, 19, 193-205, 236, 237, 258, 269, 279, 283, 284, 294, 304, 348, 352, 417, 432, 437, 473, 496, 501, 504, 507, 512, 523

   De Segunda a um ano (livro) 193

   Europeras 504

   HPSCHD 194

   Muoyce 202

Calvino, Italo 307, 330, 332, 439

Camargo Guarnieri, Mozart 514, 515

Camerata Fiorentina 315

Campos, Augusto de 29, 193, 205, 305, 325, 439, 444, 513

Campos, Haroldo de 305, 325, 439, 444, 513

Campos, Ignacio de 208, 214

Cantoni, Rejane 447

Capra, Fritjof 450

Carlos Gomes, Antonio 514, 515

Carnegie Hall 364

Carter, Elliott 219

Carvalho, Eleazar de 341

Carvalho, Reginaldo 340, 344, 356

Sibemol 340, 356

Centre Acanthes 207

Centro di Sonologia Computazionale (CSC) de Pádua 371

Cézanne, Paul 466

Char, René 305, 331

Chéreau, Patrice 216

Chion, Michel 378, 406, 423, 426

Chopin, Frédéric 65-70, 80, 85, 86, 125, 127, 438, 509

   Ballade no 1 Op. 23 65-67

   Mazurka no 10, Op. 17 no 1 66

   Sonata no 3 Op. 58 65, 85

Chouvel, Jean-Marc 415, 423

Cintra, Celso 208

Club d'Essai 347

Cocteau, Jean 194

Coelho, João Marcos 505, 507-510

Conservatório Nacional de Canto Orfeônico 344

Corrêa de Oliveira, Willy 9, 292, 305, 325, 340, 439, 440, 491, 512-514

   Instantes 340

   La Flamme d'une Chandelle 340

   Phantasiestucke 340

Costère, Edmond 131, 136, 458, 459

Courtés, Joseph 39, 451

Cowell, Henry 258, 264

Craft, Robert 101, 333

cummings, e. e. 305, 330

Dahlhaus, Carl 449, 515

Dalbavie, Marc-André 211

Dalmonte, Rossana 213, 301, 331

Dante (ver *Alighieri*)

Danuser, Hermann 283

Darwin, Charles 452

Debussy, Claude 19, 36, 38, 89-93, 96, 220

   Ballade 90

   Hommage à Rameau (de *Images I*) 90

   Images I 90

   Jeux 36, 38, 92

   Prélude à l'Après-Midi d'un Faune 90

   Reflets dans l'Eau (de *Images I*) 90-93

   Rêverie 90

   Suite Bergamasque 90

Decroupet, Pascal 283

Dehmel, Richard 26, 27

Deliège, Célestin 42, 238
Demócrito 409, 419, 431
Depraz, Natalie 415, 416
Descartes, René 450, 453, 520
Duarte, Rodrigo 465, 467, 470, 474, 477, 480, 483, 487, 505
Duchamp, Marcel 200
Dukas, Paul 41
Duprat, Rogério 193
Eco, Umberto 284, 304, 306, 307, 314, 329, 334, 372, 411, 452
EIC (*Ensemble InterContemporain*) 187, 207, 208
Eimert, Herbert 260, 261, 274, 282, 348, 381
    Epitaph für Aikichi Kuboyama 381
Einstein, Albert 419, 457, 458, 460, 461
Eisenstein, Sergei 529
Eisler, Hanns 16, 146
EL&P (grupo de música *pop*) 522
Engels, Friedrich 489
Ensemble Musiques Nouvelles 284
Eötvös, Peter 226
Escobar, Aylton 208, 209, 220
Faure, Maurice 313
Ferraz, Silvio 208, 222, 224
Ferneyhough, Brian 8, 216, 217, 219, 221, 280, 470, 472, 508, 521
    Carceri d'Invenzioni 217
    Funérailles 217
Fétis, François-Joseph 19
Flaubert, Gustave 45, 466
Floyd, Pink 522
Fónagy, Ivan 332
Fourier, Charles 296
Franco, Walter 522
Froidebise, Pierre 280
Fundação Paul Sacher (*Paul Sacher Stiftung*) 313, 314, 333, 524
Gad, Georges 207, 208
Gentle Giant (grupo de música *pop*) 522
Ghedini, Giorgio Federico 304
Genet, Jean 215
Gershwin, George 89, 94, 301
    Concerto para Piano e Orquestra em Fá 94
Gervink, Manuel 110

Gil, Gilberto 401-403
Gilly, Cécile 239
Giraud, Albert 29
Giron, Luís A. 304
Goethe, Johann Wolfgang von 46, 77, 203, 316
Goeyvaerts, Karel 18, 261, 282, 348
Gorodski, Fábio 208
Gould, Glenn 309
Granet, Marcel 277
Greene, Brian 448, 458
Greimas, Algirdas Julien 39, 451
Grieg, Edvard 69, 72
    Lyrische Stücke 72
Grm (*Groupe de Recherches Musicales* de Paris) 257, 378-380, 382, 424, 523
Guerra Peixe, César 515
Guimarães Rosa, João 508
Halle, Morris 451
Haydn, Joseph 14, 499, 509
Hartleben, Otto Erich 29
Hauer, Joseph Mathias 18
Hegel, Georg Wilhelm Freidrich 474
Heine, Heinrich 315, 440
Heisenberg, Werner 450
Helmholtz, Hermann 52, 258
Henry, Pierre 347, 381
    Le Voile d'Orphée 381
Heráclito 416
Hermann, Villari 513
Hitler, Adolf 16
Hjelmslev, Louis 39
Horkheimer, Max 474
Hubin, Michel 288, 296
Humperdinck, Engelbert 29
    Königskinder 29
Humpert, Hans Ulrich 491
Humplik, Josef 138
Hurel, Philippe 226
Husserl, Edmund 365, 406, 409, 413, 415, 451, 462, 479
Ives, Charles 16, 236
Ircam (*Institut de Recherche et Coordination Acoustique/Musique* de Paris) 187, 207, 210, 213, 219, 235, 369
I Novissimi 275
Instituto Villa-Lobos 344

Jacobsen, Jens Peter 116
Jakobson, Roman 133, 316, 322, 328, 330, 332-334, 372, 410, 411, 427, 428, 451, 476, 477, 508
Jararaca e Ratinho (dupla de música popular) 513
Jone, Hildegard 155, 161
Joyce, James 195, 196, 202, 203, 284, 300, 304, 305, 310, 314, 326, 329, 331, 359, 413, 508
Julliard School 306
Kafejian, Sérgio 208, 213, 222
Kant, Immanuel 470, 484, 486
Kasparov, Garry 204
Kerensky, Alexander 473
King, Martin Luther 297, 530
Koellreutter, Hans-Joachim 208, 514
Koenig, Gottfried Michael 261, 282, 341, 348
Kolneder, Walter 140, 146
Koltès, Bernard-Marie 215
Kunze, Nelson Rubens 491-493, 495, 497--501, 503
Kurth, Ernst 47, 99
Kutschat, Daniela 447
Kutter, Markus 305, 330
Laboratório de Linguagens Sonoras (LLS) da PUC-SP 445
Laboratório de Música Eletrônica do Instituto Torcuato Di Tella de Buenos Aires 344
Lachenmann, Helmut 318
Laércio, Diógenes 413
Leibniz, Gottfried Wilhelm 418, 457, 458
Leibowitz, René 23, 139
Lênin, Vladimir Ilitch 16
Lévi-Strauss, Claude 36, 40, 299, 305, 327, 328, 330, 333, 413, 414, 416, 460
Ligeti, György 19, 226, 279, 304, 469, 471
Lippius, Johannes 33
Disputatio Musica Tertia 33
Liszt, Franz 8, 40, 61, 67, 69, 70, 74-86, 88, 89, 91, 95, 96, 112, 125, 127, 319, 509
Consolations 77
Sonata em Si menor 69, 75-86, 88, 89, 95
Lula da Silva, Luiz Inácio 527, 528
Lyotard, Jean-François 313, 408, 413

Machado, Antonio 305
Machaut, Guillaume de 46, 515
MacLaren, John 504
Maderna, Bruno 218, 264, 280, 298, 299, 304, 383
Musica su Due Dimensioni 383
Ritratto di Città 299
Madonna (cantora *pop*) 509
Maeterlinck, Maurice 27
Mahler, Gustav 14, 19, 40, 54, 67, 70, 73, 85, 95-105, 107-112, 114, 122, 124-127, 214, 246, 248, 254, 288, 309, 310, 441, 496, 510, 515
Adagietto (da Quinta Sinfonia) 96-98, 109, 110
Das Lied von der Erde 109, 110
Des Knaben Wunderhorn 98, 99
Kindertotenlieder 97-99
Nona Sinfonia 101-105, 107, 109, 110, 124-126, 246, 309
Quarta Sinfonia 101
Quinta Sinfonia 96, 97, 109, 110
Segunda Sinfonia 288
Sétima Sinfonia 54, 85, 99, 100
Maiakovsky, Vladimir 275, 277, 529
Mallarmé, Stéphane 235, 284, 291, 439, 445
Maluf, Marden 26
Maluf, Paulo 528
Manoury, Philippe 226, 430, 431, 450, 470
Mao Tse-Tung 37, 466
Marcuse, Herbert 467, 474, 478
Martinelli, Leonardo 208, 213, 224
Marx, Karl 465, 475, 476, 489, 498, 516, 517, 530
Masp (Museu de Arte de São Paulo) 7, 309, 521
Massow, Albrecht von 110
Mecatti, Stefano 315
Mendelssohn-Bartholdy, Felix 319, 325, 440, 516
Lieder ohne Worte 319, 325, 440
Mendes, Gilberto 9, 208, 212, 218, 227, 305, 325, 340, 439, 440, 507, 513, 514
Blirium C-9 340
Santos Football Music 340
Menezes, Elza Raphaelli 512

Menezes, Flo (obras teóricas e composições)

A Acústica Musical em Palavras e Sons (livro) 257, 511

A Dialética da Praia 364, 368, 375, 511

Apoteose de Schoenberg – Tratado sobre as entidades harmônicas (livro) 23, 31, 33--35, 41, 42, 44, 50, 52, 53, 73, 90, 91, 95, 96, 116, 119, 122, 124, 125, 129, 131, 188, 233, 240, 245, 253, 288, 366, 385, 505, 507

ATLAS FOLISIPELIS 248, 252-254, 374, 375, 387, 388, 389, 391-397, 511

Atualidade Estética da Música Eletroacústica (livro) 42, 383, 385, 386, 411, 423, 426

A Viagem sobre os Grãos 364

Concenti - Sul Canto e il Bel Parlare 374

Contesture III – Tempi Reali, Tempo Virtuale 366, 374

Contesture IV - Monteverdi Altrimenti 374, 511

Contextures I (Hommage à Berio) 366, 374

Crase 254

Da contradição ao antagonismo 37, 205

Harmonia das Esferas 421, 511

Kontexturen II - Schachspiegel 374

labORAtorio 254, 441

La (Dé)marche sur les Grains 374

La Ricerca Panica di Eco 374

L'Itinéraire des Résonances 421

Luciano Berio et la Phonologie – Une Approche Jakobsonienne de son Œuvre (livro) 128, 288, 328

Mahler in Transgress 101, 246, 248, 254, 441

Micro-Macro – Liedforma de amor a Reg 7

Música Eletroacústica – História e Estéticas (livro) 207, 259, 266, 282, 326, 455

On the other hand... 374

... Ora ... (obra inacabada) 368

PAN Laceramento della Parola (Omaggio a Trotskij) 365, 366

Parcours de l'Entité 360, 366, 368-371,

375, 380, 524

Phantom-Wortquelle; Words in Transgress 365, 449

Profils écartelés 366, 372, 375

Pulsares 230, 421, 511, 524, 526

Quaderno 254

Sinfonias 511

Todos os Cantos 510

TransFormantes I 35

TransFormantes II 374

TransFormantes III 374

Vertikale Augenblicke in Wien 374

Words in Transgress 365, 366, 449

Menezes, Florivaldo (poeta, pai de Flo Menezes) 305, 325, 439, 443, 512, 513

Menezes, Maria Christina 512

Menezes, Philadelpho 443-445, 512

Merleau-Ponty, Maurice 313, 413, 416, 450, 451, 462, 479

Messiaen, Olivier 18, 66, 75, 95, 224, 259, 261, 291, 347, 380, 459, 486, 515, 523

Chronochromie 224

Mode de Valeurs et d'Intensités 259

Modos de Transposições Limitadas 66, 75

Oraison 95

Sept Haïcaï 224

Meyer-Eppler, Werner 260, 348

Mondolfo, Rodolfo 10, 409, 411, 413, 416--420, 458

Monteverdi, Claudio 16, 19, 28, 35, 276, 288, 304, 318, 320, 321, 374, 437, 486, 498, 499, 510, 511, 515

Cruda Amarilli 35, 499

Libro V di Madrigali 35, 499

Mozart, Wolfgang Amadeus 8, 14, 53, 56--59, 194, 210, 228, 273, 274, 301, 304, 309, 310, 435, 436, 474, 498, 499, 510, 513, 515, 517

Concerto para Piano em Si bemol Maior, K.595 57

Sonata no 15, K.533 57-59

Sonata Fantasia, K.475 57

Zaide 304

Mozarteum Brasileiro 7

Mozarteum de Salzburg 320

Muller, Heiner 215

Muris, Jean de 134

Mussolini, Benito 16
Mussorgski, Modest 216
  Boris Godunov 216
Nattiez, Jean-Jacques 53, 210, 234, 426
Neruda, Pablo 277
Nestrovski, Arthur 208, 210, 215, 219
Neukom, Martin 39
Neves, Tancredo 204
New Century Players 230
Newton, Isaac 457
Nietzsche, Freidrich 478
Nobre, Marlos 344
Nono, Luigi 18, 279, 304, 313, 317-321,
  323, 324, 334, 507
  Coro di Didone 317
  Il Canto Sospeso 317, 319
Nunes Garcia, José Maurício 514
Ockeghem, Johannes 437
Olea, Héctor 325
Osmond-Smith, David 331
Oswald, Henrique 95
Pã 30
Palestrina, Giovanni Pierluirgi da 35
Pantaleoni, Marcos 65
Parra, Fábio 208, 226, 227
Paz, Juan Carlos 41
Peignot, Jérôme 520
Pergolesi, Giovanni Battista 469
Perotinus Magnus 437
Perrone-Moisés, Beatriz 36, 327, 414
Picasso, Pablo 194, 466
Piccola Scala de Milão 291
Pignatari, Décio 305, 325, 413, 439, 444,
  513
Pisk Paul A. 146
Piston, Walter 52
Pitágoras 21, 347, 418, 447, 520
Philippot, Michel 347
Platão 9, 10, 409, 477, 478
Pound, Ezra 13, 284, 412, 417, 423, 508
Pousseur, Henri 15, 18, 19, 43, 75, 188, 195,
  216, 247, 253, 261, 264, 269, 275-277,
  279-302, 304, 306, 310, 333, 339-341,
  348, 365, 440, 467, 468, 486, 491, 500,
  507, 508, 512, 523
  Apostrophe et six réflexions 289
  Chevelures du Temps 276

Couleurs croisées 297
Crosses of crossed colors 297
Déclarations d'Orages 275-277, 289
Dichterliebesreigentraum 289
Electre 298
Icare Apprenti 296
Icare Obstiné 296
Jeu de Miroir de Votre Faust 276
La Patience d'Icarène 296
La Rose des Voix 276
La Seconde Apothéose de Rameau 289
Les Éphémérides d'Icare 2 296
Madrigal I 299
Modèle Réduit 500
Petrus Hebraïcus 276
Phonèmes pour Cathy 299
Quintette à la mémoire d'Anton Webern
  298
Rimes pour différentes sources sonores 283,
  298
Scambi 284, 298, 301
Sept Versets des Psaumes de la Pénitence
  280
*Stravinsky au futur ou l'Apothéose
  d'Orphée* 285, 500
Symphonies à Quinze Solistes 281
Traverser la Forêt 276, 289
Trois visages de Liège 299
Votre Faust 276, 277, 286, 289, 291, 300,
  333
Premê (grupo de música popular urbana)
  522
Prigogine, Ilya 483
Prokofiev, Sergej 89, 95
  Romeu e Julieta 95
Proust, Marcel 305, 466
Provaglio, Andrea 371
Púchkin, Aleksandr 216
Purvin de Figueiredo, Guilherme José 511,
  513-519, 521-525, 527-529
Puts (PANaroma/Unesp - Teatro Sonoro)
  357, 527
Rádio e Televisão Francesa 347
Rameau, Jean-Philippe 15, 90, 276, 279,
  288, 289, 292, 293, 507
Ravel, Maurice 89, 94, 96, 220
  Concerto (para piano e orquestra) 94

Reese, Gustave 234, 237
Reich, Steve 306
Restagno, Enzo 247, 427
Ribeiro, Antonio 208
Richey, John 48
Riemann, Hugo 20, 134
Rimsky-Korsakov, Nikolay 15
Rognoni, Luigi 313
Román, Beatriz 201
Rosen, Charles 437, 438, 440, 441
Rosenboom, David 230, 524
Rossini, Giacomo 271
Roth, David 329
Saariaho, Kaija 83
Sabbe, Herman 301
Sacher, Paul 524
Salle Olivier Messiaen 380, 523
Salles, Paulo de Tarso 110
Sanguineti, Edoardo 275, 305, 307, 329, 330, 452
Santos, Luiz Henrique Lopes dos 9
Santos, Maurício Oliveira 207, 279
Saussurre, Ferdinand de 304
Scarlatti, Domenico 53, 56
   Sonata no 20 56
Schaeffer, Pierre 22, 40, 95, 194, 257, 260, 340, 347, 348, 362-364, 377, 378, 380, 399, 406, 407, 410, 420, 421, 423, 426, 457, 462, 473, 520, 523
   À la recherche d'une musique concrète (livro) 40, 410
   Traité des objets musicaux (livro) 22, 362, 406
   Solfège de l'objet sonore (livro) 22, 257
   Variations sur une Flûte Mexicaine 95
Schelling, Friedrich Wilhelm Joseph 471, 476, 477
Schering, Arnold 50, 51
Schiller, Friedrich 277
Schmidt, Marcel 369
Schoenberg, Arnold 8, 11, 13-23, 25-31, 33-35, 41, 42, 44, 46, 50, 52, 76, 83, 90, 93-97, 99-101, 108-126, 128, 129, 131--133, 136-139, 188, 193, 194, 204, 226, 233, 240, 245, 253, 258, 280, 281, 288, 294, 300, 310, 320, 321-324, 334, 351, 366, 381-383, 385, 402, 419, 435, 437,
466, 471, 473, 474, 480, 487, 500, 505--507, 512, 513, 517, 519
   A escada de Jacó (Jakobsleiter) 17
   Canções de Gurre (Gurrelieder ou Gurre--Lieder) 14, 21, 28, 93, 113-120, 126, 128, 138
   Cinco peças para orquestra Op. 16 (e Farben) 21, 23, 41, 46, 99, 122
   Cinco peças para piano Op. 23 18
   Concerto para piano Op. 42 18
   Concerto para violino Op. 36 18
   Drei Klavierstücke Op. 11 120
   Drei kleine Stücke (para orquestra) 137
   Erwartung 17, 18, 21
   Exercícios preliminares em contraponto (livro) 23, 437
   Fundamentos da composição musical (livro) 23, 117, 437
   Harmonia (ou Tratado de Harmonia; Harmonielehre) (livro) 13-15, 17, 19-23, 26, 29, 95, 113, 321, 402, 419
   Moisés e Aarão (Moses und Aron) 18
   Noite Transfigurada (Verklärte Nacht) Op. 4 14, 25-27, 111, 112
   Oito Canções (Acht Lieder) Op. 6 27
   Oito canções de cabaré (Acht Brettllieder) 17, 29
   Peça para piano (Klavierstück) Op. 33a 18, 138
   Pelleas und Melisande Op. 5 27
   Pierrot Lunaire 17, 25-27, 29, 30, 116, 322
   Quatro Canções (Vier Lieder) Op. 2 27, 111, 112, 115, 121, 128, 132
   Quinteto de sopros Op. 26 18
   Sechs kleine Klavierstücke Op. 19 97, 108--111, 114, 115, 128, 137
   Segundo quarteto de cordas Op. 10 16
   Seis Canções (Sechs Lieder) Op. 8 14, 112, 138
   Serenata (Serenade) Op. 24 18
   Suite Op. 25 120
   Funções estruturais da harmonia (Structural functions of harmony) (livro) 20, 437
   Style and Idea (livro) 20, 22, 28, 30, 258, 322, 381
   Variações para orquestra (Variationen fur Orchester) Op. 31 18, 138

Schreker, Franz 21

Schubert, Franz 27, 53, 60, 69, 96, 228, 309, 310, 316, 322, 509
Sonata no 4 Opus posth. 120 D 664 60

Schumann, Robert 61-63, 65, 69, 80, 81, 289, 315, 316, 438, 440, 483, 509, 512
Album fur die Jugend Op. 68 61, 63, 65
Fantasie Op. 17 61, 80, 81

Seincman, Eduardo 23, 437

Sekeff, Maria de Lourdes 347, 511

Sesc Vila Mariana 347

Shakespeare, William 412

Silva, Conrado 340, 356

Simon, Claude 305

Siqueira, Alê 208

Skriabin, Alexander 16, 40, 70, 122, 126, 127
Sonata no 4 126, 127

Solomos, Makis 415, 423

Smalley, Denis 378, 399

Stalin, Josef 16, 37

Stein, Peter 216

Sting (cantor *pop*) 509

Stockhausen, Karlheinz 15, 18, 19, 145, 146, 188, 208, 213, 216-218, 221, 241, 257--271, 273, 274, 276, 279, 280, 282, 285, 296, 299, 304, 306, 310, 317, 319, 321, 340-342, 348, 351, 352, 362, 363, 366, 381, 432, 437, 438, 450, 454-456, 469, 471, 483, 485, 486, 491, 502, 507, 512, 514, 522-524
Aus den sieben Tagen 270, 432
Gesang der Junglinge 263, 269, 274, 381, 502
Gruppen 218, 241, 263, 264, 266
Hymnen 270, 342
Klavierstuck IX 145
Klavierstucke I a IV 217
Kontakte 267, 270, 274, 341, 455
LICHT 270, 483
Mantra 241, 270, 486
Mikrophonie II 241
Mixtur 241
Oktophonie 274
Stimmung 270
Studie I 261-263, 269
Studie II 262, 269, 342

Telemusik 270

Stoianova, Ivanka 329, 330, 414

Storm, Theodor 316, 439

Strauss, Richard 89
Tod und Verklärung Op. 24 89

Stravinsky, Igor 19, 25, 36, 44, 75, 89, 90, 96, 101, 128, 129, 193, 194, 220, 226, 227, 280, 285, 290, 291, 296, 300, 310, 333, 469, 471, 473, 479, 484, 485, 487, 500, 502, 505-507
Agon 291, 300
A Sagração da Primavera (Le Sacre du Printemps) 25, 36, 38, 228, 484
Le Rossignol 90
Symphonies des Instruments à Vent 128

Striggio, Alessandro 318

Studio di Fonologia Musicale 298, 304

Studio für elektronische Musik (ou Estúdio de Música Eletrônica de Colônia – *Musikhochschule-Köln*) 325, 359, 365, 369, 372, 449

Studio für elektronische Musik (ou Estúdio de Música Eletrônica de Colônia – NWDR) 261, 274, 348

Studio PANaroma 207-209, 233, 345, 350, 356, 359, 360, 365, 388, 491, 511, 524

Tallis, Thomas 315
Spem in alium 315

Teatro Colón 209

Teatro Cultura Artística 209

Teatro Municipal do Rio de Janeiro 341

Terêncio 476, 517

Thomas, Gerald 304

Tom Zé 522

Trotsky, Leon 16, 199, 203, 308, 365, 366, 410, 466, 469, 471, 516, 530

Tudor, David 341

Tutschku, Hans 369

Valéry, Paul 286

Varèse, Edgar 226, 487, 488, 492

Varga, Bálint András 331

Vassilakis, Dimitri 208

Vecchi, Orazzio 300, 353, 503
L'Amfiparnaso 300

Veloso, Caetano 402, 513

Villa-Lobos, Heitor 95, 344, 493, 514, 515
Impressões Seresteiras 95

Vivaldi, Antonio 228
Vogel, Martin 50, 53, 73
Wagner, Richard 33, 40, 45-47, 50, 51, 53-
-57, 61, 66-69, 72-75, 81, 85, 90, 91, 93,
94, 96, 98, 100, 110, 111, 117, 122, 123,
126, 127, 214, 230, 271, 441, 466, 474,
482, 483, 524
  *O Crespúsculo dos Deuses (Götterdämmer-
  ung)* 73
  Parsifal 73
  Tristão e Isolda 33, 45-47, 53, 56, 66, 69,
  72-75, 90, 95, 98, 123
  Wesendoncklieder 73
Walt Disney Hall (RedCat) 230, 524
Waugh, Linda R. 330, 332
Webern, Anton 11, 14, 16, 18, 19, 21, 61,
75, 116, 122, 123, 131, 133, 136-147,
150, 151, 153, 155, 158, 160-162, 166,
167, 169, 170, 174, 176, 177, 179, 185,
187-189, 196, 226, 247, 275, 276, 280-
-282, 287-291, 293, 294, 296, 298, 300,
301, 322, 438, 483, 486, 512, 517
  II. Kantate Op. 31 139
  Drei kleine Stücke Op. 11 138, 139
  *Drei Lieder nach Gedichten von Hildegard
  Jone Op. 25* 61
  Drei Volkstexte Op. 17 138
  Fünf Sätze Op. 5 137
  Kinderstuck 139
  Klavierstück Op. posth 139
  Konzert Op. 24 139, 142, 146-161, 179
  Konzert Op. 32 139, 147
  Sechs Stucke für großes Orchester Op. 6
  137
  Seis Bagatelas (Sechs Bagatellen) Op. 9
  135, 139-189
  Streichquartett Op. 28 139, 179
  Symphonie Op. 21 139, 142-146, 160
  Vier Lieder Op. 12 138
  Vier Stücke Op. 7 137
Wittgenstein, Ludwig 9, 197, 311, 407,
408, 530
Wolf, Hugo 316
Xenakis, Iannis 15, 19, 247, 269, 279, 304,
341, 347
Zampronha, Edson 208, 347
Zapata, Emiliano 277

Zappa, Frank 227, 228
Zarlino, Gioseffo 133, 448
Zemlinsky, Alexander 14, 26
Zenão 418, 420, 458
Zimmermann, Bernd Alois 440
Zuben, Paulo von 208

SOBRE O LIVRO
Formato: 16 x 23 cm
Mancha: 27,7 x 44,9 paicas
Tipologia: Horley Old Style 10,5/14
Papel: Offset 75 g/m^2 (miolo)
Cartão Supremo 250 g/m^2 (capa)
1ª edição: 2006

EQUIPE DE REALIZAÇÃO
Coordenação Geral
Marcos Keith Takahashi
Oitava Rima Prod. Editorial (Atualização Ortográfica)